儒家典籍與思想研究

第十五輯

北京大學《儒藏》編纂與研究中心 編

圖書在版編目(CIP)數據

儒家典籍與思想研究.第十五輯/北京大學《儒藏》編纂與研究中心編.—北京：北京大學出版社，2023.6
ISBN 978-7-301-34242-8

Ⅰ.①儒… Ⅱ.①北… Ⅲ.①儒家－文集 Ⅳ.① B222.05-53

中國國家版本館CIP數據核字(2023)第137667號

書　　　名	儒家典籍與思想研究（第十五輯） RUJIA DIANJI YU SIXIANG YANJIU (DI-SHIWU JI)
著作責任者	北京大學《儒藏》編纂與研究中心　編
責任編輯	張弘泓
標準書號	ISBN 978-7-301-34242-8
出版發行	北京大學出版社
地　　　址	北京市海淀區成府路205號　100871
網　　　址	http://www.pup.cn　新浪微博：@北京大學出版社
電子郵箱	dj@pup.cn
電　　　話	郵購部 010-62752015　發行部 010-62750672　編輯部 010-62745466
印　刷　者	北京虎彩文化傳播有限公司
經　銷　者	新華書店
	787毫米×1092毫米　16開本　25.5印張　444千字 2023年6月第1版　2023年6月第1次印刷
定　　　價	90.00元

未經許可，不得以任何方式複製或抄襲本書之部分或全部內容。
版權所有，侵權必究
舉報電話：010-62752024　電子郵箱：fd@pup.cn
圖書如有印裝質量問題，請與出版部聯繫，電話：010-62756370

《儒家典籍與思想研究》編委會

編　　委：（按姓氏筆畫排列）
　　　　　安平秋　李中華　吳同瑞　馬辛民　陳　來
　　　　　陳蘇鎮　孫通海　孫欽善　張玉範　張忱石
　　　　　張衍田　程郁綴　湯一介　駢宇騫　魏常海
　　　　　龐　樸

主　　編：李中華
副 主 編：張麗娟

編　　輯：王豐先　甘祥滿　李峻岫　李暢然　谷　建
　　　　　沙志利　馬月華　楊　浩　楊韶蓉
執行編輯：秦　玥　孫　倩
校　　對：曹　建

目　録

• 經學研究 •

陸機陸雲《詩》學家派屬性考述 …………………………… 王　翃（1）
儀節劃分與張爾岐《儀禮鄭注句讀》的學術價值
　　——兼及清初學術轉向的再討論 ………………………… 杜以恒（20）
天子的冕旒究竟是十二還是二十四？ ……………………… 吕友仁（40）
注、疏合會方式新探 ………………………………………… 高　亮（68）
前人言《毛傳》本、義合《左傳》《國語》諸例詳考 ……… 靳亞萍（93）
毛奇齡音韻解《易》舉隅 …………………………………… 种　方（123）
《説文考正》與《蜚雲閣金石録》考論
　　——兼及清儒凌曙的詁經方法 ………………………… 錢　寅（130）
俞樾《群經平議》的《孟子》研究 ………………………… 李暢然（146）
《三經義》的現代輯佚成果 ………………………………… 楊韶蓉（169）
伊藤東涯"卦變説"鉤沉 …………………………………… 鄭子翔（179）

• 版本校勘 •

唐石經《月令》篇明人補字考證 …………………………… 張鴻鳴（190）
《臨川先生文集》黃廷鑑校勘考 …………………………… 董岑仕（202）
華岳《翠微南征録》流傳及現存主要版本考 ……………… 何思雨（215）
朱公遷《詩經疏義》版本考辨 ……………………………… 林　寧（227）
梵蒂岡圖書館藏《孔聖家語》小考
　　——兼論《孔子家語》傳入歐洲的歷程 ……………… 謝　輝（237）

• 專人專書 •

"《漢書》學者"與其授讀：六朝《漢書》異文與歷史文本研探（下）
　　…………………………………………………………… 陸駿元（248）
《緯略》資料來源和引用情況初探 ………………………… 于涵煦（287）

•儒學新論•

《論語》中"知"的歷史闡釋及現代啟示 ………… 楊曉斌　劉　玲（308）
從"聖""智"並舉的文本結構考察《五行》篇的義理體系 …… 邵凡利（319）

•《儒藏》編纂與研究•

編者按 …………………………………………………………………（339）
《誠齋集》校讀記
　　——兼談儒藏本《誠齋集》的校勘理念與方法 ………… 呂東超（340）
談談《儒藏（精華編）》本《論語註疏》 ………………… 楊新勛（357）
《儒藏》中的出土文獻整理 ……………………………… 鄧少平（363）
儒藏本《西河文集》標點商兌 …………………………… 胡春麗（368）

陸機陸雲《詩》學家派屬性考述

王　翊

【内容提要】　陸機、陸雲是今文三家《詩》衰落、古文《毛詩》興起時期的重要作家，研究者不曾討論其《詩》學家派屬性。辨明作品文句是否用《詩》、所用之《詩》是否存在可考的家派差異，是考察二陸《詩》學家派屬性的基本原則。全面考察二陸作品中的用《詩》狀況，可知二陸所習《詩》學接近今文三家《詩》，但也存在一些《毛詩》的影響，體現東漢以降今古文經學混融的風氣。明瞭二陸《詩》學家派屬性，有助於準確注釋二陸作品，推動注釋工作精密化，也有助於深入認識中古文學語言的發展進程。

【關鍵詞】　陸機　陸雲　詩經　三家詩　毛詩

一、引言

西晉文學家陸機（261—303）、陸雲（262—303）兄弟出身吳國經學世家，其族祖陸績"幼敦《詩》《書》，長玩《禮》《易》"，"注《易》釋《玄》，皆傳於世"，[①] 爲漢末經學大家，陸機尤其"伏膺儒術，非禮不動"，[②] 具有深厚儒學素養。二陸生當魏晉之際，處在漢代《詩》學舊有格局瓦解，《毛詩》主流地位確立，《韓詩》也有很大影響力的時期，當時的《詩》學狀況正如《經典釋文序録》和《隋書·經籍志》所說：

---

* ［基金項目］北京大學大成國學研究生獎學金資助課題（編號DC202203）。
① （晉）陳壽撰、（南朝宋）裴松之注《三國志·吳書·陸績傳》，北京：中華書局，1982，第1328—1329頁。
② （唐）房玄齡等《晉書·陸機傳》，北京：中華書局，1974，第1467頁。

> 《齊詩》久亡；《魯詩》不過江東；《韓詩》雖在，人無傳者。①
>
> 《齊詩》，魏代已亡；《魯詩》亡於西晉；《韓詩》雖存，無傳之者。②

善於言説讖緯災異，在漢代政治文化當中佔有重要位置的《齊詩》已經散亡在東漢曹魏之間，《魯詩》也最終消失在二陸葬身其中的西晉末亂局裏，只有《韓詩》的文獻保留下來，《毛詩》從此取得决定性的優勢地位。學界大多僅據經學家著作來認識魏晉時期三家《詩》的保存和接受情况，却較少注意到與社會一般經學狀况更爲接近的文人作品中，呈現出怎樣的《詩》學家派屬性。除二十世紀三十年代出版的黄節未完稿《詩旨纂辭 變雅》匯集相關魏晉詩句③，柯馬丁（Martin Kern）討論六朝文人對《詩》不同於《毛詩》的理解以外④，很少見到對此問題或相關個案的系統研究。

陸機又在《文賦》中説：

> 傾羣言之瀝液，漱六藝之芳潤。⑤

可見陸機的創作原本六藝，勢必深度吸納《詩》學資源。那麽，作爲《詩》學發生劇烈轉變的時期的作家，來自與學術中心有一定距離的吴地，二陸作品中會透露出怎樣的習《詩》用《詩》痕跡，與之相關的家派屬性如何，對認識魏晉文人作品與《詩》學的關係有何價值，便成爲值得探討的問題。

二、二陸《詩》學家派判斷原則

若要通過二陸作品中的習《詩》用《詩》痕跡，獲取二陸《詩》學家派信

---

① （唐）陸德明撰，吴承仕疏證《經典釋文序録疏證》，張力偉點校，北京：中華書局，2008，第82頁。

② （唐）魏徵、（唐）令狐德棻《隋書》，北京：中華書局，1973，第918頁。

③ 黄節《詩旨纂辭 變雅》，劉尚榮、王秀梅點校，北京：中華書局，2008。

④ Martin Kern, "Beyond the Mao Odes: Shijing Reception in Early Medieval China", *Journal of the American Oriental Society* 127. 2 (2007): 131—142. 漢譯文見柯馬丁：《毛詩之後：中古早期〈詩經〉接受史》，陳致主編《跨學科視野下的詩經研究》，上海：上海古籍出版社，2010，第236—250頁。

⑤ 爲免繁瑣，本文凡引用源出《晉二俊文集》的二陸本集系統作品，皆據影鈔宋本《陸士衡文集》、宋本《陸士龍文集》，除有異文需另行説明者外，均只標出卷數、篇名或僅標篇名，引用《詩》根據通行《毛詩》文本，出風雅頌和篇名。陸機作品佚文則根據楊明《陸機集校箋》（上海：上海古籍出版社，2016），後文不再出注。

息，首先應當明確兩個問題，從而確立判斷原則。

第一，合理認識作品文句的實際意涵、文學語言和《詩》學經説的關係，釐清作品是否用《詩》。

二陸作品中的一些字詞，可以徵引某家《詩》加以合理訓釋，但這實際上只能説明經師對語言中的字詞解釋準確，未必意味着二陸有意用《詩》。

（1）陸機集卷一《文賦》："或寄辭於瘁音，言徒靡而弗華。"

《文選》李善注引薛君《韓詩章句》："靡，好也。"①

此條薛君《韓詩章句》佚文，王應麟認爲是訓釋《周頌·烈文》"無封靡于爾邦"，陳奂認爲是訓釋《大雅·召旻》"昏椓靡共"，陳喬樅則推測已佚的《韓詩内傳》本訓《小雅·巷伯》"萋兮斐兮"之"斐"爲"靡"，薛君申説"靡"訓爲"美"②。既然連薛君所訓爲何句都不清楚，此處自然不能認作引《詩》。實則義爲"美好"的"靡"本是上古漢語常用詞，如《墨子·辭過》"以爲錦繡文采靡曼之衣"、《楚辭·招魂》"靡顏膩理"、枚乘《七發》"此亦天下之靡麗皓侈廣博之樂也"，薛君的訓釋概括力强、解釋準確，可以用來理解《文賦》，但不能説明相應的文句有意引《詩》或帶有什麽家派屬性。

即使是某句詩的用語和某家經師相合，其實也未必能説明家派屬性。

（2）陸機集卷五《爲顧彦先贈婦》二首之一："隆思亂心曲。"

楊明《校箋》："李善注引薛君《韓詩章句》：'時風又且暴，使已思愈隆。'案：此釋《邶風·終風》'終風且暴'。王先謙《詩三家義集疏》云：'《韓詩》以爲夫婦之詞，故陸（機）《贈婦》詩用其義也。'張華《答何劭》：'悟物增隆思，結戀慕同儕。'"③

"隆思"實際上是一個文學語言範疇的問題，而和經學家派没有關係。"隆"爲盛大、厚重之義，本是常訓，陸機把這個詞提取成爲文學語言，正如傅剛所論："'隆'字寫出思念的深而厚（引按，指卷五《擬蘭若生朝陽》"隆想彌年月"），陸機對這一描寫很滿意，在《爲顧彦先贈婦》和《從軍行》中兩次用'隆'字，一寫'思'（"隆思亂心曲"），一寫'暑'（"隆暑固已慘"）。用

---

① （梁）蕭統編、（唐）李善注《文選》，影印清嘉慶十四年（1809）胡克家刻本，北京：中華書局，1977，第242頁。

② （清）陳壽祺撰、（清）陳喬樅述《三家詩遺説考》，《續修四庫全書》第76册影印《左海續集》本，上海：上海古籍出版社，1995，第635頁。

③ （晉）陸機著，楊明校箋《陸機集校箋》，第297頁。

'隆'字如此描寫,以往確不多,由此可見陸機'謝朝華於已披,啓夕秀於未振'之苦心。"① 至於王先謙認爲陸機詩用《韓詩》詩旨,顯係未細加辨析《詩》文的結果。《終風》固然與夫婦有關,卻是一首刺詩,如果説陸機寫作爲友人贈婦詩,竟有意使用刺詩之旨,未免太過不近人情。《校箋》在此下即引張華答"同儕"何劭的詩,可知與陸機同時代的人並不認爲"隆思"和"夫婦"存在必然聯繫。

再如聯綿詞、疊音詞的寫法有時可以成爲判斷家派的證據,但這類雙音詞往往寫法多變,即使作品中存在與今見《毛詩》不同的寫法,也未必就來自三家《詩》。

(3) 陸雲集卷六《盛德頌》:"有頊畔換,不式王命。"②

《大雅·卷阿》"伴奂爾游矣"、《周頌·訪落》"繼猶判涣",與此"畔换"顯然是同一個聯綿詞的不同寫法,但由於缺乏異文材料,無法判斷《盛德頌》是否用三家《詩》。

(4) 陸雲集卷一《愁霖賦》:"隱隱填填,若降自天。"
《小雅·采芑》:"伐鼓淵淵,振旅闐闐。"

《説文》引作"振旅嗔嗔",左思《魏都賦》"振旅輷輷",陳喬樅僅言爲三家異文③,王先謙則以《説文》屬《韓詩》,《魏都賦》屬《齊詩》,④ 王説不足取。陳氏以《爾雅·釋天》"振旅闐闐"郭璞注爲《魯詩》之説,則《魯詩》可能與《毛詩》同作"闐闐"。陸雲詩雖有異文,卻與任何一家都不相合,自然無法説明家派屬性。

如果忽視這條原則,把未必用《詩》的文句當作用《詩》,就可能得出不合理的結論。

(5) 陸雲集卷二《征東大將軍京陵王公會射堂皇太子見命作此詩》:"桃林釋駕,天馬婆娑。"

劉運好已經指出此句用周武王歸馬放牛之典,"婆娑"之訓爲"舞",來自

---

① 傅剛《漢魏六朝文學與文獻論稿》,北京:商務印書館,2016,第316頁。
② (晉)陸雲撰,劉運好校釋《陸士龍文集校釋》:"《西晉文紀》卷十六、《經濟類編》卷三作'畔涣'。"南京:鳳凰出版社,2021,第617頁。
③ (清)陳壽祺撰、(清)陳喬樅述《三家詩遺説考》,第184頁。
④ (清)王先謙《詩三家義集疏》,吴格點校,北京:中華書局,1987,第620頁。

《陳風·東門之枌》"子仲之子，婆娑其下"毛傳"婆娑，舞也"。① 趙婧認爲此處用魏晉《詩》學的新起之義，本於孫炎之說：

> 關於"婆娑"一詞的解釋，陸雲取的是孫炎義，出自"舞者之容婆娑然"。相較毛傳，孫炎的釋義更具文學色彩。而此處，陸雲明顯取孫炎義，"婆娑"二字將天馬奔騰舞動的精、氣、神極生動地表現了出來。②

在古人的觀念中，動物本是可以"舞"的。《尚書·堯典》："擊石拊石，百獸率舞。"《鄭風·大叔于田》："執轡如組，兩驂如舞。"陸雲此詩糅合典故，用語貼切，但並没有證據説明他接受孫炎的觀點，無法支撑陸雲用魏晉新義的重要判斷。

第二，合理認識作品用《詩》文句與《詩》學材料的關係，增强論證的排他性或指向性。

若要推斷二陸作品用《詩》的家派屬性，就需證明它與多家《詩》中的一家相合，抑或與某家《詩》不合。如果一處文句僅和目前所能見到的一家《詩》學材料有關，或無法舉出證據證明該處文句與其餘家派的文本、解釋、觀點互斥，或在現存的多家學説中明確指向一家，它就無助於説明二陸《詩》學家派屬性，應被排除在討論之外。

　　（6）陸雲集卷二《征東大將軍京陵王公會射堂皇太子見命作此詩》："嘉福介祐，萬壽無期。"

趙婧論曰：

> 此句並非僅僅表達祝福長壽之願望，更隱含《毛詩序》意："《南山有臺》，樂得賢也。得賢則能爲邦家立太平之基矣。"乃祝福太子之語，非但神助嘉福，萬壽無疆，更隱含祝福國泰民安，永享太平之意。③

此論陸雲用《南山有臺》詩旨甚確，但《儀禮·鄉飲酒禮》《燕禮》鄭玄注亦謂"《南山有臺》，言太平之治，以賢者爲本。此采其愛友賢者，爲邦家之

---

① （晉）陸雲撰，劉運好校釋《陸士龍文集校釋》，第177頁。惟引《尚書·武成》作注未必合適，陸機恐不及見僞古文。此傳説廣泛流傳於戰國秦漢間，引《樂記》《史記》等陸機能見之書即可。
② 趙婧《魏晉〈詩經〉學與四言詩研究》，北京：中國社會科學出版社，2020，第156—157頁。
③ 同上書，第155頁。

基、民之父母既欲其身之壽考,又欲其名德之長也"①。陳喬樅判定鄭注爲《齊詩》遺説②,王先謙據此謂"齊義與毛大同,魯、韓未聞"③。如果陳喬樅的意見成立,那麼就無法説陸雲一定是用《毛詩序》。

(7)陸雲集卷三《贈鄭曼季往返八首·南衡》:"我之懷矣,有客來信。"

趙婧論曰:

> 此取《毛詩序》"《有客》,微子來見祖廟也",意謂勸勉其出仕之意也。④

此説對陸詩詩旨把握準確,但蔡邕《獨斷》也説:"《有客》一章十三句,微子來見祖廟之所歌也。"⑤ 若如一般看法將《獨斷》所載當作《魯詩序》,則此條情況與上條相同,都不能認爲陸雲必用《毛詩》;若不贊成《獨斷》所載是《魯詩序》⑥,則此條僅存《毛詩》之説,三家《詩》材料缺失,同樣不能説明陸雲用《毛詩》。

最後再舉一個複雜案例,以説明魏晉文人作品、文學語言與《詩》學關係之糾纏。

(8)陸機集卷五《贈馮文羆遷斥丘令》:"有命集止,翻飛自南。"

楊明《校箋》:"《詩·周頌·小毖》:'拚飛維鳥。'拚,《韓詩》作'翻'。《文選》謝瞻《張子房詩》'翻飛指帝鄉'李善注引薛君《韓詩章句》:'翻,飛貌。'是其證。"⑦

楊明引《韓詩》"翻飛"證陸機詩,初看未必可信,因爲"翻飛"是漢晉間人常語,曹植《臨觀賦》即有"俯無鱗以遊遁,仰無翼以翻飛",陸機詩中"翻飛"一語尤其多見,卷五《贈馮文羆》"翻飛各異尋",卷五《爲顧彦先贈婦》二首之一有"翻飛游江汜",佚詩《贈顧令文爲宜春令》有"翻飛名都",

---

① (清)阮元校刻《十三經注疏》,影印清嘉慶二十年(1815)刻本,北京:中華書局,2009,第2128、2208頁。
② 陳壽祺撰、陳喬樅述《三家詩遺説考》,第399頁。
③ 王先謙《詩三家義集疏》,第595頁。
④ 趙婧《魏晉〈詩經〉學與四言詩研究》,第155頁。
⑤ (漢)蔡邕《獨斷》卷二,第十四頁,《四部叢刊三編》影印常熟瞿氏鐵琴銅劍樓藏明弘治癸亥(1503)刻本。
⑥ 參謝志平《東漢儒家學者叢考》,廣州:中山大學出版社,2019,第25—26頁。
⑦ 楊明《陸機集校箋》,第244頁。

佚詩《贈武昌太守夏少明》有"翻飛上國",陸雲作品中也有卷三《答吳王上將顧處微》"於時翻飛",卷六《登遐頌·王子喬》"與爾翻飛"、《登遐頌·黃伯嚴》"翻飛自南",若說上述文句處處用《詩》,委實不甚合理。尤其是《太平御覽》卷八二五引陸機佚句:

> 老蠶晚績縮,老女晚嫁辱。曾不如老鼠,翻飛成蝙蝠。

此詩體甚俚俗,而"翻飛"語出《周頌》,文體未免相差過遠。

但考慮到以下關鍵證據,就會發現問題並不如此簡單:

> 陸雲集卷二《從事中郎張彥明為中護軍》:"肇彼桃蟲,假翼翻飛。"①
> 陸雲集卷二《贈汲郡太守》:"肇允衡門,翻飛宰朝。"
> 陸雲集卷七《九愍·涉江》:"有鳥翻飛,集江湘兮。"

這三處文句都沒有問題是化用《周頌·小毖》"肇允彼桃蟲,拚飛維鳥",亦即前引楊明《校箋》所說《韓詩》作"翻飛"者,但由於魯、齊二家材料缺失,只能認為二陸所習《詩》傳本此處異文與《韓詩》相同。

由此反觀前文所引諸例"翻飛",卻也沒有必要一概認為是用《韓詩》。《韓詩》屬於今文經學,用字、訓釋比較貼近漢代的常用語,這些常用語是生活在社會語言環境中的人,不需要特意學習某一家派的經典就可習得的。二陸既在詩歌語言中使用通行的"翻飛"一詞,又在用典時依據自己所習的寫作"翻飛"的經本,二者並不互相矛盾。

最後,二陸作品引《詩》部分必定存在不具備《詩》學意義的訛誤,如陸雲集卷三《答兄平原》"闞如虓虎",《大雅·常武》"闞如虓虎"並無異文,《鄭風·大叔于田》"襢裼暴虎"、《小雅·小旻》"不敢暴虎"都是"徒搏"之義②,與陸雲詩不相合,故"虓"只可視作誤字,陸雲集卷一《南征賦》"熊羆之旅,虎闞之將"即不誤。

三、二陸《詩》學家派屬性考論

二陸作品中與《詩》學家派屬性相關的內容,可以分為四類討論。

---

① 此詩詩題存在爭議,參(晉)陸雲撰,劉運好校釋《陸士龍文集校釋》,第248—250頁。
② 裘錫圭《說"玄衣朱襮袡"——兼釋甲骨文"虓"字》,載《裘錫圭學術文集》第三卷,上海:復旦大學出版社,2012,第3—5頁。

（一）經文用字

古人無論直引還是化用經書，都未必完全依照所習家派的經文，古書中所載引用經書之文又容易在流傳中被後人依據習見之本更改，因此在判定《詩》學家派屬性所能使用的材料中，經文用字是最不可信的。但是二陸沒有留下專門討論經學的文字，又在文學創作中大量化用經文，能夠説明家派屬性的材料反而以經文用字爲最多，此節只能以前人成果爲參照，考察二陸用《詩》與哪一家相近。

（9）陸機集卷三《歎逝賦》："在殷憂而弗違，夫何云乎識道。"

陸雲集卷三《答兄平原》："衡顇遘愍，困瘁殷憂。"

《邶風・柏舟》："耿耿不寐，如有隱憂。"

陳壽祺、陳喬樅根據《楚辭・九章・悲回風》王逸注、《楚辭・哀時命》《吕氏春秋・貴生》高誘注皆作"隱憂"，《淮南子・説山》高誘注作"殷憂"，認爲《魯詩》隱、殷兩作；根據《易林・屯之乾》作"殷憂"，認爲《齊詩》作殷；指出《文選注》四次引用《韓詩》皆作"殷憂"。① 此作"殷憂"，屬於今文三家，與齊、韓較接近。

（10）陸機集卷五《皇太子宴玄圃宣猷堂有令賦詩》："儀形祖宗，妥綏天保。"②

《皇太子賜讌》："誕育皇儲，儀形在昔。"③

《答賈謐》："儀形在昔，予聞子命。"④

陸雲集卷五《吴丞相陸公誄》："儀形我度，軌物垂象。"

《大雅・文王》："儀刑文王，萬邦作孚。"

陳喬樅據《潛夫論・德化》謂《魯詩》作"形"⑤。虞萬里懷疑"王符此文取義與《緇衣》同，很可能係據《緇衣》文字敷衍之文"⑥。若此説成立，根據

---

① 陳壽祺撰、陳喬樅述《三家詩遺説考》，第76、349、527頁。
② 影抄宋本《陸士衡文集》作"形"，楊明《陸機集校箋》"以諸篇所從出之總集、類書的善本爲底本"，故此處從《文選》作"刑"。但《文選》自身亦有異文。劉躍進著，徐華校《文選舊注輯存》："刑，室町本作'形'。"（南京：鳳凰出版社，2017，第3876頁）
③ 影抄宋本《陸士衡文集》作"形"，楊明《陸機集校箋》從《藝文類聚》作"刑"。
④ 楊明《陸機集校箋》引《毛詩》、毛傳並謂"形、刑"通。
⑤ 《三家詩遺説考》，第243頁。
⑥ 虞萬里《上博館藏楚竹書〈緇衣〉綜合研究》，武漢：武漢大學出版社，2009，第415頁。

清人判定原則，"形"又當歸爲《齊詩》異文。要之，唯一確定的是漢魏之際出現"儀形"異文，其家派屬性則未易言。陸雲集卷二《贈顧驃騎二首·思文》"永肇儀刑，俾民惟則"，卷五《晉故豫章內史夏府君誄》"儀刑柳惠，庶績惟穆"，蓋隨意通用或後世所改。

（11）陸機集卷六《日出東南隅行》："美目揚玉澤，蛾眉象翠翰。"
《衛風·碩人》："螓首蛾眉。"

陳喬樅認爲《毛詩》作"娥"，三家《詩》作"蛾"，是古今字之別。① 段玉裁認爲"蛾"只是晚出異文，並非今古文差異："陸士衡詩'美目揚玉澤，娥眉象翠翰'，倘從今本作'蛾'，則一句中用'蛾'，又用'翠羽'，稍知文義者不肯爲也。"② 王先謙則謂："《詩》家並采，不專一說，段氏未爲全得也。"③ 王說較爲通達，則此作"娥眉"，尚難判定家派。

（12）陸機集卷八《演連珠》之三二："豐沛之士，忘桓撥之君。"
《商頌·長發》："玄王桓撥，受小國是達，受大國是達。"

《經典釋文》："《韓詩》作發。發，明也。"④ 此作"桓撥"，可知並非《韓詩》。

（13）陸機集卷九《愍懷太子誄》："曾是遘愍，匪降自天。"
陸雲集卷三《答兄平原》："銜艱遘愍，困瘁殷憂。"
又："多我遘愍，振蕩朔垂。"
卷六《盛德頌》："而臣遘愍，自西徂東。"
卷七《九愍·涉江》："雖遘愍之既多，亦顛沛其何悔。"
《邶風·柏舟》："覯閔既多，受侮不少。"

陳壽祺將《楚辭·哀時命》王逸注輯爲《魯詩》，陳喬樅又引班固《幽通賦》，謂班固學《齊詩》，則齊、魯同作"愍"。⑤ 此作"遘愍"，與魯、齊二家相合。

---

① 陳壽祺撰、陳喬樅述《三家詩遺說考》，第103頁。
② （清）段玉裁《詩經小學》卷五，載賴永海主編《段玉裁全書》第1冊影印道光乙酉（1825）抱經堂刊本，南京：江蘇人民出版社，2015，第489頁。
③ 王先謙《詩三家義集疏》，第283頁。
④ （唐）陸德明《經典釋文》，影印中國國家圖書館藏宋刻宋元遞修本，上海：上海古籍出版社，2013，第417頁。
⑤ 《三家詩遺說考》，第78頁。

(14) 陸機佚詩《贈武昌太守夏少明》："雍雍鳴鶴，亦聞于天。"

《毛詩》之言"雝雝"者甚多，兹不贅述。陳壽祺、陳喬樅據《新書·容經》謂《魯詩》作"噰噰"，又引《鹽鐵論·結和》作"雍雍"，未明言爲《齊詩》用字，① 王先謙則將此指實，並據《續漢書·輿服志》注引《白虎通》佚文作"雍雍"，認爲"噰噰"是《魯詩》另一傳本。② 此作"雍雍"，與魯、齊二家相合。

(15) 陸雲集卷一《南征賦》："火烈具舉，伐鼓淵淵。"
《小雅·采芑》："伐鼓淵淵，振旅闐闐。"

"伐鼓淵淵"無異文。《商頌·烈祖》"鞉鼓淵淵"，《説文》引作"鼘鼘"，陳喬樅謂"淵、鼘古今字，然則三家詩當皆作鼘也"③。陳説缺乏證據，無法據以判斷陸雲詩家派屬性。

(16) 陸雲集卷二《太尉王公以九錫命大將軍讓公將還京邑祖餞贈此詩》："高山峻極，天造芒芒。"
卷三《贈鄭曼季往返八首·南衡》："南衡維岳，峻極昊蒼。"
卷五《吴丞相陸公誄》："悠結沉維，峻極公綱。"
卷六《登遐頌·大勝山上女》："茗茗玄右，在彼峻極。"
《大雅·崧高》："崧高維嶽，駿極于天。"

王先謙總結此句異文甚詳，《風俗通·山澤》所引《魯詩》，《禮記·孔子閒居》及鄭注、《公羊傳·莊公四年》何休《解詁》、《易林·大壯之兑》所引《齊詩》，王應麟《詩考》録《韓詩外傳》引《韓詩》，"崧高"均作"嵩高"，"駿極"均作"峻極"。④ 此作"峻極"，與今文三家《詩》相合。

(17) 陸雲集卷二《太尉王公以九錫命大將軍讓公將還京邑祖餞贈此詩》："公王戾止，有車轔轔。"
《秦風·車鄰》："有車鄰鄰，有馬白顛。"

陳喬樅以《楚辭·九歌·大司命》王逸注所引爲《魯詩》，《易林·大畜之

---

① 陳壽祺撰、陳喬樅述《三家詩遺説考》，第353頁。
② 王先謙《詩三家義集疏》，第165、601頁。
③ 《三家詩遺説考》，第317頁。
④ 《詩三家義集疏》，第960頁。

離》爲《齊詩》，並據諸書引文認爲"三家今文同"，均作"轔轔"。① 王先謙則反思陳氏所引《文選注》，謂"毛亦有作'轔'之本，非獨三家，不能執爲同異之證也"②。此作"轔轔"，若陳説成立，可爲二陸用《詩》近今文添一證據，若王説成立，則家派屬性仍不明確。

(18) 陸雲集卷二《贈顧驃騎後二首·有皇》："考榮穹谷，假樂豐林。"

卷三《贈鄭曼季往返八首·鳴鶴》："假樂君子，祚爾明德。"

《大雅·假樂》："假樂君子，顯顯令德。"

陳喬樅以《禮記·中庸》所引"嘉樂"爲《齊詩》。③ 此作"假樂"，即使陳氏的判斷成立，也僅能説與《齊詩》不合。

(19) 陸雲集卷三《贈鄭曼季往返八首·谷風》："霖雨嘉播，有渰淒陰。"

《小雅·大田》："有渰萋萋，興雨祁祁。"

陳壽祺、陳喬樅據《吕氏春秋·務本》及高誘注謂《魯詩》作晻，據《漢書·食貨志》《經典釋文》謂《齊詩》作黭，據王應麟《詩考》引《韓詩外傳》謂《韓詩》作弇。④ 此作"有渰"，看似與《毛詩》相合，實則陳氏也承認《漢書》《韓詩外傳》皆多有作渰之本。即使歸之後人所改，也可推知後人多改三家所用黭、弇等字作渰，陸雲詩未必不爲後人所改。《文館詞林》卷一五六引陸雲詩作"捲"⑤，是值得注意的線索。

(20) 陸雲集卷三《贈鄭曼季往返八首·鳴鶴》："乃振褧裳，襲爾好衣。"

卷一〇《移書太常府薦張贍》："褧裳襲錦，□衣被玉。"

《鄭風·丰》："衣錦褧衣，裳錦褧裳。"

此例應與鄭曼季答詩《南山》"錦衣尚絅，至樂是耽"合觀。《列女傳》《禮記·中庸》所引褧皆作絅，陳喬樅斷爲《魯詩》《齊詩》之文，《説文》兩

---

① 陳壽祺撰、陳喬樅述《三家詩遺説考》，第 140、378—379 頁。
② 王先謙《詩三家義集疏》，第 435 頁。
③ 《三家詩遺説考》，第 450 頁。
④ 同上書，第 229、425、650 頁。
⑤ 陸雲《陸士龍文集校釋》，第 304 頁。

引此詩，一作裂，一作榮，陳喬樅謂前者古文，後者今文，① 王先謙逕謂榮爲《韓詩》異文②，未必合理。鄭曼季答詩《鴛鴦》又有"企予望之，搔首踟躕"，陳喬樅據《楚辭·九歎》王逸注、《易林·大過之訟》謂《魯詩》《齊詩》均作"企予"③，與鄭曼季詩相合。

要之，陸雲和鄭曼季皆爲吳人，贈答之詩引同一經文，異文分別判然，説明雖然晚到西晉，即便在同一地域，文人作品仍然藴含着不容忽視的《詩》學家派因素。

(21) 陸雲集卷三《答顧秀才》："何以恤我，其仁孔有。"
《周頌·維天之命》："假以溢我，我其收之。"

陳喬樅據《爾雅·釋詁》某氏注引文和《經典釋文》不載《韓詩》異文，認爲《魯詩》《韓詩》皆當與《毛詩》同，而《説文》所引"誐以謐我"應係《齊詩》異文，《左傳·襄公二十七年》"何以恤我"則係"誐以謐我"之誤。④ 按照陳氏之説，則《左傳》反而是誤讀《齊詩》，使人難以信從其判斷。此作"何以恤我"，仍以看作引《左傳》較合適，並不直接反映《詩》學家派。

(22) 陸雲集卷三《答顧秀才》："有斐君子，如珪如璠。"
《衛風·淇奧》："有匪君子。"

陳喬樅據《爾雅·釋訓》《禮記·大學》謂《魯詩》《齊詩》均作"有斐"，又據《經典釋文》指出《韓詩》作"有邲"。⑤ 此作"有斐"，與魯、齊相合。

(23) 陸雲集卷五《吳丞相陸公誄》："禮嘉嵩高，樂和湛露。"
卷七《九愍·涉江》："山嵩高以藏景，雲晻靄而荒野。"
《大雅·崧高》："崧高維嶽，駿極于天。"

上 (15) 條述之已詳。此作"嵩高"，與今文三家《詩》合。

(24) 陸雲集卷六《盛德頌》："謀猷回遹，天人匪祚。"
《小雅·小旻》："謀猶回遹，何日斯沮。"

---

① 陳壽祺撰、陳喬樅述《三家詩遺説考》，第 101—102、363 頁。
② 王先謙《詩三家義集疏》，第 278 頁。
③ 《三家詩遺説考》，第 108、365 頁。
④ 同上書，第 468—469 頁。
⑤ 同上書，第 100、362、553 頁。

陳喬樅認爲潘岳《西征賦》"回沈"蓋本《魯詩》，班固《幽通賦》"回穴"係《齊詩》，《韓詩》則如《經典釋文》所載作"回歍"。① 此作"回遹"，與《毛詩》相合。

(25) 陸雲集卷九《國起西園第表啓》："遺訓百世，貽燕子孫。"
《大雅·文王有聲》："詒厥孫謀，以燕翼子。"

據陳壽祺、陳喬樅所輯，《列女傳》屬《魯詩》，作"貽厥"；《禮記·表記》屬《齊詩》，作"詒厥"；《韓詩外傳》作"貽厥"。② 此作"貽厥"，與魯、韓相合。

詞目	備註	詞目	備註
殷憂	屬今文，近齊、韓	假樂	家派屬性不明
儀形	家派屬性不明，疑爲後期異文	有渰	家派屬性不明，或係後人改字
蛾眉	家派屬性不明	裦裳	家派屬性不明，贈答用字有别
桓撥	非韓	何以恤我	家派屬性不明，應視爲用《左傳》
遷愍	屬今文，近魯、齊	有斐	屬今文，近魯、齊
雝雝	屬今文，近魯、齊	崧高	屬今文
淵淵	家派屬性不明	回遹	近毛
峻極	屬今文	貽燕	屬今文，近魯、韓
轔轔	家派屬性不明	惟	屬今文

此外，《毛詩》作"維"之處，《魯詩》《韓詩》多作"惟"③，陸機集卷九《漢高祖功臣頌》"無競惟人"、《愍懷太子誄》"惟天有命"、佚文《贈武昌太守夏少明》"惟此惠君"、陸雲集卷二《征東大將軍京陵王公會射堂皇太子見命作此詩》"叡哲惟晉"、《贈顧驃騎後二首·思文》"惟子之績"、卷三《答兄平原》"時惟鷹揚"、《贈鄭曼季往返八首·南衡》"瞻彼江湘，惟水泱泱"、卷三《贈鄱陽府君張仲膺》"雖云舊邦，其命惟新"、卷五《吳丞相陸公誄》"相惟天子"、卷六《張二侯頌》"時惟鷹揚"，援用或基本援用《詩》文，"維"皆作"惟"。反之，援用《詩》文而作"維"者極少，僅見《贈鄭曼季往返八首·谷

---

① 陳壽祺撰、陳喬樅述《三家詩遺說考》，第415頁。
② 同上書，第258、447、681頁。
③ 王先謙《詩三家義集疏》，第400頁。

風》"維南有箕"和《南衡》"南衡維岳"。這一現象也印證二陸用《詩》在經文用字上更爲接近今文三家《詩》，似乎尤與《魯詩》爲近。

（二）字詞解釋

和經文用字相比，經書字詞的解釋更能體現經師的學說，其家派屬性更易辨識。

（26）陸機集卷五《皇太子宴玄圃宣猷堂有令賦詩》："皇上纂隆，經教弘道。"

《答賈謐》："誕育洪胄，纂戎于魯。"

卷一〇《五等諸侯論》："光武中興，纂隆皇統。"

佚文《與弟清河雲》："帝曰欽哉，纂戎烈祚。"

陸雲集卷六《祖考頌》："我考纂戎，爰究爰度。"

《大雅·烝民》："纘戎祖考，王躬是保。"

纂和纘表示的是同一個詞。本句没有三家《詩》説留存，而毛傳、鄭箋有一貫穿全《詩》的分歧，即毛多訓戎爲大，鄭多訓戎爲汝，本句即是如此。二陸作品"纂戎"或寫作"纂隆"，説明二陸認爲"戎"的詞義與"隆"相近，據此則"纂戎/隆"應理解爲"繼承大業"，放在以上辭例中無不文通字順。由此可知二陸對經文"戎"的理解與毛傳相近，與鄭箋不同，但究竟是毛傳和三家《詩》同爲舊説，鄭箋依據群經另立新解，還是鄭箋引入三家《詩》的訓釋，則限於材料無法判斷。姑將此點揭出，存疑待考。

（27）陸機集卷五《吳王郎中時從梁陳作》："薄言肅後命，改服就藩臣。"楊明《校箋》："《詩·周南·芣苢》：'薄言采之。'《毛傳》：'薄，辭也。'《鄭箋》：'薄言，我薄也。'《箋》釋'言'爲'我'，用《爾雅·釋詁》。今人多以薄、言爲虚字。"①

《答賈謐》："在漢之際，皇綱幅裂。火辰匿暉，金虎曜質。雄臣馳騖，義夫赴節。釋位揮戈，言謀王室。"《校箋》未注"言"字。

毛傳、鄭箋多訓"虚詞＋言"和"言＋謂詞"結構中的"言"爲"我"，《校箋》亦引以釋陸機詩。但《答賈謐》此章所屬爲漢末强臣之事，無論站在陸機還是賈謐的角度，都已經是父祖時代的過往，不可能説成"我謀王室"。所以，陸機對"言"的理解應當和毛傳、鄭箋不同。

---

① 楊明《陸機集校箋》，第238頁。

(28) 陸雲集卷六《嘲褚常侍》："庶幾夙夜，允集衆譽。"
《周頌·振鷺》："庶幾夙夜，以永終譽。"

王先謙以《禮記·中庸》所引爲《齊詩》與《毛詩》同作"終譽"之證，而《後漢書·崔駰傳》"衆譽"則視爲《魯詩》《韓詩》之文。① 此作"衆譽"，可能與今文相合。

(三) 詩旨認識

就《詩》學家派屬性的判定而言，詩旨是最爲明確的標誌之一，但二陸作品很少涉及詩旨，能夠加以考辨者除上(2)條外，僅得如下三條。

(29) 陸機集卷一〇《辨亡論下》："麥秀無悲殷之思，黍離無愍周之感矣。"

漢代今文《詩》學多以本事説解此詩，認爲係尹吉甫之子伯奇遭讒而作，② 惟《毛詩序》謂："《黍離》，閔宗周也。周大夫行役至于宗周，過故宗廟宫室，盡爲禾黍，閔周室之顛覆，傍徨不忍去而作是詩也。"此言"愍周之感"，無疑是受《毛詩》影響。但若加深考，向秀《思舊賦》即言"歎黍離之愍周兮，悲麥秀于殷墟"，亦是《麥秀》《黍離》對舉，陸機未必直接受到《毛詩》影響，可能是從向秀賦中間接吸收而來。③

(30) 陸雲集卷八《與兄平原書》："庶幾爲關雎之見微。"

漢代今文《詩》學均認爲《關雎》是詩人因周康王晏起，見微知著而作的刺詩，④ 只有《毛詩》才認爲《關雎》之旨"樂得淑女以配君子"。此言"關雎之見微"，其認識與今文《詩》學相同，但與上條一樣，前代名篇已經有過類似表達，即馮衍《顯志賦》"美關雎之識微兮，愍王道之將崩"，而且從陸機集卷

---

① 王先謙《詩三家義集疏》，第1024頁。
② 略舉如下：《説苑·奉使》魏文侯封太子擊於中山章、《新序·節士》衛宣公之子章、《太平御覽》卷四六九引《韓詩》、《太平御覽》卷八四二引《韓詩外傳》、《韓詩外傳》卷八魏文侯有子曰擊章、《後漢書·郅惲傳》、曹植《令禽惡鳥論》。
③ 陸機集卷八《演連珠》之四十二："殷墟有感物之悲，周京無佇立之跡。"是否爲用《黍離》之旨，尚可存疑，參(晉)陸機撰，楊明校箋《陸機集校箋》，第515頁。
④ 略舉如下：《史記·孔子世家》《史記·十二諸侯年表》、《漢書·杜周傳》載杜欽上疏、《列女傳·仁智》魏曲沃負章、《太平御覽》卷一四五皇親部十一引《詩推度災》、《後漢書·明帝紀》注引《春秋説題辭》、《法言·孝至》、班固《離騷序》、《後漢紀》卷二三載熹平元年(172)楊賜上書、《後漢書·楊賜傳》載楊賜上封事、《文選》卷六〇任彥昇(昉)《齊竟陵王行狀》"武皇晏駕，寄深負圖"注引《風俗通義》、蔡邕《青衣賦》、張超《誚青衣賦》。

二《遂志賦序》"而馮衍又作《顯志賦》"看，二陸確實知曉此賦。

> （31）陸機集卷八《演連珠》之三十一："臣聞遁世之士，非受匏瓜之性；幽居之女，非無懷春之情。是以名勝欲，故偶影之操矜；窮愈達，故凌霄之節厲。"

魏源將"匏瓜之性"與《邶風·匏有苦葉》聯繫起來，據此謂《魯詩》《韓詩》中此詩之旨爲隨時仕進、謹慎自重，① 但陸機文分明只需用《論語·陽貨》"吾豈匏瓜也哉，焉能繫而不食"解釋，無非是説隱士並非像匏瓜那樣，本性就可以"繫而不食"，而是本有用世之心，有意磨礪名節而已，和《匏有苦葉》詩旨没有關聯。

（四）特殊情況

除明確可以與三家《詩》相印證的材料之外，二陸作品用《詩》還存在一些特殊情況。

一是語典詞的創新，和經文訓解無關。

> （32）陸機集卷五《爲周夫人贈車騎》："昔者與君別，歲律薄將暮。"
> 《唐風·蟋蟀》："蟋蟀在堂，歲聿其莫。"

陸機本集作"歲律"，《玉臺新詠》卷三作"歲聿"，楊明、劉運好皆認爲異文之間是通假關係，並未明言以何者爲正。② 唐宋以後文獻中確有"歲律"一詞，指十二律配合十二月而成一歲，如陸贄《興元論續從賊中赴行在官等狀》："歲律未半，乘輿再遷。"杜光庭《太子爲皇帝醮太一及點金籙燈詞》："星紀迴天，歲律云暮。"用《唐風·蟋蟀》語而又直接寫作"歲律"，似乎可以作爲陸機詩應作"歲律"的證據，甚至進而懷疑陸機對經文的理解。

若細加觀察二陸作品中"歲聿"的用法，問題則又不如此簡單。

> 陸雲集卷七《九愍·紆思》："考年載以遲之，悲歲聿之已暮。"
> 卷一〇《移書太常府薦張贍》："考槃下位，歲聿屢遷。"

第一例"歲聿"雖然位於主語位置，尚可説是沿襲《詩》文結構，第二例則明確將"歲聿"當作一個整體使用，並且也不能解作"歲律"，因爲説的是連年累月之事，而不是一年内部的十二月。换言之，二陸作品中的"歲聿"已

---

① 魏源全集編輯委員會編：《魏源全集·詩古微》，長沙：嶽麓書社，2004，第382頁。
② 楊明《陸機集校箋》，第301頁。（晉）陸機撰，劉運好校釋：《陸士衡文集校釋》，第334頁。

經濃縮成爲一個語典詞①，其内涵就是"年歲"。這個詞被東晉南朝人繼承下來，在語言中具有一定的生命力。

  曹毗《蜡除詩》："玄靈告稔謝，青龍駕拂軨。鮮冰迎流結，凝雷垂簷賈。人欣八蜡暢，詎知歲聿盡。"
  何承天《上陵者篇》："嗟歲聿，逝不還，志氣衰沮玄鬢斑。"

曹詩皆爲排偶之句，"八蜡"與"歲聿"對文，皆爲名詞，"歲聿"自是年歲之意。何詩若用《唐風·蟋蟀》原文"歲聿其逝"去理解，就會顯得窒礙不暢，若將"歲聿"理解爲年歲，則怡然理順。② 至於唐宋以後的"歲律"一詞，應當看作用十二律配十二月的思維重構語典詞"歲聿"的理據的結果。

  (33) 陸機佚詩《與弟清河雲》："雙組式帶，綏章載路。"
  楊明《校箋》："《詩》'載路'兩見，《毛傳》皆訓'路'爲大，宋儒始作道路解。陸機此云'綏章載路'，其'路'實道路之意。《隸釋》卷十一載漢末《劉寬後碑》：'生榮亡哀，厥聲載路。'蔡邕《貞節先生范史雲銘》：'身没譽存，休聲載路。''路'字似已應作道路解。陸雲《吴故丞相陸公誄》：'四牡載路，出餞于郊。'《晉書·慕容廆載記》廆疏上陶侃：'貢篚相尋，連舟載路。'侃報書：'貢篚載路。'范曄《後漢書·西羌傳論》：'降俘載路，牛羊滿山。'任昉《重敦勸梁王令》：'雲竿載路，清蹕啓行。'諸例之'路'皆道路之意。"③

此例亦能説明魏晉文人用《詩》時已不再局限於經説，而直接使用經文的字面意義、聯想意義，以此來創造文學語言。惟《劉寬後碑》"厥聲載路"仍係用《大雅·生民》文，逕訓爲大即可，不煩另解。

  二是用典方式的創新，與詩旨理解無關。

  (34) 陸機集卷五《贈馮文羆遷斥丘令》："有頍者弁，千載一彈。"
  《小雅·頍弁》："有頍者弁，實維伊何。"

《頍弁》《毛詩序》説爲刺詩，三家之義不存，但從經文"死喪無日，無幾

---

① 關於語典詞的定義，參看季忠平《中古漢語語典詞研究》，上海：學林出版社，2013，第 2—8 頁。
② 此外也有少數把"歲聿"用作"歲暮"的例子，很能體現語典詞構詞的豐富性，兹不贅述。
③ 楊明《陸機集校箋》，第 867—868 頁。

相見"來看,大概詩旨也非正面。陸機詩僅取其字面意義,再熔鑄《漢書》"王陽在位,貢公彈冠"之典爲"千載一彈"之語,還寄寓與吳地同鄉馮熊相勉仕進之意,意涵非常豐富,只是已經逸出經學範圍。

三是二陸作品有助於考證經文文本的演變。

(35) 陸雲集卷五《晉故散騎常侍陸府君誄》:"時值大過,士爽其德。"

《衛風·氓》:"女也不爽,士貳其行。"

王引之提出"士貳其行"之"貳"爲"貣"的假借,應當訓爲差忒,① 蔣文則根據文義、出土文獻引文反對此說,主張《衛風·氓》《大雅·大明》《魯頌·閟宮》之"貳"都應讀如字。② 綜觀蔣說,據簡帛《五行》引《詩》證《大明》之"貳"應讀如字,可謂確鑿,但其餘兩處文句仍以辨析文義爲主,缺乏直接證據。今得此例以"士爽"對應"士貳",可知魏晉時期存在把《衛風·氓》之"貳"理解爲"爽"的情況,與之相對應的經文傳本可能就是寫作"貣"的。

(36) 陸機集卷三《歎逝賦》:"咨余命之方殆,何視天之茫茫。"

《小雅·正月》:"視天夢夢。"

黄節《變雅》:"夢夢亦作芒芒,陸機《歎逝賦》'何視天之芒芒',李善注引此詩以釋之,夢芒雙聲字,此或《齊詩》文。"③

黄氏的推測固然無法坐實,但根據魏晉文人作品用《詩》來上溯漢代家法的嘗試,仍然是富有意義的。

四、結語

總結上文所述,二陸作品用《詩》與今文三家《詩》相合較多,尤其與《魯詩》相近,但又存在一些與《毛詩》相合之處,這正印證着漢末以後今古文趨於混融的學風。二陸所習《詩》學既然具有較濃的今文家派屬性,以往在

---

① (清)王引之《經義述聞》,虞思徵、馬濤、徐煒君校點,上海:上海古籍出版社,2018,第298—299頁。

② 蔣文《先秦秦漢出土文獻與〈詩經〉文本的校勘和解讀》,上海:中西書局,2019,第44—50頁。

③ 黄節《詩旨纂辭 變雅》,第592頁。

二陸作品注釋中片面倚重《毛詩》或依賴《文選》李善注的傾向，就有必要加以修正，以便更爲準確地認識二陸作品的實際內涵。今文經學和後世文學語言的關係，也值得進一步的注意。

　　魏晉時期保存着相當豐富的上古史料。經學方面，漢《易》未替，晚《書》將出，《詩》《禮》《春秋》，皆有數家之傳；古史方面，許多古史傳說尚在，如契得金德、帝辛博弈①，加之汲冢竹書出土，陸機《豪士賦序》"伊生抱明允以嬰戮"，即用《竹書紀年》"太甲殺伊尹"之說；子書方面，衆多戰國子書仍有遺存，司馬彪猶及見五十二篇本《莊子》。再加上東漢以降博學之風日盛，文人主動吸納各種知識，注釋研究這一時期的文學作品，需要更加重視遺文逸說，避免簡單援用唐宋以後成爲主流的傳本和解釋，遮蔽豐富的歷史實相。如何提升對中古文獻圖景的認識，加強對各類史料的使用能力，推動魏晉文學作品注釋的精密化，是富有趣味而值得進一步探索的議題。

　　　　（作者單位：北京大學中國古文獻研究中心、北京大學中文系）

---

① 郭永秉《上博簡〈容成氏〉所記桀紂故事考釋兩篇》，載氏著《古文字與古文獻論集》，上海：上海古籍出版社，2011，第170—171頁。

儀節劃分與張爾岐《儀禮鄭注句讀》的學術價值
——兼及清初學術轉向的再討論

杜以恒

【内容提要】 儀節劃分是張爾岐《儀禮鄭注句讀》的核心任務，張爾岐分節在參考賈公彦《儀禮疏》的基礎上進行了全新創造，其分節在精密度、系統性上超越了賈公彦、朱熹、敖繼公等前代分節，在朱熹之後構建了《儀禮》分節的新範式。然而張爾岐分節亦存在儀節缺失、誤解經文等疏漏，難稱完善。《句讀》撰作之初應者寥寥，直到乾隆初期詔開三禮館、廣徵本朝經說，《句讀》才得以進呈、刊刻並成爲學術由理學轉向樸學的重要推力。討論《句讀》與清初學術轉向時，理應充分認識《句讀》的優長與學術史意義，但不宜高估《句讀》的學術價值，亦不可忽視清廷稽古右文政策對學術轉向的巨大影響。

【關鍵詞】 《儀禮》 儀節 《儀禮鄭注句讀》 清初學術轉向

漢代以來，《儀禮》在經學中的地位逐漸下降。南宋時朱熹及其高足黄榦、楊復曾撰《儀禮經傳通解》《儀禮圖》，試圖"興起廢墜"①，明中期陳鳳梧密集編刻五種《儀禮》刊本②，希望《儀禮》之學"有所興

---

① （宋）朱熹《乞修三禮劄子》，《朱子全書》第二册，上海：上海古籍出版社，2002，第26頁。

② 明弘治十六年（1503）陳鳳梧刻白文本、明正德十六年（1521）陳鳳梧刻經注釋文本、明嘉靖元年（1522）或二年陳鳳梧刻注疏本、明嘉靖四年至六年陳鳳梧刻篆文《六經》白文本、明嘉靖六年陳鳳梧刻楷書《六經》白文本。相關史實可參（明）陳鳳梧：《重刻六經序》，載臺北"國家圖書館"藏明嘉靖陳鳳梧刻《六經》白文本《儀禮》卷前；（明）陳鳳梧：《重刻〈儀禮〉序》，載中國國家圖書館藏明正德十六年陳鳳梧刻《儀禮》經注釋文本（善本書號9730）卷前；廖明飛：《〈儀禮〉注疏合刻考》，《文史》2014年第1輯，第185—207頁；李開升：《〈儀禮注疏〉陳鳳梧本、汪文盛本補考》，《文史》2015年第2輯，第277—278頁。

起"①，然而這些努力並没有改變《儀禮》學衰落的大勢。直到清代，《儀禮》學才真正實現了復興，而《儀禮》學"觸底反彈"的學術轉折點就是張爾岐《儀禮鄭注句讀》（以下簡稱"《句讀》"）。

當代學者對《句讀》頗爲關注，産生了不少研究論著。② 這些研究成果從多個維度討論了《句讀》的撰作歷程、方法體例、學術水平、學術史意義，詳實可信。但已有成果普遍忽視了對《句讀》儀節劃分問題的討論。《儀禮》諸篇分别記載了各種複雜的周代典禮，每種典禮均是由衆多儀節有序組合而成。劃分儀節是研讀《儀禮》的必由之路，而不同的儀節劃分則反映出經學家對《儀禮》的不同理解。《句讀》本就是以分節、句讀爲重心的著作，分節研究的缺失無疑會嚴重影響我們對《句讀》學術旨趣與價值的準確認識。而《句讀》一向被視作清代學術轉向的標誌之一，對《句讀》學術判斷的偏頗亦將影響我們對學術轉向内涵的理解。

筆者翻檢歷代禮學文獻，發現除《句讀》《正義》外，古時尚有唐賈公彦《儀禮疏》、宋朱熹《儀禮經傳通解》等十五部内含《儀禮》通篇系統分節的《儀禮》經解。將歷代《儀禮》分節合而觀之，可知張爾岐《句讀》之分節淵源有自、質量上乘，但亦不乏疏失。在張爾岐分節的源流、得失之間，我們更能真切地認識張爾岐的禮學水平及清代學術轉向的實質。本文對張爾岐《句讀》之分節進行專門討論，並在此基礎上展開《句讀》學術價值及清代學術轉向的再認識。

一、張爾岐《句讀》分節的方式

分節方式，即實現《儀禮》分節所採用的形式，有隨文説明、分段標目、天頭批注三種。隨文説明最早見於唐賈公彦《儀禮疏》，其分節方式是在儀節

---

① （明）陳鳳梧《重刻〈儀禮〉序》，載中國國家圖書館藏明正德十六年陳鳳梧刻《儀禮》經注釋文本（善本書號9730）卷前。

② 當代《句讀》研究的專門成果主要有林存陽《張爾岐與〈儀禮鄭注句讀〉》，《齊魯學刊》2001年第1期，第36—40頁；王鈞林《張爾岐的學問與思想》，《孔子研究》2007年第2期，第75—85頁；鄧聲國《試論張爾岐的〈儀禮〉詮釋特色及其成就》，《江西科技師範學院學報》2012年第4期，第61—66頁；潘斌《明清之際的學風與張爾岐的〈儀禮〉詮釋》，《古籍整理研究學刊》2017年第3期，第11—15、95頁；蘇正道《張爾岐〈儀禮鄭注句讀〉與清初〈儀禮〉學的轉進》，《新經學》第九輯，上海：上海人民出版社，2022，第204—223頁。

經文首句疏文中説明儀節的範圍及内容①。分段標目即某一儀節單獨成段，於段末另起一行題寫儀節名稱，這一方式由朱熹《儀禮經傳通解》首創，是《儀禮》分節的通行方式。天頭批注即在儀節首句經文天頭題寫儀節名稱，清人姚際恒《儀禮通論》等稿本經解使用此類方式分節。

張爾岐《句讀》的分節方式以分段標目爲主，隨文説明爲輔。分段標目劃分的是儀節，如《士冠禮》經文"士冠禮。筮于廟門"至"宗人告事畢"爲第一個儀節"筮日"，《句讀》便在儀節末句經文"宗人告事畢"及其所附鄭注之後提行另起，空一格題"右筮日"②。隨文説明劃分的則是儀節之上的章或儀節之下的細節，如《句讀·鄉射禮》以分段標目形式劃分有"戒賓""陳設""速賓"三個儀節，又在"戒賓"節首句經文下以雙行小字注云"此下言將射，戒賓、陳設、速賓，凡三節，皆禮初事"，説明"戒賓""陳設""速賓"三個儀節屬於"將射"章；又如《句讀·特牲饋食禮》以分段標目的方式將經文"祝迎尸于門外"至"反黍稷于其所"分爲儀節"尸入九飯"，又在該節首句經文"祝迎尸于門外"所附雙行小字注文之末加一"〇"，並云："自此以下言迎尸入行正祭，初尸食九飯，次主人酳尸、次主婦亞獻尸、次賓長三獻尸、次獻賓及兄弟、次長兄弟爲加爵、次衆賓長爲加爵、次嗣舉奠、次旅酬、次佐食獻尸，凡十節……此九飯節内有妥尸祝饗、有授祭、有初三飯、有再三飯、有終三飯、有盛肵俎，又其六細節。"這段話説明包括"尸入九飯"以下十個以分段標目形式標注的儀節均屬於"迎尸入行正祭"章，而首節"尸入九飯"内部又可分爲"妥尸祝饗"等六個細節。此外，《句讀》"尸入九飯"節内部六個細節末句注文之末，還有專門的細節標示語，如第一個細節"妥尸祝饗"末句"尸答拜，執奠，祝饗，主人拜如初"所附注文之末有一"〇"，下云："以上妥尸祝饗。"

無論是以分段標目方式劃分的儀節，還是以隨文説明方式劃分的章和細節，其本質都是儀節，只不過層級不同。但儀節在《儀禮》各篇中普遍使用，幾乎涵蓋了所有經文，是《句讀》儀節劃分的基本層級。而章和細節是根據儀節劃分的實際需要臨時設置的，不是常設的文本結構。以篇目而論，《句讀》

---

① 賈公彦分節問題可參杜以恒《賈公彦〈儀禮〉分節探微》，《中國典籍與文化論叢》第二十一輯，南京：鳳凰出版社，2020，第49—76頁。

② （清）張爾岐《儀禮鄭注句讀》卷一《士冠禮》，影印上海圖書館藏清乾隆八年（1743）濟陽高廷樞和衷堂刻本，桂林：廣西師範大學出版社，2021，第26頁。下文所引《句讀》均以廣西師大社影印本爲準，不再一一注出。

中《士相見禮》《特牲饋食禮》《少牢饋食禮》《有司徹》四篇同時含有章、儀節、細節三個層級，《士冠禮》《士昏禮》《鄉飲酒禮》《鄉射禮》《燕禮》《大射儀》《聘禮》《公食大夫禮》《覲禮》《士喪禮》《既夕禮》十一篇同時含有章、儀節兩個層級，《士虞禮》篇只有儀節而無章、細節，《喪服》篇則無任何分節。以一篇內部分節而論，章和細節的使用範圍是有選擇的，並非覆蓋全篇，如《句讀·士冠禮》將首節"筮日"至第17節"醴賓"分別歸入"冠期前事""冠禮成""賓出就次以後諸事"三章，但自第18節"送賓歸俎"至末節"三服之屨"則未歸入任何章節；又如《句讀·特牲饋食禮》共分30個儀節，但其中含有細節的儀節僅有"尸入九飯""主人初獻""主婦亞獻""賓三獻""獻賓與兄弟""旅酬"六節。《句讀》中《喪服》篇的情況則較為特殊，該篇是喪葬制度專篇，並非記載禮儀程序的篇目，嚴格來說該篇是無法劃分出儀節的。《儀禮》十七篇中《句讀》唯《喪服》篇不分節，原因大致在此。

簡言之，《句讀》儀節劃分共分章、儀節、細節三個層級，其中儀節是基本層級，以醒目的分段標目形式劃分，覆蓋除《喪服》篇外《儀禮》各篇絕大多數經文，而章、細節則是針對複雜儀節的臨時處理，只覆蓋《儀禮》部分篇目的部分經文，以隨文說明形式劃分。就使用頻率而論，《句讀》對章的使用較多，對細節的使用較少。

二、張爾岐《句讀》分節的來源

（一）張爾岐分節參酌賈公彥《儀禮疏》

《儀禮》各篇文辭古奧、禮節繁複，對《儀禮》全書儀節進行劃分並非易事，因此歷代禮學家在進行《儀禮》分節時都很注意借鑒前人之說，張爾岐亦是如此。對《儀禮》進行通篇儀節劃分的經解在張爾岐之前，有唐賈公彥《儀禮疏》、宋朱熹《儀禮經傳通解》、宋楊復《儀禮圖》、元敖繼公《儀禮集說》、明郝敬《儀禮節解》五家，然而這五家之中張爾岐似乎只有條件看到賈公彥《儀禮疏》。張爾岐《儀禮鄭注句讀序》云：

> 聞有朱子《經傳通解》，無從得其傳本。坊刻《考註》《解詁》之類，皆無所是正，且多謬誤。所守者，唯鄭註賈疏而已。[①]

[①] （清）張爾岐《儀禮鄭注句讀序》，載影印上海圖書館藏清乾隆八年濟陽高廷樞和衷堂刻本《儀禮鄭注句讀》卷前，第13頁。下文稱引張氏自序，皆不再一一注明出處。

以此觀之，張爾岐撰作《句讀》之時並未得見朱熹《通解》，所見者只有元吳澄《儀禮考註》、明陳深《儀禮解詁》等坊間所刻劣本《儀禮》經解，因此張爾岐只能參用權威、通行的《儀禮注疏》。

今取賈公彥、朱熹、楊復、敖繼公、郝敬之分節與張爾岐《句讀》之分節進行全面比對，發現《句讀》分節確實多與賈公彥同而與其餘四家不同，如：

（1）《士冠禮》"若不醴，則醮用酒"至"取籩脯以降，如初"①，歷代分節普遍將本段劃分爲"醮禮""殺牲"兩節，唯賈公彥、張爾岐分作"夏殷冠子之法"一節。

（2）《鄉射禮》"主人降席自南方"至"未旅"，賈公彥、張爾岐將本段劃分爲一個儀節，節名均爲"立司正"，而朱熹、楊復則以經文"司正洗觶"爲界，將本段切分爲"立司正""司正舉觶"兩個儀節，敖繼公、郝敬則將本段分別命名爲"立司正""將旅酬設司正"，又將本段末句"未旅"二字歸入下一儀節，諸家之中唯有賈公彥、張爾岐分節範圍、節名完全一致。

（3）《聘禮》"使者歸，及郊"至"使者拜其辱"，賈公彥、朱熹、楊復、敖繼公、張爾岐均將此段分作一節，然朱熹、楊復、敖繼公此節名爲"歸反命"，賈公彥、張爾岐節名爲"使者反命"，郝敬此段則與下文合併爲另一節，不單獨分節。

（4）《既夕禮》"夙興"至"夷牀饌于階間"，賈公彥、朱熹②、楊復、張爾岐將此段分作一節，然朱熹節名爲"陳朝祖奠具"，楊復節名爲"陳朝祖奠"，賈公彥、張爾岐節名同爲"豫於祖廟陳饌"，敖繼公、郝敬則將本段與前後經文合併爲更大的儀節，不對本段獨立分節，則此段儀節劃分唯賈公彥、張爾岐完全一致。

（5）《既夕禮》"公賵"至"入復位，杖"，除郝敬本段不獨立分節外，其餘諸家皆分作一節，但朱熹、楊復、敖繼公節名爲"公賵"，賈公彥、張爾岐節名則爲"國君賵禮"。

這些完全一致的儀節劃分不可能是巧合，可以確定是張爾岐取用賈公彥《儀禮疏》之分節。

---

① （漢）鄭玄注，（唐）賈公彥疏《儀禮注疏》卷三，影印清嘉慶阮元南昌府學刻《十三經注疏》本，北京：中華書局，2009，第2063—2065頁。下文所引《儀禮》經、注、疏皆出此本，不再一一注出。

② 朱熹《儀禮經傳通解》喪禮、祭禮部分爲弟子黃榦續補，爲避免混亂，此仍舉朱熹之名，下喪祭諸篇亦同。

張爾岐對賈公彥分節的參用，還體現在對賈公彥分節語的借鑒。賈公彥《儀禮疏》採取隨文説明的分節方式，在每個儀節所屬第一段疏文首句中以專門的分節語説明每個儀節的範圍和節名，分節語形式以"自此盡……論……之事"爲主①。張爾岐《句讀》在節録賈公彥《儀禮疏》時對賈公彥分節語極爲重視，往往原樣録出，如《少牢饋食禮》賈公彥所分前十個儀節的分節語，《句讀》均在相應儀節首句經文下完整引録。此外，張爾岐以隨文説明形式劃分章、細節時亦多襲用賈公彥分節語之句式，如《少牢饋食禮》"賓長洗爵獻于尸"至"奠爵于其筵前"賈公彥不分節，張爾岐則將本段劃分爲"賓長終獻之禮"章："自此至'于其筵前'，論賓長終獻之禮，賓長獻尸、尸醋賓長、賓長獻祝，凡三節。"張爾岐對賈公彥分節語的直接引用與句式借鑒，進一步證明賈公彥分節是張爾岐分節的直接來源。

（二）張爾岐分節未參考朱熹《通解》等宋元明經解

除賈公彥外，張爾岐分節也有與朱熹、楊復、敖繼公、郝敬等前人分節一致之處，但這並不能證明張爾岐分節參考了這些前人成果。如賈公彥、朱熹、楊復、敖繼公、郝敬、張爾岐均將《士冠禮》首個儀節範圍劃定爲"士冠禮。筮于廟門"至"宗人告事畢"，賈公彥節名爲"將行冠禮先筮取日"，楊復節名爲"筮于廟門"，郝敬節名爲"擇冠日"，朱熹、敖繼公、張爾岐節名爲"筮日"。從《士冠禮》首節異同來看，似乎張爾岐本節分節參考了朱熹、敖繼公。然而節名"筮日""筮于廟門"實際上均取自儀節首句經文"士冠禮。筮于廟門"注文"冠必筮日於廟門者，重以成人之禮"，反而是賈公彥、郝敬節名所用文辭不見於經、注文，是自我創作。歷代禮學家在劃分《儀禮》儀節時普遍注意自經文、注文中節取文辭作爲節名，完全脱離經、注新作節名的情況相對較少。對於從經、注文中取材拼合爲節名的儀節，我們一般不用作判斷分節淵源的例證。但類似賈公彥"將行冠禮先筮取日"、郝敬"擇冠日"等自行創造、個性鮮明的儀節，出現偶合的概率極低，是分節源流考察的關鍵。若時間不同的兩部經解在新作儀節上有較多全同之例，則可確定二者之間存在分節上的承襲關係。以《士冠禮》首節爲例，設若張爾岐首節節名爲"將行冠禮先筮取日"或"擇冠日"，則可以基本確定張爾岐分節參考過賈公彥或郝敬的分節。

筆者曾對歷代《儀禮》分節進行全面比對，並未發現張爾岐分節有與朱

---

① 可參杜以恒《賈公彥〈儀禮〉分節探微》，第51—57頁。

熹、楊復、敖繼公、郝敬新作儀節全同之處。而朱熹、楊復、敖繼公之分節均明顯優於賈公彥，郝敬之分節亦多有優長，以張爾岐對《儀禮》儀節的深入理解，若他得見朱熹、楊復、敖繼公、郝敬之書，絕不至於無所參酌。因此我們認爲張爾岐序言所謂"所守者，唯鄭註賈疏而已"是真實的，他確實沒有直接見到朱熹《通解》、楊復《儀禮圖》、敖繼公《集説》、郝敬《節解》，在分節上自然也與這些著名經解沒有淵源。

三、張爾岐《句讀》分節較賈疏之進步

賈公彥《儀禮疏》是目前可考最早對《儀禮》進行全面分節的著作，開創了《儀禮》分節的先河。但初創之作難免粗疏，賈公彥之分節存在大段經文漏分、記文不分節、分節粗疏等缺陷①。張爾岐《句讀》在參酌賈公彥分節之餘，對《儀禮》分節進行了全面改進，構建了全新的《儀禮》分節體系。張爾岐所作《儀禮》分節不僅基本消除了賈公彥分節的缺失，還多有勝於前賢及後人之處。具體而論，張爾岐《句讀》在分節上的優長主要有以下七個方面：

（一）明確分節範圍

賈公彥《儀禮疏》是單疏本，不含經注文，因此只能採取隨文説明的方式進行分節。隨文説明的分節方式不夠醒目，且容易出現節中之節、雙重節中之節、一文兩屬、引文不準、分節範圍不明等分節範圍上的訛混。所謂節中之節，即將某節中的部分經文又劃分爲一節，而雙重節中之節則是在節中切分之節內又分出一節。所謂一文兩屬，即一句經文同時屬於兩個儀節。所謂引文不准，即賈公彥以分節句表示分節範圍時引文不準確。所謂分節範圍不明，即賈公彥分節句中描述分節範圍時所引經文過短，導致分節範圍產生歧義。張爾岐《句讀》採用分段標目爲主、隨文説明爲輔的分節方式，規避了單純使用隨文説明劃分儀節可能出現的分節範圍訛混。

（二）彌補經文儀節

賈公彥分節常常出現經文漏分的情況，即某篇之中部分經文不從屬於任何儀節，如《士相見禮》賈公彥僅將篇首至"賓退，送，再拜"劃分爲"士與士相見""主人還于賓"兩節，"賓退，送，再拜"以後的經文賈公彥則不分節，

---

① 賈公彥分節疏失可參杜以恒《賈公彥〈儀禮〉分節探微》，《中國典籍與文化論叢》第二十一輯，第62—66頁。

未分節經文篇幅佔《士相見禮》全篇半數以上，這類缺失嚴重削弱了賈公彥分節的系統性。張爾岐《句讀》則大力彌補，基本消除了經文漏分的問題，如針對賈公彥《士相見禮》漏分的經文，張爾岐又細分爲"士見於大夫""大夫相見""臣見於君""燕見於君""進言之法""侍坐於君子之法""臣侍坐賜食賜飲及退去之儀""尊爵者來見士""博記稱謂與執贄之容"九個儀節，完密準確。

（三）彌補記文儀節

《儀禮》十七篇中十二篇有記文。《儀禮》經文主要述說禮儀之正禮，篇幅大，連貫性强，地位高。記文則是對經文的補充性説明，篇幅小，較爲細碎，地位不如經文。因此歷代禮學家普遍有重視經文分節、忽視記文分節的傾向。張爾岐之前，賈公彥僅對個別篇目中的個別記文進行儀節劃分（《燕禮》一節、《喪服》二節、《既夕禮》八節、《士虞禮》五節），不成體系；朱熹、楊復則將附於各篇之末的記文拆散附入前經相應儀節，因此不存在記文儀節劃分問題；敖繼公雖未拆分記文，但整個《儀禮》的記文均不分節；郝敬則與賈公彥一樣，採取了選擇性劃分的方式，記文分節數量較少且不系統。張爾岐則對十二篇中六篇的記文進行了系統分節，將《士昏禮》記文分爲"記昏禮時地辭命用物"等25節、《鄉飲酒禮》分爲"記鄉服及解不宿戒"等3節、《聘禮》分爲"記有故卒聘致書之事"等30節、《既夕禮》分爲"據經士死于適室憮用斂衾之文而記君子正終人子侍養之事"等18節、《士虞禮》分爲"記沐浴陳牲及舉事之期"等12節、《特牲饋食禮》分爲"記祭時衣冠"等9節。張爾岐所分記文儀節精準且成體系，是歷史上首次成熟的記文分節，後世盛世佐《儀禮集編》、《欽定儀禮義疏》、秦蕙田《五禮通考》、胡培翬《儀禮正義》等劃分記文儀節的經解，均直接或間接地參考了張爾岐《句讀》。

（四）增加分節密度

賈公彥分節多有粗疏之處，張爾岐《句讀》之分節則十分細密，如《士冠禮》"擯者告，主人迎"至"歸賓俎"囊括了包括三加冠在內的士冠禮核心儀節，然而賈公彥卻將這一大段經文籠統分作一節，命名爲"周禮冠子之法"，張爾岐則依經義將本段經文準確細分爲"迎賓及贊冠者入""初加""再加""三加""賓醴冠者""冠者見于母""賓字冠者""冠者見兄弟贊者姑姊""冠者見君與鄉大夫先生""醴賓""送賓歸俎"十一節，遠超賈公彥；又如《鄉射禮》經文"三耦俟于堂西"至"樂正北面立于其南"記述了鄉射禮的請射環節，賈公彥籠統分爲一節，命名爲"三番射"，張爾岐則將本段細分爲"司射請射""弟子納射器""司射比三耦""司馬命張侯倚旌""樂正遷樂"五節。需要說明的是，張爾岐有些儀節劃分的細密度不僅超過賈公彥，還超過了大部分《儀禮》學家的分節，如《鄉飲酒禮》經文"賓北面坐取俎西之觶"至"司正降復位"記述了鄉飲酒禮中的旅酬環節，張爾岐之前賈公彥、朱熹、楊復、敖繼公、郝敬以及之後的姚際恒《儀禮通論》、江永《禮書綱目》、姜兆錫《儀禮經傳内編》、王文清《儀禮分節句讀》、蔡德晉《禮經本義》、盛世佐《儀禮集編》、王士讓《儀禮紃解》、《欽定儀禮義疏》都將本段分作一節，而張爾岐則將本段細分爲"賓酬主人""主人酬介""介酬衆賓衆賓旅酬"三節。

賈公彥將《儀禮》全經分爲332節，而張爾岐則分爲522節（不含靈活設置的章、細節），分節數量較賈公彥多出近三分之一。儀節數量上的激增是張爾岐分節細密的直觀體現。且張爾岐的分節數量不僅多於賈公彥，還多於張爾岐未能參考的前人分節（朱熹413節、敖繼公480節、郝敬383節），更可見其分節之細。

（五）增加分節層級

賈公彥有時會在儀節之下再劃分小節，如賈公彥《少牢饋食禮》第28節分節句云："'尸受'至'爵酌'，釋曰：自此盡'就筵'，論主人受尸酌并薦籩豆及俎之事。就此事中亦有五節：行事尊主人，故與尸同者，尸酢主人時主婦亦設籩豆，一也；賓長設羊俎，二；次賓羞羊匕湆，三；司馬羞肉湆，四也；次賓羞羊燔，主人乃卒爵，五也。"由此可知賈公彥所分"主人受尸酌并薦籩豆及俎"節下又分五個小節。賈公彥的二級分節思想十分重要，其所分小節成爲張爾岐劃分細節的重要啓發。可惜賈公彥《儀禮疏》僅有七個儀節劃分了小節，且所分小節均未說明其所屬經文範圍。

張爾岐則在通篇劃分儀節的基礎上，又廣泛劃分了儀節之上的章、儀節之下的細節，創造了前所未有的三級分節體系。針對諸如《少牢饋食禮》《有司徹》等篇幅較長、禮儀較爲複雜的篇目，張爾岐使用三級分節。針對其餘篇幅較短、禮儀不太複雜的篇目，張爾岐則使用"章—儀節"二級分節，甚至只使用儀節這一個層級。張爾岐的三級分節體系科學、靈活，很好地適應了《儀禮》諸篇所載禮儀複雜程度不一的實際情況，姜兆錫《儀禮經傳内編》、吳廷華《儀禮章句》、胡培翬《儀禮正義》等採用多級分節的清代《儀禮》經解均受其影響。

（六）改進儀節名稱

賈公彥部分儀節雖然分節範圍得當、並不粗疏，但儀節名稱過於冗長，張爾岐則大幅精簡了儀節名稱。如張爾岐將《士冠禮》賈公彥所分"士之無父自有加冠之法"節簡化作"孤子冠法"、《士昏禮》"夫家欲迎婦之時，豫陳同牢之饌"節簡化作"將親迎預陳饌"、《鄉飲酒禮》"鄉大夫與先生謀賓介并戒告"節簡化作"謀賓戒賓"、《鄉飲酒禮》"鄉内有諸公大夫來觀禮，主人迎之與行禮"節簡化作"遵者入之禮"、《燕禮》"與異國臣將燕使卿大夫就館戒客之辭"節簡化作"公與客燕"、《大射儀》"爵與樂恣意無數"節簡化作"燕末盡飲"、《大射儀》"禮畢容公卿出入"節簡化作"賓出公入"、《聘禮》"賓至主國之境謁關人見威儀"節簡化作"至竟迎入"等等。

賈公彥儀節命名雖多冗長，但偶亦有過於簡短以致禮義不明者，張爾岐則略爲增益。如《鄉射禮》賈公彥所分"請坐徹俎"節，張爾岐增補節名作"請坐燕因徹俎"，突顯了"燕"這一核心因素；《燕禮》"獻士"節，張爾岐增補作"主人辯獻士及旅食"，補足了本節另一重要環節"旅食"；《既夕禮》"柩車在道發行"節，張爾岐增補作"柩車發行及在道君使宰贈之儀"，補足了本節另一重要環節"公使人贈"。

（七）糾正分節謬誤

賈公彥分節除漏分、粗疏等精密度上的不足外，還存在一些因誤解經文而導致的分節謬誤，張爾岐則予以糾正。如《士相見禮》賈公彥所分前兩個儀節爲"士與士相見""主人還于賓"，分別涵蓋了士相見禮請見、復見兩個核心環節。然而賈公彥所分"主人還于賓"節之末有"士見於大夫，終辭其摯。於其入也，一拜其辱也。賓退，送，再拜"句，該句講述士與地位更高的大夫舉行相見禮時，在禮節上需要進行哪些調整。這句經文已不屬於士相見禮範疇，而屬於士與大夫相見禮。賈公彥將這句經文歸入從屬士相見禮的儀節"主人還于賓"，顯然是不合經義的。張爾岐則將此句劃入"士見於大夫"儀節中，改正了這一疏失。

四、張爾岐《句讀》分節的疏失

張爾岐在分節上大幅超越賈疏，也整體超越了朱熹、楊復、敖繼公、郝敬等前代《儀禮》名家之分節，但這並不能掩蓋張爾岐分節存在的問題。張爾岐分節較爲嚴重的疏失有四個方面，兹分説於下。

（一）儀節不全

賈公彥經文儀節劃分多有疏漏，張爾岐則對《喪服》篇之外諸篇經文儀節進行了全面劃分，但其經文分節仍有兩處殘缺，未能涵蓋所有經文。具體而言，《鄉飲酒禮》"明日，賓服鄉服以拜賜"至"鄉樂唯欲"述說本篇最後兩個經文儀節"賓拜賜主人拜辱""息司正"，張爾岐未依通例以分段標目的形式劃分儀節，僅在本段首句經文下注云："此下至篇末言鄉飲明日拜謝勞息諸事。"從體例上看此注作用當是分章，然而此段經文在篇幅、經義上均不足以成章，且本段之前大段經文並不分章，此處使用分章語令人困惑。當然，無論此注作用如何，本段缺失標準的儀節劃分是無可置疑的。《覲禮》"諸侯覲于天子"至"祭地，瘞"講述天子會同、巡守之禮，張爾岐本段並無分段標目式儀節劃分，僅於首句經文下注云"自此至篇末皆言時會殷同及王巡守爲壇而見諸侯之事"，於巡守禮相關經文下注云"此言天子巡守四岳，各隨方向祭之，以爲盟主"，此處仍屬缺失標準儀節劃分。

與經文儀節相比，張爾岐《句讀》記文儀節殘缺較爲嚴重。賈公彥基本不劃分記文儀節，張爾岐則對部分篇目記文進行了完密的分節。但可惜的是，《儀禮》包含記文的十二篇中，張爾岐僅補作了《士昏禮》《鄉飲酒禮》《聘禮》《既夕禮》《士虞禮》《特牲饋食禮》六篇的記文分節，《士冠禮》《鄉射禮》《燕禮》《公食大夫禮》《覲禮》《喪服》六篇的記文則不分節。然而《士冠禮》等六篇記文並無特殊之處，與其餘諸篇一樣需要分節，張爾岐之後重視記文分節的經學家亦很重視這六篇記文的儀節劃分。如《士冠禮》記文，《欽定儀禮義疏》分爲 4 節、秦蕙田《五禮通考》分爲 3 節；《鄉射禮》記文，《義疏》、秦蕙田分爲 48 節；《燕禮》記文，《義疏》分爲 13 節、秦蕙田分爲 14 節；《公食大夫禮》記文，《義疏》分爲 10 節、秦蕙田分爲 11 節；《覲禮》記文，《義疏》、秦蕙田分爲 3 節；《喪服》記文，《義疏》分爲 16 節、秦蕙田分爲 15 節。張爾岐對《儀禮》記文的選擇性劃分毫無理據，嚴重影響了其分節的系統性。

（二）節名冗長

賈公彥分節存在普遍性的節名冗長問題，張爾岐將絕大多數冗長的節名進行了精簡，但也有部分節名反而比賈公彥更爲繁冗。如《燕禮》"公坐，取大夫所媵觶，興以酬賓"至"卒受者以虛觶降，奠于篚"，包括賈公彥、朱熹、楊復、敖繼公在內的歷代禮學家大多命名爲"公爲賓舉旅"，張爾岐則命名爲"公舉媵爵酬賓遂旅酬初燕盛禮成"，字數遠遠多於賈公彥，但表達的意義基本與賈公彥相同；又如《大射儀》"司射適階西"至"興，共而俟"，賈公彥命名爲"數算"，朱熹命名爲"取矢視算"，敖繼公命名爲"告獲"，均是言簡意賅的節名，張爾岐卻命名作"數左右獲算多少"，遠不若前人雅潔。

（三）分節粗疏

賈公彥分節總體粗疏，張爾岐分節則較爲精密。但在個別儀節劃分上，張爾岐偶有不如賈公彥精細之處。如《聘禮》"賓朝服問卿"至"擯者退，大夫拜辱"講述出使國賓與介聘問主國卿之禮，賈公彥將本段分作"賓齎聘君之幣問主國卿""賓行私面於卿""上介私面於鄰國卿""士介私面於鄰國卿"四節，張爾岐則將賈公彥前兩節合併爲"賓問卿面卿"節，將後兩節合併爲"介面卿"節。賈公彥的分節詳細區分了賓正式聘問卿、私下面見卿以及上介、士介私下面見卿，而張爾岐的分節則不能體現這些重要的禮儀差別，略顯粗疏。

（四）新增分節謬誤

張爾岐對賈公彥分節失誤之處進行修正的同時，也產生了新的錯誤。如《鄉飲酒禮》經文"主人復阼階，揖降。介降立於賓南"，賈公彥、朱熹、郝敬皆將其視作主人獻介這一大環節的結束，而敖繼公、張爾岐則將此句歸入下一大環節主人獻衆賓之首。此處分歧其實是由賈公彥分節的失誤引起的。鄉飲酒禮的核心環節是主人分別向賓、介、衆賓獻酒，被獻酒者先在堂下中庭西側等待，每次獻酒時主人和被獻酒者分別從阼階、西階升堂舉行獻酒之禮，獻酒禮全部結束後，主人和被獻酒者分別從阼階、西階降堂，主人在阼階下等待與下一位被獻酒者繼續升堂行禮，而已經完成典禮的上一位被獻酒者自西階降堂後則直接回到中庭西側的等候區。《鄉飲酒禮》主人獻賓結束的標誌，是經文"主人揖，降。賓降立於階西，當序，東面"，主人獻介結束的標誌，則是經文"主人復阼階，揖降。介降立於賓南"，然而賈公彥雖然正確地將"主人復阼階"句劃分到主人獻介之末，卻把同樣性質的"主人揖"句置於主人獻介之首，沒有正確置於主人獻賓之末，自相牴牾。敖繼公、張爾岐顯然注意到賈疏的這一問題，於是將"主人復阼階"句自主人獻介之末移置主人獻衆賓之首，以與"主人揖"句的儀節劃分相統一。敖繼公、張爾岐的本義是彌合賈疏之失，但卻錯上加錯，應當修正的沒有修正，應予保留的反而被修改，以與另一處錯誤保持一致。而張爾岐僅參用了《儀禮注疏》，並未參用敖繼公《集說》，則此處分節失誤的責任只能歸於張爾岐本人。

又如《鄉射禮》賈公彥將"司馬命獲者執旌以負侯"至"司射降，搢扑，反位"劃分作"三耦爲第一番射法"節，而張爾岐則將本段命名爲"三耦射"，且將本段末句"司射降，搢扑，反位"歸於下一節"取矢委楅"。然而"三耦射"的主導者是司射,司射降堂反位意味着其任務完成、儀節結束,"取矢委楅"節的主導者是司馬,"司射降,搢扑,反位"句下句爲"司馬適堂西",述説司馬開始行動、"取矢委楅"節開始。從經義而論,"三耦射"節的結尾只能是"司射降,搢扑,反位",此處顯然是張爾岐誤分。

五、《句讀》的宗旨、價值與學術轉向

(一) 從《儀禮鄭注節釋》到《儀禮鄭注句讀》

據張爾岐自序,《句讀》的正式撰寫始於康熙九年[①]。但張爾岐没有説明的是,"儀禮鄭注句讀"並非其專著的原名,清人劉孔懷《儀禮鄭注句讀序》云:

> 癸丑(康熙十二年,1673)夏於樂安李象先縢囊中見濟陽張稷若先生《蒿菴集》内有《儀禮鄭注節釋序》,急欲得觀,緣不識先生,無由也。因訪之歷下,乃識其人,未見其書,怏怏而返。今夏余門人于湜至濟上得識先生,先生始以手録《儀禮》付之,易其名曰《儀禮鄭注句讀》,蓋以章句之儒自居,謙也……康熙甲寅(十三年)陽月中浣長山同學弟劉孔懷謹題。[②]

由此可知張爾岐之書初名《儀禮鄭注節釋》,至遲於康熙十三年夏改名爲《儀禮鄭注句讀》。"節釋"即分節解説,"句讀"即分章斷句,二者的學術含量有很大差别。劉孔懷認爲張爾岐將"節釋"改作"句讀"是自謙,但劉氏此説顯然是恭維之語。從後人的評價來看,張爾岐將書名定爲"句讀"是完全符合實際的。如顧炎武《儀禮鄭注句讀序》雖對張爾岐較爲推重,但顧氏對《句讀》的具體表揚側重於書後所附《儀禮監本正誤》《儀禮石本誤字》,對《句讀》的經學價值則僅云"采賈氏、吳氏之説,略以己意斷之"[③]。清人黃叔琳序對《句讀》的學術評價則爲:

> 取《儀禮》石經、監本互讎之,刊誤辨疑,章分節解,全録鄭註,精

[①] 張爾岐《儀禮鄭注句讀序》,第13頁。
[②] (清) 劉孔懷《儀禮鄭注句讀序》,載影印上海圖書館藏清乾隆八年濟陽高廷樞和衷堂刻本《儀禮鄭注句讀》卷前,第7—9頁。
[③] (清) 顧炎武《儀禮鄭注句讀序》,載影印上海圖書館藏清乾隆八年濟陽高廷樞和衷堂刻本《儀禮鄭注句讀》卷前,第5頁。

擇賈疏，而附以己意。①

黃氏對《句讀》的推重，實在校勘與分節，對於張爾岐"附以己意"之處則未加品評。《四庫全書總目》則云：

> 是書全録《儀禮》鄭康成注、摘取賈公彦疏，而略以己意斷之。因其文古奧難通，故竝爲之句讀。②

除此之外，四庫提要並未具體指明《句讀》本身的經學價值，反而花費大量篇幅講述《儀禮監本正誤》《儀禮石本誤字》的價值、引述顧炎武對《句讀》的推許。清人對《句讀》的評價，基本與顧炎武、黃叔琳、四庫提要一致，即認爲《句讀》本身的重點就是分章斷句，而其學術創新之處實在書後所附《正誤》《誤字》二書。

從《句讀》本身來看，張爾岐在全引鄭注、節引賈疏之餘，"以己意斷之"之處較少且側重疏通基本文義。而《句讀》中細密的儀節劃分、標點勾畫，則顯示了《句讀》真正的重心——分節與句讀。《句讀》的宗旨，就是制作一個注解簡明、結構清晰的《儀禮》讀本，以解決《儀禮》古奧難讀的問題。當然，這一宗旨的成立亦是無奈之舉。張爾岐最初擬定的書名是《節釋》，其重點無疑在"釋"上。然而在實踐中張爾岐最終發現難以在"釋"上取得重大突破，因此在初稿完成後，張爾岐將書名改作《句讀》，僅保留了"節釋"中"節"的含義。

(二) 儀節劃分與《句讀》的學術價值

《句讀》在鄭注、賈疏之外僅是"略以己意斷之"，並不以經義闡釋見長。討論《句讀》的學術價值，還要從分節、句讀這兩個核心工作入手。而句讀過於細碎，且無法從學術史的角度進行縱向考察，不是衡量一部《儀禮》經解的理想切入點。儀節劃分則具有相對獨立的學術史脈絡，是禮學家對《儀禮》整體、局部理解的綜合反映。在具體儀節經文範圍、儀節名稱的差異中，我們更容易分辨分節者禮學水平的高下。因此，分節研究是衡量《句讀》學術價值的最佳視角。

總體而論，張爾岐《句讀》之分節參考了賈公彦《儀禮疏》，但大力彌補了賈公彦分節的疏漏，同時合理增加分節層級、大幅提高分節精密度，構建了

---

① (清)黃叔琳《儀禮鄭注句讀序》，載影印上海圖書館藏清乾隆八年濟陽高廷樞和衷堂刻本《儀禮鄭注句讀》附錄，第810頁。

② (清)永瑢等《四庫全書總目》，北京：中華書局，1965，第162頁。

一個比較完密精準的《儀禮》儀節體系。從整部《儀禮》的分節來看，張爾岐在分節上的創造遠遠多於沿襲賈公彥分節之處，在絕大多數儀節劃分中已很難看到張爾岐沿用賈公彥分節的痕跡。與其說張爾岐的分節是賈公彥分節的升級，不如說張爾岐的分節是在賈公彥影響下產生的全新體系。

從學術史上看，張爾岐《句讀》在分節上取得的成就不僅超越了賈公彥，也超越了朱熹《儀禮經傳通解》、楊復《儀禮圖》、敖繼公《儀禮集說》、郝敬《儀禮節解》等宋元明禮學名家。張爾岐的分節在清代相當長的時間內保持着領先地位，康熙、乾隆間後出分節中，姚際恒《儀禮通論》、江永《禮書綱目》、姜兆錫《儀禮經傳內編》、王文清《儀禮分節句讀》、蔡德晉《禮經本義》、盛世佐《儀禮集編》、吳廷華《儀禮章句》之分節均未能超越張爾岐，僅王士讓《儀禮紃解》、《欽定儀禮義疏》、秦蕙田《五禮通考》在經記關係處理、記文分節等局部處理上實現了對張爾岐的超越。而道光時期在分節上後出轉精的胡培翬《儀禮正義》，本身就是在張爾岐分節基礎上修補而來。可以說，張爾岐在《儀禮》分節史上起到了關鍵的作用。而張爾岐在分節上取得的巨大成就，體現了張爾岐具有扎實的禮學功底和勤奮的治學精神。

當然，張爾岐的分節並不是完美的。其儀節尚未實現《儀禮》經文、記文的全覆蓋，在具體儀節劃分上亦有不夠精密之處。在此之上，張爾岐還出現了一些因為誤解《儀禮》經文導致的分節謬誤。這些分節上的疏失反映了張爾岐的《儀禮》學水平與鄭玄、賈公彥、敖繼公、胡培翬等一流禮學家仍存在一定差距。

(三)《句讀》在《儀禮》學內部的學術史意義

中國傳統學術在清代達到了頂峰，在數量和質量上實現了跨越，而這一盛況的達成是以清初學術轉向為先導的。清初學術轉向時間跨度較大，從清初至乾隆都屬於這一時期。所謂轉向，總的來看就是實現了由理學向經學、由宋學向漢學的轉變。

儒家經典是聖人哲思的載體，是中國古代社會的核心典籍，小到個人行為舉止，大到科考國政，均以經書為最高標準，從這個意義上來說經學始終是顯學。但宋元明時期的經學受到理學影響，日益空疏，逐漸偏離了經書的本義，明代心學的出現則將這一趨勢推向了新的高度。在這一背景下，回歸經典本身逐漸成為學術的內在要求，這一要求最終藉助明清易代的政治巨變得以生發。但清初學術轉向這一大潮是由眾多學者、眾多著作一起推動的，單個學者、單種著作在這一浪潮中的具體作用並不一致，不宜混同。具體到張爾岐《句讀》，

儀節劃分與張爾岐《儀禮鄭注句讀》的學術價值

若要真正認清它在整個學術轉向中的地位與作用，應當先理清《句讀》在《儀禮》學內部的學術史意義。

張爾岐撰作《句讀》時可參考的前人著述很少，朱熹《儀禮經傳通解》、楊復《儀禮圖》、敖繼公《儀禮集說》、郝敬《儀禮節解》等宋元明著名《儀禮》經解均未得見，可以仰仗的高水平經解僅有《儀禮注疏》。因此，《句讀》本身不能表現張爾岐對朱熹、楊復、敖繼公、郝敬等人的學術態度。且由於《儀禮注疏》幾乎是張爾岐撰作《句讀》唯一的倚仗，因此《句讀》大量引錄鄭注、賈疏帶有必然性，不能說明張爾岐對鄭玄、賈公彥特別尊崇。張爾岐自序對鄭注賈疏唯一的評價是"註文古質，而疏說又漫衍，皆不易了"，對於未能獲觀朱熹《通解》反而頗有遺憾之意："聞有朱子《經傳通解》，無從得其傳本。"由此更可知張爾岐對鄭賈並無推崇之意。至於張爾岐《句讀》節錄賈疏、全錄鄭注，也很難據此說明張爾岐"尊鄭"而貶抑賈公彥，因為張爾岐撰作《句讀》的宗旨本就是降低研讀《儀禮》的難度，而鄭注恰恰具有簡明的特性，賈疏則較為繁冗，張爾岐全錄鄭注、節錄賈疏是追求簡明的必然選擇。縱觀張爾岐自序，他着墨最多處是周公、孔子之聖及《儀禮》之重要，對於前代禮學家則未見臧否，可見張爾岐《句讀》的立足點是《儀禮》本經。至於《儀禮》內部諸家的異同、是非，則並非《句讀》所重。

張爾岐《句讀》撰成於康熙前期，首刻於乾隆八年（1743），而當時學者對於這部"新書"的學術史價值其實已有比較統一的認識，顧炎武云：

> 自熙寧中，王安石變亂舊制，**始罷《儀禮》，不立學官**，而此經遂廢，此新法之為經害者一也。南渡已後，二陸起於金谿，其說以德性為宗。學者便其簡易，群然趨之，而於制度文為一切鄙為末事。賴有朱子正言力辨，欲修三禮之書，而卒不能勝夫**空虛妙悟之學**，此新說之為經害者二也。沿至於今，有坐皋比，稱講師，門徒數百，自擬濂、洛，而終身未讀此經一徧者。……時方多故，無能板行之者。後之君子，**因句讀以辨其文**，因文以識其義，因其義以通制作之原。①

又黃叔琳序云：

> 是書**刪煩就簡，劈理分肌**……惟欲明於詁訓而**不苦於難讀**，今而後開

---

① 顧炎武《儀禮鄭注句讀序》，第4頁。

數千百年塵封之籍，家絃而戶誦之，**詳其節目**，而觀其會通。①

《四庫全書總目》則云：

> 蓋《儀禮》一經，**自韓愈已苦難讀**，故習者愈少，傳刻之譌愈甚。爾岐茲編，於學者可謂有功矣。②

當時學者認爲，在《儀禮》本身難讀、北宋以來罷廢《儀禮》學官、南宋以來空虛學風盛行的多重壓力下，《儀禮》早已成爲絕學。而《句讀》作爲一部節目清晰、句讀準確的《儀禮》讀本，可以降低研讀《儀禮》的難度，提高《儀禮》的關注度，挽救《儀禮》學斷絕的危險。張爾岐本人在自序中對《句讀》的期待亦大體如此：

> 俾世之讀是書者，或少省心目之力，不至如愚之屢讀屢止，久而始通也。

需要説明的是，康乾學者對《句讀》的評價與張爾岐自序所述一致，均不涉及鄭玄、賈公彦、朱熹、楊復、敖繼公、郝敬等前代禮家內部的紛爭。在《儀禮》幾乎被廢棄的清初，前代《儀禮》學著作之高下已是次要問題，對包括張爾岐在內的當時學者而言，如何讓世人重新研讀《儀禮》才是當務之急。張爾岐之後三禮館纂修官王文清、吴廷華接連撰作《儀禮分節句讀》《儀禮章句》兩種《儀禮》讀本，更説明了《儀禮》衰微、亟待振興的現實。

總之，張爾岐撰作《句讀》的《儀禮》學意義，就是降低《儀禮》研讀難度、鼓勵世人研讀《儀禮》本經。而實現這一目標的具體方式，主要是在通行的《儀禮注疏》基礎上删省賈疏，並施加精密的分節、句讀。至於前代《儀禮》學內部的是是非非，並非張爾岐等清初《儀禮》學家最關注的問題。

（四）《句讀》的進呈、刊行

張爾岐《句讀》受到顧炎武大力推崇，其本身體量又不大，按常理當迅速刊行。但《句讀》的首次刊刻卻在成書近七十年後的乾隆八年，其中原由值得深思。筆者認爲，《句讀》刊行不順是内因、外因綜合作用的結果。首先，以分節、句讀爲核心的《句讀》具有較强的讀本性質，在學術定位上存在天然不足。即便是《句讀》用力最深的分節、句讀，仍存在儀節缺失、誤解經文等疏漏，未臻完善。其次，張爾岐之時《儀禮》已長期不受重視，張爾岐本人的學

---

① 黄叔琳《儀禮鄭注句讀序》，第 812—813 頁。
② 永瑢等《四庫全書總目》，第 162 頁。

術地位及《句讀》的學術分量遠不足以撼動這一相沿已久的學風。

自身學術價值的局限及未能及時刊行帶來的傳播不便，直接導致《句讀》在撰作之後的相當長時間内，除顧炎武等少數學者外，響應者寥寥。張爾岐《句讀》真正開始産生廣泛影響，是在乾隆八年刊行之後。乾隆八年和衷堂刻本《句讀》目録後附有校刊者高廷樞識語，交待了和衷堂本的刊刻始末：

> 予幼遵父訓，手録是書，時家君每日蒿菴三十餘年精神命脈畢萃於此，惜力縣不能代梓，爲一生憾事……癸亥（乾隆八年）二月適會城，遇高苑學博單君雲谷、蓬萊學博王君任木，談及《儀禮句讀》，二君素知此書，深玉之授梓，且代製徵刻文啓，辭頗典麗。歸里謀諸同人，僉曰素志也，遂公議捐資，付之剞劂……乾隆八年桂月濟陽後學高廷樞景垣謹識。①

高廷樞是張爾岐同鄉，乾隆三年中舉，會試入明通榜，乾隆七年先後選任魚臺、濰縣教諭②。高廷樞自幼受到父親重視《句讀》的影響，曾手録《句讀》，後在其他地方教諭和同鄉的支持下，在乾隆八年二月至八月間主持校刊了和衷堂本《句讀》③。但高廷樞之父早有刊刻《句讀》之念，一直未能如願，爲何没有高位厚禄的高廷樞卻能在半年内迅速完成規劃、募資、校勘、刊刻的全過程呢？這還要從乾隆初期學術生態的改變説起。

乾隆帝即位後，繼續並加强了清朝的稽古右文政策。乾隆元年乾隆帝設立三禮館，開始纂修《三禮義疏》，又於乾隆六年正月初四下詔徵求本朝經學著作：

> 從古右文之治，務訪遺編。目下内庫藏書，已稱大備。但近世以來，著述日繁，如元明諸賢以及國朝儒學，研究六經、闡明性理、潛心正學、醇粹無疵者，當不乏人。雖業在名山，而未登天府。著直省督撫學政，留心採訪，不拘刻本抄本，隨時進呈，以廣石渠、天禄之儲。④

---

① （清）高廷樞《儀禮鄭注句讀識語》，影印上海圖書館藏清乾隆八年濟陽高廷樞和衷堂刻本《儀禮鄭注句讀》，第18頁。
② （清）胡德琳《（乾隆）濟陽縣志》卷八《人物志》，中國國家圖書館藏清乾隆三十年（1765）刻本，第三十葉。
③ 和衷堂本内封面上刻"乾隆八年夏鐫"六字，可知高廷樞識語是在《句讀》刻成前後所撰。
④ 見山東巡撫朱定元奏折《奏爲校閲有〈儀禮鄭注句讀〉一書敬録成帙裝潢恭進事》（乾隆七年二月十五日），中國第一歷史檔案館藏朱批奏折，檔案號：04—01—38—0003—015。

乾隆七年二月十五日，山東巡撫朱定元響應乾隆諭旨，進呈張爾岐《句讀》。① 乾隆八年和衷堂刻本所附黃叔琳序中則暗示了《句讀》刊行與朝廷政策的關係：

> 今天子方纂修三禮，又開館局校理經史，籤帙一新。是書前已進在上方，今復彫本行世。文治光昌，遺經畢顯，固運會使然乎。②

綜合以上材料，我們認爲《句讀》刊行的大背景是乾隆元年詔開三禮館、乾隆六年廣徵經學著作等尊經政策的實施，而乾隆七年山東巡撫進呈《句讀》則使得《句讀》在一定意義上獲得了官方認可。《句讀》得以刊行的首要因素是政治因素，而非學術内部發展的自然結果。

(五)《句讀》與清初學術轉向

《句讀》雖在分節、句讀上取得了遠超前人的成就，但《句讀》的學術定位是讀本，且即便是作爲核心工作的分節、句讀亦非完密無缺，《句讀》總體學術含量有限。然而在《儀禮》幾乎廢絕的清代初期，一部精當《儀禮》讀本的出現，本身就是《儀禮》復興的强力號召。而《儀禮》在群經之中思辨性較弱，素不爲理學家所重。在理學盛行的清初，張爾岐逐節逐句地推敲《儀禮》儀節文義，且絕口不談義理，這無疑是對明末清初理學空疏之風的反叛。張爾岐《句讀》在學術轉向方面的核心指向，就是呼籲人們回歸經典本身、重視經書本義。至於《儀禮》學内部鄭學、賈學、朱學、敖學之短長，乃至經學内部的漢宋之争，則基本不在張爾岐考慮之列。

顧炎武之所以推崇張爾岐，並非《句讀》的禮學價值，而在於《句讀》本身體現出的治學風格與顧炎武反對空談的學術觀點完全一致。但經學是官學，以經學爲核心的學術轉向離不開官方的支持，僅靠幾位大儒振臂一呼是遠遠不够的。顧炎武、張爾岐等清初學者的號召事實上並未得到廣泛響應，甚至《句讀》在撰成七十年間並未得以刊行，只能以傳抄的方式發揮有限的影響力。然而乾隆帝開設三禮館、廣徵國朝經學著述之後，尊經重禮之風迅速興起，學術生態爲之一變，《句讀》也在短短幾年之内得以進呈、刊行，之後又被收入《四庫全書》，正式奠定了清代早期一流經學著作的地位。

總而言之，清初學術轉向的大方向是回歸原典、由理學轉向樸學。這一轉向由張爾岐在内的衆多樸學家發起，最終在乾隆朝一系列稽古右文政策的推動

---

① 事亦見朱定元奏折。
② 黄叔琳《儀禮鄭注句讀序》，第812頁。

下得以完成。在討論清初學術轉向時，我們要充分認識到《句讀》等著作開風氣之先的歷史意義，學習其回歸原典的治學精神，但亦不宜高估《句讀》等著作的學術價值，也不可低估清初文化政策的重要推動作用。

（作者單位：北京大學中文系）

天子的冕旒究竟是十二還是二十四？

吕友仁

【内容提要】 天子的冕旒究竟是十二還是二十四？這是困擾我國學界將近兩千年的一個老話題。實際上，它並不是没有標準答案。"天之大數，不過十二"，這是古人信奉的一條準則，天子的冕旒也不例外。漢明帝永平二年的冕服定制就是據此而定。"二十四旒"説出自鄭玄對《禮記》《周禮》二書的誤注。由於鄭注長期立於官學，鄭玄在學界的權威，達到了"寧道孔聖誤，諱聞鄭服非"的嚇人程度。在這樣的學術氛圍中，群體性地說錯話，也就不足爲怪了。更有甚者，由宋至明，弄假成真，皇帝們頭上戴的也變成了貨真價實的二十四旒的冕，壓得宋太祖抱怨"華而且重"。清代漢學發達，學者們對冕旒問題作了澄清。苟假以時日，有望統一認識，使後人不再重蹈覆轍。孰料民國肇建，即廢除經學。迄今百年，國人經學水準大降，雖大師級學者也莫能外。"二十四旒"説遂東山再起。其中教訓，值得深思。至於一些學者把"二十四旒"説扣到了西漢叔孫通頭上，那是一個句讀錯誤惹的事兒。

【關鍵詞】 冕旒 《後漢書·輿服志》 天之大數 鄭玄 吕思勉

一、從沈從文先生《中國古代服飾研究》所載《列帝圖》説起①

圖一取自沈從文先生《中國古代服飾研究》②，畫的是戴冕的隋文帝。冕的

---

① 《列帝圖》，又叫《歷代帝王圖》，現藏美國波士頓美術館。
② 沈從文《中國古代服飾研究》，載《沈從文全集》第32卷，太原：北嶽文藝出版社，2002，第214頁。

前後皆有旒。前旒十二，後旒十二，合計二十四。沈先生的解説文字云："圖一〇九據《列帝圖》摹繪，舊題唐閻立本（或閻立德）繪。……全圖穿冕服的共計七人，由漢昭帝①、魏文帝至隋文帝，相去七百年，歷朝七八代。全畫人物面貌雖有異，服制卻多相同，所反映的只是隋唐人沿襲漢《輿服志》、《三禮》六冕舊説及晉南北朝畫塑中冕服而產生的帝王冕服和從臣朝服式樣，和漢魏本來情形並未符合。但是這種冕服式樣及服飾紋樣卻影響到後來，在封建社會晚期還發生作用，宋（及遼金）元明襲用約一千年。"②

圖一　隋文帝和二侍臣

按：沈從文先生這段解説文字非常精彩，發前人所未發。沈先生是拿《歷代帝王圖》這幅名畫作反面教材的，畫上既有前旒十二，又有後旒十二，合計二十四旒，這樣畫不對。正確的畫法是只有前旒十二。反觀當代國内外研究服飾的專著在冕旒問題上的群體性跌倒之時（詳下），尤其顯得難能可貴。他所説的"《三禮》六冕舊説"，實際上指的是經學權威鄭玄的《三禮注》，下文我們將會實際看到。如果挑沈先生毛病的話，就是這段解説多了"漢《輿服志》"四字。所謂"漢《輿服志》"，即《後漢書·輿服志》。而《後漢書·輿服志》

---

① 按："漢昭帝"，徵諸《列帝圖》及他書記載，當作"東漢光武帝"。此蓋沈先生一時誤記。

② 沈從文《中國古代服飾研究》，載《沈從文全集》第32卷，第215頁。

在天子冕旒問題上,在二十四史中是首倡"皆有前無後"的,即只有前旒,没有後旒。沈先生這點失誤,可能是出於一時疏忽吧。

二、古人信奉的一條準則:"天之大數,不過十二"

所謂"天之大數,不過十二",通俗點說,你就是天王老子,無論怎樣講究排場,都不能突破十二這個最高值。天子的冕旒也不例外。

首先請看經書的記載,因爲這是冕旒之制的源頭:

(1)《周禮·夏官·弁師》:"掌王之五冕,皆玄冕朱裏,延紐。五采繅十有二就,皆五采玉十有二。"① 孫詒讓《周禮正義》云:"一就爲一斿……則十二就即十二斿也。"② 按:《說文解字·玉部》:"璪,垂玉也,冕飾。"段玉裁《注》云:"按:《弁師》作'斿',《玉藻》從俗字作'旒',皆'璪'之假借字。"③

(2)《禮記·禮器》:"禮有以文爲貴者,天子之冕,朱緑藻,十有二旒,諸侯九,上大夫七,下大夫五。此以文爲貴者也。"④

(3)《禮記·玉藻》:"天子玉藻,十有二旒,前後邃延。"⑤

(4)《禮記·郊特牲》:"祭之日,王被衮以象天,戴冕藻十有二旒,則天數也。"鄭玄注:"天之大數,不過十二。"⑥

按:鄭玄"天之大數,不過十二"之注,並非自我作古,而是其來有自。《左傳》哀公七年記載魯昭公與吳王會晤於鄫,吳人要求魯昭公用百牢的規格招待吳王。魯人子服景伯駁斥說:"先王未之有也。周之王也,制禮上物,不過十二,以爲天之大數也。'"⑦ 意思是說,周天子享受的招待規格也不過十二牢,這是"天之大數",到頂了。你吳國是諸侯竟然要求百牢,太出格了吧!天之大數爲什麼是十二,杜預注云:"天有十二次,故制禮象之。"⑧《左傳》哀

---

① 《周禮注疏》,北京:北京大學出版社,2000,第983頁。
② (清)孫詒讓《周禮正義》,北京:中華書局,1987,第2528頁。
③ (清)段玉裁《說文解字注》,上海:上海古籍出版社,1981,第14—15頁。
④ 《禮記正義》,上海:上海古籍出版社,2008,第974頁。
⑤ 同上書,第1175頁。
⑥ 同上書,第1068頁。
⑦ 《春秋左傳正義》,北京:北京大學出版社,2000,第1888頁。
⑧ 《春秋左傳正義》,第1888頁。

公七年這條記載就是"天之大數，不過十二"的最早出處。

驗之《周禮》一書，"天之大數，不過十二"確實是一條古人信奉的準則。請看：

（1）《周禮·天官·膳夫》："掌王之食飲膳羞。王日一舉，鼎十有二。"鄭玄注："殺牲盛饌曰舉。"①

（2）《周禮·春官·大宗伯之職》："王執鎮圭。"鄭玄注："鎮，安也，所以安四方。圭長尺有二寸。"②

（3）《周禮·春官·司服》："王之吉服，祀昊天上帝則服大裘而冕。"鄭玄注："《書》曰：'予欲觀古人之象，日、月、星辰、山、龍、華蟲，作繢；宗彝、藻、火、粉、米、黼、黻，希繡。'此古天子冕服十二章。"③

（4）《周禮·春官·巾車》："王之五路：一曰玉路，建大常，十有二旒。"④按：君王所乘之車曰路。太常，旗名。旒，今言"飄帶"也。

（5）《周禮·夏官·校人》："掌王馬之政，天子十有二閑。"鄭玄注："每廄為一閑。"⑤

（6）《周禮·秋官·掌客》："王合諸侯而饗禮，則具十有二牢（按：牛羊豕三牲具備叫作一牢）。"鄭玄注："饗諸侯而用王禮之數者，以公侯伯子男盡在，是兼饗之，莫敵用也。"⑥

（7）《周禮·冬官考工記》："匠人營國，方九里，旁三門。"元毛應龍《周官集傳》卷一五引陳氏曰："國中之廣則九里，其方皆三門，四方而十二門也。天子之禮，必法天之大數，門宜十二也。"⑦

（8）《周禮·冬官考工記》："玉人之事，鎮圭尺有二寸，天子守之。"⑧

（9）《尚書·益稷》："帝曰：予欲觀古人之象，日、月、星辰、山、龍、華蟲，作會，宗彝；藻、火、粉、米、黼、黻，絺繡。"孔安國傳："天子服，日、月而下；諸侯，自龍袞而下至黼黻；士服藻、火，大夫加粉、米。"孔穎

---

① 《周禮注疏》，第95—96頁。
② 同上書，第558頁。
③ 同上書，第646頁。
④ 同上書，第838頁。
⑤ 同上書，第1011頁。
⑥ 同上書，第1214頁。
⑦ （元）毛應龍《周官集傳》，景印文淵閣《四庫全書》本，臺北：臺灣商務印書館，1983，第95冊，第984頁。
⑧ 《周禮注疏》，第1311頁。

達疏:"孔以'華象草華蟲雉',則合華蟲爲一。《周禮》鄭玄注亦然,則以日、月、星辰、山、龍、華蟲六章,畫於衣也;藻、火、粉、米、黼、黻六章,繡於裳也。天之大數,不過十二,故王者製作,皆以十二,象天也。"①

(10)宋王與之《周禮訂義》卷三六引鄭鍔曰:"天子之尊,國十二門,旗十二旒,馬十二閑,圭尺二寸,冕十二旒,禮物十二牢,其所以取法於'天之大數'者非一。"②

以上十例,皆爲"天之大數,不過十二"之證。

根據上述《禮記》《左傳》《周禮》諸書記載,可知"天之大數,不過十二",確確實實是一條普遍適用的原則。這就是説,作爲帝王,你無論怎樣講究排場,都不能突破十二這個最高值。而《歷代帝王圖》的冕旒總數二十四,突破了十二這個最高值,因而是錯誤的。

或難曰:前旒十二,後旒十二,並不違背"天之大數,不過十二",怎麼能説錯了呢?

答曰:那麼,讓我們來看看冕旒的用處是什麼,就明白了。

(1)《大戴禮·子張問入官篇》:"冕而前旒,所以蔽明也。黈纊塞耳,所以弇聰也。故水至清則無魚,人至察則無徒。"③

(2)《晏子春秋·外篇上·景公欲誅斷所愛槐者晏子諫》:"冕前有旒,惡多所見也;纊紘充耳,惡多所聞也。"④

(3)《淮南子·主術訓》:"古之王者,冕而前旒,所以蔽明也;黈纊塞耳,所以掩聰。"⑤

(4)《漢書·東方朔傳》:"故曰:'水至清則無魚,人至察則無徒。'冕而前旒,所以蔽明;黈纊充耳,所以塞聰。明有所不見,聰有所不聞,舉大德,赦小過,無求備於一人之義也。"⑥

(5)《白虎通義》卷下《紼冕》:"垂旒者,示不視邪;纊塞耳,示不聽讒也。故水清無魚,人察無徒,明不尚極知下。故《禮》云:'天子玉藻,十有

---

① 《尚書正義》,北京:北京大學出版社,2000,第139—143頁。
② (宋)王與之《周禮訂義》卷三六,景印文淵閣《四庫全書》本,第93册,第597頁。
③ (清)孔廣森《大戴禮記補注》,北京:中華書局,2013,第152頁。
④ 吳則虞《晏子春秋集釋》,北京:中華書局,1962,第452—453頁。
⑤ 劉文典《淮南鴻烈集解》,北京:中華書局,1989,第270頁。
⑥ 《漢書》,北京:中華書局,1962,第2866頁。

二旒，前後邃延。'"①

（6）今本《後漢書·輿服下》劉昭注引《禮緯》曰："旒垂目，纊塞耳，王者示不聽讒，不視非也。"②

以上六條書證的措辭雖然不無異同，但大旨則一，即"冕而前旒"，其用意在於不希望帝王明察秋毫，以致於鬧到"水至清則無魚，人至察則無徒"的地步。明乎此義，則冕後之旒，非畫蛇添足而何！

其次，讓我們看看正史的記載：

（1）《後漢書·輿服志下》："孝明皇帝永平二年，初詔有司采《周官》、《禮記》、《尚書·皋陶篇》，乘輿服從歐陽氏說，公卿以下從大小夏侯氏說。冕皆廣七寸，長尺二寸，前圓後方，朱綠裏，玄上，前垂四寸，後垂三寸，系白玉珠爲十二旒。……三公、諸侯七旒，青玉爲珠；卿大夫五旒，黑玉爲珠。③皆有前無後……旁垂黈纊。"④

圖二　天子袞冕

---

① （清）陳立《白虎通疏證》，北京：中華書局，1994，第499—500頁。
② 《後漢書》，北京：中華書局，1965，第3664頁。
③ 《後漢書·輿服志》劉昭注云："《獨斷》曰：'三公、諸侯九旒，卿七旒。'與此不同。"（中華書局校點本《後漢書》，第3664頁）按：蔡邕《獨斷》所載是也。劉昭《後漢書注補志序》云："《車服》之本，即依董、蔡所立。"（中華書局校點本《後漢書》，第1頁）意思是說司馬彪《續漢書·輿服志》是依據董巴《輿服志》和蔡邕《獨斷》而作。然則，此處文字當以《獨斷》爲準。
④ 《後漢書》，第3663頁。

按：漢明帝制定的天子袞冕，只有前旒十二。圖二取自黃以周《禮書通故》。①

按：《輿服志》明確提出了冕旒"皆有前無後"的原則，而這條原則是來自《周官》《禮記》等經書。眾所周知，今本《後漢書·輿服志》實際上是取自晉代司馬彪《續漢書》，南朝梁劉昭《後漢書注補志序》云："司馬《續書》，總爲八志。《律曆》之篇，仍乎洪、邕所構；《車服》之本，即依董、蔡所立。"② 董，謂董巴。《隋書·經籍志》著錄"《大漢輿服志》一卷，魏博士董巴撰"③。董巴此書久佚。蔡，謂蔡邕。劉知幾《史通·古今正史》："熹平中，光禄大夫馬日磾、議郎蔡邕、楊彪、盧植著作東觀，接續紀傳之可成者，而邕別作《朝會》、《車服》二志。"④ 而蔡邕之《車服志》幸存於《東觀漢記》中。按：《東觀漢記》卷五《車服志》："永平二年正月，公卿議春南北郊。東平王蒼議曰：'孔子曰："行夏之時，乘殷之輅，服周之冕。"爲漢制法，高皇帝始受命創業，制長冠以入宗廟。光武受命中興，建明堂，立辟雍。陛下以聖明奉遵，以禮服龍袞祭五帝。禮缺樂崩，久無祭天地冕服之制。按尊事神祇，絜齋盛服，敬之至也。日月星辰山龍華藻，天王袞冕，十有二旒，以則天數。'"⑤ 請注意，蔡邕《車服志》也明確提出"天王袞冕，十有二旒，以則天數"，與上引《禮記》《周禮》《左傳》所載吻合。

漢明帝永平二年（59）的冕服定制，是《二十四史》中的第一次，⑥ 開了

---

① 見《續修四庫全書》，上海：上海古籍出版社，1996，第112册，第544頁。
② 《後漢書》，第1頁。
③ 《隋書》，北京：中華書局，1973，第970頁。
④ （唐）劉知幾撰、（清）浦起龍釋《史通通釋》，上海：上海古籍出版社，1978，第342頁。
⑤ （東漢）劉珍等《東觀漢記校注》，吳樹平校注，北京：中華書局，2008，第183頁。
⑥ 閻步克《服周之冕——〈周禮〉六冕禮制的興衰變異》云："西漢後期，士人勢力與日俱增，'制禮作樂'呼聲群起，迎來了中國制度史上史無前例的新莽大復古。本來皇帝是戴通天冠的，而在王莽加安漢公之號的時候，群臣援引'周公服天子之冕，南面而朝群臣'古例，'請安漢公居攝踐祚，服天子韍冕，背斧依於户牖之間，南面朝群臣，聽政事'。王莽加九錫，'受緑韍袞冕衣裳'。王莽篡漢後，着手定車服之制，'……車服黻冕，各有差品'。周爵與周冕死灰復燃，再獲新生。……此後十幾個世紀冕服的興衰變異，就應以新莽爲始。若干著作，只以漢明帝制冕服爲冕服復古之始，新莽被忽略不計了那不怎麼公平。"（北京：中華書局，2009，第168—169頁）謹按：閻步克先生此説，忽略了以下三點：第一，《禮記·中庸》説："非天子，不議禮，不制度。雖有其位，苟無其德，不敢作禮樂焉；雖有其德，苟無其位，亦不敢作禮樂焉。"據此，王莽在加安漢公稱號和加九錫時，還是人臣，不是天子，還沒有取得"議禮、制度"的資格；而"王莽篡漢後"，其所作所爲又與"雖有其位，苟無其德，不敢作禮樂焉"（轉下頁）

一個好頭，影響深遠。歷魏晉南北朝，訖於隋唐，皆遵守漢明帝"有前無後"之制。請看：

（2）《晉書·輿服志》："漢承秦弊，西京二百餘年，猶未能有所制立。及中興後，明帝乃始采《周官》、《禮記》、《尚書》及諸儒記説，還備袞冕之服。……魏明帝以公卿袞衣黼黻之飾疑於至尊，多所減損，始制天子服刺繡文，公卿服織成文。及晉受命，遵而無改。……冕，皁表，朱緑裏，廣七寸，長二尺二寸，加于通天冠上。前圓後方，垂白玉珠十有二旒。"①

（3）《宋書·禮志五》："至秦，以戰國即天子位，滅去古制，郊祭之服，皆以袀玄。至漢明帝，始采《周官》、《禮記》、《尚書》諸儒説，還備袞冕之服。魏明帝以公卿袞衣黼黻之文擬於至尊，復損略之，晉以來無改更也。天子禮郊廟，則黑介幘，平冕，今所謂平天冠也，皁表，朱緑裏，廣七寸，長尺二寸，垂珠十二旒。"②

（4）《南齊書·輿服志》："平冕，黑介幘，今謂平天冠，皁表，朱緑裏，廣七寸長尺二寸，垂珠十二旒。"③

（5）《隋書·禮儀六》："梁制，乘輿郊天、祀地、禮明堂、祠宗廟、元會臨軒，則黑介幘，通天冠平冕，俗所謂平天冠者也。其制，玄表，朱緑裏，廣七寸，長尺二寸，加于通天冠上。前垂四寸，後垂三寸，前圓而後方，垂白玉珠十有二旒。"④

按：《梁書》無志，《隋志》此節講梁之冕制。

（6）《隋書·禮儀六》："陳永定元年，武帝即位，徐陵白：'所定乘輿、御服，皆採梁之舊制。'"⑤

按：《陳書》無志，《隋志》此節講陳之冕制。

（接上頁）的經文違背。第二，"以漢明帝制冕服爲冕服復古之始"，並非只是今人的"若干著作"，而是古人早就如此。《晉書·輿服志》就説："中興後，明帝乃始采《周官》、《禮記》、《尚書》及諸儒記説，還備袞冕之服。"（中華書局校點本，第765頁）《宋書·禮志五》也如此説，此略。第三，王莽的改制，所謂"車服黼冕，各有差品"，只是一句沒有實際内容的空話，與漢明帝的既詳且備的冕服定制不可同日而語。閻步克先生在其書第187頁也承認"至於新莽是否改革服章就不得而知了"。

① 《晉書》，北京：中華書局，1974，第765—766頁。
② 《宋書》，北京：中華書局，1974，第502頁。
③ 《南齊書》，北京：中華書局，1972，第340頁。
④ 《隋書》，第215頁。
⑤ 同上書，第218頁。

(7)《隋書·禮儀六》："自晉左遷，中原禮儀多缺。後魏天興六年，詔有司始制冠冕，各依品秩，以示等差。然未能皆得舊制。至太和中，方考故實，正定前謬，更造衣冠，尚不能周洽。及至熙平二年，太傅清河王懌、黃門侍郎韋廷祥等奏定五時朝服，準漢故事，五郊衣幘，各如方色焉。及後齊因之，河清中改易舊物，著令定制云。乘輿，平冕，黑介幘，垂白珠十二旒，飾以五采玉，以組爲纓，色如其綬，黈纊，玉笄。"①

按：《魏書》《北齊書》沒有《輿服志》，《隋志》此節講北魏、北齊冕制。

(8)《隋書·禮儀六》："後周設司服之官掌皇帝十二服……冕通十有二旒。"②

按：《周書》無志，《隋志》此節講北周冕制。

(9)《隋書·禮儀七》："高祖初即位，將改周制。……於是定令，採用東齊之法。乘輿袞冕，垂白珠十有二旒，以組爲纓，色如其綬，黈纊充耳，玉笄。"③

按：此節講隋之冕制。

(10)《舊唐書》卷四五《輿服志》："袞冕，金飾，垂白珠十二旒，以組爲纓，色如其綬，黈纊充耳。"④

(11)《新唐書》卷二四《車服志》："袞冕者，踐祚、饗廟、征還、遣將、飲至、加元服、納后、元日受朝賀、臨軒冊拜王公之服也。廣一尺二寸，長二尺四寸，⑤金飾玉簪導，垂白珠十二旒。"⑥

按：從上述有關正史的《輿服志》《禮志》記載來看，從漢明帝永平二年建立冕服制度開始，訖於唐代，在冕旒制度上，皆遵循漢明帝永平二年"有前無後"之制，"垂珠十二旒"。

小結：根據上述經部文獻和史部文獻的記載，《列帝圖》上畫的七位帝王所戴的冕，前旒十二，後旒十二，合計二十四，違背了"天之大數，不過十

---

① 《隋書》，第 238 頁。
② 同上書，第 244—245 頁。
③ 同上書，第 253—254 頁。
④ 《舊唐書》，北京：中華書局，1975，第 1936 頁。
⑤ 按："廣一尺二寸，長二尺四寸"，《舊唐書·輿服志》作"廣八寸，長一尺六寸"，《唐六典》《通典》同。按《宋史·輿服三》："仁宗景祐二年，又以帝后及群臣冠服，多沿唐舊而循用之，久則有司寖爲繁文，以失法度。……由是改製袞冕。天版元闊一尺二寸，長二尺四寸，今製廣八寸，長一尺六寸。"（中華書局校點本，第 3525 頁）疑《新唐書》誤。
⑥ 《新唐書》，北京：中華書局，1975，第 515 頁。

二"這條古人普遍信奉的準則,因而是錯誤的,是敗筆。敗就敗在後旒十二,那是畫蛇添足。

三、"二十四旒"說始於鄭玄的《禮記》誤注和《周禮》誤注

筆者之所以把鄭玄的《禮記》誤注放在《周禮》誤注前面,是根據鄭玄的解讀思維路線作出的安排。鄭玄就是先解讀了《禮記·玉藻》,自以爲是,然後將對《禮記·玉藻》的解讀"代入"《周禮·弁師》的解讀中,導致一誤再誤。請看:

《禮記·玉藻》:"天子玉藻,十有二旒,前後邃延。"鄭玄注:"雜采曰藻。天子以五采藻爲旒,旒十有二。前後邃延者,言皆出冕前後而垂也,天子齊肩。延,冕上覆也,玄表纁裏。"①

按:先説《玉藻》經文中的關鍵字"延"字。"延"字怎麽講?鄭注説:"延,冕上覆也,玄表纁裏。"筆者認爲,"延"字的鄭注没有錯,"延"在這裏是名詞,用現代漢語來説就是,延是冕上覆蓋的一塊木板,外包麻布,表是黑色,裏是紅色。延,《左傳》桓公二年作"綖",杜預注:"綖,冠上覆。"② 與鄭注意思一樣。"延"與"綖",蓋古今字。《説文解字》有"延"而無"綖"。晉吕忱《字林》始有"綖"字,見陸德明《經典釋文·禮記音義》③。

再説"前後邃延"怎樣講?鄭注云:"'前後邃延'者,言皆出冕前後而垂也,天子齊肩。"請各位注意,導致上千年誤解的"二十四旒"説就出在"前後邃延"四字的鄭注上。我們知道,訓詁學的一條基本原則是等值原則。無論你是用今語釋古語,或是以通語釋方言,都是如此。所謂等值,就是注釋語必須與被注釋語等值,多一點不行,少一點也不行。現在我們就來看看鄭玄的注釋語是不是與被注釋語經文等值。我們已經知道,延是一塊長方形的冕板(廣八寸,長尺六寸),有前有後。對照鄭注,經文"前後邃延"四字中的"前"字、"後"字、"延"字都有了着落。而經文"邃"字,《説文》云:"邃,深遠

---

① 《禮記正義》,第1175—1176頁。
② 《春秋左傳正義》,第165頁。
③ 《禮記正義》,第1175頁。

也。"① 從語法上講，"邃"是修飾"延"字的，鄭注說是"出冕前後而垂"，雖然與《說文》的釋義大相逕庭，令人感到十分彆扭，難以接受，我們也姑且認了。但是，說破天，無論你"邃"字多麼厲害，"出冕前後而垂"的也只能是"延"而不是"旒"呀！延是冕體，旒是冕飾，二者各是一物。你鄭注把與"前後邃延"無關的"旒"也給拉扯進來，是何道理？而且還要垂到"天子齊肩"，太離譜了吧！這樣一來，訓詁學的等值原則就被徹底破壞了，而鄭注的科學性也隨之蕩然無存。

清代學者王引之把破壞等值原則的訓詁概括爲四個字"增字解經"。王引之《經義述聞》卷三二《增字解經》云："經典之文，自有本訓。得其本訓，則文義適相符合，不煩言而已解；失其本訓而強爲之說，則扞格而不安，乃於文句之間增字以足之，多方遷就，而後得申其說。此強經以就我，而究非經之本義也。"② 王引之的這段話，完全適合鄭玄的《玉藻》注，鄭注錯就錯在增字解經。一個"邃"字，不但被鄭注改變了詞性，而且生發出與"邃"字毫無關係的"出冕前後而垂"數字，非"增字解經"而何？綜觀王引之"增字解經"條，可知"增字解經"乃是《十三經》注家的通病。即以鄭玄來說，據統計，王引之指出《周易》鄭注增字解經者1條，指出《尚書》鄭注增字解經者1條，指出《毛詩》鄭箋增字解經者4條，指出《禮記》鄭注增字解經者4條（不含《玉藻》之"前後邃延"）。有興趣的讀者可以前去查看。王引之在"增字解經"條最後還語重心長提醒讀者："此皆不得其正解而增字以遷就之，治經者苟三復文義而心有未安，雖舍舊說以求之可也。"③

然則，"前後邃延"當作何解？筆者調查了《四庫全書》《四庫全書存目叢書》《續修四庫全書》和《四庫未收書輯刊》中所收錄的《禮記》學著作，其中論及冕旒者凡二十七家。其中，二十四家附和鄭玄注④，批駁鄭注的只有三

---

① 段玉裁《說文解字注》，第346頁。
② （清）王引之《經義述聞》，《續修四庫全書》，第175冊，第361頁。
③ 同上書，第367頁。
④ 附和鄭注的二十四家是：孔穎達《禮記正義》、衛湜《禮記集說》、吳澄《禮記纂言》、陳澔《禮記集說》、《日講禮記解義》、《欽定禮記義疏》、李光坡《禮記述注》（以上七書，見《四庫全書》）；明徐師曾《禮記集注》、黃乾行《禮記日錄》、戈九疇《禮記要旨》、楊梧《禮記說義纂訂》、湯道衡《禮記纂注》、楊鼎熙《禮記敬業》、張沐《禮記疏略》（以上七書，見《四庫全書存目叢書》）；明郝敬《禮記通解》、清王夫之《禮記章句》、任啓運《禮記章句》、吳廷華《禮記疑義》、汪紱《禮記章句》、杭世駿《續禮記集說》、潘相《禮記鼇編》、郝懿行《禮記箋》、劉沅《禮記恒解》、郭嵩燾《禮記質疑》（以上十書，見《續修四庫全書》）。

家，他們是清代江永《禮記訓義擇言》、孫希旦《禮記集解》和朱彬《禮記訓纂》。三家之中，一則江永在前，二則孫希旦、朱彬之説皆不出江説之範圍。有鑒於此，爲節省篇幅，僅摘録江永之説如下：

> 按：鄭氏謂冕前後皆垂旒，非也。東方朔云："冕而前旒，所以蔽明。"其説在漢儒之先，若後旒，安所取義？《禮器》、《郊特牲》及此文皆云"十有二旒"，不云"二十四旒"。鄭氏蓋因此云"前後邃延"而誤。前後邃延，但謂前後之延，自延端至冕武（按：武，冠圈，在延的中部）皆深邃，不謂前後皆有旒也。且一旒十二玉，十二旒一百四十四玉，已繁重矣。若復加十二旒，有二百八十八玉，其重當數觔，恐首不能勝，夫子何取乎周冕而服之乎？此鄭説之不可不辨者。①

按：江永一語道破癥結所在："鄭氏蓋因此云'前後邃延'而誤。"江永的解讀就嚴格遵守了訓詁學的等值原則。至於江永説"若復加十二旒，有二百八十八玉，其重當數觔，恐首不能勝"，則不幸言中。宋太祖頭上戴的就是貨真價實的前後合計二十四旒的衮冕，就抱怨"華而且重"②，下令改造以減輕衮冕的重量，但也沒有找對原因。

再看鄭玄的《周禮·弁師》注。

> 《周禮·夏官·弁師》："掌王之五冕，皆玄冕朱裏，延紐。五采繅十有二就，皆五采玉十有二。"鄭玄注："延，冕之覆，在上，是以名焉。紐，小鼻，在武上，笄所貫也。……繅，雜文之名也，合五采絲爲之繩，垂於延之前後各十二，所謂邃延也。就，成也。繩之每一帀而貫五采玉十二斿，則十二玉也。每就間蓋一寸。……此爲衮衣之冕十二斿，則用玉二百八十八。"③

按：《周禮》經文只有一個"延"字，怎麽能夠生出"垂於延之前後各十二，所謂邃延也"這麽多内容？是因爲鄭玄把他對《禮記·玉藻》的解讀直接代入了他對《弁師》的解讀。如果説《玉藻》鄭注是增字解經，那麽，《弁師》鄭注則是在"增字解經"上的變本加厲，錯得更離譜了。

筆者調查了《四庫全書》《四庫全書存目叢書》《續修四庫全書》和《四庫

---

① （清）江永《禮記訓義擇言》，景印文淵閣《四庫全書》本，第128册，第347頁。
② 《宋史》，第3524頁。
③ 《周禮注疏》，第983—984頁。

未收書輯刊》中所收録的《周禮》學著作，其中論及冕旒者凡三十一家。其中，二十一家附和鄭注①，批駁鄭注者凡十家，他們是：明王應電《周禮傳》、王志長《周禮注疏删翼》、清方苞《周官集注》（以上三家見《四庫全書》）；明徐即登《周禮説》、清李文照《周禮集傳》（以上兩家見《四庫全書存目叢書》）；清蔣載康《周官心解》、吕飛鵬《周禮補注》、孔廣林《周官肊測》、莊有可《周官指掌》、孫詒讓《周禮正義》（以上五家見《續修四庫全書》）。上述十家之中，無論是從時間早晚上考慮，還是從説理的充分上考慮，非明代學者王應電《周禮傳》莫屬。有鑒於此，爲節省篇幅，兹摘録王應電《周禮傳》卷四《夏官下·弁師》之説如下：

> 夫旒爲目而設，後之有旒，果何所爲？故經文叙王之冕，止云"繅十有二就"，而不言二十四；諸侯繅斿九就，而不言十有八。若曰止以前而言，則《深衣》（按：謂《禮記·深衣》）何獨通前後而云"十有二幅"乎？故據經觀之，止有前旒。《禮記》、《家語》（按：謂《大戴禮記》和《孔子家語》）並云"冕而前旒"，是亦一證。唯延則有前後，《玉藻》之文可見。②

請注意王應電的這句話："若曰止以前而言，則《深衣》（按：謂《禮記·深衣》）何獨通前後而云"十有二幅"（按：深衣之裳十二幅，前後各六）乎？"管見所及，唯王氏應電有此獨到之語，令人稱快。又，晚清孫詒讓《周禮正義》爲《周禮》學集大成之作，一向爲學界所重，因更引孫詒讓《周禮正義·弁師》説如下："按：邃延，謂延前後深遠，不關垂旒，鄭説非也。"③ 可謂一語破的。

至此，我們明白了，在唐代以前對袞冕的兩個截然不同解讀中，《列帝圖》的作者抛棄了漢明帝永平二年的正確解讀，選擇了鄭玄的錯誤解讀，因而導致敗筆。

---

① 附和鄭注的二十一家是：唐賈公彦《周禮疏》、宋王昭禹《周禮詳解》、宋朱申《周禮句解》、宋不著撰人而元陳友仁增修《周禮集説》、宋王與之《周禮訂義》、明柯尚遷《周禮全經釋原》、清李光坡《周禮述注》、李鍾倫《周禮纂訓》（以上八家見《四庫全書》）；明何喬新《周禮集注》、明金瑶《周禮述注》、張采《周禮注疏》、孫明攀《古周禮釋評》、清高愈《周禮集解》、姜兆錫《周禮輯義》（以上六家見《四庫全書存目叢書》）；明郝敬《周禮完解》、清段玉裁《周禮漢讀考》、莊存與《周官説》、劉沅《周官恒解》（以上四家見《續修四庫全書》）；清胡翹元《周禮會通》、連斗山《周官精義》、吴寶謨《經義圖説》（以上三家見《四庫未收書輯刊》）。

② （明）王應電《周禮傳》，景印文淵閣《四庫全書》本，第 96 册，第 211—212 頁。

③ 孫詒讓《周禮正義》，第 2528 頁。

四、《列帝圖》的作者爲什麼會選擇錯誤的鄭注？

私意以爲，這和當時讀書人所受的教育有關。據王國維《漢魏博士考》，《周禮》《禮記》二經在三國魏時開始立於學官，但當時立於學官的是兩家：鄭玄和王肅。王肅一家，持説多與鄭注不同。遺憾的是，王肅的《三禮注》沒有完整保存下來，只有清人的輯本。幸運的是，王肅注的《孔子家語》尚存，其中恰恰也有我們所需要的冕旒資料。請看：

（1）《孔子家語·入官第二十一》："古者聖主，冕而前旒，所以蔽明也；紘紞充耳，所以掩聰也。水至清即無魚，人至察則無徒。"①

（2）《孔子家語·郊問第二十九》："郊之日……（天子）既至泰壇，王脱裘矣，服衮以臨燔柴，戴冕藻十有二旒，則天數也。"②

按：王肅之"十有二旒，則天數也"，何等明快！與鄭玄之"垂於延之前後各十二"，涇渭分明。

不幸的是，王肅一家，好景不長。據《晉書·荀崧傳》記載："元帝踐阼……時方修學校，簡省博士，……《周官》、《禮記》鄭氏。"③ 這就是説，到了東晉初年，王肅注的《周官》《禮記》在太學中被精簡掉了，只剩下鄭玄一家。而這種鄭玄一家獨大的局面一直持續到隋代。所以《隋書·經籍志》説："今《周官》六篇，《古經》（按：謂《儀禮》）十七篇，《小戴記》四十九篇，凡三種，唯鄭注立于國學。"④ 這就是説，從東晉初年（317）到唐朝建立（618），在長達三百年的時間裏，國學裏面清一色地都是用鄭玄的《三禮注》作爲教材。試想，在如此漫長的時間段裏，學子們耳濡目染，浸淫其中，代代相傳，唯知鄭注，焉得不信？

再加上東漢末年以來，鄭玄的學術聲譽日隆。據《後漢書·鄭玄傳》記載，鄭玄六十歲的時候，"弟子河内趙商等自遠方至者數千"⑤。范曄《後漢書·鄭玄傳》論曰："王父豫章君（按：即范曄的祖父經學家范寧）每考先儒

---

① 楊朝明等主編：《孔子家語通解》，濟南：齊魯書社，2009，第259頁。
② 同上書，第341頁。
③ 《晉書》，北京：中華書局，1974，第1976頁。
④ 《隋書》，北京：中華書局，1973，第926頁。
⑤ 《後漢書》，第1207—1208頁。

經訓而長於玄，常以爲仲尼之門，不能過也。"① 蕭子顯《南齊書》卷三九《劉瓛陸澄傳》論曰："康成生炎漢之季，訓義優洽，一世孔門，褒成並軌，故老以爲前修，後生未之敢異。"② 以至於發展到如隋代學者王劭《史論》所說："草野生以專經自許，不能究覽異義，擇從其善，徒欲父康成，兄子慎，寧道孔聖誤，諱聞鄭、服非。"③ 所謂"寧道孔聖誤，諱聞鄭、服非"，意謂寧願説是經文錯了，也不願意説是鄭玄注、服虔注錯了。根據《列帝圖》作者之不僅寧信鄭注而不信經文，而且寧信鄭注而不信漢明帝永平二年冕服定制，我們還可以仿造一句："寧道天子誤，諱聞鄭玄非。"《列帝圖》的作者之所以做出錯誤的選擇，原因就在於此。簡言之，就是迷信鄭注到説一不二的程度。

五、迷信鄭注的怪象始於何時？

根據目前已經掌握的資料可知，迷信鄭注的怪象並非始於唐人《列帝圖》，而是始於東漢末年。知者，南京博物院、山東省文物管理處編著《沂南古畫像石墓發掘報告》的圖版52的下方刻有兩人，都是頭戴前後有旒的冕。④ 該《發掘報告》稱："我們假定這墓造於靈帝末年、獻帝初年、曹操攻陶謙之前。這個可能性最大。"⑤ 按《後漢書·陶謙傳》："初平四年，曹操擊謙。"⑥ 漢獻帝初平四年，即193年。據王利器《鄭康成年譜》，初平四年，鄭玄六十七歲。鄭玄卒於漢獻帝建安五年，即200年。這就意味着，在鄭玄生前，其經注已經開始影響社會生活。又據王肅《孔子家語序》："鄭氏學行五十載矣，自肅成童，始志於學，而學鄭氏學矣。"⑦ 成童之年，姑以十五歲來計算，⑧ 據梁廷燦《歷代名人生卒年表》，王肅生於漢獻帝興平二年（195），則王肅成童之年是漢獻帝建安十四年（209）。從建安十四年上推五十年，即"鄭氏學行五十載"的開

---

① 《後漢書》，第1213頁。
② 《南齊書》，第686頁。
③ 見《舊唐書·元行沖傳》徵引，第3181頁。
④ 南京博物院、山東省文物管理處編著《沂南古畫像石墓發掘報告》，北京：文化部文物管理局，1956，拓片第41幅，圖版52。
⑤ 同上書，第65頁。
⑥ 《後漢書》，第2367頁。
⑦ 楊朝明等主編：《孔子家語通解》，第582頁。
⑧ 按：《禮記·内則》："成童，舞《象》，學射御。"鄭玄注："成童，十五以上。"見《禮記正義》，第1170頁。

始時間，是漢桓帝永壽三年（157）。這個 157 年，比《沂南古畫像石墓發掘報告》的墓葬時間下限 193 年早出 36 年。這也就意味着，以墓葬時間下限爲準，鄭氏學已經流行了 36 年了。質言之，《沂南古畫像石墓發掘報告》的圖版 52 的下方刻有兩人都是頭戴前後有旒的冕的圖像，初步推測，是受了鄭玄經注的影響。因此，我們有理由説，這種迷信鄭注的怪象始於東漢末年。

此後，圖畫帝王冕旒前後皆有之事，不絶如縷。管見所及，山西大同市博物館、山西省文物工作委員會編著《山西大同石家寨北魏司馬金龍墓》云："司馬金龍墓是有明確紀年（延興四年即公元 474 年；太和八年即公元 484 年）的北魏早期墓。"① 該文所附圖版拾三之 6 爲"冕旒帝王"，乃前後皆有旒。是其例。又，譚蟬雪主編《敦煌服飾畫卷》第三章《錦繡衣冠盛世風》著録初唐莫 220 窟壁畫《帝王冕服與群臣朝服》②，其中帝王所戴的冕是前後皆有旒。是其例。

六、迷信鄭注的升級——由嘴上説説、紙上畫畫發展到假戲真做

沈從文先生《中國古代服飾研究》在談到《列帝圖》時説："這種冕服式樣及服飾紋樣卻影響到後來，在封建社會晚期還發生作用，宋（及遼金）元明襲用約一千年。"③

宋代以前，冕旒"垂於延之前後各十二"的鄭注對社會的影響還只是嘴上説説，紙上畫畫而已。從宋代開始，升級了，假戲真做，皇帝們正兒八經地戴到頭上了。請看正史記載：

（1）宋代冕旒之制

《宋史·輿服三》："衮冕之制。宋初因五代之舊，天子之服有衮冕，廣一尺二寸，長二尺四寸，前後十二旒，二纊，並貫真珠。"④

《宋史·輿服三》："仁宗景祐二年……改製衮冕。天版（按：即冕板）元闊一尺二寸，長二尺四寸。今製廣八寸，長一尺六寸……前後二十四珠旒，並

---

① 山西大同市博物館、山西省文物工作委員會《山西大同石家寨北魏司馬金龍墓》，《文物》，1972 年第 3 期，第 20 頁。
② 譚蟬雪《敦煌石窟全集 24·服飾畫卷》，香港：商務印書館，2005，第 89 頁。
③ 《中國古代服飾研究》，載《沈從文全集》第 32 卷，第 215 頁。
④ 《宋史》，第 3522 頁。

合典制。"①

《宋史·輿服三》:"中興仍舊制,綖,以羅衣木,玄表朱裹,長尺有六寸,前低一寸二分,四旁緣以金,覆于卷武之上,繅以五色絲貫五色玉,前後各十二,凡用二百八十有八。"②

按:從上述三條志文可知,五代、北宋、南宋,一以貫之,冕旒都是"前後各十二"。

(2) 遼金冕旒之制

《遼史·儀衛志二》:"漢服:袞冕,祭祀宗廟、遣上將出征、飲至、踐阼、加元服、納皇后若元日受朝則服之。金飾,垂白珠十二旒,以組爲纓,色如其綬,黈纊充耳,玉簪導。"③

按:《遼史》没有《輿服志》,有關輿服志的内容納入了《儀衛志》。此條志文只言"垂白珠十二旒",未言"前後",疑有脱誤。知者,《清史稿》卷一〇三《輿服二》:"凡一朝所用,原各自有法程,所謂'禮不忘其本'也。自北魏始有易服之説,至遼、金、元諸君,浮慕好名,一再世輒改衣冠,盡去其淳樸素風,傳之未久,國勢寖弱。"④ 就談到了"遼"的輒改衣冠。又,沈從文先生在上文也談到了"遼"。

《金史·輿服中》:"冕制:天板長一尺六寸,廣八寸,前高八寸五分,後高九寸五分……前後珠旒共二十四,旒各長一尺二寸。"⑤

(3) 元代冕旒之制

《元史》卷七八《輿服》一:"天子冕服:袞冕,制以漆紗,上覆曰綖,青表朱裹……綖之前後,旒各十二,以珍珠爲之。"⑥

(4) 明代冕旒之制

《明史》卷六六《輿服二》:"(洪武)十六年,定袞冕之制。冕,前圓後方,玄表纁裹,前後各十二旒,旒五采玉十二珠,五采繅十有二就,就相去一寸。"⑦

---

① 《宋史》,第3524頁。
② 同上書,第3529頁。
③ 《遼史》(修訂本),北京:中華書局,2016,第1010頁。
④ 《清史稿》,北京:中華書局,1977,第3034頁。
⑤ 《金史》,北京:中華書局,1975,第976頁。
⑥ 《元史》,北京:中華書局,1976,第1930頁。
⑦ 《明史》,北京:中華書局,1974,第1615頁。

有清一代則不主張"改服漢人衣冠"①。《清史稿》卷一〇三《輿服二》："凡一朝所用，原各自有法程，所謂'禮不忘其本'也。自北魏始有易服之説，至遼、金、元諸君，浮慕好名，一再世輒改衣冠，盡去其淳樸素風，傳之未久，國勢寖弱。"②

七、當代國內外學者在《列帝圖》冕旒問題上重蹈覆轍的原因何在？

筆者在研究《列帝圖》過程中發現，在《列帝圖》問題上説錯話的當代學者非常多，既有國內學者，也有國外學者。筆者力所能及地調查了今人研究古代服飾的 33 部專著，旁及兩部大型辭書、一部專業辭書和一部影響很大的教材，共 37 家。其中附和鄭注的有 33 家（其中有兩家分別是日本學者、韓國學者），而駁正鄭注的僅有 4 家。二者的比例非常懸殊。

附和鄭注的 33 家是：

1. 王宇清《冕服服章之研究》："竊疑（《後漢書・輿服志》）所謂'乘輿從歐陽氏、公卿以下從大小夏侯氏'説者，似又非服章之章目章次，而為冕之旒——天子前後皆備而公卿有前有後。"③

2. 楊志謙等《唐代服飾資料選》第 88 頁是帝王衮冕圖，其説明文字："選自《支那唐代的服飾》和閻立本的《列帝圖》。"④

3. 上海戲曲學校中國服裝史研究組《中國歷代服飾》之圖 181 是戴冕冠、穿冕服的帝王（閻立本《列帝圖》局部）。其説明文字云："閻立本是唐代傑出畫家……他所畫的帝王服飾比較接近現實。"⑤

4. 李妙齡《中國服飾大觀》之圖 43 是"冠冕圖"，前後有旒。⑥

5. 周錫保《中國古代服飾史》："玉藻是用五彩絲條作為垂繩，而以玉貫串

---

① 《清史稿》，第 3033 頁。
② 同上書，第 3034 頁。
③ 王宇清《冕服服章之研究》，臺北：中華叢書編審委員會，1966，第 104—105 頁。
④ 楊志謙等《唐代服飾資料選》，北京：北京市工藝美術研究所，1979，第 88 頁。
⑤ 上海市戲曲學校中國服裝史研究組《中國歷代服飾》，上海：學林出版社，1984，第 118 頁。
⑥ 李妙齡《中國歷代服飾大觀》，臺北：百齡出版社，1984，第 34 頁。

繩中，前後各有十二旒，垂於冕綖前後。"① 又，此書封面是取自《列帝圖》帝王圖像，冕旒前後皆有。

6. 周峰《中國古代服裝參考資料》（隋唐五代部分）之圖30，是《列帝圖》中的隋文帝，所戴之冕，前後有旒。②

7. 王維堤《衣冠古國——中國服飾文化》之22頁有一幅帝王冕服圖，取自《列帝圖》中的晉武帝司馬炎，所戴之冕。前後有旒。③

8. 日人原田淑人《中國服裝史研究》徵引《禮記·玉藻》鄭玄注："雜采曰藻。天子以五采藻爲旒，旒十有二。前後邃延者，言皆出冕前後而垂也。"又徵引《周禮·弁師》鄭玄注："繅，雜文之名也，合五采絲爲之繩，垂於延之前後各十二，所謂邃延也。"④

9. 袁傑英《中國歷代服飾史》："周代天子的冕綖，前後各有十二條垂旒。"⑤

10. 周汛、高春明《中國衣冠服飾大辭典》"冕冠"條的釋義："其冠頂部，蓋一木板，名延，又名冕板。冕板兩端，垂有數串玉珠。"⑥ 又，該書之圖56是穿冕服的晉代皇帝（晉武帝司馬炎），取自《列帝圖》，前後皆有旒。

11. 徐海榮主編《中國服飾大典》的"冕冠"條釋義："漢叔孫通《漢禮器制度》：'周之冕，以木爲體，廣八寸，長尺六寸，上以玄，下以纁，前後有旒。'"⑦

12. 孫機《中國古輿服論叢》之398頁有著冕服的隋文帝圖像，前後有旒，括注云"據《列帝圖卷》"。⑧

13. 朱和平《中國服飾史稿》第40頁之袞冕圖插圖，前後有旒，括注說明：取自宋聶崇義《三禮圖》。⑨

14. 曾慧潔《中國歷代服飾圖典》："天子在冕板前後各懸掛十二串玉旒。"⑩

15. 蔡子諤《中國服飾美學史》魏晉南北朝時期的圖像1是取自《列帝圖》

---

① 周錫保《中國古代服飾史》，北京：中國戲劇出版社，1984，第14頁。
② 周峰《中國古代服裝參考資料》，北京：燕山出版社，1987，第93頁。
③ 王維堤《衣冠古國——中國服飾文化》，載李學勤等主編《中國古代生活文化叢書》，上海：上海古籍出版社，1991，第22頁。
④ 〔日〕原田淑人《中國服裝史研究》，常任俠等譯，合肥：黃山書社，1988，第41—42頁。
⑤ 袁傑英《中國歷代服飾史》，北京：高等教育出版社，1994，第284頁。
⑥ 周汛、高春明《中國衣冠服飾大辭典》，上海：上海辭書出版社，1996，第35頁。
⑦ 徐海榮主編《中國服飾大典》，北京：華夏出版社，2000，第40頁。
⑧ 孫機《中國古輿服論叢》，北京：文物出版社，2001，第398頁。
⑨ 朱和平《中國服飾史稿》，鄭州：中州古籍出版社，2001，第40頁。
⑩ 曾慧潔《中國歷代服飾圖典》，南京：江蘇美術出版社，2002，第4頁。

中的晉武帝司馬炎，所戴之冕，前後有旒；隋唐五代時期的圖像 2、3 是身着便服與冕服的隋文帝，括注云："唐閻立本《歷代帝王圖》的局部。"①

16. 戴欽祥、陸欽、李亞麟《中國古代服飾·周代禮服》："帝王冕冠前後各十二旒。"② 又，其書第 26 頁"冕服圖解"所繪之帝王形象，即取自《列帝圖》中的晉武帝司馬炎。

17. 陳高華、徐吉軍《中國服飾通史》第 201 頁之圖 5—6，是《列帝圖》中的蜀昭烈帝劉備冕服圖；第 244 頁之圖 6-1，是着冕服的隋文帝，前後有旒，亦據《列帝圖》。③

18. 臧迎春《中國傳統服飾》第 64 頁是帝王冕旒圖，所戴之冕，前後有旒，括注云"閻立本《歷代帝王圖》"。④

19. 周春才《禮記圖典：明心·修身·養性》第 16 頁下欄所繪人物中有戴冕者，前後有旒。⑤

20. 華梅《中國服飾》説："冕冠，上有一塊板，做成前圓後方形……前後有成串的垂珠，一般爲前後各十二串。"⑥

21. 袁仄《中國服裝史》説："在冕板的前後兩端垂有數條五彩線編成的藻，藻上串玉珠，名旒。"⑦

22. 譚蟬雪《敦煌石窟全集 24·服飾畫卷》説："冕即冕冠，頂部有冕板，唐制爲廣八寸，長一尺二寸，冕板前後有垂珠，名曰旒。"⑧

23. 高格《細説中國服飾》第 83 頁有一幅隋文帝圖像，所戴之冕，前後有旒，乃取自《列帝圖》。⑨

24. 林茨《中國繪畫藝術》之 29—31 頁有"閻立本：爲盛世帝王畫像"一節，配有《列帝圖》。⑩

---

① 蔡子諤《中國服飾美學史》，石家莊：河北美術出版社，2001，書前彩圖。
② 戴欽祥、陸欽、李亞麟《中國古代服飾》，任繼愈主編《中國文化史知識叢書》，北京：商務印書館，1998，第 22 頁。
③ 陳高華、徐吉軍《中國服飾通史》，寧波：寧波出版社，2002，第 201、244 頁。
④ 臧迎春《中國傳統服飾》，北京：五洲傳播出版社，2003，第 64 頁。
⑤ 周春才《禮記圖典：明心·修身·養性》，北京：中國文聯出版社，2002，第 16 頁。
⑥ 華梅《中國服飾》，北京：五洲傳播出版社，2004，第 16 頁。
⑦ 袁仄《中國服裝史》，北京：中國紡織出版社，2005，第 27 頁。
⑧ 譚蟬雪《敦煌石窟全集 24·服飾畫卷》，香港：商務印書館，2005，第 83 頁。
⑨ 高格《細説中國服飾》，北京：光明日報出版社，2005，第 83 頁。
⑩ 林茨《中國繪畫藝術》，北京：五洲傳播出版社，2006，第 29—31 頁。

25. 王雪莉《宋代服飾制度研究》說："袞冕十二旒，每旒十二玉，前後二十四旒，共用玉288顆。"① 又，該書第48頁之圖2-4是閻立本《列帝圖》中的隋文帝圖像，所戴之冕，前後有旒。

26. 韓國崔圭順《中國歷代帝王冕服研究》說："皇帝的十二旒冕冠中的旒，從東漢永平二年以後，歷代一直定爲前後皆垂旒，前後各十二道，共爲二十四道。"② 又，該書圖3-1-3是《列帝圖》中的晉武帝司馬炎，所戴之冕，前後皆有旒。

27. 閻步克《服周之冕——"周禮"六冕禮制的興衰變異》一書的封面就是有大有小的六個戴冕的帝王，前後皆有旒。③

28. 納春英《唐代服飾時尚》說："在閻立本《歷代帝王圖》以及《三才圖會》中，都能看到比較完美的袞冕形象。"④

29. 李薇主編《中國傳統服飾圖鑒》第73頁的帝王圖像是取自《列帝圖》中的晉武帝司馬炎。所戴之冕，前後有旒。⑤

30. 劉永華《中國歷代服飾集萃》之圖3-10是秦始皇的服飾形象，所戴之冕，前後有旒。⑥

31. 臺灣《中文大辭典》1538頁"冕"條除釋義外附有冕圖，前後皆有旒，稱取自《三才圖會》。⑦

32. 《漢語大詞典》第五卷的749頁"冕服""冕冠"兩條所附兩幅冕圖，皆爲前後皆有旒，⑧ 幸讀者明辨之。

33. 王力主編《古代漢語·古漢語通論》在講到衣飾時說："據說天子十二旒。"頁下注：一說皇帝的冕前後各有十二旒。⑨（第1004頁）

駁正鄭注的4家是：

1. 呂思勉《中國制度史》第五章《衣服》云："按：《大戴記》云：'冕而

---

① 王雪莉《宋代服飾制度研究》，杭州：杭州出版社，2007，第44頁。
② 〔韓〕崔圭順《中國歷代帝王冕服研究》，上海：東華大學出版社，2007，第176頁。
③ 閻步克《服周之冕——"周禮"六冕禮制的興衰變異》，北京：中華書局，2009，封面頁。
④ 納春英《唐代服飾時尚》，北京：中國社會科學出版社，2009，第184頁。
⑤ 李薇主編《中國傳統服飾圖鑒》，北京：東方出版社，2010，第73頁。
⑥ 劉永華《中國歷代服飾集萃》，北京：清華大學出版社，2013，第156頁。
⑦ 《中文大辭典》編纂委員會編纂《中文大辭典》，臺北：中國文化研究所，1968，1538頁。
⑧ 羅竹風主編《漢語大詞典》第5冊，上海：漢語大詞典出版社，1990，749頁。
⑨ 王力主編《古代漢語》，北京：中華書局，1998，1004頁。

前旒，所以蔽明也；黈纊塞耳，所以弇聰也。'後旒失蔽明之義矣。《續漢書·輿服志》：'孝明皇帝永平二年初，詔有司采《周官》、《禮記》、《尚書·皋陶篇》，乘輿服從歐陽氏說，公卿以下從大小夏侯氏說，冕皆廣七寸，長尺二寸，前圓後方，朱綠裏，玄上，前垂四寸，後垂三寸，係白玉珠爲十二旒，以其綬采色爲組纓。三公、諸侯七旒，青玉爲珠；卿大夫五旒，黑玉爲珠。皆有前無後。各以其綬采色爲組纓，旁垂黈纊。'此蓋有所受之，鄭說非也。"①

2. 王關仕《儀禮服飾考辨》徵引江永《鄉黨圖考》云："《大戴禮》及東方朔《答客難》皆云'冕而前旒，所以蔽明'，則無後旒可知。後旒何所取義乎？鄭謂前後皆有旒，此因《玉藻》'前後邃延'而誤耳。前後邃延，謂版長尺六寸，自延端至武，前後皆深邃，非謂後亦有旒也。"繼又徵引孫詒讓《周禮正義》中所引王應電與江永之說，最後得出結論："王、江之說是也……邃延與垂旒分言，而僅及前旒，是無後旒之說可信。"②

3. 陳茂同《中國歷代衣冠服飾制》第 18 頁圖七是冕冠圖，只有前旒十二。其書第 53 頁在完整地徵引《後漢書·輿服志》漢明帝永平二年建立君臣衣冠制度那一段文字之後，得出結論："可見，漢自明帝以後，始有一套較完整的衣冠服飾制度。"③

4. 錢玄等《三禮辭典》之"冕"字釋義取江永說，所附冕圖，只有前旒十二。且云："今繪圖及劇裝或仍爲前後有旒，非是。"④ 其"旒"字釋義云："鄭注以爲冕之前後均有旒，誤。冕後無旒，説詳【冕】。"⑤

當代學者在《列帝圖》冕旒問題上如此大面積地重蹈覆轍，觸目驚心，原因何在？竊以爲，和《列帝圖》作者的敗筆原因一樣，也是教育出了問題。不同的是，《列帝圖》作者所處的時代是讀經的時代。不僅是讀經的時代，據皮錫瑞《經學歷史》，還是"經學統一時代"，學子讀的是鄭玄作注的《禮記》《周禮》，導致誤聽誤信。而當代學者所處的時代，是廢止讀經的時代。民國元年，蔡元培先生以中華民國臨時政府教育總長的身份在《全國臨時教育會議開會詞》（1912 年 7 月 10 日）中說："今日之臨時教育會議，即中華民國成立以後第一次之中央教育會議。此次會議，關係甚爲重大。……普通教育，廢止讀

---

① 呂思勉《中國制度史》，上海：上海教育出版社，2001，第 162 頁。
② 王關仕《儀禮服飾考辨》，臺北：文史哲出版社，1977，第 159 頁。
③ 陳茂同《中國歷代衣冠服飾制》，天津：百花文藝出版社，2005，第 53 頁。
④ 錢玄等《三禮辭典》，南京：江蘇古籍出版社，1998，第 704—705 頁。
⑤ 錢玄等《三禮辭典》，第 911 頁。

經；大學校廢經科，而以經科分入文科之哲學、史學、文學三門。"① 竊以爲，廢止讀經的時代，從此宣告開始。李學勤先生評論此舉説："當時由於強調接受西學，在這種情況之下，蔡元培先生做了這樣的一個決定。對於這一問題怎麽評價，大家可以見仁見智。可是經學被取消後，幾十年之後我們回過頭來看，確實發現了問題，那就是經學在很長一段時間成了禁區，很少有人願意去研究它，很少有人願意去碰它。"② 李學勤先生説的是事實。從民國元年算起，已經一個多世紀了，按照三十年一代來計算，已經有三四代人與經學隔絶了，不知經學爲何物了。《論語·子路》："子曰：'以不教民戰，是謂棄之。'"朱熹《集注》："以，用也。言用不教之民以戰，必有敗亡之禍，是棄其民也。"③ 經學上的冤旒問題，通過明清兩代學者的努力，已經做了清理，有了明確的、正確的答案，奈吾輩不讀其書何！當代學者在《列帝圖》冤旒問題上如此大面積地重蹈覆轍的原因，就是"以不教民戰"的結果。吃一塹，長一智。爲了妥善解決這個問題，竊以爲我們應該考慮結束"廢止讀經的時代"，開啓新的讀經時代。有識之士已經發出了呼籲。范文瀾在其《經學講演録》中第一句話就是："經學與中國文化的關係很密切。"④ 顧頡剛《顧頡剛讀書筆記》第4册有一篇筆記的題目就是《研究中國古史必由經學入手》。⑤ 顧頡剛《擬印行十三經新疏緣起》："吾國文化，發端絶早，史官紀載，合爲《六經》。凡欲審識我先民締造之歷程與夫古今學術之根原者，粲然之跡，咸在乎是。……後代商討，實舉其數爲十三。二千年中，一切政治制度、道德思想無不由兹出發。故《十三經》者，吾國文化之核心也。近世外患日亟，舉國駭驚，喪其所守。自科舉廢而遂謬謂經學無與於人事，大師凋落，後學彷徨。苟由此道而不改，再歷數十年，經學固淪胥以亡，我民族精神其能弗涣離其本耶！"⑥

饒宗頤《新經學的提出——預期的文藝復興工作》："'五四'以來，把經學納入史學，只作史料來看待，不免可惜！經書是我們的文化精華的寶庫，是國民思維模式、知識涵藴的基礎；亦是先哲道德關懷與睿智的核心精義、不廢

---

① 高平叔編《蔡元培全集》第二卷，北京：中華書局，1984，第262—264頁。
② 李學勤《國學的主流是儒學，儒學的核心是經學》，載《中華讀書報》2010年8月4日第15版。
③ （宋）朱熹《論語集注》，北京：中華書局，1983，第148頁。
④ 《范文瀾歷史論文選集》，北京：中國社會科學出版社，1979，第300頁。
⑤ 《顧頡剛全集·顧頡剛讀書筆記》，北京：中華書局，2011，卷四，第268頁。
⑥ 《顧頡剛全集·顧頡剛寶樹園文存》，北京：中華書局，2011，卷一，第12頁。

江河的論著。"① 李學勤《國學的主流是儒學，儒學的核心是經學》："在中國的歷史上，'經'的作用與地位與'史'是不一樣的。……不能認爲'經'與'史'是相等的，如果説這二者是相等的，那就等於把'經'在歷史上或者説在傳統文化中的地位否定了。"②

八、一個句讀錯誤導致"鄭冠叔孫戴"
——《周禮·弁師》賈公彦疏徵引叔孫通《漢禮器制度》起止辨

叔孫通，初仕秦，爲博士。後降漢，拜博士，號稷嗣君。《史記》《漢書》均有傳。叔孫通有《漢禮器制度》一書，《漢書·藝文志》與《隋書·經籍志》皆不載。後佚。後人有輯本多種。本文之所以不得不寫這麽一段插曲，是由於有些學者在閱讀《周禮·夏官·弁師》賈公彦疏時，犯了一個句讀錯誤，把賈疏在疏通鄭注時徵引的《漢禮器制度》引文給多引了，因而導致把鄭玄的誤注扣到了叔孫通名下，從而導致對學術史的歪曲。質言之，如果錯誤的標點成立，"冕前後皆有旒"的始作俑者就不是東漢鄭玄而是西漢叔孫通了。此事體大，不得不辨。

請大家看：

《周禮·夏官·弁師》："掌王之五冕，皆玄冕朱裏，延紐。五采繅十有二就，皆五采玉十有二。"鄭玄注："延，冕之覆，在上，是以名焉。紐，小鼻，在武上，笄所貫也。繅，雜文之名也，合五采絲爲之繩，垂於延之前後各十二，所謂邃延也。就，成也。繩之每一帀而貫五采玉十二旒，則十二玉也。每就間蓋一寸。此爲袞衣之冕十二旒，則用玉二百八十八。"賈公彦疏："凡冕體，《周禮》無文，叔孫通作《漢禮器制度》，取法于周，今還取彼以釋之。按彼文：凡冕，以版廣八寸，長尺六寸，以此上玄下朱覆之。乃以五采繅繩貫五采玉垂於延前後，謂之邃延。故《玉藻》

---

① 《饒宗頤二十世紀學術文集》卷四，北京：中國人民大學出版社，2009，第6頁。
② 李學勤《國學的主流是儒學，儒學的核心是經學》，載《中華讀書報》2010年8月4日第15版。

云'天子玉藻，前後邃延，龍卷以祭'是也。"①

按：管見所及，以下九位古今學者認爲賈疏徵引叔孫通《漢禮器制度》的文字始於"凡冕"，止於"謂之邃延"或"五采玉垂於延前後"。這樣一來，客觀上就把鄭注"冕前後皆有旒"的錯誤轉嫁到叔孫通身上了。事關重大，不得不辨。

（1）王應麟《漢制考》卷二："凡冕體，《周禮》無文，叔孫通作《漢禮器制度》，取法于周，今還取彼以釋之。案彼文：'凡冕，以版廣八寸，長尺六寸，以上玄下朱覆之，乃以五彩繅繩貫五采玉垂於延前後，謂之邃延。'"②

（2）江永《鄉黨圖考》卷五："按：《大戴禮》及東方朔《答客難》皆云'冕而前旒，所以蔽明'，則無後旒可知。後旒何所取義乎？鄭謂'前後皆有旒'，此因《玉藻》'前後邃延'而誤耳。'前後邃延'，謂版長尺六寸，自延端至武，前後皆深邃，非謂後亦有旒也。《玉藻》言'十有二旒'，未嘗言前後皆十有二旒也。據疏引《漢禮器制度》，亦云'垂於延之前後'，豈叔孫通失之與？抑所引者非《禮器制度》之原文與？"③

按：連江永這樣三番兩次説鄭注錯誤的學者也拿不準了！

（3）《後漢書·輿服志》："前後邃延。"惠棟《後漢書補注》："《漢禮器制度》曰：'凡冕，以版廣八寸，長尺六寸，以上玄下朱覆之。乃以五采繅繩貫五采玉垂於延前後，謂之邃延。'"④

（4）清王謨《漢魏遺書鈔》經翼二集叔孫通《漢禮器制度》："凡冕，以版廣八寸，長尺六寸，以上玄下朱覆之，乃以五采繅繩貫五采玉垂於延前後，謂之邃延。"雙行小字注云："《弁師》疏云：'凡冕體，《周禮》無文，漢叔孫通作《漢禮器制度》，取法於周，今還取彼以釋之。'"⑤

（5）清焦廷琥《冕服考》卷一，廷琥按："冕制前後有旒，舊説皆如此。江氏永據《大戴禮》以駁之，謂冕止前旒，無後旒。考《漢禮器制度》云：'凡冕，以版廣八寸，長尺六寸，上玄下朱覆之，乃以五采繅繩貫五采玉垂於

---

① 《周禮注疏》，第983頁。按：此本的標點也是錯誤的。《漢禮器制度》文僅僅"凡冕，以版廣八寸，長尺六寸"十一字，此十一字應加引號。
② （宋）王應麟《漢制考》，景印文淵閣《四庫全書》本，第609冊，第808頁。
③ （清）江永《鄉黨圖考》，景印文淵閣《四庫全書》本，經部第210冊，第816頁。
④ （清）惠棟《後漢書補注》，《續修四庫全書》，史部第270冊，第651頁。
⑤ 叔孫通《漢禮器制度》，王謨《漢魏遺書鈔》，《續修四庫全書》第1199冊，第678頁。又，王仁俊《玉函山房輯佚書續編·經編·通禮類》所輯《漢禮器制度》的文字長短與王謨《漢魏遺書鈔》同，此略。

延前後，謂之邃延。'……按《禮器制度》作於叔孫通……在鄭氏之前，其說自非無據。"①

(6)《後漢書·輿服志》："前後邃延。"王先謙《續漢志集解》卷三〇："邃，垂也。延，冕上覆。"《集解》："惠棟曰：'《漢禮器制度》曰：'凡冕，以版廣八寸，長尺六寸，以上玄下朱覆之。乃以五采繰繩貫五采玉垂於延前後，謂之邃延。'"②

(7)陳戍國《中國禮制史》（秦漢卷）："《續漢書·輿服志》：'冕冠垂旒，前後邃延。'惠棟《後漢書補注》引叔孫通《漢禮器制度》曰：'凡冕，以版廣八寸，長尺六寸，以上玄下朱覆之。乃以五采繰繩貫五采玉垂於延前後，謂之邃延。'"③

(8)閻步克《服周之冕——周禮六冕制度的興衰變異》云：

　　據《漢書·禮樂志》……叔孫通為劉邦制禮，又留下一部《禮器制度》，其中有冕服規劃：

　　凡冕體，《周禮》無文，叔孫通作《漢禮器制度》，取法于周，今還取彼以釋之。按彼文：凡冕，以版廣八寸，長尺六寸，以此上玄下朱覆之，乃以五采繰繩貫五采玉，垂於延前後。（頁下注云：《周禮·夏官·弁師》賈公彥疏引，《十三經注疏》，第854頁中欄）④

(9)徐海榮《中國服飾大典》"冕冠"條釋義："漢叔孫通《漢禮器制度》：'周之冕，以木為體，廣八寸，長尺六寸，上以玄，下以纁，前後有旒。'"⑤

按：管見所及，第一個指出江永誤讀賈疏者，是臺灣學者王關仕。王關仕《儀禮服飾考辨》第五章之第二節云："叔孫通《禮器制度》之文，見《弁師》賈疏：'按彼文：凡冕以版，廣八寸，長尺六寸，以此上玄下朱覆之……（原文使用省略號）'詳味其文，叔孫通《漢禮器制度》為賈疏所引者，僅'凡冕以版，廣八寸，長尺六寸'十一字而已，以下皆賈公彥之語。何以知之？'長尺六寸'下云以'此'上玄下朱覆之，出'此'字，即指《弁師》王之五冕皆

---

① （清）焦廷琥《冕服考》卷一，《續修四庫全書》，經部第109冊，第250—251頁。
② （清）王先謙《後漢書集解》，《續修四庫全書》，史部第273冊，第766頁。
③ 陳戍國《中國禮制史》（秦漢卷），長沙：湖南教育出版社，2002，第282頁。
④ 閻步克《服周之冕——〈周禮〉六冕制度的興衰變異》，北京：中華書局，2006，第164—165頁。
⑤ 徐海榮主編《中國服飾大典》，北京：華夏出版社，2000，第40頁。

'玄冕朱裏'也。此甚明瞭，而江氏竟屬之叔孫通，乃致疑竇叢生耳。"①

按：王關仕的結論是正確的，他的糾正雖然是僅僅針對江永一家，但實際上適用於上述九家。唯王氏之論證略嫌不足。今爲之補證如下：

第一，請注意，賈疏云："凡冕體，《周禮》無文。"説得很明白，是"冕體，《周禮》無文"。所謂"冕體"，即冕版之謂。《説文・玉部》："璪（旒），冕飾也。"冕飾與冕體是兩碼事兒，怎麼可以無端地把作爲冕飾的旒給扯進來呢？

第二，我們可以對比一下《左傳》孔穎達疏徵引的《漢禮器制度》。按：《左傳》桓公二年："袞、冕、黻、珽。"杜預注："冕，冠也。"孔疏："禮文殘缺，形制難詳。《周禮・弁師》'掌王之五冕，皆玄冕朱裏'，止言玄朱而已，不言所用之物。《論語》云：'麻冕，禮也。'蓋以木爲幹，而用布衣之，上玄下朱，取天地之色。其長短廣狹，則經傳無文。……《漢禮器制度》云：'冕制，皆長尺六寸，廣八寸，天子以下皆同。'沈引董巴《輿服志》云'廣七寸，長尺二寸'，應劭《漢官儀》云'廣七寸，長八寸'。但古禮殘缺，未知孰是，故備載焉。"②

按：孔疏所謂"其長短廣狹，則經傳無文"，就是賈公彥疏所説的"冕體，《周禮》無文"。而孔疏徵引的"《漢禮器制度》云""董巴《輿服志》云"和"應劭《漢官儀》云"，"云"的都是冕板的長寬，與冕旒無關。

第三，以上九位學者都忽略了賈疏中的"以上玄下朱覆之，乃以五采繅繩貫五采玉垂於延前後，謂之邃延"云云，乃是賈公彥疏通《周禮》經文和鄭玄注文的文字，仔細盤點，這段文字，不僅《周禮》經文中有，鄭玄注中也有，談不上"無文"。

第四，清代乾嘉學者孫星衍有輯本叔孫通《漢禮器制度》一卷，其中有關冕體的輯文是："弁冕，以木爲體，廣八寸，長尺六寸。"（孫星衍按：《周禮・弁師》疏引作"凡冕以版，廣八寸，長尺六寸"）③

按：孫星衍所輯叔孫通《漢禮器制度》也是十一字，恰如其分。而"弁冕，以木爲體，廣八寸，長尺六寸"十三字，乃《儀禮・士冠禮》賈疏徵引《漢禮器制度》之文④，與《周禮・弁師》賈疏徵引《漢禮器制度》之文（'凡

---

① 王關仕《儀禮服飾考辨》，第 159—160 頁。
② 《春秋左傳正義》，第 161—162 頁。
③ （清）孫星衍《平津館叢書》第六册，嘉慶中蘭陵孫氏刊本，第 1 頁 B 面。
④ 《儀禮注疏》，北京：北京大學出版社，2000，第 64 頁。

天子的冕旒究竟是十二還是二十四？

冕以版，廣八寸，長尺六寸'），何其相似乃爾！

第五，《史記·禮書》説："至於高祖光有四海，叔孫通頗有所增益減損，大抵皆襲秦故。"① 《晉書·輿服志》："漢承秦弊，西京二百餘年，猶未能有所制立。及中興後，明帝乃始采《周官》、《禮記》、《尚書》及諸儒記説，還備衮冕之服。"② 《宋書·禮志五》："秦滅禮學，事多違古。漢初崇簡，不存改作。車服之儀，多因秦舊。"③ 一則言"叔孫通頗有所增益減損，大抵皆襲秦故"，二則言"漢承秦弊，西京二百餘年，猶未能有所制立"，三則言"漢初崇簡，不存改作。車服之儀，多因秦舊"，然則上述九家徵引《漢禮器制度》文字中的冕旒制度何從談起？

根據以上五點，得出結論：賈疏徵引的叔孫通《漢禮器制度》只有"凡冕以版，廣八寸，長尺六寸"十一字。上述九家的徵引是多引了，因而帶來了把鄭玄的誤注扣到叔孫通頭上的不良後果。一個句讀錯誤之害人誤事如此！

（作者單位：河南師範大學）

---

① 《史記·禮書》，第1159頁。
② 《晉書》，第765—766頁。
③ 《宋書》，第493頁、第502頁。

注、疏合會方式新探

高 亮[*]

【内容提要】 注、疏合會現象廣泛存在於寫鈔本與刻本時代的儒、佛、道、律詮釋文獻之中，但當前對寫鈔本與佛、道、律的注、疏合會研究相對薄弱。本文試圖鑿通文本形態、學術派系之阻隔，重新審視、綜合分析現存可考儒、佛、道、律寫鈔本、刻本注、疏合會本，歸納出分散模式甲類、分散模式乙類、聚集模式、集散模式[①]、分欄模式等五種合會方式，並指出其特徵及成因。在五種合會模式中，除兩欄模式中斷外，其餘四種皆流傳於世。儒家在寫鈔本時代，以分散模式甲類爲主；刻本時代，以聚集模式爲主。佛家以分散模式乙類爲主流，又兼有分散模式甲類與聚集模式。道家以聚集模式爲主。律疏寫鈔本兼有分散模式甲類與聚集模式，刻本則只有聚集模式。以上基本涵蓋現存可考寫鈔本、刻本儒、佛、道、律注、疏合會情況。

【關鍵詞】 注疏 合會方式 寫鈔本 刻本 儒佛道律

注、疏合會，即經注與義疏文本聚合、融會，由兩種文本合爲一種。作爲義疏學術語，合會在中國學界較爲罕見，但在日本漢學界，合會爲指稱經注合併現象之常用術語。[②] 注疏合併方式與之相似，故將合會指稱範疇擴大至義疏

---

[*] 本文撰寫、修改過程中，蒙北京大學《儒藏》編纂與研究中心李暢然研究員悉心指正，在此致謝。

[①] 指兼有分散與聚集的模式。

[②] 日本學者比較早地使用合會一詞者，爲杉浦豐治《公羊疏について（五）》（《金城學院大學論集》第 61 號（1975 年），第 55—67 頁。中譯本由李甦平、王青譯，孫彬校理，載《中國文哲研究通訊》第十二卷第二期，2002，第 79—166 頁）一文中提到的"されば經・傳を合会して経伝会本の作ありたるは"，王青譯爲"會合經傳作經傳會本"，但鑒於中國漢魏六朝文獻中已用此詞，日本學者當是借用古漢語詞彙，故而不妨沿用合會一詞。如此既尊重歷史，又照顧現實。

研究，亦屬合理。中國學者首先在義疏研究中使用合會一詞者，始於李暢然《注疏合會的三種模式——〈儒藏〉編纂隨劄（其三）》（以下簡稱《模式》）①。合會一詞既能包涵各種經、注、疏合併形式，又能顧及寫本與刻本時代文本形態的轉換，② 概括力較强。故本文在指稱儒經注疏合併現象時，使用合會一詞作爲專門術語。

注、疏合會是中國古典詮釋文獻研究的重要議題。既有研究大多屬意於儒典注、疏合會形態的描述以及合會過程，除李霖《宋本群經義疏的編校與刊印》（以下簡稱《編印》）之外，少有關涉合會方式的研究。③ 對儒疏以外的佛、道、律注、疏合會情況也不甚了解。《編印》單闢一節討論經注疏編連（即合會）方式，指出在南宋越刊八行本中，《周禮疏》與《易》《書》《詩》《禮》《論》《孟》六種注疏本編連方式有別，但其研究對象僅限於八行本，研究目的也在於討論八行本刊印時間先後，而非合會方式。④ 此外，在研究範圍上，《編印》一文未深究寫鈔本時代注、疏合會問題，亦未屬意擁有豐富詮釋文獻的佛、道二家的注、疏合會。李暢然《模式》一文則通觀現存可考儒典與法律注、疏合會本，認爲自南北朝以來，儒、律二家存在連綴、兩欄、打散三種合會方式。⑤ 李文

---

① 李暢然《注疏合會的三種模式——〈儒藏〉編纂隨劄（其三）》，《儒家典籍與思想研究》第四輯，北京大學出版社，2012，第249—259頁。

② 以往學界指稱注疏合二爲一現象的術語，有編彙、編連、綴合、合刻、合會等。編彙、編連過於籠統，難與彙纂、合編等古籍整理術語區分。綴合常用於鈔本，合刻只適用於刻本，皆有文本形態限制。合會則無上述問題。

③ 注、疏合刻問題研究，有張允亮《〈周禮疏〉提要》，收入《故宫善本書志》，《圖書館學季刊》第4卷第3、4合期，1930，第527—529頁；河又正司《注疏分合的問題》，《東洋文化》第107號，1933，第54—58頁，中譯本載《中國文哲研究通訊》第十卷第四期，2000，第31—34頁，河又氏則因襲張説，未有新見；昌彼得《跋宋浙東茶鹽司本〈周禮注疏〉》，收入《增訂蟫庵群書題識》，臺北：商務印書館，1997，第10—11頁；韓宏韜《〈毛詩正義〉研究》，博士學位論文，山東大學，2007，第42—45頁；李霖、喬秀岩《〈毛詩正義〉的歷程》，《南宋刊單疏本毛詩正義》影印前言，北京：人民文學出版社，2012，第1—13頁，後收入喬秀岩《文獻學讀書記》，北京：生活·讀書·新知三聯書店，2018，第221—242頁；張麗娟《越刊八行本的注疏合刻體例》，《邯鄲學院學報》2013年第2期，第43—45頁，以及氏著《宋代經書注疏刊刻研究》，北京：北京大學出版社，2013，第268—286頁。這些研究側重説明儒典注、疏合會過程，較少涉及合會方式的歸納，或雖有歸納而未細説及深入。

④ 李霖《宋本群經義疏的編校與刊印》，北京：中華書局，2019，第246—253頁。

⑤ 氏著《注疏合會的三種模式——〈儒藏〉編纂隨劄（其三）》，《儒家典籍與思想研究》第四輯，第249—259頁。在作者最近關於傳記升經演變機制的論文中，將上述三種模式統一歸入附著型，並認爲注、疏合會的結果，是注、疏的"隱性升經"。詳見其《"十三經"形成暨傳記升經的三類機制》，《中國典籍與文化》2018年第4期，第21—28頁。

綜合分析寫鈔本與刻本合會情況，是義疏學界最早歸納注、疏合會方式的研究成果。不過，李文歸納的三種方式皆爲概略性描述，尚未深入合會本的文本細節，因而相對籠統，且亦未涉及佛、道注、疏合會。本文旨在細察寫鈔本與刻本時代儒、佛、道、律四家注、疏合會方式，爲注、疏合會提供更完整、全面的歸納，並基於此，探析各種合會方式形成之原因。

根據現存可考儒、佛、道、律四家注、疏合會本，我們將其合會方式分爲五個模式。

一、分散模式甲類

分散模式甲類指**義疏分別列於經、注之下，分別疏解經、注的合會模式**①。分列的經、注文本單位爲句或句群。典型的分散模式注疏，有日藏文明本等舊鈔本《論語》皇疏、《喪服小記子本疏義》、法藏 P. 3274 號敦煌寫本《孝經鄭注義疏》殘卷等。此模式最常見合會方式爲經—經疏（含經文出文）—注—注疏（含注文出文）②。當無注之疏時，則減省爲經—經疏（含經文出文）—注。

經—經疏—注—注疏的合會方式在分散模式中最爲常見。以 P. 3274 號寫本爲例，其合會方式如圖一所示。此段文本從《孝經·士章》"然後能保其祿位，而守其祭祀"之經疏"（祿）者，食廩之名"至《庶人章》"故自天子至于（庶人）"。經、注、疏合寫，無大小、顏色、符號之別，甚至章名亦省，上下章轉換不提行，亦無任何標識。右數第二十二列正數第九字起，爲《庶人章》，錄文如下。

【經】謹身節用，
【經疏】謹，誡慎也；節，制割也。
【注甲】行不爲非，
【注甲疏】不毀傷也。

---

① 分散模式類似李暢然注、疏合會三種模式中的打散模式（作者後來改稱"依文句打散附著"），然二者又有一定區別。打散爲動補式複合詞，即先打而後散。這就隱含了一個預設，即須先有經、注本，後有單疏本，最後將單疏拆開，按經、注的某種文本單位，插入其中。這種預設無法排除一種可能，即某種義疏，本無單疏，其生成之初，即以附入經、注之中的合會本形態存在。故不便直稱打散。分散同義並列的聯合式複合詞，既分又散，無先後之別，可涵蓋本有單疏與本無單疏兩種可能存在的情況。故我們改稱爲分散模式。
② 出文指義疏標示所釋經、注詞句範圍的文字。

【注乙】富不奢泰，

【注乙疏】不甘酒也。

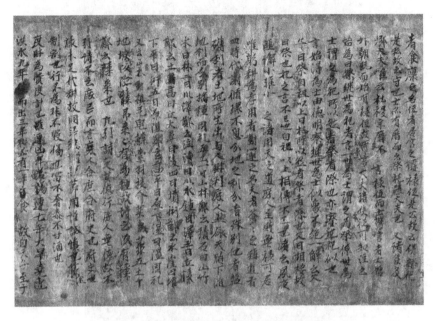

圖一　P.3274號寫本《孝經·士章》書影

此本合會方式極似日藏古寫本《喪服小記子本疏義》（以下簡稱《子本疏義》）。如圖二所示。右起第一列朱筆豎綫文句"祖父卒，而後爲祖母後者三年"爲經文，其下"謂嫡孫"至"故三年也"，爲經疏。第三列朱點標識文句"祖父在，則其服如父在爲母也"爲"祖父卒"至"三年"句經文之鄭注，其下"亦謂無父者也"爲注疏。第四行朱筆豎綫文句"爲父、母、長子稽顙"爲經文，其下經疏、注、注疏如前例。若不考慮經、注標出符號、注文詳略等差異①，僅就合會方式而言，《子本疏義》與P.3274號《孝經鄭注義疏》寫本一致，與日藏文明本等舊鈔本《論語》皇疏亦相似。

儒疏之外，唐代律疏寫本亦有此種合會方式。所謂律疏，指宋代以後習稱的《故唐律疏議》三十卷（亦稱《唐律疏議》，以下簡稱律疏）。② 唐代律疏即

---

① P.3274號寫本注文有省略現象。

② 唐以後人見律疏疏文起始常有"議曰"一詞，故誤稱此書爲《唐律疏議》。詳見沈家本《歷代刑法考》卷七八《律令四·律疏》，《沈寄簃先生遺書》，民國二年刻本，第7A—8B頁，兹不贅言。

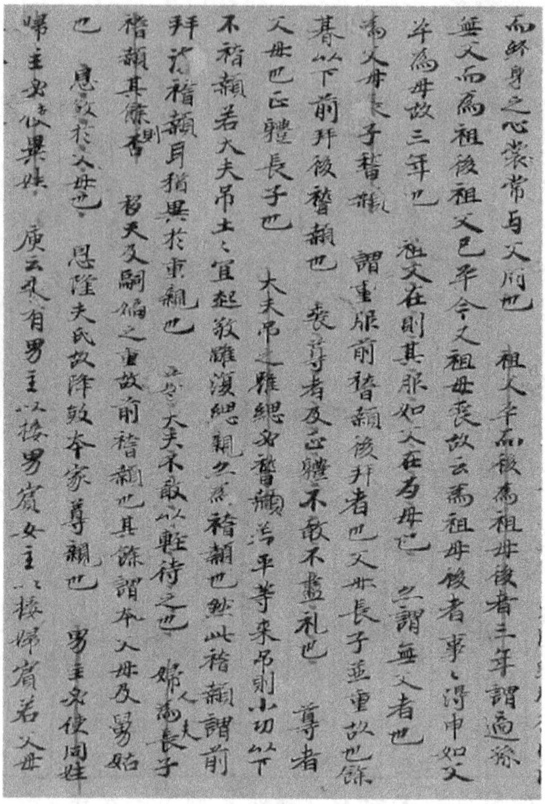

圖二　日藏古寫本
《喪服小記子本疏義》書影

詮釋唐律（含注）十二卷的文本。唐律曾多次修訂，律疏亦隨之屢有改動。①宋代刻本律疏流行之後，傳世唐寫本逐漸散亡。現在可見的六件律、注、疏相對完整的《唐律疏》寫本殘卷皆出自敦煌藏經洞。其中法藏 P.3593 號寫本《唐律疏》合會方式即分散模式甲類（圖三②）。其合會方式爲律—律疏—注—注疏，同 P.3274 號《孝經鄭注義疏》《喪服小記子本疏義》。

---

① 據劉俊文先生研究，現在可考唐代修律，自武德元年（618）至元和二年（807），共計十三次。其中貞觀、永徽、開元三次修訂最爲重要。今本唐律、律疏基本承襲開元修訂本。詳見氏著《唐律疏議箋解·序論》，北京：中華書局，1996，第 12—27 頁。
② 圖片來源國際敦煌項目網站：http://idp.nlc.cn/database/oo_scroll_h.a4d?uid=4392398786;recnum=60950;index=4。寫本正面爲律疏，背面爲《佛說相好經》。訪問時間：2023 年 2 月 1 日。

注、疏合會方式新探

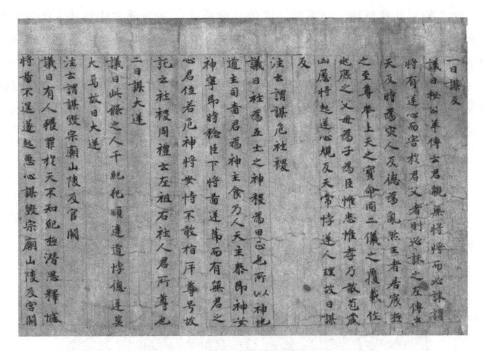

圖三　P.3593 號寫本《唐律疏》書影

在注後無疏時，分散模式甲類的合會方式則減省爲經—經疏—注。如《論語·雍也》何注、皇疏：

【經】子謂子夏曰："汝爲君子儒，無爲小人儒。"

【經疏】儒者，濡也。夫習學事久則濡潤身中，故謂久習者爲儒也。但君子所習者道，道是君子儒也。小人所習者矜誇，矜誇是小人儒也。孔子語子夏曰："當爲君子儒，不得習爲小人儒也。"

【注】馬融曰："君子爲儒，將以明其道。小人爲儒，則矜其名也。"①

這是經—經疏—注—注疏合會方式之變例。至於無經疏或經疏、注疏皆無者，在分散模式甲類的注、疏合會本中，尚未發現。

二、分散模式乙類

分散模式乙類指義疏分別列於一節經、律（律藏）、論（論藏）、傳（傳

---

① 《論語義疏》，高尚榘校點，北京：中華書局，2013，第136頁。

注）文之後，其間無注，亦不釋注文的合會模式。其合會方式爲經—經疏、律—律疏、論—論疏、傳—傳疏。此模式在儒疏中極其罕見，但在東晉至隋唐佛疏中則十分常見。

目前所見唯一採取分散模式乙類的儒疏，爲日本奈良興福寺藏《講周易疏論家義記》寫鈔本殘卷。此寫本時代約在南朝陳後期至唐代，相當於日本的飛鳥時代初期至平安時代中期。① 其合會方式如圖四所示②。

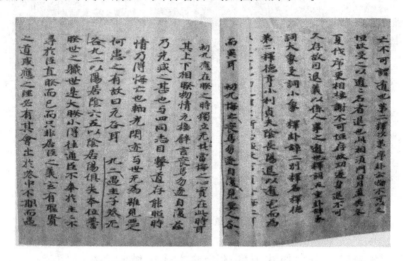

圖四　《講周易疏論家義記》書影

右半圖"初九：悔亡，喪馬，勿逐，自復。見要（惡）人，各（咎）③"爲《睽卦》初九爻辭。左半圖"九二：遇主子（于）巷，无各（咎）"爲九二爻辭。經文之後"初九應在睽之時……故曰'无各'耳""九二以陽居陰……故言'无各'耳"爲疏文，經文（或傳文）與疏文之間無任何標識，只在每節（或每個科段）經文（或傳文）與疏文轉換時，以空格或提行標出。

兩晉至隋唐佛疏的主流合會方式，即分散模式乙類。佛疏直接解釋經文，其間無注。佛疏詮釋體式與儒疏相同，但詮釋層級與儒注相等。如《大正藏》

---

① 此本引周弘正之説，稱其爲僕射。考《陳書·宣帝紀》與其本傳，周氏遷尚書僕射，在太建五年十月（573年底），次年六月卒，則此本當鈔寫於573年之後。又興福寺認爲此本鈔寫於奈良時代，而中田勇次郎《唐鈔本總説》則謂之平安時代寫本。轉引自童嶺《六朝隋唐漢籍舊鈔本研究》，北京：中華書局，2017，第128—129頁。

② 圖片拍攝自黃華珍《日本奈良興福寺藏兩種古鈔本研究》中《講周易疏論家義記》書影，北京：中華書局，2011，第104—105頁。

③ "各"字前脱"无"字。文句左側紅綫爲本文作者所畫，非鈔本原有。

本吉藏《法華論疏》（T40 No.1818）①，其合會方式即爲論—論疏②。在此舉其《方便品》經文"爾時世尊入甚深三昧，正念不動，以如實智觀，從三昧安詳而起。起已，即告尊者舍利弗"一段論、疏：

【論】示現如來得自在力故，如來入定無能驚寤故。

【疏】"示現如來得自在力故"者，釋上正念不動及如實智觀。以定力自在，得身心不動及如實觀察。"如來入定無能驚寤"者③，釋安詳而起。以無外緣驚寤故，得安詳起定也。前明內有自在之力，今明無外緣驚寤，並是歎無量義定有此二力。④

此外，至遲在唐代出現了解釋佛疏的鈔。唐後期宗密《大方廣佛華嚴經普賢行願品別行疏鈔》（X05 No.229）是唐代佛鈔的代表作之一。此鈔是澄觀高足宗密爲解釋乃師《華嚴經行願品疏》所作。其合會方式亦是分散模式乙類。如卷三《現相品》鈔文所示：

【疏】四、釋佛字十義者，即是十佛。一法界佛，二本性佛，三涅槃佛，四隨樂佛，五成正覺佛，六願佛，七三昧佛，八業報佛，九住持佛，十心佛，則七字皆佛⑤。

【鈔】"四、釋佛字十義"，今便配七字，幷配佛身上自有十身，簡非融三世間十身，參而釋之，即佛身十德。一體性真常，名法界佛，即若心若境，法法皆佛，即是法身當"大"字也。二本性佛，即智慧身，玄鑑深遠故，即眾生本覺智慧心性之佛，即當"方"字。三涅槃佛，即是化身化用自在故，化畢歸寂，名涅槃佛，謂應化涅槃也。四隨樂佛，即意生身感而遂通故。上二皆"廣"字。五成正覺佛，即是菩提身，覺樹道成故，即當"佛"字。六願佛，即是願身，願周法界故。七三昧佛，即是福德身，福即是定，由依大定積福圓滿故。此二皆"華"字。八業報佛，即莊嚴身，

---

① 印度世親《妙法蓮華經憂波提舍》（以下簡稱《法華憂波提舍》）爲經論合會本。吉藏疏原本不可見，未知是否爲合會本。《大正藏》所收爲五代宋初天台宗僧人整理的經論疏合會本。《法華憂波提舍》所收經文，爲印度大乘佛教瑜伽行派所傳《法華經》的一種，與西晉竺法護譯《正法華經》、後秦鳩摩羅什譯《法華經》，文字多有出入。要之，此本文字較法護、羅什譯本更爲繁複。

② 所謂"論"，即《法華憂波提舍》，爲佛典釋論體，詮釋層級與儒典傳注相同。

③ 原文作"無驚能愕"者，語義不通，今據《大正藏》校勘記改。下皆倣此，不出注。

④ （隋）吉藏《法華論疏》，卷二，《大正藏》第40冊，No.1818，第801頁上。

⑤ 七字指經名《大方廣佛華嚴經》。

報德相好，微妙難思，用嚴法身，皆因善業故，即當"嚴"字。九住持佛，即力持身，流益無窮故，即當"經"字。十心佛，即威勢身，萬法由心回轉，威勢威容暎奪故。此總標七字，十佛齊融，爲斯教主，示物等有，證必玄同。①

中古時期某些道疏亦採用分散模式乙類。法藏敦煌 P.2517 號寫本《老子道德經義疏》（如圖五）與蒙文通先生輯校成玄英《道德經義疏》，皆爲經、疏合會本，其體式與佛疏相同，爲經疏二層詮釋級。

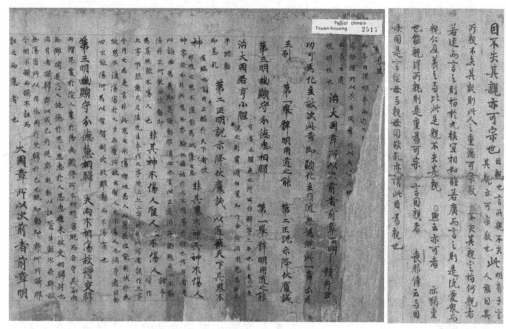

圖五　P.2517 號寫本《老子道德經義疏》書影　　圖六　P.3573 號敦煌寫本《論語》皇疏書影

三、聚集模式

聚集模式指義疏列於一個較完整經、注文本單位（句、節、章等）之後，集中詮釋此單位之經、注的合會模式。② 法藏 P.3573 號敦煌寫本《論語》皇疏

---

① （唐）澄觀《大方廣佛華嚴經普賢行願品別行疏鈔》，卷三，《卍新續藏》第 5 册，No.229，第 259 頁上、中兩欄。

② 李暢然《注疏合會的三種模式》稱爲"連綴模式"，後來改稱"依章節打散附著"。

注、疏合會方式新探

改編本（見上頁圖六）、除《周禮疏》外的南宋越刊八行本、蜀刻本《論語注疏》、元刻明修十行本《十三經注疏》、元元貞本《論語注疏解經》、明九行本《十三經注疏》等注、疏合刻本，及法藏 P.3690 號、日本杏雨書屋藏羽 020R 號寫本《律疏》、潘祖蔭滂喜齋舊藏宋刻本《律疏》皆屬此模式。最常見的合會方式爲經—注—經疏—注疏。① 當無經疏時，則爲經—注—注疏。經、注疏皆無，則減省爲經—注。

寫鈔本與刻本注、疏合會本皆有經—注—經疏—注疏的合會方式。P.3573 號晚唐寫本《論語》皇疏改編本②，將皇疏原有分散系統的經—經疏—注—注疏合會方式中，注文的位置提前，置於經文之下，且只舉一二句，甚至幾個詞，只起提示作用。當注文字數不多時，則全舉之，不省。

如圖六所示，右起首列大字"曰（因）不失其親，亦可宗也"爲《論語·學而》篇經文③。其下雙行小字"曰，親也。言所親不失其親，亦可宗敬也"爲何晏《集解》所引孔安國注。大字"此"表示疏文起始，以下雙行小字及第二列單行中字以後，至第五列"則是重爲可宗"，皆爲經疏。"此明有子曰"爲皇疏所無，當爲改編者所加。第五行"言'曰，親'者"以下至第六列末，爲注疏。"言'曰，親'者"，原文所無，亦當爲改編者所加。與皇疏的分散式合會方式相比，改編者在合會時，對疏文結構之改動，極其明顯。改動後的經、注、疏合會形式，與南宋以來八行本（除《周禮疏》之外）、十行本等主流注疏合刻本近似。由此本合會方式推測，可能至遲從晚唐起，注、疏合會者即有先經注而後義疏的講解、閱讀習慣。南宋越刊八行本《尚書正義》《周易正義》等合刻本採用於此相同的合會形式，當受民間既有講讀習慣，甚至類似該寫本的合會讀本之啓發，而非紹興初年浙東茶鹽司首創。黃唐在刊刻《禮記正義》後的跋語中云："六經疏義，自京監、蜀本，皆省正文及注。又篇章散亂，覽

---

① 這種合會方式還包括經、注多次輪替後再列疏文，即經—注—經—注—注疏—經疏。

② 該寫本之鈔寫時代，許建平認爲不早於九世紀，傳入敦煌之時間，不會早於九世紀中期。見氏著《敦煌經籍敘錄》，北京：中華書局，2006，第379頁。李方對比該寫本與懷德堂本《論語義疏》，認爲其非皇疏原形，應是經師出於講經需要，改造後的講經提綱。見氏著《唐寫本〈論語皇疏〉的性質及其相關問題》，載《文物》1988年第2期，第45—55頁。高橋均通過對比該本與日本舊鈔本，發現該本在經文、疏文出文、疏文中有關通釋的內容等方面，有被改編的痕跡。見氏著《論語義疏の研究》第二章《敦煌本〈論語疏〉の研究》，東京：創文社，2013，第156—390頁。

③ 此本於經文每章起始字右上方，皆以朱筆"⌐"標出。疏文內部釋義單位，以空格與朱筆"○"標出。相對於《子本疏義》、P.3274號《孝經鄭注義疏》，更爲醒目。

者病焉。本司舊刊《易》、《書》、《周禮》，正經、注、疏萃於一書，便於披繹。"① 所謂"皆省正文及注"的"六經疏義"，指"京監、蜀本"，即宋太宗、真宗兩朝國子監校刻的《五經正義》《七經疏義》，以及北宋至南宋前期蜀刻本儒疏，皆爲單疏本。這些單疏本基本保留唐疏文本體式。所謂"省正文及注"，指八行本疏文前的經、注出文。細審黃氏之意，這些不便讀者對照閱讀的單疏本，僅指當時通行的刻本，未必包括民間爲講經、應試等目的改編後的合會本。這些合會本很可能以寫鈔本的方式流傳，作爲方便學子的參考書或讀本，而非正式或由官方認可的印刷品，因而無法反映在史料上，亦不易長期流傳。至八行本、十行本流行以後，這些民間的合會讀本，如同五代北宋時的經注、單疏寫鈔本面對監本時的際遇，勢必被新的更嚴謹、更方便的刻本取代。

經—注—經疏—注疏合會方式還有一種變體，如以經、注一節爲義疏聚集單位的合會，即經甲—注甲—經乙—注乙（以此類推）……—此節經疏（含經甲以後此節經文若干句出文②）……—注甲疏（含注甲出文）—注乙疏（以此類推）。如南宋紹興時期越刊八行本《尚書正義》卷二《堯典》"曰若稽古"一節經、注、疏：

【經甲】曰若稽古，帝堯。
【注甲】若，順。稽，考也。能順考古道而行之者，帝堯。
【經乙】曰放勳，欽明文思安安。
【注乙】勳，功。欽，敬也。言堯放上世之功化，而以敬明文思之四德，安天下之當安者。
【經丙】允恭克讓，光被四表，格于上下。
【注丙】允，信。克，能。光，充。格，至也。既有四德，又信恭能讓，故其名聞充溢四外，至于天地。
【經甲乙丙疏】"曰若"至"上下"。正義曰：史將述堯之美，故爲題目之辭曰，能順考校古道而行之者，是帝堯也。又申其順考古道之事曰，此帝堯能放效上世之功而施其教化，心意恒敬，智慧甚明，發舉則有文謀，思慮則能通敏，以此四德安天下之當安者……
【注甲疏】傳"若順"至"帝堯"。正義曰："若，順"，《釋言》文。

---

① （漢）鄭玄注、（唐）孔穎達等疏《影印南宋八行本〈禮記正義〉》，北京：北京大學出版社，2014，第1697頁。
② 八行本《周易正義》經疏刪去出文，爲此種合會方式之例外。

《詩》稱"考卜惟王",《洪範》考卜之事謂之"稽疑",是"稽"爲考,經傳常訓也……

【注乙疏】傳"勳功"至"安者"正義曰:"勳,功","欽,敬",《釋詁》文。此經述上稽古之事,放效上世之功,即是考於古道也……

【注丙疏】傳"允信"至"天地"。正義曰:"允,信","格,至",《釋詁》文。"克,能","光,充",《釋言》文。在身爲德,施之曰行……①

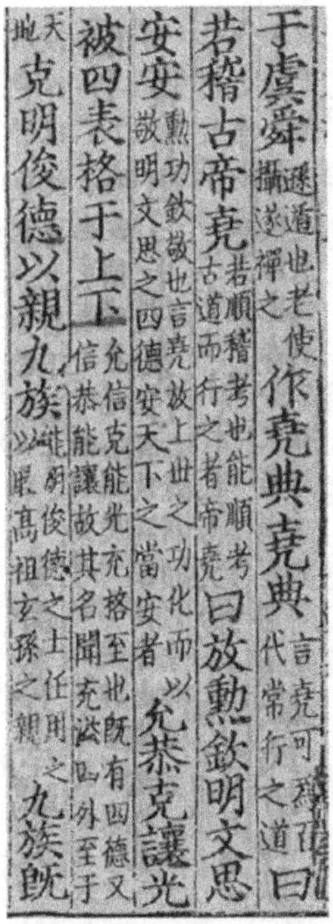

圖七　八行本《尚書正義》書影　　圖八　宋刻單疏本《尚書正義》書影

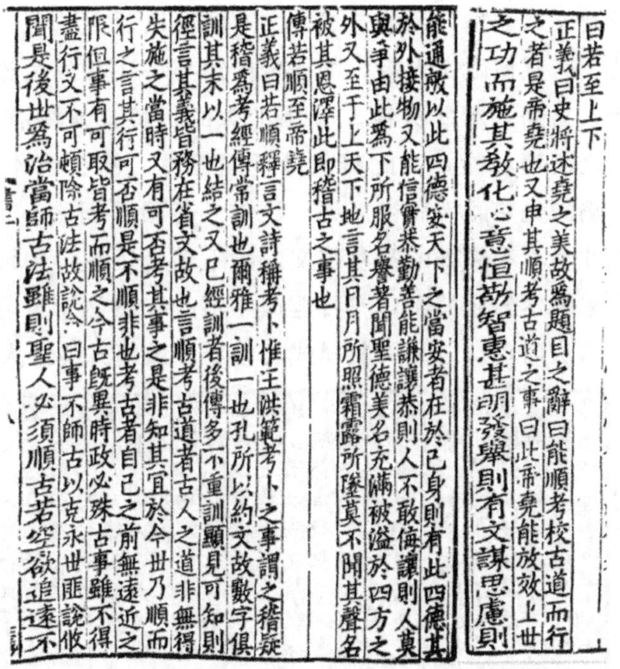

從經甲至注丙,共六條經、注,與經注本此節相同,保留了經注本之文本體式(見圖七②)。從經疏至注丙之疏,共四條疏文,與單疏本此節相同,保存了單疏本之文本體式(見圖八③)。再從卷數上看,《隋志》、兩《唐志》及現存

---

① (漢)孔安國傳、(唐)孔穎達等疏《尚書正義》,卷二,《中華再造善本》影印南宋越刊八行本,北京:北京圖書館出版社,2003,第9頁A—第10頁B。

② 南宋前期刻本。舊爲李盛鐸所藏,現藏北京大學圖書館。此圖選自《中華再造善本》影印本。

③ 南宋刻本,現藏日本宮內廳書陵部。此圖選自《四部叢刊三編》影印本。

宋刻經注本《古文尚書孔傳》皆爲十三卷，單疏本《尚書正義》皆爲二十卷。越刊八行本《尚書正義》亦爲二十卷，沿用單疏本分卷。與上揭文本體式相聯繫，可推測八行本《尚書正義》之合會，當是先以宋刻單疏本（應爲監本《尚書正義》）疏文既有分節（如上例，即經甲乙丙之疏至注丙之疏的四條疏文）爲基礎，再對照宋刻經、注本（應爲監本）相應分節，將其會入單疏本該節之前（見圖九①）。此種合會方式之優勢，在於照搬經注本與單疏本既有文本體式，不必在體式上過度調整，亦即不用擔心因割裂自六朝以來經、注本與單疏本既有文本結構，可能造成的文本錯簡以及由此帶來的潛在閱讀障礙。其不足在於，若某節疏文太多，則前後兩節經、注相隔太遠，對經、注熟悉度較低的讀者，易陷入顧此失彼、首尾不應的困境，無法有效實現黃唐所謂"便於披繹"之閱讀功能，由此難免降低閱讀注、疏合會本的便利度。對這些讀者而言，仍須先熟讀《尚書》經、注本，然後再研習八行本《尚書正義》。若逕直略過此節不須細讀的某些疏文，讀下節經、注，則這種閱讀方式，用於經、注本與單疏本對照閱讀，亦可達成，不必非讀注、疏合會本，注、疏合會的閱讀價值無法體現。這是聚集模式相較於分散模式的最大劣勢。

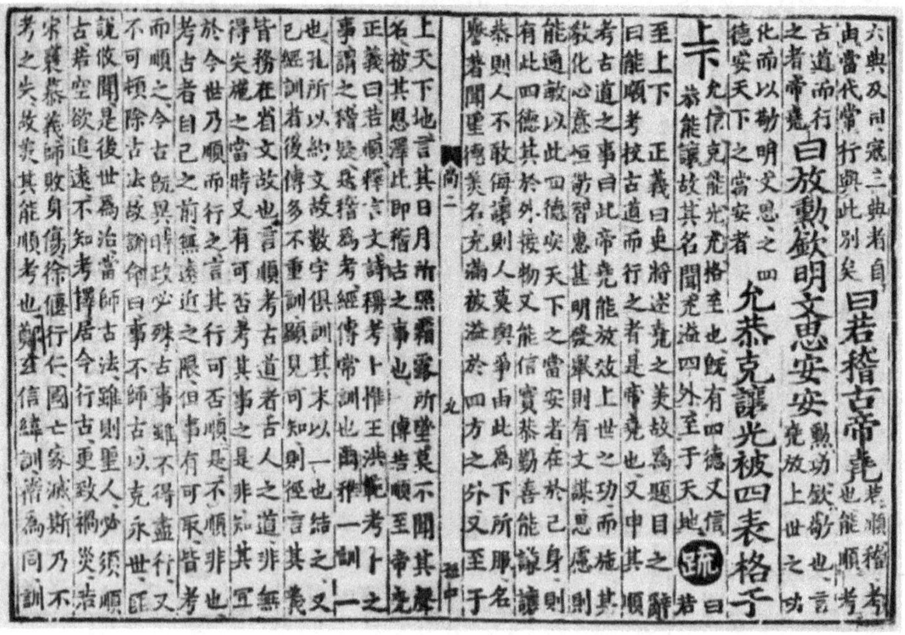

圖九　八行本《尚書正義》書影

① 南宋紹興時期刻本，現藏國家圖書館。此圖選自《中華再造善本》影印本。

律疏中也有使用聚集模式者，以法藏 P.3690 號寫本（圖十①）、日本杏雨書屋藏羽 020R 號寫本、潘祖蔭滂喜齋舊藏宋刻本（以下簡稱潘藏宋本）爲代表（下頁圖十一）②，其合會方式爲律—注—律疏—注疏。大字"諸御幸舟船誤不牢固者，工匠絞"爲律文，其後"功匠各以所由爲首"爲注文。雙行小字"議曰"以下至"工匠合絞"爲律疏。"注云：'各以所由爲首'"，即疏文中關於注文之出文。其後"明造作之人，皆以當時所由人爲首"，爲注疏。潘藏宋本（《四部叢刊》本底本）的合會方式如死刑《十惡》條文所示（見下頁圖十一），爲律—注（律文下雙行小字夾注）—律疏—注（重出，變爲單行大字）—注疏。若不考慮律、注、疏字號大小以及提行與否等格式差異，則與宋元十行本《十三經注疏》聚集模式基本相同。

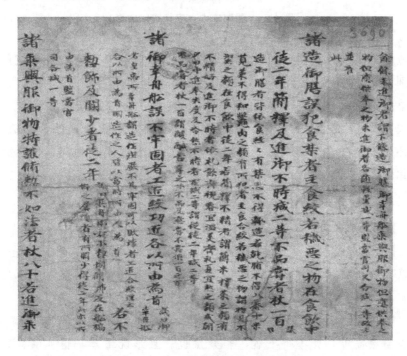

圖十　P.3690 號《唐律疏》寫本書影

---

① 羽 020R 號寫本見陳濤《日本杏雨書屋藏唐代敦煌本〈雜律疏〉殘卷略説——原李盛鐸舊藏敦煌寫本》，《敦煌學輯刊》2010 年第 3 期，圖版見第 90—92 頁。因未徵得杏雨書屋同意，故不附寫本圖版，欲覽原圖者，請讀陳文附錄。

② 潘藏宋本《律疏》應爲宋刻宋元遞修本。

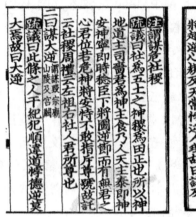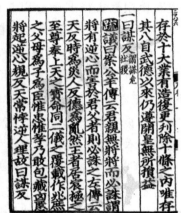

圖十一　潘藏宋本《唐律疏》書影

道疏以聚集模式爲主，但其詮釋層級與上舉儒、律二疏聚集模式的三、四層有區别①。如初唐成玄英《南華真經疏》（以下簡稱《莊子》成疏）。此疏傳世的最早版本爲南宋刻本（以下簡稱宋本），其次是《正統道藏》本（以下簡稱《道藏》本）。從合會方式看，《莊子》成疏屬於聚集模式的注、疏合會本，但只解經而不解注，在詮釋層級上與中古時期大多數佛疏相同，皆屬第二詮釋層級。此舉《莊子》成疏《逍遥遊》"是鳥也"至"天池也"一段文本説明如下。

【經】是鳥也，海運則將徙於南冥。南冥者，天池也。

【注】非冥海不足以運其身，非九萬里不足以負其翼，此豈好奇哉？直以大物必自生於大處，大處亦必自生此大物，理固自然。不患其失，又何措心於其間哉！

【疏】運，轉也。是，指斥也。即此鵬鳥其形重大，若不海中運轉，無以自致高昇，皆不得不然，非樂然也。且形既遷革，情亦隨變。昔日爲魚，涵泳北海；今時作鳥，騰翥南溟。雖復昇沈性殊，逍遥一也，亦猶死生集散，所遇斯適。千變萬化，未始非吾，所以化魚爲鳥，自北徂南者，鳥是凌虚之物，南即啓明之方，魚乃滯溺之蟲，北蓋幽冥之地，欲表向明背闇，捨滯求進，故舉南北鳥魚以示爲道之逕耳。而大海洪川，原夫造

---

① 常見的兼解經注的義疏爲第三詮釋層級，若注一級的詮釋層有傳箋、傳注等兩層，如《毛詩傳箋》《春秋經傳集解》，則其《毛詩正義》《左傳正義》順延爲第四層級。

化，非人所作，故曰"天池"也。①

郭注專重義理，闡發鯤鵬與溟海相互依存關係，不解字詞，亦不串講通釋。成疏則既釋字詞，又作通釋，其間疏通義理，將鯤鵬轉化與北海南溟之理相聯繫，只解經文，不涉注文，自爲一體，與郭注在詮釋地位上平行。就全疏而言，成疏雖有化用郭注處，其方式近似《論語》皇疏化用注文，但獨立性較後者爲强。如《養生主》"以有涯隨無涯，殆已"條文本：

【經】以有涯隨無涯，殆已。
【注】故形勞神弊而危殆者也。②

疏文"是以用有限之生逐無涯之智"句，即化用郭注"以有限之性，尋無極之知"。故知成疏序云"依子玄所注三十三篇，輒爲疏解，總三十三卷"，指參考郭注，非解釋郭注。《莊子》成疏在本質上仍爲與儒、律之注與佛疏平行的第二詮釋層級。分散模式乙類曾舉 P. 2517 號經、疏合會本《老子道德經義疏》，學界一般認爲此本亦爲成玄英疏。既然《老》《莊》二疏同出成氏之手，其詮釋層級與合會方式不應迥異。正如蒙文通先生所說："《成疏》惟出經文③，不牒注說，知不據注爲疏，與其作《莊子疏》同。"④ 龔鵬程研究《莊子疏》詮釋問題時，亦曾得出近似觀點⑤。故而我們認爲，《莊子》成疏詮釋層級，與南北朝隋唐時期佛疏的經—疏二層詮釋級相同，皆爲第二級。宋本、道藏本《莊子》成疏，應爲宋人據儒典經注、疏合會的方式，改造而成。改造方式或爲以經注本爲底本，合會疏文；或爲以經、疏合會本爲底本，合會注文。

總之，從文本形式上看，《莊子》成疏屬聚集模式的注、疏合會本，但從詮釋層級看，又與聚集模式的儒、律合會本有別，可以視爲一種**特殊的聚集模式**。

---

① （戰國）莊周撰、（晉）郭象注、（唐）成玄英疏《南華真經注疏》，卷一，北京：中華書局，1998，第 2 頁。引用時標點略有改動。
② 《南華真經注疏》卷二，第 66 頁。
③ 此處《成疏》指成玄英《道德經義疏》。
④ 蒙文通《輯校成玄英〈道德經義疏〉》，收入《蒙文通文集》第六卷《道書輯校十種》，成都：巴蜀書社，2001，第 357 頁。
⑤ 其說云："義疏是配合講論風氣而形成的另一種注解，它本身是獨立的，並不依傍注文。所以成玄英以前的《莊子疏》，也只是直接疏釋原文，並不倚據誰的注。"見龔鵬程《成玄英〈莊子疏〉探論》，《鵝湖月刊》1991 年第 17 卷第 1 期（總第 193 期），第 18 頁。

唐末杜光庭《道德真經廣聖義》（以下簡稱杜疏）兼解《道德經》及唐玄宗《道德經注》《道德經疏》，是傳世宋以前《老子》義疏中保存最完整的一種。杜疏現存最早的版本爲《正統道藏》本，合會方式亦爲聚集模式，如"道可道"章文本所示：

【經】有名，萬物之母。

【注】無名者，妙本也。妙本見氣，權輿天地，天地資始，故無名也。有名者，應用匠成，茂養萬物，物得其養，故有名也。

【疏】有名者應用①，應用匠成，有強名也。萬化既作，品物生成，妙本旁通，以資人用。由其茂養，故謂之母也。母以茂養爲義，然則無名、有名者，聖人約用，以明本跡之同異，而道不繫於有名、無名也。

【義】義曰：萬化者，舉其多也。品物者，眾物也。眾物之中，道無不在，秋毫之細，道亦居之。故能生三才，母萬物。萬物道存則生，道去則死，含養之至，不曰母乎！大道無異無同，無本無跡，強立言教，而本跡彰矣。②

從引文可見，唐玄宗《道德經注》解經文有名、無名與有名生萬物之義，《道德經疏》宣演有名生萬物之義，承注文而通釋之，即兼解經、注。杜氏《廣聖義》（以下簡稱杜疏）側重解釋有名之道生萬物之理，發揮注、疏，以疏通經義，即兼解經、注、疏。此與儒疏中的《毛詩正義》《左傳正義》詮釋層級相同，均是典型的第四級。

在聚集模式合會本中，若遇無注疏或經疏者，則以注文之後逕接經疏或注疏，形成經—注—經疏/注疏的合會方式。經—注—經疏當源於唐疏對《論語》皇疏等南北朝儒疏"化注解經"，因而注疏可略的詮釋傳統的繼承。經—注—注疏當源於《孝經述議》③、《五經正義》等隋唐單疏本儒疏，對注文詮釋的強化。皇疏等南北朝儒疏，遵循以注解經的原則，將注義化用至經疏中，故注疏不必贅釋，以致出現許多注文無疏的情況。隋唐單疏本儒疏則大大加強了對注

---

① 疑"應用"二字以涉下文而衍。
② （唐）李隆基注、（唐）群臣疏、（唐）杜光庭廣義《道德真經廣聖義》，卷六，南京：鳳凰出版社，2017，第 68 頁。引用時標點略有改動。
③ 京都大學藏室町時代舊鈔本《孝經述議》卷一，即《古文孝經孔傳序述議》，先舉孔序全文，以序之句或節爲單位，列疏其下，與卷二以後單疏體式有別。此爲現存可考儒疏單疏本之特例。

的詮釋①，以致出現寓解經於釋注中，經疏可作簡省的現象。經—注—經疏的合會方式如越刊八行本《禮記正義·曲禮上》經、注、疏：

  【經】君子不盡人之歡，不竭人之忠，以全交也。
  【注】歡謂飲食，忠謂衣服之物。
  【經疏】"君子"至"交也"。正義曰：此明君子所行之事也。鄭云："歡謂飲食，忠謂衣服。"飲食是會樂之具，承歡爲易。衣服比飲食爲難，必關忠誠籌度，故名忠，各有所以也。明與人交者，不宜事事悉受，若使彼罄，則交結之道不全。若不竭盡，交乃全也。②

此條疏文雖不標明釋注，而實引注文（疏中"鄭云"一句），化注解經。此與《論語》皇疏詮釋方式無別，實爲繼承南北朝儒疏"以注解經"之傳統。

經—注—注疏的合會方式在《左傳正義》《公羊疏》《穀梁疏》中較常見，有時會出現，在一節經注中，疏文只解釋其中某一條注文的現象。如越刊八行本《左傳正義》卷二隱公元年經"三月，公及邾儀父盟于蔑"一節的傳、注、疏：

  【傳甲】三月，公及邾儀父盟于蔑，邾子克也。
  【注甲】克，儀父名。
  【傳乙】未王命，故不書爵。曰"儀父"，貴之也。
  【注乙】王未賜命以爲諸侯，其後儀父服事齊桓以獎王室，王命以爲邾子，故莊十六年《經》書"邾子克卒"。
  【傳丙】公攝位而欲求好於邾，故爲蔑之盟。
  【注丙】解所以與盟也。
  【注乙之疏】注"王未"至"克卒"。正義曰：莊十三年齊桓會諸國於北杏，邾人在焉。及十六年而書"邾子克卒"，故知由事齊桓乃得王命也……③

此節傳注共六條，疏文只解其中釋義較豐的注乙。這種重點選釋的方式，當與

---

① 加強對注的詮釋，未必認爲注之學術意義超越經傳，只不過是對"以注解經"的詮釋原則理解不同。皇氏化注義於經疏，此其"以注解經"。隋唐儒疏看重注之詮釋價值，據注義申講經文之外，又力圖以詳解注義，強化讀者對經文之理解，甚至在其認爲注不合經之處，不惜破注以守經，此亦劉、孔之"以注解經"。由此觀之，皇氏與劉、孔，在貫徹"以注解經"的原則上，殊途而同歸。

② （漢）鄭玄注、（唐）孔穎達等疏《影印越刊八行本〈禮記正義〉》，卷四，北京：北京大學出版社，2014，第71頁。

③ （晉）杜預注、（唐）孔穎達等疏《左傳正義》，卷二，《中華再造善本》影印宋刻宋元遞修越刊八行本，北京：北京圖書館出版社，2003，第18頁A、B兩面。

《春秋》三傳義疏爲經、傳、注、疏四層詮釋級，且前三層内容繁多散雜的特徵有關。倘每條經、傳、注皆釋，則疏文增多數倍，對《左傳》而言，其卷帙過多，不便閱覽。對二傳而言，其在唐代科舉要求的經典序列中，皆爲小經，讀者較少，不受重視①，且傳文所舉義例多有重複，讀者自可舉一反三，故義疏不必每注皆釋。

四、集散模式

集散模式指在某一合會本中，兼有分散甲類與聚集兩種模式者。其合會方式主要有分散模式甲類中的經—經疏—注—注疏、經—經疏—注，與聚集模式中的經—注—經疏—注疏、經—注—經疏/注疏。此模式之代表爲南宋越刊八行本《周禮疏》以及唐道宣疏、宋元照鈔之《四分律含注戒本疏行宗記》（X39 No.714，以下簡稱《行宗記》）②。

1. 獨用分散模式甲類

八行本《周禮疏》《行宗記》中，分散模式甲類多於聚集模式，是其主流合會模式。如卷一《天官·冢宰》"惟王建國"節經、注、疏：

【經】惟王建國。

【經疏】釋曰：自此以下至"以爲民極"五句，六官之首同此序者，以其建國設官爲民不異故也。王者臨統無邊，故首稱"惟王"，明事皆統之於王。王既位矣，當擇吉土，以建國爲先，故次言"建國"……以周則不在五嶽之内，故鄭云"岐、鎬處五嶽之外"也。

【注】建，立也。周公居攝而作六典之職，謂之《周禮》。營邑於土

---

① 《舊唐書·楊瑒傳》載其奏疏云："今之明經，習《左傳》者，十無二三。若此久行，臣恐左氏之學，廢無日矣。臣望請自今已後，考試者盡帖平文，以存大典。又《周禮》、《儀禮》及《公羊》、《穀梁》，殆將廢絶。若無甄異，恐後代便棄。望請能通《周》、《儀禮》、《公羊》、《穀梁》者，亦量加優獎。"卷一八五下，第4820頁。楊氏爲開元時人，正當盛世，文教繁榮，尚且如此，其他時期，當更甚之。《左傳正義》選釋經、傳、注，已至六十八萬字（據元刊明修十行本書末字數統計），合會本總字數（亦即讀者須閱讀字數）達一百四十萬字。無論單疏、合會，皆爲浩繁，科舉考生迴避此書，亦在意料之中。至於《公》《穀》二疏，自六朝以來，熟習者不多，隋唐以來，則更屬稀見。通釋經、傳、注，亦無必要。三傳義疏選釋的詮釋方式，以及由此造就的合會方式，皆出於此。

② 殘本，存卷一至卷三，日本僧人即靜合會。

中。七年，致政成王，以此禮授之，使居雒邑，治天下。《司徒職》曰："日至之景，尺有五寸，謂之地中，天地之所合也，四時之所交也，風雨之所會也，陰陽之所和也，然則百物阜安，乃建王國焉。

【注疏】釋曰：云"周公居攝而作六典之職，謂之《周禮》"者，案《禮記·明堂位》云："周公攝政六年，制禮作樂，頒度量於天下。"又案《書傳》亦云："六年制禮作樂"。所制之禮，則此《周禮》也……"乃建王國"者，於百物盛安之處，乃立王國。王國則洛邑王城是也。鄭引此者，破賈、馬之徒建國為諸侯國。此六官同序，皆云"建國"，豈王國未立，先建諸侯國乎？明不可也。①

此為標準的經—經疏—注—注疏的合會方式，在八行本《周禮疏》中最為常見。

《行宗記》亦以分散模式甲類為主，合會方式為律—律疏—注—注疏—注疏鈔。此舉卷二律文"乃至共畜生"及注文"佛言可得行婬處者是也"一段文本為例：

【律】乃至共畜生。

【律疏】七、言"乃至共畜生"者，舉犯境也多。論云畜生是六道之邊，偏舉下類以況上，故云"乃至"也。第七文中，初點示多下引釋。六道邊者，彼云最在邊鄙故。

【注】佛言可得行婬處者是也。

【注疏】注云所可行處者，謂婬戒言畜，舉可行者為言；殺戒言畜，據有命者成犯，通塞相也。

【注疏鈔】釋注可行中初科舉戒，對顯通塞。通謂殺境，塞謂婬境，犯相各異，故須簡之。（以下疏鈔省）②

2. 聚集模式

八行本《周禮疏》中，就總體而言，聚集模式相對較少，是次要合會方式，且其在某一節經文下的注、疏中，可與分散模式甲類並排使用。如卷三《天官·宮正》一節經、注、疏：

---

① （漢）鄭玄注、（唐）賈公彥疏《周禮疏》，《中華再造善本》影印南宋越刊八行本，北京：北京圖書館出版社，2003，第1—3頁B面。
② 《四分律含注戒本疏行宗記》，卷二，第815頁下—816頁上。

【經甲】官正掌王官之戒令、糾禁。

【注甲】糾猶割也，察也。

【注甲之疏】釋曰：案下經王官中有官府，故掌王官之戒令之事。有過失者，已發則糾而割察之，其未發則禁之也。

【經乙】以時比官中之官府次舍之衆寡。

【經乙之疏】釋曰：以四時校比官中見住在王官中者之官府，及宿衛者次舍之衆寡也。

【注乙】時，四時。比，校次其人之在否。官府之在官中者，若膳夫、王府①、内宰、内史之屬。次，諸吏直宿，若今時部署諸廬者。舍，其所居寺。

【注乙之疏】釋曰：此時是尋常事，故爲四時解之……云"舍，其所居寺"者，寺即舍也，是官府退息之處。

經甲至注甲之疏，合會方式是經—注—經疏/注疏，爲聚集模式。經乙至注乙疏，是經—經疏—注—注疏，爲分散模式甲類，其合會方式與上引卷一《天官·冢宰》"惟王建國"節相同。

八行本《周禮疏》兼有分散、聚集兩種合會模式之原因，在於其單疏本文本結構，即經文出文—經疏—注文出文—注疏，或經文出文—注文出文—經疏/注疏，而非《孝經述議》《五經正義》單疏本的經文出文—經疏—注文出文—注疏，如上述引文，日本京都大學藏據宋刻單疏本轉鈔的《周禮疏》，如圖十二②。將此單疏本經、注出文，還原爲經、注全文，遇經文後有經疏的情況，則其後注文前以大字"注"標出，即成八行本《周禮疏》之體式③。李霖已發其説④，兹不贅述。

《行宗記》雖以分散模式甲類爲主，合會方式爲律—律疏—注—注疏—注疏鈔，但亦有採用聚集模式之處，其合會方式爲爲律—注—疏—疏鈔。如卷一

---

① "王府"誤，當作"玉府"。

② 圖片選自京都大學附屬圖書館貴重資料電子檔案，網址：https://rmda.kulib.kyoto-u.ac.jp/item/rb00008067#？c=0&m=0&s=0&cv=118&r=0&xywh=－1799％2C0％2C6668％2C2047，訪問時間：2023年2月1日。

③ 賈氏《周禮疏》與《儀禮疏》體式相同，後者合會本在情理上可倣效前者。然《儀禮疏》現存可考最早合會本，始於明嘉靖初陳鳳梧刻本。陳本合會方式只有聚集模式，與十行本、九行本等注、疏合會本相同。

④ 詳見氏著《宋本群經義疏的編校與刊印》，第251頁。

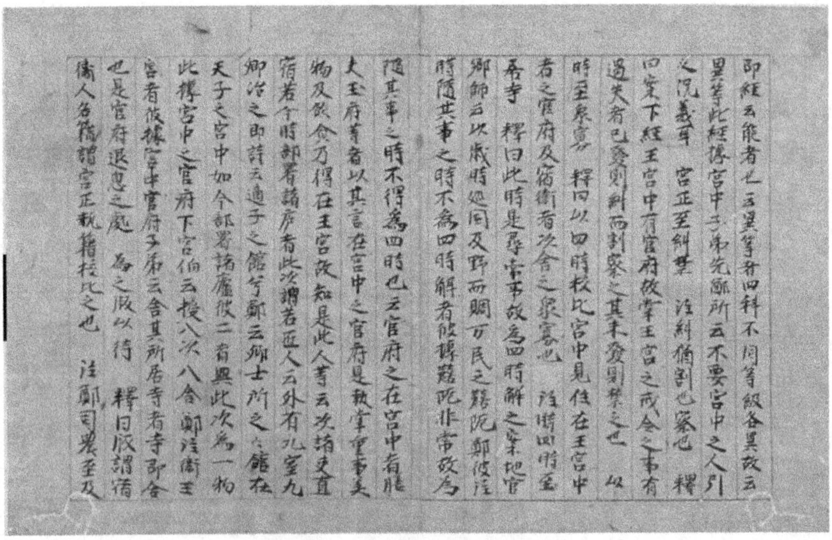
即經云能者也云異等者四科不同等級各異故云
異等此經據宮中子弟先鄭所云不要宮中之人引
之況義耳　宮正至糾禁　注糾猶割也察也　釋
曰案下經王宮中有官府故掌王宮之戒令之事有
過失者也發則糾而割察之其未發則禁之也　以
時至衆寡　釋曰以四時校比宮中見住在王宮中
者之官府及宿衛者次舍之衆寡也　注謂四時至
吊事　釋曰此時是尋常事故爲四時解之案地官
鄉師云以歲時巡國及野而賙萬民之艱阨鄭彼注
時隨其事之時不爲四時解者彼據艱阨非常故爲
隨其事之時不得爲四時也云官府之在宮中者膳
夫玉府等者以其言在宮中之官府是執掌重事美
物及飲食乃得在王宮故知是此人等云次諸吏直
宿若今時部署諸廬者此次謂若匠人云外有九室九
卿治之即詩云適子之館兮鄭云卿士所之之館在
天子之宮中如今部署諸廬彼二者與此次爲一物
此據宮中之官府下宮伯云授八次八舍鄭注衛王
宮者彼據宮中官府子弟云舍其所居寺者寺即舍
也是官府退息之處　爲之版以待　釋曰版謂宿
衛人名籍謂宮正執籍校比之也　注鄭司農至及

圖十二　日藏宋刻單疏本《周禮疏》鈔本書影

下之一“若有他問者，亦如是答”條文本：

【律】若有他問者，亦如是答。

【注】佛言如二比丘相問答也。

【疏】六、“若有他問者”，謂舉罪比丘如法徵責，有犯露答，無犯默答，義同世語，故注“如二比丘相問答也”。

【疏鈔】六中此謂有犯同聽，三根外彰，爲他所舉，敕令實答。初解約語默二答，以釋如二比丘者，舉事以比也。①

注指出問答形式類似兩僧問答，疏既解經文“若有他問者”之義，又解注文問答之義，即“兼經注而解之”，是第三詮釋級。鈔點明疏文的詮釋邏輯，是第四詮釋級。從此例亦可見，鈔文旨在解釋疏文，其對經、注之解釋，包含於解疏之内，而非兼解“經注疏”。實際上，在詮釋身份上，鈔相當於疏文之疏。這是作爲第四詮釋級的佛鈔，與同爲第四級的《毛詩正義》《道德真經廣聖義》等兼解疏文及以上全部三個詮釋級的義疏，在詮釋身份上的本質區别。

① （唐）道宣疏、（宋）元照鈔《四分律含注戒本疏行宗記》，卷一，《卍新續藏》第39册，No. 714，第759頁上。

五、分欄模式

分欄模式指經、注與義疏分欄列出的合會模式。① 現存可考兩欄模式之實物，僅有日本東京國立博物館藏舊鈔本《毛詩·大雅·江漢》與《韓奕》注、疏殘卷②。如下頁圖十三所示③。此本共上下兩欄，上欄鈔寫經、注，經文大字單行，注文小字雙行。下欄鈔《毛詩正義》，亦爲小字雙行，字號與注文相倣，但字距較注文爲密。《正義》出文爲朱筆，與英藏敦煌 S.0498 號《大雅·民勞》單疏寫本殘卷相同④。天頭節鈔《經典釋文》，但《釋文》位置與經、注並不對應。經之《釋文》墨書，傳、箋《釋文》朱書，以相區別。兩欄之間有一窄空欄，欄寬當注、疏小字一至兩字。此空欄相較於單綫分割，更爲醒目，當出於有效分離經、注與義疏之目的。寫鈔本之行款，通常在鈔寫前已劃出，鈔寫者按此行格書寫。

當長段疏文超出經、注欄下方疏文欄可對應的空間，則疏文向上延伸，擠佔經、注空間，通欄書寫。如下頁圖十四所示。經文出文"蹶父至燕譽"以下疏文，自"此言韓侯得妻之由，言蹶父"之後，通欄鈔寫。雖然這種鈔寫方式，導致文本鈔寫形式不甚整齊，但經、注與義疏仍基本保持對應，不致留出太多空白，使上下節經、注過度分離。從這種行格安排來看，鈔寫者顯然是提前考慮好了分欄時的文本對應問題，有計劃地以這種方式，合會經注本與單疏本。分欄模式的優勢，在於既保留經、注與單疏文本原有形式，照顧讀者既有

---

① 李暢然《"十三經"形成暨傳記升經的三類機制》一文將分欄視爲形式細節，不再屬於模式，故而原有注疏合會的三種模式減爲兩種，這是一個比較明顯的調整。本文則認爲，由分欄產生的經、注、疏對照與調整，其本質與前面提到的其他四種模式並無本質區別，故仍將其視爲模式，而非形式細節。

② 此本鈔寫於東京國立博物館編號 B-2535《神歌抄》背面。至於其鈔寫年代，嚴紹璗據書風，認爲接近唐代中期風格。見氏著《日藏漢籍善本書録》上册，北京：中華書局，2007，第 62 頁。王曉平據避太宗諱，定爲平安時代。見氏著《日本詩經學史》，北京：學苑出版社，2009，第 28 頁。程蘇東據《神歌抄》年代、避諱，認爲其在唐高宗永徽四年（653）至十世紀初之間。見氏著《東京國立博物館藏唐人〈毛詩並毛詩正義大雅殘卷〉正名及考論》，載《"中央研究院"歷史語言研究所集刊》，第八十八本第二分，2017 年 6 月，第 209 頁。

③ 此圖選自選自《南宋刊單疏本〈毛詩正義〉》附錄丁《日藏抄本殘卷第二種〈大雅〉》，北京：人民文學出版社，2012，第 511 頁。

④ 相同指皆以朱書出文。至於出文方式，實有差異。後者與宋刻單疏本相近，皆以簡出爲主。前者相對隨意，有簡出，亦有繁出全文者。

閱讀習慣，又方便對讀，提高經典詮釋文本的閱讀效率，是寫鈔本時代，自《論語》皇疏的分散模式外，另一種合會嘗試。其缺陷在於，多數情況下，義疏較經、注篇幅爲長，二者常有錯位，很難實現某條義疏與相應的經、注完全對照。分欄模式的閱讀便利度，介於前四種合會模式與注、疏單行之間。兩利相權取其重，兩害相權取其輕。對照便利性不及同屬寫鈔本時代的分散模式，複製、傳播的便利性又不及南宋聚集、集散模式的注、疏合刻本，當是分欄模式極爲罕見的原因。

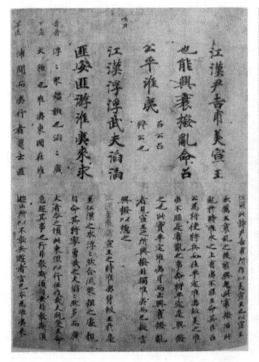 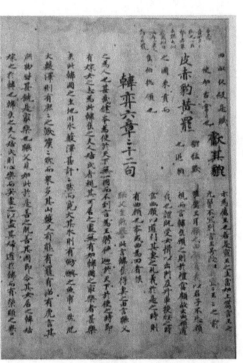

圖十三　日藏《毛詩·江漢》注疏鈔本書影　　圖十四　日藏《毛詩·韓奕》注疏鈔本書影

綜上所述，在分散模式甲乙二類、聚集模式、集散模式、兩欄模式五種合會模式中①，除兩欄模式中斷外，其餘四種皆流傳於世。在儒、佛、道、律四家中，儒家嘗試過所有五種注、疏合會方式。其在寫鈔本時代，以分散模式甲類爲主；刻本時代，以聚集模式爲主。其餘三種合會方式均非儒典注、疏合會

---

① 分欄模式中的疏文也列在相應的經注之下，與聚集模式有相似之處，但因爲分欄的形式導致長段疏文與經注之間的調整方式與聚集模式不同，故而本文單列爲一種模式。不過出於減省模式數量的考慮，由於現存可考兩欄模式的文本例證太少，也可將其歸入聚集模式。

之主流。佛家以分散模式乙類爲主流,又兼有分散模式甲類與聚集模式。道家以聚集模式爲主。律疏刻本只有聚集模式,寫鈔本則兼有分散模式甲類與聚集模式。

(作者單位:北京師範大學珠海校區文理學院)

前人言《毛傳》本、義合《左傳》《國語》諸例詳考

靳亞萍

【内容提要】 《毛傳》與《左傳》《國語》多有義同、義合處，體現在基本相同的訓詁語，《毛傳》與兩書引《詩》説解、所載古説古法等相合。前人或認爲這是《毛傳》"本"兩書成訓，或稱兩者"義合"，因此有贊《毛傳》多存古義、近古可從者，也有罪其誤執兩書引《詩》斷章義、失本義者。據考，相同、相合處或有同訓別載，或其表述實同中有異，又或僅屬意義相關等，所以稱"義同""義合"勝於言"本"，反映出兩者同源關係的可能性更大；而義同、義合處是否《詩》本義雖然難以確考，但多屬春秋時共識性的《詩》古義不誤。重新梳理、考辨前人的相關論述，對於我們更好地理解兩者的相關性，認識《毛傳》的義訓淵源、把握其義訓價值等，均有着重要意義。

【關鍵詞】 《毛傳》 《左傳》 《國語》 義同、義合現象

引　言

《左傳》《國語》對《詩》多有徵引①，其間或解詩義、或釋字詞等，保留了珍貴的詩解材料，而《毛傳》有不少與之義同、義合的訓釋和説法。孔穎達較早關注到這一現象，他在《毛詩正義》中，除了對《傳》《箋》進行更深層次

---

① 據董治安先生統計，今本《左傳》或稱引、或賦、或歌、或作《詩》計二百七十九條，《國語》三十八條。詳參董治安《戰國文獻論〈詩〉、引〈詩〉綜録》，《先秦文獻與先秦文學》，濟南：齊魯書社，1994，第20頁。

的疏解外，還對兩者的文獻依據多有考述，其中數見"毛取《左傳》之意""此篇《毛傳》皆依《國語》"等說①，這反映出他對兩者關係的認識，即部分《毛傳》出自兩書。此後，宋代學者中朱熹、吕祖謙等對這一問題也有論及②，多將《毛傳》與《左傳》《國語》等先秦古書相合的現象，視作《毛傳》多存古訓、價值甚高的證據。

清人推進了對這一問題的研究，一方面更細膩地辨析了兩者的相關性，以"本""用""合""相合"等來界定這種文字、意義上的關聯③，涵蓋兩者爲利用與被利用關係、同源關係這兩種不同的認識；另一方面，藉助對該現象的認識，加之《經典釋文》等文獻中記載的《毛詩》授受關係等，一些學者還從總體上考論了《毛傳》的義訓淵源，得出毛公實爲古學、《毛傳》近古可從的結論，見於陳奂《毛傳淵源通論》、丁晏《毛詩古原説》等④。然而，出於對兩書引《詩》多斷章的認識，也有學者認爲《毛傳》義同、義合兩書處，是襲用了兩書引《詩》斷章義，而並非《詩》本義，進而對《毛傳》義同、義合兩書處，是否爲可以信從的《詩》古義提出了質疑，該説見於皮錫瑞《論〈詩〉有正義，有旁義，即古義亦未可盡信》等⑤。

---

① （漢）毛亨傳、（漢）鄭玄箋、（唐）孔穎達等疏《毛詩正義》卷十六之四、卷十九之二，《十三經注疏》，臺北：藝文印書館，2001，第571、716頁。

② 《吕氏家塾讀詩記原序》："余觀其（《毛傳》）釋《鴟鴞》合《金縢》，……《昊天有成命》合《國語》，《碩人》《清人》《黄鳥》《皇矣》合《左傳》，……故吕氏之言曰：'《毛詩》與經傳合，最得其真。'朱子亦曰：'其從來也遠，有傳據證驗不可廢者。'"詳參（宋）吕祖謙《吕氏家塾讀詩記》卷首，景印文淵閣《四庫全書》本第73册，臺北：臺灣商務印書館，1986，第323頁。

③ 需要注意的是，"合"的概念中有兩種不同所指，一種是部分學者用"合"來説明兩者的意義關聯，並指出引"古訓""古義"如此，所以兩者相合，隱含同源關係的認識，如陳啓源稱"毛訓壼爲廣，與《周語》合，必是古義相傳如此也"；而另一種，雖然也用"合"來表述兩者的相關性，但這裏的"合"與"本""據"的功能一樣，是作爲《毛傳》利用兩書的證據，旨在證明兩者存在利用與被利用關係，如丁晏所説"《外傳》《吕覽》皆秦火以前書，《淮南》亦漢初人書，皆與毛公合"等。在這些説法中，或許難以辨别其意是證明兩者是同源關係，還是在證明兩者是利用與被利用關係，而同一學者在不同處用"合"所起到的作用也不盡然相同，需要結合上下文語境，具體分析。

④ 詳參（清）陳奂撰，北京大學《儒藏》編纂中心編《詩毛氏傳疏》附録《毛詩説》，《儒藏（精華編）》第34册，北京：北京大學出版社，2009，第1057頁。（清）丁晏：《毛鄭詩釋三卷 敘録一卷》卷首，《叢書集成續編》第110册，臺北：新文豐出版公司，1989，第510頁。

⑤ 皮氏稱："則《（左）傳》載當時君臣之賦《詩》，皆是斷章取義，……《左傳》如'衛人所爲賦《碩人》''許穆夫人賦《載馳》'，既有牽引之疑，而《毛傳》解《詩》，亦多誤執引《詩》之説，如《卷耳》執《左傳》'周行官人'一語，以爲后妃求賢審官；《四牡》（轉下頁）

可見，前人對該現象的認識，存在義同、義合的原因是《毛傳》用兩書還是兩者同源，又義同、義合處的詩義是《詩》古義還是斷章義這兩處分歧。雖然在專篇文章中，前人對這兩個問題有總括性的分析和結論，但是更能説明問題的考證細節，則散落在他們的詩學著作中。而隨着出土文獻材料的豐富、更多早期古書文本面貌的顯現，一些學者據之提出了"同文""公共知識""説體"等概念①，指出早期典籍間這種文字相似、語義相合的情況，出於"同源異流"的可能更大。這也爲思考文本相關性提供了新思路。集中相關例證通盤考察，可以幫助我們更細膩地認識兩者的相關性，理解《毛傳》的義訓淵源、把握其義訓價值。

總的來説，前人判斷《毛傳》"取義""本""用""義合"兩書②，主要集中在兩者基本相同的訓詁語、《毛傳》與兩書引《詩》説解相合、《毛傳》與兩書所載古説古法相合等處，下面即逐一對其進行考察。

（接上頁）'懷和''周諏'，誤執《國語》爲説，皆未免于高叟之固。是以經證經雖最古，而其孰爲作《詩》之義，孰爲引《詩》之義，已莫能定；以爲詩人之意如是，亦莫能明。……後世以其與《左氏傳》合，信爲古義，豈知毛據《左氏》以斷章爲本義，其可疑者正坐此乎？"詳參（清）皮錫瑞《經學通論》，吳仰湘點校，北京：中華書局，2017，第 150—151 頁。

① 同文、公共素材、"説體"這三種説法界定的範圍略有不同，但都是對不同古書中字句、文意相近現象的認識，是學者們依據出土文獻，將以往把文本相同處理解爲後者抄前者，轉換爲考慮兩者有共同知識來源的做法。同文，指的是先秦秦漢古書中，不同書籍或同一書中不同篇章間，有許多文意相近乃至字句相同的文字，就出土文獻提供的信息來看，或有後者抄前者的可能，亦有兩者同源於某説或某成文的可能，詳參李鋭《人物、文本、年代：出土文獻與先秦古書年代學探究》，北京：中國人民大學出版社，2017。公共素材指的是戰國秦漢間存在的故事、説理和短語這三種類型的資源。詳參徐建委《戰國秦漢間的"公共素材"與周秦漢文學史敘事》，載《中山大學學報（社會科學版）》2012年第6期。"説體"是對先秦源自講説、記錄成文、具有一定情節性的敘述體故事文本的統稱，這一文本被各種史書、子書、雜説書等廣泛援用，詳參廖群《先秦説體文本研究》，北京：中央編譯出版社，2018。

② 歷代研究《詩經》的著作浩如煙海，所以本文選取了孔穎達《毛詩正義》（下簡稱《正義》）、陳啟源《毛詩稽古編》（下簡稱《稽古編》）、胡承珙《毛詩後箋》（下簡稱《後箋》）、馬瑞辰《毛詩傳箋通釋》（簡稱《通釋》）、陳奐《詩毛氏傳疏》（下簡稱《傳疏》）、王先謙《詩三家義集疏》（下簡稱《集疏》）等較多涉及這個話題的、有代表性的詩學著作來進行討論。其中間或有部分學者，對某處提出了較爲有啟發性的考論，也納入討論，如戴震《毛鄭詩考正》、姜炳璋《詩序補義》、丁晏《毛鄭詩釋》等。需要説明的是，在具體詩篇中，不同學者對《毛傳》與兩書相同、相合與否，以及這種相同、相合又是否説明《毛傳》利用兩書的判斷存有分歧，所以對納入討論的例證，本文採用較寬泛的標準，即在上述納入討論的著作中，只要有學者將兩者的某種相關性，視作《毛傳》出自兩書的證據，即算作一例。

一、《毛傳》與兩書引《詩》訓釋語基本一致者

《毛傳》全名《毛詩詁訓傳》，其訓釋實兼"詁""訓""傳"三體①，大體而言，"詁"指的是解釋古今異語、異字，"訓"是描摹形貌狀態、解説比興義等，而"傳"則包括串講句義、闡發旨意、補充史實或古説等。這一類中的《毛傳》大致屬於"詁"，其所對應的《左傳》《國語》中的訓釋語，也大多是比較成熟、獨立的訓詁語，兩者呈現出高度鮮明的一致性。在這一類反映相關性的例證中，前人基本没有異議，均將訓釋語相同處，視作《毛傳》"用"、"本"兩書的表現。

1. 《小雅·皇皇者華》："駪駪征夫，每懷靡及。"《毛傳》："每，雖。懷，和也。"《鄭箋》："《春秋外傳》曰'懷私爲每懷也'，和當爲私。"②

《國語·魯語下》："（叔孫穆子）對曰：'……《皇皇者華》，君教使臣曰，"每懷靡及"，諏、謀、度、詢，必咨於周，敢不拜教！臣聞之曰："懷和爲每懷，咨才爲諏，咨事爲謀，咨義爲度，咨親爲詢，忠信爲周。"君貺使臣以大禮，重之以六德，敢不重拜！'"③

《國語·晉語四》："公子曰：'吾不動矣，必死於此。'姜曰：'不然。《周詩》曰："莘莘征夫，每懷靡及。"夙夜征行，不遑啓處，猶懼無及，

---

① 關於這一問題，孔穎達《毛詩正義》在"毛詩故訓傳"篇名下的疏文中已有解説，此處採用馬瑞辰的説法，馬瑞辰《〈毛詩故訓傳〉名義考》稱："蓋散言則故訓、傳俱可通稱，對言則故訓與傳異，……至於傳，則《釋名》訓爲傳示之傳，《正義》以爲'傳通其義'。蓋詁訓第就經文所言者而詮釋之，傳則並經文所未言者而引伸之，此詁訓與傳之别也。……《詩正義》曰：'詁者，古也。古今異語，通之使人知也。訓者，道也。道物之貌以告人也。'又引《爾雅序》曰：'《釋詁》，通古今之字與古今異言也。《釋訓》，言形貌也。'……蓋詁訓本爲故言，由今通古皆曰詁訓，亦曰詁訓。而單詞則爲詁，重語則爲訓，詁第就其字之義旨而證明之，訓則兼其言之比興而訓導之，此詁與訓之辨也。毛公傳《詩》多古文，其釋《詩》實兼詁、訓、傳三體，故名其書爲《詁訓傳》。……'淑，善。述，匹也'之類，詁之體也。'關關，和聲也'之類，訓之體也。若'夫婦有別則父子親……'則傳之體也。"（清）馬瑞辰撰，北京大學《儒藏》編纂與研究中心編《毛詩傳箋通釋》卷一，《儒藏（精華編）》第32冊，北京：北京大學出版社，2016，第28—29頁。關於詁訓傳的討論，還可參王振華《〈毛詩故訓傳〉名義新考》一文，載曲景毅、李佳主編《多元視角與文學文化——古典文學論集》，合肥：安徽大學出版社，2014，第23頁。
② 毛亨傳、鄭玄箋、孔穎達等疏《毛詩正義》卷九之二，第318頁。
③ 徐元誥《國語集解》，王樹民、沈長雲點校，北京：中華書局，2019，第179—180頁。

況其順身縱欲懷安，將何及矣！人不求及，其能及乎？日月不處，人誰獲安？《西方之書》有之曰："懷與安，實疚大事。"《鄭詩》云："仲可懷也，人之多言，亦可畏也。"'"①

《正義》："鄭所以引《外傳》② 而破之者，以《毛傳》云'懷，和'，是用《外傳》爲義……"③《稽古編》："惟《晉語》姜氏引此《詩》，戒重耳順身縱欲，又引《西方書》及《鄭》詩之言'懷'，皆爲私義。要是斷章立說，未必此詩本訓也，懷私恐非毛旨。又末章毛傳云：'雖有中和，當自謂無所及。'此正首章'每，雖；懷，和'之解，王肅即用以述毛，於義允當。"④《後箋》引述了陳啓源、陳奐的觀點，認同《毛傳》作"每雖"不誤，認爲《國語》中姜氏引《詩》意在解說"懷"的觀念不可取，與本詩"每懷"不相干涉。《通釋》："'懷'、'和'以雙聲爲義，故《外傳》以'懷和'爲'每懷'，而《毛傳》本之。"⑤《傳疏》："《國語·魯語》叔孫穆子引此詩，而釋之云懷和爲每懷。《國語》以'懷和'釋'懷'，《毛傳》以'和'釋'懷'，《毛傳》實本《國語》也。"⑥

案：從引文可見，《國語》中引"每懷靡及"有兩處，從上下文來看，其中的"每懷"有兩種解讀，一作"懷和"解，另一則作"懷安（私）"解。

《鄭箋》作"懷私"解，指出《毛傳》"和"當作"私"，《國語》韋昭注、馬瑞辰採納了鄭玄的訓解。並且馬瑞辰還指出《毛傳》"每，雖"或許是後人所加，所以鄭玄才有這一訓解。而陳啓源、胡承珙、陳奐等，則均認爲《毛傳》訓"懷和"不誤。陳啓源指出，"懷私"一解屬於《晉語》引《詩》斷章，並非《詩》本義，作"懷私"解與《毛傳》"每雖"義有未安，也即《毛傳》與《國語》引《詩》斷章義不同，且其訓"懷和"與其下"中和"義正吻合，

---

① 徐元誥《國語集解》，王樹民、沈長雲點校，第 324 頁。
② 孔疏中的《外傳》共計 40 餘條，所引《外傳》文與今本《國語》基本一致，且有《外傳·魯語》《外傳·周語》《外傳·齊語》等表達，故《外傳》實即《國語》，下文中《外傳》同此，不再說明。
③ 毛亨傳、鄭玄箋、孔穎達等疏《毛詩正義》卷九之二，第 319 頁。
④ （清）陳啓源撰，北京大學《儒藏》編纂與研究中心編《毛詩稽古編》卷九，《儒藏（精華編）》第 29 冊，北京：北京大學出版社，2011，第 374 頁。
⑤ 馬瑞辰撰，北京大學《儒藏》編纂與研究中心編《毛詩傳箋通釋》卷十七，《儒藏（精華編）》第 32 冊，第 484 頁。
⑥ 陳奐撰，北京大學《儒藏》編纂中心編《詩毛氏傳疏》卷十六，《儒藏（精華編）》第 33 冊，第 425 頁。

《毛傳》不誤。陳奐則引證《爾雅》《玉篇》有"每,懷"這一義訓,加之《常棣》"每有良朋"下《鄭箋》釋"每有"爲"雖有",來證明《毛傳》不誤。

此處對於《毛傳》"懷和"的訓釋,皮錫瑞也存有異議,他在《論〈詩〉有正義,有旁義,即古義亦未可盡信》一文中,指出"《四牡》'懷和''周諏',誤執《國語》爲説",將這一例作爲《毛傳》誤執《國語》引《詩》的證據,但他並没有展開討論原因。① 從《國語》兩處引該《詩》的語境和清儒的相關論證來看,作"懷私"解才屬於引《詩》斷章,而"懷和"則是"本訓",所以這一處例證或許難以佐證皮氏的觀點,其説有誤。

由此可見,前人多認同《毛傳》此處訓"每,雖""懷,和"爲正解,且相關訓解本自《國語》。然而值得注意的是,"每,雖"② 一訓既然已經別載於《爾雅》③,且《爾雅》訓語與《毛傳》的契合度,比《國語》中"懷和爲每懷"更高,那就説明《毛傳》此處訓釋,不一定就直接來自《國語》,也有來自《爾雅》的可能,又或三者訓説一致,是因爲三者共享了同一訓解所致。所以,憑藉此處《毛傳》與《國語》的相關性,稱《毛傳》"本"《國語》或許過於絶對。

"載馳載驅,周爰咨諏。"《毛傳》:"忠信爲周。訪問於善爲咨。咨事爲諏。"④

---

① 皮錫瑞關於《毛傳》誤執《左傳》《國語》引《詩》義的説法,多見同於魏源。魏源比皮錫瑞的論述,有更多論證的過程,且"懷和""周諏"實出自《皇皇者華》而非《四牡》,皮錫瑞或沿魏源而誤。魏源在《詩古微》中,雖然也列舉"周行官人"作爲例證批判《毛傳》誤執《左傳》引《詩》斷章義,但是他援引《毛傳》"懷和""周諏"的例子,是用來説明説經述古的正途,也就是説魏源認爲這是《詩》本義。而皮錫瑞雖然沿用了這個例證,但是或許是誤解了魏源的用意,認爲此處和"周行"都屬於批判《毛傳》誤用兩書引《詩》義的例子,又或者是皮錫瑞並不認同魏源之説,把這一處視作非本義。詳參(清)魏源著,北京大學《儒藏》編纂與研究中心編《詩古微》上編之二,《儒藏(精華編)》第 26 册,北京:北京大學出版社,2012,第 508 頁。

② 《爾雅·釋訓》原作"每有,雖",陳奐引《莊子·庚桑楚》"每發而不當"《釋文》引《爾雅》作"每,雖"認爲今本《爾雅》"每有"衍"有"字。

③ 本文採用何九盈的觀點,認同《爾雅》"成書於戰國末年",但其中保留的材料,所屬的時代並不相同。據何先生稱,其中"有的材料相當古老。如《釋魚》的'魚枕謂之丁,魚腸謂之乙,魚尾謂之丙''左倪不類,右倪不若',這恐怕都是殷商和西周早期的材料,這些材料一代一代傳下來,在《爾雅》成書之前,可能已有這種性質的著作了"。何九盈《中國古代語言學史》,北京:商務印書館,2013,第 16—25 頁。

④ 毛亨傳、鄭玄箋、孔穎達等疏《毛詩正義》卷九之二,第 319 頁。

前人言《毛傳》本、義合《左傳》《國語》諸例詳考

《國語·魯語下》："（叔孫穆子）對曰：……臣聞之曰：'懷和爲每懷，咨才爲諏，咨事爲謀，咨義爲度，咨親爲詢，忠信爲周。'……"①

《左傳·襄公四年》："（穆叔子）對曰：……《皇皇者華》，君教使臣曰：'必諮於周。'臣聞之：'訪問於善爲咨，咨親爲詢，咨禮爲度，咨事爲諏，咨難爲謀。'臣獲五善，敢不重拜。"②

《正義》："《左傳》曰'訪問於善爲咨'，……毛據彼《傳》，因以義增而明之。其'忠信爲周'一句，《魯語》文也。"③《傳疏》："《國語》：'忠信爲周。'襄四年《左傳》：'《皇皇者華》君教使臣曰："必咨於周。"臣聞之，訪問於善爲咨。'內、外《傳》義互明。《內傳》之所謂'善'，即《外傳》之所謂'忠信'也。訪問於善，此即必咨於周之義。《內傳》以咨列'五善'。數咨，即數周也，故《外傳》'六德'不數咨。內、外《傳》皆出左氏，非有異也。此毛氏兼用內、外《傳》說，周、咨並舉。"④

案：孔穎達、陳奐指出此處《毛傳》據內、外《傳》而來，從引文中可以看到《毛傳》文"忠信爲周"確實同於《國語》，"訪問於善爲咨""咨事爲諏"則同於《左傳》，但是兩書所引相關訓釋語，均出自魯穆叔的回話，前面都冠以"臣聞之"，這就說明此處《詩》訓有更早的成訓存在，也就是說《毛傳》有出自兩書的可能，也有《毛傳》與兩書保留了同一古訓，兩者實爲同源關係的可能。⑤

"載馳載驅，周爰咨度。"《毛傳》："咨禮義所宜爲度。"⑥

《正義》："四章《傳》曰：'咨禮義所宜爲度。'卒章《傳》曰：'親戚之謀爲詢。'此皆出於《外傳》也。"⑦《傳疏》："《傳》云'咨禮義所宜爲度'者，《左傳》：'咨禮爲度。'《國語》：'咨義爲度。'兼內、外《傳》作

---

① 徐元誥《國語集解》，王樹民、沈長雲點校，第179—180頁。
② （春秋）左丘明傳、（晉）杜預注、（唐）孔穎達疏：《春秋左傳正義》卷二九，臺北：藝文印書館，2001，第505頁。
③ 毛亨傳、鄭玄箋、孔穎達等疏《毛詩正義》卷九之二，第319頁。
④ 陳奐撰，北京大學《儒藏》編纂中心編《詩毛氏傳疏》卷十六，《儒藏（精華編）》第33册，第425頁。
⑤ 羅軍鳳根據《左傳》中《采藻》一詩的引用和訓說，認爲《毛傳》與《左傳》"君子曰"有共同的知識基礎，又據"忠信爲周"處訓釋，認爲《毛傳》與《國語》也有共同的知識基礎，也即他將"忠信爲周"理解作同源的表現，與本文觀點相同。詳參羅軍鳳《〈左傳〉君子曰"毛詩傳、鄭箋之文"辯正》，載《文學遺產》2020年第2期。
⑥ 毛亨傳、鄭玄箋、孔穎達等疏《毛詩正義》卷九之二，第319頁。
⑦ 同上所引。

訓也。"①《經義述聞》第六"周爰咨度""周爰咨謀"條下稱："'咨事之難易爲謀，咨禮義所宜爲度'，此二句合用《左傳》《國語》。"②

"載馳載驅，周爰咨詢。"《毛傳》："親戚之謀爲詢。兼此五者，雖有中和，當自謂無所及成於六德也。"③

《正義》："《左傳》云：'臣獲五善'是也。《魯語》曰：'重之以六德。'是《傳》之所據。"④《稽古編》："古人文字簡貴，語無虛設，况《皇華》詩諏、謀、度、詢，字各有義，内、外《傳》所載魯穆叔之言，乃詩學之最古者，不誤矣。"⑤《後箋》："傳於篇末總發全詩之旨，謂使臣兼咨、諏、謀、度、詢之五善，由其雖和而自謂無及，故能成於六德，乃總括《内》《外傳》而用之。"⑥《集疏》："案，《傳》《箋》據《左傳》《魯語》爲説。"⑦《經義述聞》卷六稱此處《毛傳》兼用《左傳》五善、《國語》六德，但是《毛傳》誤將五善、六德合而爲一，所以認爲《毛傳》這一訓解，雖然意在彌合五善六德的分歧，卻失之愈遠。

案：雖然此處清儒對五善六德的具體解讀有分歧，但均認同《毛傳》兼取兩書爲訓。需要注意的是，《毛傳》此處的訓釋語，雖然確與《左傳》《國語》高度重合，但《毛傳》"親戚之謀爲詢"與兩書"咨親爲詢"、"咨禮義所宜爲度"與《國語》"咨義爲度"及《左傳》"咨禮爲度"實同中有異。姜炳璋就敏鋭地察覺到這一點，他指出："此《（毛）傳》與内、外《傳》合而少變之，考三書述穆叔之言俱云'臣聞之'，可見古有是解。而述於《左》《國》，又述於詩《傳》，故彼此小異也。"⑧ 這或許反映出，姜氏認爲兩者訓釋同中有異，是

---

① 陳奂撰，北京大學《儒藏》編纂中心編《詩毛氏傳疏》卷十六，《儒藏（精華編）》第33册，第426頁。

② （清）王引之撰，虞萬里主編《經義述聞》卷六，上海：上海古籍出版社，2017，第332頁。

③ 毛亨傳、鄭玄箋、孔穎達等疏《毛詩正義》卷九之二，第319頁。

④ 同上所引。

⑤ 陳啓源撰，北京大學《儒藏》編纂與研究中心編《毛詩稽古編》卷三十，《儒藏（精華編）》第29册，第851頁。

⑥ （清）胡承珙撰，北京大學《儒藏》編纂中心編《毛詩後箋》卷十六，《儒藏（精華編）》第30册，北京：北京大學出版社，2009，第656頁。

⑦ （清）王先謙撰，北京大學《儒藏》編纂與研究中心編《詩三家義集疏》卷十四，《儒藏（精華編）》第36册，北京：北京大學出版社，2014，第567頁。

⑧ （清）姜炳璋《詩序補義》卷十四，景印文淵閣《四庫全書》本第89册，臺北：臺灣商務印書館，1986，第185頁。

《毛傳》與兩書同源別擇的結果。

可見，針對兩者訓釋語同中有異的情況①，有必要考慮兩種可能：一是如多數清人所言，《毛傳》確實出自兩書，那麽訓語微別處是毛公個性化處理；另一則是《毛傳》與《左傳》《國語》實同源別擇，所以大同而小異。但是"咨親爲詢"較"親戚之謀爲詢"用語更簡潔，如果《毛傳》本自兩書，那麽按其尚簡的訓釋風格，似乎不應該由簡轉繁。

2.《大雅·皇矣》："維此王季，帝度其心，貊其德音。"《毛傳》："心能制義曰度。""王此大邦，克順克比。"《毛傳》："慈和徧服曰順。擇善而從曰比。""比于文王，其德靡悔。"《毛傳》："經緯天地曰文。"②

《左傳·昭二十八年》："《詩》曰：'惟此文王，帝度其心……施于孫子。'心能制義曰度，德正應和曰莫，照臨四方曰明，勤施無私曰類，教誨不倦曰長，賞慶刑威曰君，慈和徧服曰順，擇善而從之曰比，經緯天地曰文。"③

《正義》："此《傳》《箋》及下《傳》九言'曰'者，皆昭二十八年《左傳》文。彼引一章然後爲此九言以釋之，故《傳》依用焉。……《左傳》説此九事，乃云九德不愆，作事無悔，言其動合衆心，不爲人所恨。《公劉》傳曰：'民無長歎，猶文王之無悔也。'則毛取《左傳》之意，謂文王之德，不爲人恨，不得與鄭同也。"④《稽古編》："毛引《左傳》'擇善而從曰比'……毛用《左傳》'經緯天地'語以釋此'文'，意當與劉同。"⑤《後箋》討論"惟此文王"中"文王"不誤時，稱"《毛傳》又全用左氏，則《毛詩》本作'文王'亦可決矣。"⑥《傳疏》："'心能制義曰度'

---

① 《左傳》《國語》此處與《毛傳》文字上的差異，或許有古本《左傳》《國語》與今本不同的可能，又或毛公所受師學所傳授的《左傳》《國語》與今本有別，然則一方面文獻無可考、師學所傳無從證，另一方面綜合下文《毛傳》雖與兩書義合，但自有成訓非由兩書而來，又其與其他古籍相合也存在同源而非抄用的情況，所以筆者傾向於認爲此處同中有異的情況，是《毛傳》與兩書同源別擇的反映，所以對《左傳》《國語》可能存在文本不同導致的古今差異這一情況，不擬展開討論。
② 毛亨傳、鄭玄箋、孔穎達等疏《毛詩正義》卷十六之四，第569—570頁。
③ 左丘明傳、杜預注、孔穎達疏《春秋左傳正義》卷五十二，第913—914頁。"惟此文王"中"惟"本作"唯"，據阮校記改。
④ 毛亨傳、鄭玄箋、孔穎達等疏《毛詩正義》卷十六之四，第570頁。
⑤ 陳啓源撰，北京大學《儒藏》編纂與研究中心編《毛詩稽古編》卷十八，《儒藏（精華編）》第29册，第555—556頁。
⑥ 胡承珙撰，北京大學《儒藏》編纂中心編《毛詩後箋》卷二十三，《儒藏（精華編）》第31册，第1101頁。

九言皆《左傳》釋《詩》之文,毛《傳》所本也。"①

案:此處《毛傳》與《左傳》中訓釋語完全一致,前人多據此認爲《毛傳》本自《左傳》。然而,這一訓釋並不獨見於《左傳》。"經緯天地曰文""心能制義曰度""慈和徧服曰順""擇善而從曰比"又見於《逸周書·謚法解》②。根據當前學界對《逸周書》的研究,多認爲該書中有較古老的成分,相同訓語未必晚於《左傳》。③ 換言之,如果依照同訓處是後出者抄自前者的邏輯,那麽《毛傳》有出自《左傳》,也有出自《逸周書》的可能;又或《毛傳》與《左傳》《逸周書》之所以有同訓,是對公言、共同知識基礎的反映④。鑒於《左傳》《逸周書》的性質並不相同,將同訓處理解爲彼此互抄或許較爲牽强,當是有共同知識來源的可能性更大一些。所以,此處《毛傳》與兩書訓釋語相同的現象,似乎用"義同"來概括更爲準確。

在上述倆例外,訓釋語高度一致的還有《毛傳》"正直爲正,能正人之曲曰直"⑤(《小雅·小明》)與《左傳·襄公七年》"正直爲正、正曲爲直"⑥、《毛傳》"先王稱之曰'自古',古曰'在昔',昔曰'先民'"⑦(《商頌·那》)

---

① 陳奐撰,北京大學《儒藏》編纂中心編《詩毛氏傳疏》卷二十三,《儒藏(精華編)》第 34 册,第 711 頁。

② (晉)孔晁注,王雲五主編《逸周書》,《叢書集成初編》,上海:商務印書館,1937,第 210、211、196 頁。

③ 羅家湘認爲《逸周書》部分篇目爲西周作品,此外大部分形成於春秋時期,最晚不過戰國。詳參羅家湘《〈逸周書〉研究》,上海:上海古籍出版社,2006。傅璇琮認爲該書最早的部分作於西周初,最晚不過戰國末。詳參傅璇琮、蔣寅主編《中國古代文學通論(先秦兩漢卷)》,瀋陽:遼寧人民出版社,2016,第 97 頁。李學勤則提出清華藏戰國楚簡有見於今本《逸周書》者,如果認同《左傳》《國語》所引《周書》即《逸周書》,那麽早在春秋時就已經在引用該書了。參李學勤《清華簡與〈尚書〉〈逸周書〉的研究》,載《史學史研究》2011 年第 2 期,第 104—108 頁。鑒於上述研究,本文認同《逸周書》部分内容,或早於、或同於《左傳》《國語》所載,故兩者相同之處,有可能有共同的知識來源。

④ 章學誠有"言公"之論,稱"古人之言,所以爲公也。未嘗矜於文辭而私據爲己有也"。這就是説,古人有共享的一般知識,但並不專屬某家,或可稱爲"公言"。詳參(清)章學誠《文史通義》卷二,上海:上海古籍出版社,2015,第 52 頁。羅軍鳳則表述爲"共同的知識基礎",他根據《左傳》中《采蘩》一詩的引用和訓説,認爲《毛傳》與《左傳》"君子曰"有共同的知識基礎,又據"忠信爲周"處訓釋認爲《毛傳》與《國語》也有共同的知識基礎,詳參羅軍鳳《〈左傳〉君子曰"毛詩傳、鄭箋之文"辯正》,載《文學遺産》2020 年第 2 期。

⑤ 毛亨傳、鄭玄箋、孔穎達等疏《毛詩正義》卷十三之一,第 447 頁。

⑥ 左丘明傳、杜預注、孔穎達疏《春秋左傳正義》卷三十,第 518 頁。

⑦ "自古",原書作"在古",現據阮校記改。毛亨傳、鄭玄箋、孔穎達等疏《毛詩正義》卷二十之三,第 789 頁。

與《國語·魯語下》"先聖王之傳恭，猶不敢專。稱曰'自古'，古曰'在昔'，昔曰'先民'"①、《毛傳》"基，始。命，信。宥，寬。密，寧也"②（《周頌·昊天有成命》）與《國語·周語下》"基，始也。命，信也。宥，寬也。密，寧也"③，但在這些例證中所呈現出的相關性的細節，與上述倆例大致相同，此處就不再展開討論了。

總體而言，在這一類諸例中，除清儒姜炳璋敏銳地捕捉到兩者訓語實同中有異，指出兩者之同實因"古訓"或許隱含兩者同源的認識外，大多數學者或受《毛傳》《左傳》《國語》同屬子夏之學這一前理解的影響④，又或受限於當時所能見到的古書，所以直接將兩者訓語基本一致處，判定爲《毛傳》出自《左傳》或《國語》。但是，在相關例證中或有相同訓語別載《爾雅》《逸周書》，又或訓釋語同中有異，又或存在後出轉繁的情況，所以就此處兩者的相關性而言，稱"義同"比"本"更恰當，且"義同"或許是由同源關係所致的可能性更大。

因此，皮錫瑞稱《毛傳》誤執兩書引《詩》斷章義的論斷中，"誤執"一說已不成立，其所舉"懷和"一例經分析也並非斷章義。而通過上述分析可以看到，此處《毛傳》多與《左傳》《國語》《爾雅》《逸周書》等不同性質的古書同訓，且《爾雅》與《毛傳》亦非抄與被抄關係而可能是各有源自⑤，再加之《左傳》訓釋語前"臣聞之"的提示等，均說明《毛傳》中"詁"這一類應

---

① 徐元誥《國語集解》王樹民、沈長雲點校，第205頁。
② 毛亨傳、鄭玄箋、孔穎達等疏《毛詩正義》卷十九之二，第716頁。
③ 徐元誥《國語集解》王樹民、沈長雲點校，第104頁。
④ 陳奐考《周南·卷耳》"寘彼周行"時稱："陸德明《經典序錄》云：'荀卿子傳魯人大毛公。'徐堅《初學記》云：'荀卿授魯國毛亨作《詁訓傳》，故《詁訓傳》多用其師説。'"詳參陳奐撰，北京大學《儒藏》編纂中心編《詩毛氏傳疏》卷一，《儒藏（精華編）》第33册，第42頁。《毛鄭詩釋》卷一"公侯干城"條下稱："《傳》云'可以制斷公侯之腹心'並與《左氏》合，毛公、左氏皆古文舊書，故其言往往相符。"卷四"不僭不濫"條下稱："荀卿本從左氏，毛公親事荀卿，亦從師説也。"詳參丁晏《毛鄭詩釋三卷 續錄一卷》，第512頁、第575頁。
⑤ 《毛傳》與《爾雅》有大量同訓處，前人多將之視作《毛傳》出自《爾雅》，而根據現代學者們的相關研究，多認爲兩者可能各有源自，而非抄與被抄的關係。早在《爾雅毛傳異同》中，陳啓源就已經提出了這一觀點，其後較有影響的當屬內藤湖南的《爾雅之新研究》，見〔日〕內藤虎次郎等《先秦經籍考》上册，江俠庵編譯，上海：商務印書館，1931，第11頁。也有學者稱《爾雅》不是淵源漢初經師的"訓詁"，而是春秋戰國時期的名物釋義的彙編，《毛傳》與《爾雅》的來源有同有異，不存在抄襲的問題。詳參何九盈《中國古代語言學史》，第61頁。此外，徐建委根據《毛傳》《爾雅》字詞訓釋多同，但又非轉抄關係，認爲此處反映出某古老的《詩》學淵藪。詳參徐建委《文本革命：劉向、〈漢書·藝文志〉與早期文本研究》，北京：中國社會科學出版社，2017，第123頁。

該是有非常古老的來源，當屬《詩》古義無疑。

二、《毛傳》與兩書引《詩》等處説解相合者

《毛傳》與兩書的相關性，被視作《毛傳》"本""義合"兩書的另一種情況是①，部分《毛傳》與《左傳》《國語》引《詩》等處説解大義一致，並且其中多有相同的用字。《左傳》《國語》引《詩》等處説解，指的是兩書中記載古人引《詩》説理、以《詩》證事、借《詩》言志等部分，往往在引出詩句後對詩義有所闡述，與《毛傳》釋義表現出較高的相關性。此外，還有少量非引《詩》處的説解，也與《毛傳》表現出較高相關性。而對應的《毛傳》有兩種：一是單字、詞語訓釋，大致屬於"詁""訓"，有15例左右；一是串講句意，約略屬於"傳"，有9例左右。

下面就大致對應《毛傳》的這兩種類型展開討論：

(一)《毛傳》單字訓釋、詞語訓解與兩書引《詩》等處説解相合者

1.《鄭風·野有蔓草》："邂逅相遇，與子皆臧。"《毛傳》："臧，善也。"②

《左傳·昭公十六年》："宣子曰：'二三君子，請皆賦起亦以知鄭志。'子齹賦《野有蔓草》，宣子曰：'孺子善哉，吾有望矣。'"杜預注："君子相願已所望也。"③

《左傳·襄公二十七年》："子大叔賦《野有蔓草》（杜預注：取邂逅相遇適我願兮），趙孟曰：'吾子之惠也。'（杜預注：大叔喜於相遇，故趙孟受其惠）"④

《傳疏》："《左傳》：'韓宣子曰："孺子善哉，吾有望矣。"'傳訓'臧'爲'善'，正用《左氏》釋《詩》之義。"⑤《詩經廣詁》卷七引此説，並

---

① 需要説明的是，在這一類中，學者們在判斷兩者合與不合、相合又是哪種理解的相合等問題上，存有較多分歧。此處採用較爲寬泛的標準，即只要在本文討論範圍内的學者將兩者相關性解讀爲《毛傳》"本"自兩書，即視作一例。
② 毛亨傳、鄭玄箋、孔穎達等疏《毛詩正義》卷四之四，第182頁
③ 左丘明傳、杜預注、孔穎達疏《春秋左傳正義》卷四十七，第828頁。
④ 左丘明傳、杜預注、孔穎達疏《春秋左傳正義》卷三十八，第648頁。
⑤ 陳奂撰，北京大學《儒藏》編纂中心編《詩毛氏傳疏》卷七，《儒藏（精華編）》第33册，第264頁。

稱："姜炳璋曰：'觀《家語》《左傳》之所賦，則有美一人皆指賢人也。'"①《集疏》認爲此篇《毛詩序》失此詩之正解，而《左傳》《説苑》《韓詩外傳》則存此詩大義，稱："據此魯、韓《詩》説皆以爲思遇賢人，齊《詩》蓋同。"②

案：玩《傳疏》之義，似乎認爲韓宣子"孺子之善"正爲其所"望"，望"與子偕臧"即"與子偕善"，正與《毛傳》釋義相合，所以稱《毛傳》用《左傳》。但是據考，《易·師》"否臧，凶"、《書·盤庚》"邦之臧惟汝衆"中"臧"均作"善"解，又《爾雅·釋詁》已有"臧，善也"這一成訓，那麽《毛傳》似乎不必從《左傳》上下文來提取這一訓解。因此，根據兩者此處的相關性，或許難以説明《毛傳》用《左傳》。

又《韓詩外傳》："'野有蔓草……適我願兮'，且夫齊程本子，天下之賢士也，吾於是而不贈，終身不之見也，大德不踰閑，小德出入可也。"③《説苑》卷八《尊賢》："'野有蔓草，……適我願兮'，今程子天下之賢士也，於是不贈，終身不見也。大德毋踰閑，小德出入可也。"④可見，《左傳》兩引該《詩》，均取"相遇"爲我所願義，而《韓詩外傳》《説苑》也意在説明"遇賢人"，所以這種理解是一種共識性的《詩》解，也許可以視作當時的《詩》古義，或即王先謙所稱"詩之正解"。這也就是説，《毛傳》"臧，善"與《左傳》等多書所載《詩》解均相合，反映出《毛傳》此處屬於《詩》古義。⑤

2.《大雅·既醉》："其類維何？室家之壼。"《毛傳》："壼，廣也。"⑥

《國語·周語下》："單子儉敬讓咨，以應成德。單若不興，子孫必蕃，

---

① （清）徐璈《詩經廣詁》，《續修四庫全書》第69冊，上海：上海古籍出版社，1996，第442頁。
② 王先謙撰，北京大學《儒藏》編纂與研究中心編《詩三家義集疏》卷五，《儒藏（精華編）》第36冊，第386頁。
③ （漢）韓嬰撰，許維遹校釋《韓詩外傳集釋》卷二，北京：中華書局，1980，第51—52頁。
④ （漢）劉向撰，向宗魯校證《説苑校證》，北京：中華書局，1987，第198頁。
⑤ 值得注意的是，這首《詩》後世多作男女相會的淫詩理解，與《韓詩外傳》《左傳》等所作的解讀是有較大差異的，所以"遇賢人"的解讀或許會被視作斷章義，進而否定其價值，但是從該例中來看，《左傳》保留的這種解讀並不孤立，一則《左傳》不同處引《詩》作同一解讀，二則其他古籍也有相同訓説，這説明至少在當時是屬於一種共識性的理解，有着意義的穩定性，應當從《詩》古義的角度來理解，充分肯定其價值。
⑥ 毛亨傳、鄭玄箋、孔穎達等疏《毛詩正義》卷十七之二，第606頁。

後世不忘。《詩》曰：'其類維何？室家之壼。君子萬年，永錫祚胤。'類也者，不忝前哲之謂也。壼也者，廣裕民人之謂也。萬年也者，令聞不忘之謂也。胤也者，子孫蕃育之謂也。單子朝夕不忘成王之德，可謂不忝前哲矣。膺保明德，以佐王室，可謂廣裕民人矣。若能類善物，以混厚民人者，必有章譽蕃育之祚，則單子必當之矣。"①

《正義》引《釋宫》"宫中巷謂之壼"來解釋《毛傳》"壼，廣"之訓，後稱"毛據《外傳》爲説，《外傳》正解此文"②。《稽古編》："'室家之壼'，謂善道施於室家而廣及天下，毛訓壼爲廣，與《周語》合，必是古義相傳如此也。鄭以壼爲梱，……則意太迂曲，不如毛氏訓'廣'合之《周語》'廣裕民人'之解爲順矣。"③《後箋》："'壼'之爲'廣'，猶'宫'之爲'穹'，'室'之爲'實'。古人文字有一定之訓。毛性好簡，故但舉其本訓。然既曰'廣'，則由室家而廣及天下之意即在其中。"④《通釋》稱《傳》之"廣"當讀爲"桄"，義爲"其善由室家桄充於天下"，⑤ 未言《毛傳》本《國語》成訓。《傳疏》："……'壼，廣'、'胤，嗣'，悉本《國語》立訓，與《昊天有成命》篇同。"⑥《集疏》認同鄭箋訓"壼"爲"梱"，"梱"爲齊等之義，訓作"梱齊"，以《周語》"廣裕民人之謂也"爲理解《鄭箋》的參證。⑦

案：此處《毛傳》"壼，廣"與《國語》"壼也者，廣裕民人之謂也"，確實有較大的意義關聯，而馬瑞辰、王先謙或側重從小學角度闡發《毛傳》，或採納《鄭箋》，所以都没有討論這一點，孔穎達、陳奂則認爲兩者的相關性説明《毛傳》據《國語》爲訓，陳啓源則認爲這體現出兩者相"合"，且相合的

---

① 徐元誥《國語集解》，王樹民、沈長雲點校，第104—105頁。
② 毛亨傳、鄭玄箋、孔穎達等疏《毛詩正義》卷十七之二，第606頁。
③ 陳啓源撰，北京大學《儒藏》編纂與研究中心編《毛詩稽古編》卷十九，《儒藏（精華編）》第29册，第579頁。
④ 胡承珙撰，北京大學《儒藏》編纂中心編《毛詩後箋》卷二十四，《儒藏（精華編）》第31册，第1152頁。
⑤ 馬瑞辰撰，北京大學《儒藏》編纂與研究中心編《毛詩傳箋通釋》卷二十五，《儒藏（精華編）》第32册，第854頁。
⑥ 陳奂撰，北京大學《儒藏》編纂中心編《詩毛氏傳疏》卷二十四，《儒藏（精華編）》第34册，第751頁。
⑦ 王先謙撰，北京大學《儒藏》編纂與研究中心編《詩三家義集疏》卷二十二，《儒藏（精華編）》第36册，第867頁。

原因是古義如此，暗含兩者同源的認識。從上文"類，善"別見《爾雅》來看，《毛傳》"壼，廣"似乎也應有成訓爲據，陳啓源、胡承珙稱"古人文字有一定之訓""古義相傳如此"，或許也是有這樣的考慮，雖然從現有典籍中未能別見這一訓釋，但就此處兩者的相關性而言，稱《毛傳》出自《國語》，似乎也有證據不足的嫌疑。

  3.《召南·采蘋》："誰其尸之，有齊季女。"《毛傳》："齊，敬。"①

  《左傳·襄公二十八年》："穆叔曰：伯有無戾於鄭，鄭必有大咎。敬，民之主也，而棄之，何以承守，鄭人不討，必受其辜。濟澤之阿，行潦之蘋藻，寘諸宗室，季蘭尸之，敬也。敬可棄乎？"②

  《後箋》稱三家《詩》蓋作"齋"釋作"材也"，認爲此説不如毛訓"齊"爲"敬"，亦據《左傳·襄二十八》穆叔之言，稱"毛義與此合，其來古矣"③。《通釋》稱"齊"爲"齋"之省，引《説文》《廣雅》《玉篇》以釋"齋"爲好貌，認爲三家《詩》蓋作"齋"，又稱"《左傳》晉君謂齊女爲少齊，蓋亦取'齋，好'之義。古文滑借作'齊'，毛公遂以'敬'釋之耳"④。《傳疏》："襄二十八年《左傳》：'穆叔曰：……'《左傳》正釋此詩。《傳》詁'齊'爲'敬'，即本諸此也。"⑤《集疏》稱《韓詩》"齊"作"齋"訓作"好"、《齊詩》亦作"齋"釋作"材"，認爲《韓詩》《齊詩》義近。⑥

  案：可見陳奐認爲"齊，敬"本自《左傳》，而胡承珙則稱《毛傳》與《左傳》義合，馬瑞辰的言辭中有《毛傳》據《左傳》訓之意，而王先謙未對兩者的相關性發表意見。從上述引文可見，《左傳》"季蘭尸之，敬也"與《毛傳》"齊，敬"意義相關，可以互相發明。然而《禮記·檀弓下》："奠以素器，

---

① 毛亨傳、鄭玄箋、孔穎達等疏《毛詩正義》卷一之四，第53頁。
② 左丘明傳、杜預注、孔穎達疏《春秋左傳正義》卷三十八，第657頁。
③ 胡承珙撰，北京大學《儒藏》編纂中心編《毛詩後箋》卷二，《儒藏（精華編）》第30冊，第98頁。
④ 馬瑞辰撰，北京大學《儒藏》編纂與研究中心編《毛詩傳箋通釋》卷三，《儒藏（精華編）》第32冊，第101頁。
⑤ 陳奐撰，北京大學《儒藏》編纂中心編《詩毛氏傳疏》卷二，《儒藏（精華編）》第33冊，第72頁。
⑥ 王先謙撰，北京大學《儒藏》編纂與研究中心編《詩三家義集疏》卷二，《儒藏（精華編）》第36冊，第115—116頁。

以生者有哀素之心也，唯祭祀之禮，主人自盡焉，爾豈知神之所饗，亦以主人有齊敬之心也。"① 其中"齊敬"蓋同義複詞。又《論語·鄉黨》："食不語，寢不言。雖疏食菜羹瓜祭，必齊如也。"② 亦以"齊"爲"敬"。可見"齊"有"敬"義久矣，胡承珙也有同樣的認識，他所舉《玉藻》"宗廟齊齊"、《祭義》"齊齊乎其敬也"兩例也證明了這一點。所以，雖然《左傳》與此處《毛傳》有相關性，但不足以作爲《毛傳》本自《左傳》的證據，稱兩者"義合"較爲恰當，且這種義合或正說明《毛傳》的訓釋屬古義。

除這幾例外，另有《毛傳》"干，扞也"③（《周南·兔罝》）與《左傳·成公十二年》"此公侯之所以扞城其民也"④、《毛傳》"媾，厚也"⑤（《曹風·候人》）與《國語·晉語四》"楚子厚幣以送公子於秦"⑥、《毛傳》"恫，痛"⑦（《大雅·思齊》）與《國語·楚語下》"使神無有怨痛於楚國"⑧、《毛傳》"宣，徧也"⑨（《大雅·公劉》）與《國語·周語下》"教施而宣則徧"⑩ 等也屬於這一情況，限於篇幅就不再展開考論了。

(二)《毛傳》串講句意與兩書引《詩》等處説解相合者

1.《周南·兔罝》："赳赳武夫，公侯腹心。"《毛傳》："可以制斷公侯之腹心。"⑪

《左傳·成公十二年》："賓曰：'……政以禮成民，是以息百官承事，朝而不夕。此公侯之所以扞城其民也。故《詩》曰："赳赳武夫，公侯干城。"及其亂也，諸侯貪冒侵欲不忌，爭尋常以盡其民，略其武夫以爲己腹心、股肱、爪牙，故《詩》曰："赳赳武夫，公侯腹心。"天下有道，則

---

① （漢）鄭玄注、（唐）孔穎達疏《禮記正義》卷九，《十三經注疏》，臺北：藝文印書館，2001，第169頁。
② 程樹德：《論語集解》卷十，程俊英、蔣見元點校，北京：中華書局，1990，第699頁。
③ 毛亨傳、鄭玄箋、孔穎達等疏《毛詩正義》卷一之三，第40頁。
④ 左丘明傳、杜預注、孔穎達疏《春秋左傳正義》卷二十七，第459頁。
⑤ 毛亨傳、鄭玄箋、孔穎達等疏《毛詩正義》卷四之一，第270頁。
⑥ 徐元誥《國語集解》，王樹民、沈長雲點校，第333頁。
⑦ 毛亨傳、鄭玄箋、孔穎達等疏《毛詩正義》卷十六之三，第561頁。
⑧ 徐元誥《國語集解》，王樹民、沈長雲點校，第526頁。
⑨ 毛亨傳、鄭玄箋、孔穎達等疏《毛詩正義》卷十六之四，第570頁。
⑩ 徐元誥《國語集解》，王樹民、沈長雲點校，第69—70頁。
⑪ 毛亨傳、鄭玄箋、孔穎達等疏《毛詩正義》卷一之二，第40頁。

公侯能爲民干城而制其腹心，亂則反之。'"①《後箋》："不知郤至謂諸侯貪冒，略武夫以爲腹心，而引《詩》曰'赳赳武夫，公侯腹心'者，此斷章取義。其下云：'天下有道，則公侯能爲民干城，而制其腹心。'此則《兔罝》之本義。……《毛傳》於首章云'干，扞也'，三章云'可以制斷公侯之腹心'，與《左傳》正合。"②《傳疏》："《傳》云'可以制斷，公侯之腹心'者，以釋'公侯腹心'句。《左傳》：'及其亂也……天下有道，則公侯能爲民干城而制其腹心，亂則反之。'杜注云：'舉《詩》之正，以駁亂義，《詩》言治世，則武夫能合德。公侯外爲扞城，内制其腹心。'《左傳》言'制'，毛《傳》本之以益其義云'制斷'者，謂制斷其貪冒侵欲也。"③丁晏《毛鄭詩釋》："案：左氏成十二年《傳》'此公侯之所以扞城其民也'，引《詩》'公侯干城'，又云'天下有道，則公侯能爲民干城而制其腹心'。下'公侯腹心'傳云'可以制斷公侯之腹心'並與《左氏》合。毛公、《左氏》皆古文舊書，故其言往往相符。"④《集疏》："（《左傳》）云'制其腹心'者，諸侯能奉公守法，不敢私略武夫爲己腹心，若天子制之然。毛用《左傳》義，乃于三章'公侯腹心'句下云'可以制斷公侯之腹心'，斯爲謬矣。"⑤

案：首先，雖然清儒都注意到此處《毛傳》與《左傳》的關聯，如胡承珙、丁晏認爲是兩者是"合"，陳奂、王先謙則或稱"本"或言"用"，但是需要指出的是，他們對此處《毛傳》與《左傳》意義關聯的具體判斷並不相同。胡承珙、陳奂、丁晏認爲《毛傳》與《左傳》"天下有道，則公侯能爲民干城而制其腹心"意義相同，指的是"武夫"可以爲公侯去扞城，可以爲公侯約束腹心。而王先謙則認爲《毛傳》用《左傳》"略武夫以爲腹心"指的是天子制之，公侯不敢以武夫爲腹心，這種說解較爲迂曲，似不可取。可見，由於《左傳》引《詩》説解上下文語境的牽涉，不同學者對於《左傳》引《詩》和《毛

---

① 左丘明傳、杜預注、孔穎達疏《春秋左傳正義》卷二十七，第459頁。
② 胡承珙撰，北京大學《儒藏》編纂中心編《毛詩後箋》卷一，《儒藏（精華編）》第30册，第66頁。
③ 陳奂撰，北京大學《儒藏》編纂中心編《詩毛氏傳疏》卷一，《儒藏（精華編）》第33册，第51—52頁。
④ 丁晏《毛鄭詩釋三卷 敘錄一卷》卷一，第512頁。
⑤ 王先謙撰，北京大學《儒藏》編纂與研究中心編《詩三家義集疏》卷一，《儒藏（精華編）》第36册，第82頁。

傳》相關性的判斷有差異。

而這一處清儒都認爲《毛傳》與《左傳》相合，除了兩者訓釋有相同的用字外，或許還與他們有《毛傳》《左傳》同屬子夏之學這樣一種認識有關，是帶着兩者相合的預判，將《毛傳》與《左傳》互相參解，然後通過兩者相同的文字、可以互通的解讀，又得出兩者相合的結論，有一種循環論證的可能。如果去除兩者相合的這一預判，對《毛傳》還有第三種解讀，即《鄭箋》所説："此置兔之人，於行攻伐，可用爲策謀之臣，使之慮無，亦言賢也。"① 這是將《毛傳》斷作"可以制斷，公侯之腹心"來理解，"制斷"即"斷制"，指決策，那麽《左傳》的"制其腹心"與《毛傳》的"制斷"就不存在關聯，兩者並不相合。然而胡承珙已經指出了這種訓説與《左傳》郤至之言、上文《鄭箋》説解均相悖，不足取。可見，對《毛傳》的理解，也影響着對兩者相關性的判斷。

其次，值得注意的是此處胡承珙對《左傳》引《詩》斷章義、本義的判斷。他認爲《左傳》"略武夫以爲腹心"是郤至爲了説明諸侯貪冒，所以引《詩》取其斷章義，而《毛傳》同《左傳》"制其腹心"是《兔罝》"本義"。這也就是説同一處《左傳》引《詩》説解中既有本義，也有斷章義，所以皮錫瑞稱"是以經證經雖最古，而其孰爲作《詩》之義，孰爲引《詩》之義，已莫能定"，並指責"《毛傳》以斷章爲本義"。但就這一例來看，胡承珙的這個説法是可取的，因爲《兔罝序》稱"賢人衆多"與《毛傳》上下文的解説、體現出的詩旨有一致性，與《左傳》"制其腹心"也是相合的，所以"《毛傳》解《詩》，亦多誤執引《詩》之説"就這一例而言並不成立，其"《毛傳》以斷章爲本義"的表述似乎也有以偏概全的嫌疑。

2.《周南·卷耳》："嗟我懷人，寘彼周行。"《毛傳》："懷，思。寘，置。行，列也。思君子，官賢人，置周之列位。"②

《左傳·襄公十五年》："君子謂楚於是乎能官人。官人，國之急也，能官人則民無覦心。《詩》云：'嗟我懷人，寘彼周行。'能官人也，王及公、侯、伯、子、男、甸、采、衛大夫各居其列，所謂周行也。"③

《正義》："襄十五年《傳》引《詩》曰：'……王及公、侯、伯、子、

---

① "慮無"原作"慮事"，據阮校改。毛亨傳、鄭玄箋、孔穎達等疏《毛詩正義》卷一之三，第40頁。
② 毛亨傳、鄭玄箋、孔穎達等疏《毛詩正義》卷一之二，第33頁。
③ 左丘明傳、杜預注、孔穎達疏《春秋左傳正義》卷三十二，第565—566頁。

男、采、衛大夫，各居其列，所謂周行也。'彼非朝廷臣，亦言周行者，《傳》證楚能官人也，引《詩》斷章，故不與此同。"①《稽古編》："詩有三'周行'，鄭皆釋之爲周之列位。《卷耳》之'周行'，則《左傳》《荀子》《毛傳》義俱同，其説古矣，非妄也。"②《通釋》："襄十五年《左傳》引《詩》……蓋以'列'釋《詩》'行'字，以'各處其列'釋《詩》'周行'字，是知'周'謂'周徧'，非'商周'之'周'……《毛傳》云'置周之列位'，謂'置周徧之列位'。"③《傳疏》："'……王及公、侯、伯、子、男、旬、采、衛、大夫，各居其列，所謂周行也。'毛《傳》以'懷人'爲'思君子，官賢人'，以'周行'爲'周之列位'，皆本《左氏》説。"④《集疏》："（《卷耳》題下注）《左氏》引《詩》固多斷章取義，此説'周行'與魯合，是《詩》本義如此。參證《荀子·解蔽篇》，此詩爲慕古懷賢，欲得徧置列位，思念深長。諸家無異説。"⑤

案：從上可見"周行"的理解有兩種：一種作"周朝"解，"周行"即周朝的朝廷之臣，鄭玄立是説，孔穎達從之，並由此得出《左傳》引《詩》"王及公、侯等"屬斷章取義的結論，沒有論及《毛傳》是否用《左傳》；另一種觀點則認爲"周"解作"周徧"，"周行"即《左傳》的"各居其位"，《毛傳》與《左傳》義同，清人多持此説。

考《荀子》卷十五《解蔽篇》："《詩》云：'采采卷耳，不盈頃筐。嗟我懷人，寘彼周行。'頃筐易滿也，卷耳易得也，然而不可以貳周行。"⑥此處引詩重在説明心不專一就不能知物，不可分心於"周行"之事，並没有明言"周行"何指，郝懿行注解稱："貳，謂貳之也。言所懷在於寘周行，意不在事采，故雖易盈之器而不盈也。毛傳正用其師説。"可見郝懿行注直接根據毛公承荀子之學的授受淵源，認定《毛傳》即《荀子》此處解《詩》義。那麽，或許陳

---

① 毛亨傳、鄭玄注、孔穎達等疏《毛詩正義》卷一之二，第33頁。
② 陳啓源撰，北京大學《儒藏》編纂與研究中心編《毛詩稽古編》卷一，《儒藏（精華編）》第29册，第210頁。
③ 馬瑞辰撰，北京大學《儒藏》編纂與研究中心編《毛詩傳箋通釋》卷二，《儒藏（精華編）》第32册，第64頁。
④ 陳奐撰，北京大學《儒藏》編纂與研究中心編《詩毛氏傳疏》卷一，《儒藏（精華編）》第33册，第42頁。
⑤ 王先謙撰，北京大學《儒藏》編纂與研究中心編《詩三家義集疏》卷一，《儒藏（精華編）》第36册，第59頁。
⑥ （清）王先謙《荀子集解》，沈嘯寰、王星賢點校，北京：中華書局，1988，第398頁。

启源、郝懿行認定《毛傳》《荀子》説同,是受到荀子爲毛公師這一前理解的影響。又《淮南子·俶真訓》:"'嗟我懷人,寘彼周行。'以言慕遠世也。"高注:"言我思古君子,官賢人,置之列位也,誠古之賢人各得其行列,故曰慕遠也。"① 高注"各得其行列"正取"周徧"義,王先謙以之爲《魯詩》説。

而前人對這一處的判斷,或許也正是基於《毛傳》《左傳》同一師學授受的認知,多認同《毛傳》"官賢人""行,列也"與《左傳》解《詩》義同,隨之《毛傳》"置周之列位"即《左傳》的"各得其行列",於是陳啓源、馬瑞辰認爲《毛傳》《左傳》説法相同,而陳奂認爲《毛傳》本自《左傳》。這種互資解讀、互相印證的做法,似乎有一種循環闡釋的味道。但是既然"各得其行列"的解説不獨見於《左傳》,《荀子》《魯詩》也作此解,那麼這種解讀也許屬於當時的共識,《毛傳》未必即據《左傳》才有此訓,而是《毛傳》《左傳》同源關係的體現,所以此處兩者的相關性以"義合"來界定較爲允當。

此外,值得注意的是前人此處對《毛傳》、《左傳》引《詩》義、《詩》本義三者之間關係的判斷②。雖然《左傳》引《詩》確有斷章,但是也不妨有合於《詩》古義或本義處③。這裏的《左傳》引《詩》與其他早期古籍所載詩説一致,就説明這是一種共識性的解説,清儒就將這種共識性的《詩》解視作《詩》古義,或即《詩》本義,因此與《左傳》相合的《毛傳》也就是《詩》本義。

而皮錫瑞稱《毛傳》誤執(兩書)引《詩》之説,正是以這一處作爲證據,稱"如《卷耳》執《左傳》'周行官人'一語,以爲后妃求賢審官"。但是通過上述論證,如果《毛傳》非本自《左傳》,而是兩者同源,那麼"執其説"就已經不成立了。退一步説,假使《毛傳》確實是"用"《左傳》引《詩》之説,那麼是否屬誤説也值得辨析。《毛傳》"置周之列位"的"周",可作"周徧""周朝"兩解,如果解作"周朝",那麼《毛傳》與《左傳》不合,"誤執"

---

① 何寧《淮南子集釋》卷二,北京:中華書局,1998,第164頁。

② 前人關於《詩》本義、《詩》古義的説法並不嚴密,有時逕將《詩》古義對等《詩》本義,但實際上兩者是有區別的。如果將《詩》本義理解作"作者意",那麼《詩》古義與之有同,有不同。《詩》古義大致上指的是典籍中呈現出可考的、能上溯到的、最古老的《詩》義,範圍較廣,或許同於《詩》本義,或許不同。此處,王先謙就是把《詩》古義視作《詩》本義。

③ 尚學鋒亦持此觀點,他稱《左傳》中不同引《詩》者對相同作品解釋往往相同,這説明是基於對《詩》義的共同理解,而這種共同的理解就是前代傳下來的《詩》古義,在這裏清儒直接將這種《詩》古義等同《詩》本義,也並不是十分允當,關於這一點的討論詳見下文。尚學鋒:《〈左傳〉引詩與〈詩經〉闡釋》,載《第七届先秦兩漢學術會議論文集》,北京師範大學,2009,第164—171頁。

不成立；如果理解爲"周徧"，那麽《毛傳》合《左傳》《荀子》等衆多古籍，陳啓源稱"《左傳》《荀子》《毛傳》義俱同，其説古矣"，認同此爲古説，而王先謙則更進一步説："（左氏引《詩》）此説'周行'與《魯》合，是《詩》本義如此。"雖然是否爲《詩》本義難以確考，但可見應屬共識性的《詩》古義不誤，稱"誤執"似乎責毛過甚。

3.《大雅·旱麓》："清酒既載，騂牡既備。"《毛傳》："言年豐畜碩也。"①

《左傳·桓公六年》："公曰：'吾牲牷肥腯，粢盛豐備，何則不信？'對曰：'夫民，神之主也，是以聖王先成民，而後致力於神。故奉牲以告曰"博碩肥腯"，謂民力之普存也，謂其畜之碩大蕃滋也，謂其不疾瘯蠡也，謂其備腯咸有也。奉盛以告曰"絜粢豐盛"，謂其三時不害，而民和年豐也。'"②

《正義》："言酒見其年豐，言牲見其畜碩。桓六年《左傳》曰：'聖王先成於民，而後致力於神。故奉牲以告曰"博碩肥腯"，謂其畜之碩大蕃滋也。奉酒醴以告曰"嘉栗旨酒"，謂其三時不害，而民和年豐也。'此傳取彼意也。"③《傳疏》此處全引《正義》之説。

案：《正義》《傳疏》都認爲《毛傳》取義《左傳》，但值得注意的是，從《豐年》"爲酒爲醴，烝畀祖妣"可知，時和年豐所以可獻酒祭祀，反過來講，從"清酒既備"可知年豐，也就是說在"清酒既載，騂牡既備"中，本就可以推導出"年豐畜碩"的解釋，而《左傳》此處也並非引《詩》説解，《毛傳》串講句意與《左傳》相合，是兩者均體現出祭祀豐盛説明收成好等這一邏輯，有相近的表述，但是兩者的相關性，或許難以證明《毛傳》據《左傳》成説。

除上述三例外，《毛傳》"君子望之儼然可畏，禮容俯仰，各有威儀耳"④（《邶風·柏舟》）與《左傳·襄公三十一年》"《衛詩》曰：'威儀棣棣，不可選也。'……故君子在位可畏，施舍可愛，進退可度，周旋可則，容止可觀，作

---

① 毛亨傳、鄭玄箋、孔穎達等疏《毛詩正義》卷十六之三，第560頁。
② 左丘明傳、杜預注、孔穎達疏《春秋左傳正義》卷六，第110頁。
③ 毛亨傳、鄭玄箋、孔穎達等疏《毛詩正義》卷十六之三，第560頁。
④ 毛亨傳、鄭玄箋、孔穎達等疏《毛詩正義》卷二之一，第74頁。

儒家典籍與思想研究（第十五輯）

事可法，德行可象，聲氣可樂，動作有文，言語有章，以臨其下，謂之有威儀也"①、《毛傳》"是則是傚，言可法傚也"②（《小雅·鹿鳴》）與《左傳·昭公七年》"《詩》曰'君子是則是傚'，孟僖子可則傚已矣"③、《毛傳》"求近德"④（《大雅·民勞》）與《左傳·昭公二年》"《詩》曰：'敬慎威儀，以近有德'，夫子近德矣"⑤等也屬於這一類，此處限於篇幅就不再一一展開討論了。

總體而言，針對此處兩者的相關性，可以得出三點認識：

其一，此處《毛傳》與兩書的相關性，應該用"義合"來界定，反映的或許是一種同源關係。對應此處《毛傳》中的字詞訓詁，《左傳》《國語》大多沒有相同的訓詁語，兩者的相關性表現爲意義上的相合、用字上的相同，如果像陳奂所言《毛傳》是"本"兩書成訓，那麼就意味着毛公是從兩書説《詩》處，提煉出脱離上下文的獨立的訓釋。但"宣，徧""夏，大""臧，善"等訓不獨見於此處，也見於《爾雅》等，義訓淵源古老，認爲毛公由兩書的説解而首創上述訓解實難成立，應當是毛公有所受，《毛傳》與《左傳》《國語》或反映了共同的《詩》古解。例證中，清人稱"毛義與此合，其來古矣"⑥、"古人文字有一定之訓"⑦、"毛訓壼爲廣，與《周語》合，必是古義相傳如此也"⑧等，也反映出同樣的認識。

而《毛傳》串講句意與兩書相合處，雖然在意義上有一致性，但除了少量相同的用字外，其表述多有較大差別，又或可從《詩》句本身就可得出相關解説，又或時見其他典籍相關引《詩》等説解可與《毛傳》相發明、印證。所以，就這裏《毛傳》與兩書的相關性而言，或許不足以證明《毛傳》直接來源於《左傳》《國語》，稱兩者"義合"比言《毛傳》"本""用"兩書更準確。

其二，在"寘彼周行""公侯腹心"等處，前人對《左傳》《國語》引《詩》義、《詩》本義、《毛傳》釋《詩》義三者關係的判斷，既有分歧也有共識，頗爲值得留意。

分歧在於，因爲清人對《左傳》《國語》引《詩》義、《詩》本義、《毛傳》

---

① 左丘明傳、杜預注、孔穎達疏《春秋左傳正義》卷四十，第690頁。
② 毛亨傳、鄭玄箋、孔穎達等疏《毛詩正義》卷九之二，第316頁。
③ 左丘明傳、杜預注、孔穎達疏《春秋左傳正義》卷四十四，第766頁。
④ 毛亨傳、鄭玄箋、孔穎達等疏《毛詩正義》卷十七之四，第632頁。
⑤ 左丘明傳、杜預注、孔穎達疏《春秋左傳正義》卷四十二，第719頁。
⑥ 胡承珙論《召南·采蘋》"有齊季女"傳"齊，敬"之訓時，作此説。
⑦ 胡承珙論《大雅·既醉》"室家之壼"傳"壼，廣"之訓時，作是説。
⑧ 陳啓源論《大雅·既醉》"室家之壼"傳"壼，廣"之訓時，作是説。

釋《詩》義三者的理解不同，所以在三者的對應關係上存在不同判斷。首先，判斷兩書引《詩》是否屬於斷章義，取決於對《詩》本義的理解。而清儒或取《毛傳》、或據《鄭箋》、又或別據其他書中相關字詞用例等另作解說，對《詩》本義的判斷存在很強的主觀性，所以《左傳》《國語》引《詩》說解是否是《詩》本義，又或取兩書引《詩》說解上下文何處爲《詩》本義，前人有不同意見。因此，皮錫瑞提出"是以經證經雖最古，而其孰爲作《詩》之義，孰爲引《詩》之義①，已莫能定；以爲詩人之意如是，亦莫能明"確實是非常透闢的見解②。其次，對《毛傳》與兩書引《詩》說解的意義是否相合，或者說《毛傳》與兩書引《詩》義取哪一種解讀相合，前人的觀點也有分歧。這一方面是因爲學者間的學術旨趣不同，所以對於兩者義合與否的敏感度不同，如馬瑞辰側重以小學解經，故而常見改字爲訓，並未過多論及《毛傳》與兩書的相關性，而陳奐宗主毛說，所以對兩者的相關性極爲敏感，有時還有過於將《毛傳》比附兩書引《詩》說解的嫌疑；另一方面，也與《毛傳》本身的簡潔、《左傳》《國語》引《詩》說解處有較大的闡釋空間有關。最後，對應清人對兩書引《詩》義是否屬《詩》本義的判斷，加之《毛傳》與兩書意義相關性的認識，就導致對《毛傳》是否屬於《詩》本義的認識也難劃爲一。相關考述，還頗有循環論證的意味。

而共識則是，清人多將兩書中留存的、或屬共識性質的《詩》說，視作《詩》古義或逕以之爲《詩》本義，因此與《左傳》相合的《毛傳》，也就是《詩》古義或《詩》本義。這種屬於共識的詩說，判斷依據之一就是《左傳》《國語》與其他古書引《詩》同解。例如《卷耳》"寘彼周行"一例，陳啓源稱："《卷耳》之'周行'，則《左傳》《荀子》《毛傳》義俱同，其說古矣，非妄也。"王先謙亦稱："左氏引《詩》固多斷章取義，此說'周行'與《魯》

---

① 皮氏在《論〈詩〉比他經猶難明，其難明者有八》中提出《詩》有作《詩》意，有賦《詩》意，因"賦"有"造篇""述古"兩者，故《詩》有正義、旁義、斷章取義，而作者之作意、造篇意爲本義，而述古有旁義、斷章義兩種，旁義或即引《詩》義，已非《詩》本義，而斷章義更與本義遠隔。詳見皮錫瑞：《經學通論》，吳仰湘點校，第148頁。蔡長林《皮錫瑞〈詩〉主諷喻說探論》中稱皮氏以"《詩》之作義爲本義，釋《詩》能得《詩》之作者爲正義。另外，詩歌創作之後，在長遠的流傳過程中，經過許多人的研究、運用而使《詩》意有所改變、扭曲者，則爲旁義。然而要斷定哪一家的說法才是《詩》之本義，則是難以稽考。"見香港嶺南大學中文系編《嶺南學報 復刊第三輯 經學的傳承與開拓》，上海：上海古籍出版社，2015，第118頁。

② 皮錫瑞《經學通論》，吳仰湘點校，第151頁。

合，是《詩》本義如此。"换言之，《左傳》《國語》雖有引《詩》斷章遠隔《詩》本義處，但也存在引《詩》近《詩》本義，或引《詩》屬於共識性可以據信的《詩》本義處。所以黄中松稱："古人賦詩斷章多不合詩之本意，至其引用援證而復申明其義者，亦多得詩旨。"① 大概可以代表清人對這一問題的看法。

其三，《毛傳》與兩書引《詩》等處説解相合體現出的《詩》解，多屬共識性的《詩》古義，而非與《詩》本義遠隔的斷章義。這一類的23個例子中，大約15例是《毛傳》字詞訓釋與兩書意義相關，9例串講句意與兩書説法相合。15處《毛傳》詞語訓釋中，"臧，善""夏，大"等5處於《爾雅》中有成訓，而"奠，置""士，事"等7處雖然於《爾雅》無徵，但是或與《説文》《釋名》有相近訓釋，又或是在《易》《書》等早期典籍中有同樣用法。9處串講句意中，"威儀棣棣"等處《毛傳》串講句意，又可與其他典籍相關引《詩》説解相發明、印證，相關解説並不獨見於《左傳》《國語》；而"宣，徧""言年豐畜碩"這類《毛傳》則是與兩書非引《詩》處説法相合。由此可見，這一類《毛傳》也多屬於古義，所以皮錫瑞所言"後世以其與《左氏傳》合，信爲古義，豈知毛據《左氏》以斷章爲本義"，有過於貶低兩書引《詩》義價值、以偏概全的嫌疑，責難《毛傳》過矣。

三、《毛傳》與兩書所載古説、古法、古制等相合者

除上述兩種情況之外，《毛傳》與《左傳》《國語》文本的相關性，還表現在《毛傳》中的"傳"，和兩書所載的古時天文曆法、古説、古事等内容相合，這一點也被一些學者視作《毛傳》出自兩書的證據。

1.《唐風·綢繆》："今夕何夕，見此粲者。"《毛傳》："三女爲粲，大夫一妻二妾。"②

《國語·周語上》："恭王遊於涇上，密康公從，有三女奔之。其母曰：'必致之於王。夫獸三爲群，人三爲衆，女三爲粲。王田不取群，公行下

---

① （清）黄中松《詩疑辯證》卷一，影印《欽定四庫全書》本，上海：商務印書館，1934，第六頁。
② 毛亨傳、鄭玄箋、孔穎達等疏《毛詩正義》卷六之二，第223頁。

前人言《毛傳》本、義合《左傳》《國語》諸例詳考

衆……夫粲，美之物也。衆以美物歸女，而何德以堪之？'"①

《正義》："《周語》云：密康公遊於涇，有三女奔之。其母曰：'必致之王。女三爲粲，粲，美物也。汝則小醜，何以堪之？'然粲者，衆女之美稱也。"②《傳疏》："《説文・女部》：'三女爲姦。姦，美也。從女，叔省聲。'古字作'姦'，又作'姿'。今通作'粲'。《周語》：……其母曰：'……女三爲粲。……夫粲，美之物也……'……《傳》引此者，以證'粲'字之義。"③

案：此處《毛傳》與《國語》除語序微別外，兩者訓語基本相同。《正義》引《周語》來説明《傳》"三女爲粲"的含義，但並未將同訓處視作《毛傳》出自《國語》，只有《傳疏》稱此處《傳》是引自《國語》。然而"三女奔密康公"故事，在《列女傳・仁智傳》《史記・周本紀》中也有記載④，與《國語》文字基本没有差别，則或爲後出者據《國語》而成，又或三者屬於"説體"，實有共同來源，而非直接抄與被抄的關係。而《毛傳》"三女爲粲"的訓釋，又見於《説文》。既然古書中多載這一故事，且密康公母所言"獸三爲群，人三爲衆，女三爲粲"訓字甚齊整，很有可能是當時習語，人們共享的一般知識，那麽《毛傳》與《國語》同訓，或有同源而非抄自的可能。

2.《召南・采蘩》："于以采蘩，于沼于沚。"《毛傳》："公侯夫人執蘩菜以助祭，神饗德與信，不求備焉。沼沚谿澗之草，猶可以薦，王后則荇菜也。"⑤

《正義》引《左傳》釋《毛傳》，稱："彼言'毛'，此《傳》言'草'，

---

① 徐元誥《國語集解》，王樹民，沈長雲點校，第9—10頁。
② 毛亨傳、鄭玄箋、孔穎達等疏《毛詩正義》卷六之二，第223頁。
③ 陳奂撰，北京大學《儒藏》編纂中心編《詩毛氏傳疏》卷十，《儒藏（精華編）》第33册，第313頁。
④ 《列女傳・仁智傳》"密康公母"條稱："有三女奔之，其母曰：'必致之王。夫獸三爲群，人三爲衆，女三爲粲，王田不取群……夫粲，美之物，歸汝，而何德以堪之？'"詳參（漢）劉向《列女傳》卷三，劉曉東校點，瀋陽：遼寧教育出版社，1998，第25頁。《史記・周本紀》："共王游於涇上，密康公從，有三女犇之。其母曰：'必致之王。夫獸三爲群，人三爲衆，女三爲粲。王田不取群，公行不下衆，王御不參一族。夫粲，美之物也。衆以美物歸女，而何德以堪之？王猶不堪，況爾之小醜乎！小醜備物，終必亡。'"詳參（漢）司馬遷《史記》卷四，北京：中華書局，1982，第140頁。
⑤ 毛亨傳、鄭玄箋、孔穎達等疏《毛詩正義》卷一之三，第47頁。

皆菜也。"①《後箋》："陳氏《稽古編》曰：'《左傳》'蘋蘩薀藻，可薦鬼神'正指《采蘩》《采蘋》二詩言，則毛公執蘩助祭之説不可易矣。'承珙案：傳云：'神饗德與信，……猶可以薦。'此正用《左傳》文，……昭元年《傳》，鄭伯燕趙孟，穆叔賦《采蘩》，曰：'小國爲蘩，大國省穡而用之，其何實非命。'注云：'穆叔言小國微薄猶蘩菜。'此雖斷章取義，其大旨則皆以蘩爲物薄，而用可重之意。"②《傳疏》："《傳》言'蘩菜助祭，不求備物'，即本《左傳》以釋經義。隱三年《左傳》云：'苟有明信，……可羞於王公。'此《傳》及《采蘋》傳皆本《左》以爲説也。"③《集疏》言《左傳》隱公三年、文公三年、昭公元年"釋此詩義並同"④。

案：清儒多認爲此處《毛傳》本《左傳》成説。《左傳》中關於蘩藻助祭説凡三見：其一，《左傳·隱公三年》："君子曰：信不由中，質無益也。明恕而行，要之以禮，雖無有質，誰能間之。苟有明信，澗谿沼沚之毛，蘋蘩薀藻之菜，筐筥錡釜之器，潢汙行潦之水，可薦於鬼神，可羞於王公。……《風》有《采蘩》《采蘋》，《雅》有《行葦》《泂酌》，昭忠信也。"⑤ 其二，《左傳·文公三年》："君子是以知秦穆公之爲君也，舉人之周也（杜預注：周，備也，不偏以一惡棄其善）……《詩》曰'于以采蘩，于沼于沚，于以用之，公侯之事'，秦穆有焉（杜預注：《詩·國風》言沼沚之蘩至薄，猶采以共公侯，以喻秦穆公不遺小善）。"⑥ 其三，《左傳·昭公元年》："穆叔賦《鵲巢》，趙孟曰：武不堪也。又賦《采蘩》（杜預注：亦《詩·召南》，義取蘩菜薄物，可以薦公侯，享其信不求其厚），曰：'小國爲蘩，大國省穡而用之，其何實非命？'"⑦ 可見，確實如胡承珙、王先謙所言，《左傳》不同處引《采蘩》大義均以蘩爲薄物，但用於祭可矣，重在其信不在其厚，與《毛傳》説解相合。從不同處引該《詩》均作這一解説，也反映出這種説解應該屬於穩定的共識性的《詩》解。

---

① "彼言'毛'"本作"彼言'芼'"，據阮元校勘記改。《毛詩正義》卷一之三，第47頁。
② 胡承珙撰，北京大學《儒藏》編纂中心編《毛詩後箋》卷二，《儒藏（精華編）》第30册，第85頁。
③ 陳奐撰，北京大學《儒藏》編纂中心編《詩毛氏傳疏》卷二，《儒藏（精華編）》第33册，第65頁。
④ 王先謙撰，北京大學《儒藏》編纂與研究中心編《詩三家義集疏》卷二，《儒藏（精華編）》第36册，第105頁。
⑤ 左丘明傳、杜預注、孔穎達疏《春秋左傳正義》卷三，第51—52頁。
⑥ 同上書卷十八，第305頁。
⑦ 同上書卷四十一，第701頁。

《采蘋》"有齊季女"下《毛傳》"古之將嫁女者，必先禮之於宗室，牲用魚，芼之以蘋藻"①，又"于彼行潦"下《鄭箋》"古者，婦人先嫁三月，祖廟未毀……祭牲用魚，芼用蘋藻……"②，是說又見載於《禮記·昏義》，與《鄭箋》出入不大，大概古時有婦人出嫁前，需要學習用蘋藻祭祀的禮俗，所以不同處都有這一說法，那麼祭祀以明信爲重、不廢藻蘩等薄物或許也屬於當時的常識亦未可知，這也就是說兩者間的相關性，或許因爲反映了當時的一種共識。而且雖然兩者說法相合，但兩者文字出入很大，憑藉這裏的相關性或許不足以說明《毛傳》據《左傳》才有這一解說。

此外，《毛傳》"定，營室也。方中，昏正四方"③（《鄘風·定之方中》）與《左傳》"凡土功，龍見而畢……水昏正而栽"④、《國語》"營室之中，土功其始"⑤；《毛傳》"六月，火星中，暑盛而往矣"⑥（《小雅·四月》）與《左傳》"火中，寒暑乃退"⑦ 等處的相關性，則分別體現出《毛傳》與兩書在反映古代據星象興土功、曆法知識等方面的一致性等，限於篇幅就不再一一展開討論了。

大體而言，這一類《毛傳》所對應的《左傳》《國語》中的文字，多非兩書引《詩》說解，而是自有其上下文語境，只是所記錄的古說、古事等與《毛傳》相合。而《毛傳》中"傳"這一類本就多存古說，且相關說法多見載於其他早期典籍，如《毛傳》"古者，不風不暴不行火……"⑧（《小雅·魚麗》），又見於《荀子·王制篇》《淮南子·主術篇》等。應該是因爲古時有此事、是制、該法，所以在不同書籍中多有類似的表述。換言之，這一處《毛傳》與兩書中古說、古制等相合，更可能是對同一事實、同一認識的反映，未必就是出自兩書的表現，因此就兩者的相關性來說，歸於"義合"勝於言"本"。

四、《毛傳》與兩書引《詩》異文一致者

在上述幾種情況外，《毛傳》與兩書的相關性還表現在，《毛傳》中的單字

---

① 毛亨傳、鄭玄箋、孔穎達等疏《毛詩正義》卷一之四，第53頁。
② 同上書，第52頁。
③ 毛亨傳、鄭玄箋、孔穎達等疏《毛詩正義》卷三之一，第115頁。
④ 左丘明傳、杜預注、孔穎達疏《春秋左傳正義》卷十，第178—179頁。
⑤ 徐元誥《國語集解》，王樹民、沈長雲點校，第64—65頁。
⑥ 毛亨傳、鄭玄箋、孔穎達等疏《毛詩正義》卷十三之一，第442頁。
⑦ 左丘明傳、杜預注、孔穎達疏《春秋左傳正義》卷四十二，第721頁。
⑧ 毛亨傳、鄭玄箋、孔穎達等疏《毛詩正義》卷九之四，第341頁。

訓釋有同於兩書引《詩》異文的情況。這一點也被部分學者視作《毛傳》用兩書的證據,如丁晏《毛詩古原序》稱《毛傳》"採用"《左傳》文,證據之一即《毛傳》訓同於《左傳》引《詩》異文。①

  1.《大雅·文王》:"陳錫哉周,侯文王孫子。"傳:"哉,載。"②
  《正義》:"'哉'與'載',古字通用,《中庸》言'栽者培之'注引'上天之載',是其通也。以其通用,故云'哉,載也。'"③《後箋》:"《詩》作'哉',《內》《外傳》皆作'載',故傳以'載'釋'哉'也。"④《通釋》:"戴震曰:'《春秋傳》及《國語》引此詩皆作"載周",古字載與栽通,栽猶殖也。言文王能布大利於天下,以豐殖周國。《國語》說之曰"故能載周以至於今"是也。'……'哉'即'才'之假音,'哉'、'載'以同聲通用。"⑤ 認爲"哉""載"均"始"義,戴震訓"栽殖"之"栽"失之。《傳疏》:"宣十五年、昭十年《左傳》皆引:'《詩》曰:"陳錫載周。"能施也。'《周語》芮良夫引:'《大雅》曰:"陳錫載周。"是不布利而懼難乎? 故能載周以至于今。'《詩》作'哉',內、外《傳》作'載',故《傳》以'載'詁'哉'也。"⑥ 黃中松《詩疑辯證》亦認爲"哉""載"相通,稱《毛傳》"載"多訓作"始",此處"哉"亦爲"始"義,且言"古人賦詩斷章多不合詩之本意,至其引用援證而復申明其義者,亦多得詩旨,此詩內外《傳》引之者三,其所申釋大旨相同,當是詩之本義也。"⑦

  案:此處陳奐、胡承珙認爲《毛傳》訓"哉"作"載",是依據《左傳》引《詩》異文,而其他學者則多指出"哉""載"古字通用,故《毛傳》有是訓,未言與《左傳》的關係。考慮陳氏、胡氏推崇《毛傳》的學術取向,或許

---

① 這一類所舉例證主要是根據丁晏《毛詩古原序》中的提示,但丁晏稱"左氏引'荷天之寵'而毛公讀'何'爲'荷'",考今本《毛詩·商頌》"何天之龍"《毛傳》並未訓"何"字,可見這一説法並不準確,未詳丁氏何據,故文中不再討論此例。
② 毛亨傳、鄭玄箋、孔穎達等疏《毛詩正義》卷十六之一,第534頁。
③ 同上。
④ 胡承珙撰,北京大學《儒藏》編纂中心編《毛詩後箋》卷二十三,《儒藏(精華編)》第31冊,第1046頁。
⑤ 馬瑞辰撰,北京大學《儒藏》編纂與研究中心編《毛詩傳箋通釋》卷二十四,《儒藏(精華編)》第32冊,第759頁。
⑥ 陳奐撰,北京大學《儒藏》編纂中心編《詩毛氏傳疏》卷二十三,《儒藏(精華編)》第34冊,第672頁。
⑦ 黃中松《詩疑辯證》卷一,第六頁。

此處的判斷，是基於他們對兩者相關性的預設，就事實而言，不足作爲《毛傳》出自《左傳》的證據。值得注意的是，黄氏判斷詩本義的準則，即内外《傳》引詩申述詩義大旨一致處即詩本義。

  2.《小雅·常棣》："兄弟鬩于牆，外禦其務。"《毛傳》："務，侮也。"①

  《左傳·僖公二十四年》："富辰諫曰：'不可，臣聞之，大上以德撫民，……召穆公思周德之不類，故糾合宗族于成周而作《詩》……其四章曰："兄弟鬩于牆，外禦其侮。"如是則兄弟雖有小忿，不廢懿親。'"②

  《國語·周語中》："富辰諫曰：'不可，古人有言曰："兄弟讒鬩，侮人百里。"周文公之詩曰："兄弟鬩於牆，外禦其侮。"'"③

  案：《釋文》："務，如字。《爾雅》云'侮也'，讀者又音'侮'。此從《左傳》及《外傳》之文。"④《通釋》先引《爾雅·釋言》"務，侮也"，又據《左傳》僖公二十四年傳及《周語》引《詩》，稱"務"爲"侮"假借字。《傳疏》："《詩》作'務'，内、外《傳》引《詩》皆作'侮'。'侮'爲本字，'務'爲假借字，故《傳》以'侮'釋'務'也。《周語》：'富辰曰……'……僖二十四年《左傳》引：'《詩》曰……'鬩牆爲小忿，外禦侮爲不廢親。此《傳》所本也。"⑤

  案：陸德明、陳奂均認爲是《毛傳》據《左傳》《國語》中引《詩》異文爲訓，馬瑞辰没有指出《毛傳》是否據兩書爲訓，而是列舉《爾雅》同作此訓，以《左傳》《國語》參證。《毛傳》訓"務"爲"侮"，屬於破假借，既然《爾雅》也記載了這一處訓釋，那麽也可能本來就已經有這一成訓，而未必即據《左傳》異文爲訓。

  此外，《毛傳》"威，滅也"⑥（《小雅·正月》）與《左傳·昭公元年》叔向引詩"褒姒滅之"⑦ 等也屬於這一類。總體而言，在這一類中，雖然《毛傳》訓同兩書引《詩》異文，但其訓或屬破假借（"哉，載"）、或爲以今字釋古字（"威，滅"），又或見於《爾雅》（"務，侮"），那麼根據這一相關性，似乎並不

---

① 毛亨傳、鄭玄箋、孔穎達等疏《毛詩正義》卷九之二，第321頁。
② 左丘明傳、杜預注、孔穎達疏《春秋左傳正義》卷十五，第255—256頁。
③ 徐元誥《國語集解》，王樹民、沈長雲點校，第45頁。
④ 毛亨傳、鄭玄箋、孔穎達等疏《毛詩正義》卷九之二，第321頁。
⑤ 陳奂撰，北京大學《儒藏》編纂中心編《詩毛氏傳疏》卷十六，《儒藏（精華編）》第33册，第430頁。
⑥ 毛亨傳、鄭玄箋、孔穎達等疏《毛詩正義》卷十二之一，第400頁。
⑦ 左丘明傳、杜預注、孔穎達疏《春秋左傳正義》卷四十一，第701頁。

足以證明《毛傳》"採用"兩書。

結　語

《毛傳》與《左傳》《國語》多有相同、相合處，包括基本一致的訓釋語、《毛傳》與兩書引《詩》等處説解相合、《毛傳》與兩書所載古法古制等相合、《毛傳》訓同兩書引《詩》異文等。前人多關注到這一現象，或稱《毛傳》"本""用"兩書，認爲《毛傳》利用兩書成訓，或稱兩者"義合"，暗含《毛傳》與兩書屬同源關係的認識。還在這一認識的基礎上，得出了《毛傳》多存古義、實近古可從，以及《毛傳》義合兩書引《詩》斷章義、古義不可信，這兩種截然不同的價值判斷。

經過本文對相關條目的一一考證，發現兩者相同、相合處或有同訓別載，或其表述實同中有異，又或僅屬意義相關等，所以稱"義同""義合"勝於言"本"，反映出兩者是同源關係的可能更大。其次，義同義合處的《毛傳》有詁、訓、傳三種類型，"詁"這一類大多不僅與《左傳》《國語》有同訓，也與《爾雅》《逸周書》等不同性質的古書同訓，再加之《左傳》訓釋語前"臣聞之"的提示等，都説明《毛傳》的"詁"應該是有非常古老的來源，其屬古義無疑；而《毛傳》中的"訓"、串講句意的"傳"，不僅與《左傳》《國語》可以相互發明，也與其他早期典籍引《詩》説解有相合的情況，或屬古時一種共識性的《詩》解；而反映古法、古制的"傳"等與《左傳》《國語》的相合，則是對春秋甚至更早期古説、古制等一般知識的反映。這些情況無不指向《毛傳》的義訓淵源古老，稱其爲古義的評價是極爲允當的。不可否認的是，部分與《左傳》《國語》引《詩》義有較大相關性的《毛傳》中的"訓""傳"，確實難以斷定是斷章義還是《詩》本義，但是這部分内容比重極低，不足以顛覆兩者的義同、義合處多屬古義這一總體上的價值判斷。

（作者單位：山東大學儒學高等研究院）

毛奇齡音韻解《易》舉隅

种 方

【内容提要】 毛奇齡是清初易學史上的重要人物，在漢學復興之前就開啓了象數與考據研究。他在音韻學方面也有較高造詣，總結出五部分類與四個條例，分析韻部與通押規律，並將其與易學研究結合，得出了一系列有益的結論。但毛奇齡的音韻學受到時代局限和個人能力影響，亦有缺陷，其中對上古音的認識局限尤其明顯，也造成一些錯誤看法。

【關鍵詞】 毛奇齡 音韻 《易韻》

毛奇齡（1623—1713）是清初著名學者，他早年參與抗清活動，三十五歲又離家逃亡多年，前半生顛沛流離，無法安定。康熙十七年（1678）被薦舉博學鴻詞科，授檢討，充明史館纂修官。七年後，因其堅持王學、反對程朱理學的立場，與館臣們多有不合，尋假歸不復出。即使是在叛逆輩出的清代學術界，毛奇齡也算得上一位奇人，尤以恃才自傲著名。

他在易學方面尤其豐產，有《仲氏易》《河圖洛書原舛編》《太極圖説遺議》《推易始末》《易小帖》五部著作。《河圖洛書原舛編》《太極圖説遺議》就具體宋易河圖洛書、太極圖進行辯駁，早於胡渭的《易圖明辨》，《推易始末》主要闡釋他所創的推易説，《仲氏易》則是清代第一部脱出理學框架全面疏解《周易》的著作，引用了大量資料，其中不乏在當時少有問津的漢唐易學文獻，並顯示出較高的考據水準。

---

* ［基金項目］本文爲國家社會科學基金後期資助項目"毛奇齡及清初以經解經派易學研究（21FZXB016）"成果之一。

一、毛奇齡的音韻學

關於音韻學，毛奇齡有兩部著作，一部爲《古今通韻》，一部爲《易韻》。後者雖名爲"易"，但重在研究《周易》的押韻問題，並通過韻字研究韻部等音韻問題，其目的在於音韻學研究，而非對《周易》的解讀。至於《古今通韻》，福建師範大學胡紅的碩士論文《毛奇齡〈古今通韻〉研究》，對毛奇齡在音韻學領域的得失總結得比較清楚。① 因此本文首先簡要説明毛奇齡的音韻學特徵，然後把論述重點放在毛奇齡運用自己的音韻學知識解易的問題上，此類相關内容主要集中在《易韻》和《仲氏易》的隨文附釋之中。

毛奇齡《易韻》中的音韻體系，與他《古今通韻》中的音韻體系完全相同，以宋代音韻爲基礎，總結爲五部分類與四個條例：

> 易韻門部即予《通韻》中四門並叶韻例也：
>
> 一曰五部，謂宫商角徵羽也。古韻已亡，今就宋韻（今所行韻爲南渡理宗朝韻）三十部中（平上去各三十部，入聲十七部不在内）分作五部：以東冬江陽庚青蒸七韻相通爲第一部，爲宫音（又曰喉音，以宫商角徵羽即喉齶舌齒唇也）；真文元寒删先六韻相通爲第二部，爲商音（又曰齶音）；魚虞蕭肴豪歌麻尤八韻相通爲第三部，爲角音（又曰舌音）；支微齊佳灰魚虞歌麻尤十韻相通爲第四部，爲徵音（又曰齒音）；侵覃鹽咸四韻相通爲第五部，爲羽音（又曰唇音）。
>
> 一曰三聲，謂平上去也。古無四聲，至齊梁間人始創爲平上去入之分（齊周顒、梁沈約始創爲《四聲類譜》），而古音盡亡。然古但以平上去三聲通用，而不及入聲，以宫聲商聲羽聲共十七部有入聲（屋沃覺藥陌錫職爲宫部之入，質物月曷黠屑爲商部之入，緝合葉洽爲羽部之入），而角徵十三部無入聲也。凡此前後門部皆自《周易》《毛詩》《楚詞》，後以及漢魏六朝隋唐五代詩文賦頌，無不然者。
>
> 一曰兩界，謂有入無入也。有入聲者十七部，又自相通用。無入聲者十三部，又自相通用。若堪輿之分界者然。
>
> 一曰兩合，乃即此無入十三部之去聲，與十七部入聲合，是三聲無入

---

① 詳見胡紅《毛奇齡〈古今通韻〉研究》，碩士學位論文，福建師範大學，2013，第21—62頁。

而有入，入聲不通三聲而亦有通也，此皆韻學之至精至神者。嗟乎！非三古聖人何以有此。

一曰叶，又即此三聲之不通入聲者而偶有一字闌及之，又必其字原可作三聲讀者，則謂之叶，又即此兩界中有入之不通無入者而偶闌一字，且其字又素可通讀，不必轉合者，則謂之叶，舍此無叶矣。①

以現代形成的音韻學結論來看，毛奇齡的音韻學體系有不少問題，但是其先進之處也很明顯。

毛奇齡的韻部，按照宮商角徵羽五聲（或喉顎唇齒舌）給韻母分組，如果按照王力的韻部列表來對照②：他的宮部包括冬、江、陽、庚、青、蒸七韻，韻尾均爲後鼻音-ng；商部包括眞、文、元、寒、刪、先六韻，韻尾均爲前鼻音-n；角部包括魚、虞、蕭、肴、豪、歌、麻、尤八韻，均無韻尾；羽部包括侵、覃、監、鹹四韻，韻尾均爲-m，歸類十分整齊準確。只有徵部的支、微、齊、佳、灰、魚、虞、歌、麻、尤十韻，既有無韻尾者，又有韻尾爲-i者，符合王力的陰聲韻體系，但終究混雜，且魚、虞、歌、麻、尤在徵部和角部重複出現，顯得繁瑣，這是體系闡釋的問題。因此總體上來說，毛奇齡除了對徵部的闡釋略有繁瑣不整齊之外，韻部分類能夠做到同類同組，與王力的分組非常類似，參考價值較大。

毛奇齡韻部分類的缺陷，有三點最爲關鍵：首先，毛奇齡的韻部以中古韻爲基礎，還不能較爲準確地總結出上古韻部，所以很多在上古屬同一韻部的中古韻部，都被毛奇齡並列出來，如江韻上古屬東部、青韻上古屬耕部、覃韻鹽韻上古均屬侵部等等。毛奇齡將這一中古音體系套用在《周易》中，就會產生各種問題，無法正確描述《周易》中的上古音。

其次，即最後的體例"叶"所暴露出的問題。實際上，毛奇齡對某些字的韻部或通押關係還沒有正確認識，以至於某些字韻在他看來不能歸入自己的解釋體系中，於是將其歸入特例的"叶"。但這裏的"叶"與毛奇齡所極力批評的宋人叶韻說不同，主要區別在於，毛奇齡只將經書中個別實在無法解釋的韻字歸爲"叶"，而非宋人流於氾濫且毫無根據的叶韻。但這也說明，毛奇齡本人顯然還並未完全擺脫叶韻說的影響，遇到自己體系不能解決的問題，仍然傾

---

① （清）毛奇齡《易韻》，景印文淵閣《四庫全書》本，臺北：臺灣商務印書館，1986，242—299—242—300。

② 王力《漢語語音史》，北京：商務印書館，2008，第32頁。

向於將其歸入特例，而非調整自己的音韻學理論。

最後，毛奇齡相信上古無入聲，沈約等人創造四聲使上古音失去其原貌。然此論不甚準確，因入聲不可能憑空創造出來。此論亦是時代局限，比毛奇齡晚了三四十年的孔廣森，仍然堅持此論，説"蓋入聲創自江左，非中原舊讀"①。毛奇齡在創造他的中古音體系時，就乾脆全部排除掉了入聲韻，將其歸入角部、徵部的陰聲韻中。

但毛奇齡又無法還原他想像中那種無入聲的上古音體系，致使他在"三聲""兩界""兩合"這三部分制定韻部間的通押規則時，仍然都把入聲字單獨作爲一類來分析，陰錯陽差地得出一些正確結論。如他的兩界理論發現了陰聲韻、陽聲韻各自内部的旁轉現象，但認爲是因有無入聲的區别造成的。他的兩合理論又發現了一定的對轉關係，又將入聲列入分析中。所以這一觀念對他的具體易學闡釋反倒影響不大。

二、利用音韻學解易

至於對《周易》用韻的分析，以文本押韻爲前提，《周易》文字並非全部入韻，所以毛奇齡首先對此作出説明：

> 顧《周易》非盡用韻者，其彖象原辭亦偶然及之，惟夫子上下《象傳》並《雜卦傳》，則無一不韻，……至《彖傳》即用韻十九，《説卦》則偶有一二語闌入韻間，而《序卦》闃然焉。②

先交代了《周易》經傳各部分用韻的頻率，《象傳》《象傳》全有韻，《彖傳》有百分之九十，而經文與《説卦》偶爾才有韻，《序卦》則完全没有。因此在《易韻》正文中，毛奇齡也只挑出有韻的内容進行分析，並舉其他使用相關字韻的韻文爲證，其中一些内容頗能發人深省。

如需卦各爻《小象傳》："需於郊，不犯難行也，利用恒无咎，未失常也。（初九）需于沙，衍在中也，雖小有言，以吉終也。（九二）需於泥，災在外也，自我致寇，敬慎不敗也。（九三）需於血，順以聽也。（六四）酒食貞吉，以中正也。（九五）不速之客來，敬之終吉，雖不當位，未大失也。（上六）"

---

① （清）孔廣森《詩聲類》，張詒三點校，北京：中華書局，2017，第236頁。
② （清）毛奇齡《易韻》，242—298。

毛奇齡將其看作一個整體進行分析，並發現隔句合韻的情形。"正"下注"與前節'行''常''中''終'合"，九五與初九、九二《象傳》合韻，"失"下注"與前節'外''敗'合"，上六與九三《象傳》合韻。他評論說：

> 此又隔合一法，與《詩·大雅·桑柔》《周頌·烈文》例同，始知夫子爲文縱恣變幻，無所不有也。失在質韻，與外、敗在泰、隊韻爲去入兩合之例。夫子《去魯歌》韻亦如是，他如《說苑·談叢篇》《左傳》姜氏賦、孔稚圭《北山移文》皆是。①

這段文字仍然暴露出毛奇齡不能正確區分上古韻與中古韻的問題，但他對需卦《小象傳》用韻情況的總結是正確的，並且能夠將《小象傳》韻例與《詩經》《去魯歌》《說苑》《北山移文》等聯繫在一起。這說明，一卦之中，《大象傳》與《小象傳》分別成書，而各爻的《小象傳》作爲一個整體編纂而成，這對正確理解《象傳》的形制與成書過程都至關重要。

在《易韻》中，毛奇齡也會採用音韻學的根據，說明文字考訂來下判斷，這些內容主要集中在有韻的《彖傳》《象傳》中。如比卦九五《象傳》爲"顯比之吉，位正中也。舍逆取順，失前禽也。邑人不誡，上使中也"，郭京《周易舉正》認爲有倒文，"舍逆取順"應在"失前禽也"下，毛奇齡根據這句話與上下文的用韻，就此問題辨析說：

> 郭氏《舉正》以"舍逆取順"在"失前禽也"下，以"順"作韻，雖亦是有入兩界之三聲，亦可以押，但夫子兩界多以東冬七韻與侵覃四韻合，此恐非夫子用韻例也。②

這裏的"順"字上古爲文部，"禽"字上古屬侵部，上文的韻腳"中"字爲終部，也被王力歸於侵部，"順"和"中"也可通押，但"禽"畢竟同韻，因此顯然用"禽"爲韻腳更爲合適。毛奇齡體系與王力不同，但也利用自己的兩界理論得出了正確的結論。

再如噬嗑卦九四《象傳》"利艱貞吉，未光也"，《易韻》在下注曰"陸德明《釋文》'未光也'作'未光大也'，則此句無韻矣，作僞之不能檢點類如此"③，利用衍"大"字則無韻作爲依據，判斷這裏不可能有衍文，簡潔明瞭。

---

① （清）毛奇齡《易韻》，242—308。
② 同上書，242—310。
③ 同上書，242—313。

毛奇齡的《易韻》在進行音韻學研究的同時，遇到可以借此進行文字考訂的地方，也會隨手説明。同時在《仲氏易》的易解中，毛奇齡有意識地利用他的音韻學知識，也順利解決了不少問題。

如觀卦六三之"觀我生，進退"之"進"，毛奇齡利用"進"與"薦"的音韻關係，以禮之薦釋進，恰好符合觀卦彖辭"盥而不薦"與六四爻辭"觀國之光，利用賓于王"所表現出來的禮儀之意：

> 三與五同功，既已升階，當饗薦之位，所謂"盥而不薦"者，此則其當薦時也。蓋生者，進也，即"薦"也。《説文》謂草出土上，以漸進長曰生，而《集韻》《廣韻》皆以"薦""進"同字，如《列子》"王進而問之"作"薦而問之"之類。①

"薦"和"進"不僅在韻書中同字，而且在《列子》中有實際通用的實例，有二重證據來證明他們的聯繫。這一條中，毛奇齡雖然通過中古韻書而意識到"薦"與"進"的密切關係，得出了比較合理的解釋，但其音韻學局限也是很明顯的，因他並未意識到二字上古音關係密切的真正原因。王力《同源字典》以"進"與"薦"分屬真部與元部，斷定二者爲"真元旁轉"②，才真正理清了它們間的關係。

再如艮卦六五《象傳》中的"艮其輔，以中正也"，朱熹《周易本義》説"'正'字羨文，叶韻可見"③，以正字與六四《象傳》"艮其身，止諸躬也"、上九《象傳》"敦艮之吉，以厚終也"不叶韻爲由懷疑"正"字是衍文，後來者甚至把"中正"改爲"正中"，毛奇齡運用音韻學知識，長篇辯駁：

> 朱氏《本義》云"'正'字羨文，叶韻可見"，意謂"正"字與前後"躬""終"字不叶故也，至姚小彭本竟改作"正中"以就韻。不知古韻東冬庚青蒸俱通，"正"者三聲字也。如《周禮·小司徒》"施其職而平其政"，讀征；《楚詞·九歌》"荃獨宜兮爲民正"，叶星類。故訟卦《象傳》"剛來而得中也"，與"尚中正也"叶，正與此同例。況經史歌誦如此，叶者甚多，見予《古今通韻》一書。因己不識韻而欲妄改聖經，恐不可也。④

---

① （清）毛奇齡《仲氏易》，景印文淵閣《四庫全書》本，臺北：臺灣商務印書館，1986，41—277。
② 詳見王力《同源字典》，北京：中華書局，2014，第570—571頁。
③ （宋）朱熹《周易本義》，北京：中華書局，2009，第188頁。
④ （清）毛奇齡《仲氏易》，41—392。

在王力的韻部系統裏，東冬庚青蒸均爲陽聲韻，爲旁轉，在毛奇齡的韻部系統裏，東冬庚青蒸則均屬宮部，也是可以直接通押的，韻上並無問題。所以朱熹的不叶之論，錯誤非常明顯。

毛奇齡有時會利用音韻判斷異文正誤，如既濟《象傳》曰"既濟亨，小者亨也，利貞。剛柔正而位當也。初吉，柔得中也。終止則亂，其道窮也"，在"位當"之下，毛奇齡注曰"李鼎祚本作'當位'，則與亨終窮韻不協矣，非是"①。"當"是陽部字，可以與"亨""終""窮"等旁轉叶韻，而"位"字，雖然直到現在，學者對它是否從立得聲還有所疑惑，但它無論如何也不會以-ng爲韻尾，因此不能合韻，毛奇齡如此判斷是十分合理的。

但毛奇齡在音韻學上的錯誤，也難免會造成解易的錯誤，如井卦九二《象傳》曰"井谷射鮒，无與也"，《經典釋文》"无與也"作"无與之也"，毛奇齡小字注"陸德明本此下有之字，誤，與字是韻，增之則失韻矣"②，同樣用失韻來判斷異文取捨。然而按照《同源字典》中的記載，"鮒"爲侯部，"與"爲魚部，爲旁轉，之部與侯部亦爲旁轉，加上"之"字也並不失韻，所以毛奇齡的說法並不成立。

總體說來，毛奇齡有意識地運用自己的音韻學知識解易，提供了解易的一種新思路，雖然受到不通上古音這一點的局限，但終究功大於過，其正確的說法遠多於錯誤的說法，因此利用音韻知識解易，仍然可算是毛奇齡在考據方面的重要成果，且爲易學研究提供了有益的思路。

(作者單位：天津師範大學文學院)

---

① （清）毛奇齡《仲氏易》，41—426。
② 同上書，41—377。

·經學研究·

《説文考正》與《蛰雲閣金石録》考論
——兼及清儒凌曙的詁經方法

錢 寅

【内容提要】 《説文考正》與《蛰雲閣金石録》是清代揚州學者凌曙的兩部有關小學訓詁方面的著作，今分别有鈔本爲公共圖書館所收藏。仔細考察這兩部著作，可以知道作者、鈔者與收藏者的基本狀況，進而弄清凌曙在小學訓詁方面的見解。凌曙治經具備乾嘉考據學的品格，小學訓詁是其研究的重要手段。在瞭解凌曙小學訓詁方面的成果後，可以進一步探究凌曙如何利用小學訓詁來研治經典。對凌曙學術有全面的認識，才能中肯地評價凌曙在學術史上的意義。

【關鍵詞】 《説文考正》 《蛰雲閣金石録》 凌曙 清代學術史

清代鈔本《説文考正》二卷，藏於國家圖書館，爲清代揚州學者凌曙所作，其子凌毓瑞鈔。是書爲《説文》學專論，其内容多關注"聲兼義"現象，善用異文考釋字義。凌曙又有《蛰雲閣金石録》，其内容亦多涉金石小學，現存兩種鈔本，一爲凌毓瑞鈔，藏於南京大學圖書館；一爲王欣夫鈔，藏於復旦大學圖書館。對於清代揚州學術，學界已有不少研究成果，但也有一些被遺忘和忽視的角落，儒者凌曙即是其一。本文擬藉由考察鈔本《説文考正》和《蛰雲閣金石録》，兼及其他相關文獻，進一步探討凌曙在小學訓詁方面的成果及其治經詁經的方法，及其在學術發展史上的獨特意義。

一、作者、鈔者與藏書源流

1. 凌曙

凌曙（1775—1829），字曉樓，一字子昇，清江蘇江都縣人。乾隆四十年乙未，凌曙生，父凌士鷟①，母張氏。據阮元《江都凌君士鷟傳》，知曙爲仲子，其上或有長兄，今不可考。曙有姊，適儀徵劉錫瑜，生劉文淇。② 凌曙出身貧寒，少爲傭保，續學不倦，曾經向包世臣求教，後進入揚州梅花書院學習，漸知治學門徑，形成了自己的研究方法，並與阮元、李兆洛、洪梧、沈欽韓、包世榮等當代學者有所交往和論學，並對劉文淇、陳立等晚輩學者多有教誨。③ 凌曙之學術以《春秋公羊禮疏》《公羊禮說》《公羊問答》等以禮解說公羊經傳的著作爲代表，其他有《四書典故覈》《春秋繁露注》《禮論略鈔》《群書答問》《儀禮禮服通釋》《禮說》《蜚雲閣文集》《蜚雲閣經說》《蜚雲閣史論》《蜚雲閣金石錄》《說文考正》等。主要著作皆有刊本，唯《蜚雲閣文集》④《蜚雲閣經說》《蜚雲閣史論》《蜚雲閣金石錄》《說文考正》僅有稿本和鈔本。其中《文集》《經說》《史論》爲稿本，見藏於北京大學圖書館；《金石錄》兩部鈔本，分別見藏於南京大學圖書館和復旦大學圖書館；《說文考正》爲凌毓瑞鈔本，見藏於中國國家圖書館。在乾嘉學術的背景下，凌曙對小學訓詁非常重視，其小學成果集中體現在《蜚雲閣金石錄》和《說文考正》之中。在《清代樸學大師列傳》中支偉成將凌曙劃歸爲皖派經學家，從凌曙的學術中也可體會到皖派領軍人物戴震由訓詁通經義的治學風格。關於其小學成果和詁經方法，後文將詳細論之，此處不贅。

2. 凌毓瑞

國圖所藏《說文考正》題"江都凌曙學　男毓瑞手錄"，知此鈔本爲凌曙之子凌毓瑞所鈔；《蜚雲閣金石錄》亦爲毓瑞鈔。然今日學界對凌毓瑞生平鮮有所述，今裒輯舊籍略爲考證。

凌曙曾娶同郡范氏，無子嗣；又有外婦嚴氏，爲其誕下一子，初名鏞，後字東笙。清道光五年（1825），凌曙中風臥病在床，陳逢衡、阮亨、毛嶽生、

---

① 阮元《江都凌君士鷟傳》："凌士鷟，字禹臣。其先世江南泰州人，明海樓僉都御史之後也。……嘉慶十一年卒，年八十有四。仲子曙，博覽工文詞，治經傳，不爲俗學，從父教也。"阮元《揅經室集》，鄧經元點校，北京：中華書局，1993，上冊，第520、521頁。
② （清）劉文淇《清溪舊屋文集》卷一〇《先母凌孺人行略》，清光緒九年刻本。
③ 詳參錢寅《凌曉樓先生交遊考》，載《揚州文化研究論叢》2019年第2期。
④ 《中國叢書綜錄》作"蜚英閣"，北大館藏著錄仍之，《清代詩文集彙編》影印收錄亦仍之，據稿紙版心處有"蜚雲閣"標識，知著錄有誤。且據《蜚雲閣經解》《蜚雲閣史論》諸書有"蓼嘉館"印文、《儀禮禮服通釋》《群書答問》爲木犀軒刊印等線索來看，凌曙部分未收入《蜚雲閣叢書》的作品當爲李盛鐸所藏。李氏曾於滬上開蜚英館印書，而《蜚英閣文集》之書名實爲李氏擬題，故疑其誤淆於蜚英館，而北大圖書館及傅斯年圖書館所藏未及辨明。

陳均諸友紛來探問，凌曙言道："曙死不足惜，身後不必過累諸友，雖然蒿葬可也。唯以五齡之子，育兒尚幼。門祚衰薄，僅此一綫之傳，不能視其成立，又以《禮論》未刻，二者爲憾耳。"①故知凌鏞之出生當在道光元年左右。

凌曙在世時，嘗延請方申爲凌鏞師。②歿後，凌鏞由劉文淇代爲撫養。凌曙《公羊禮疏》諸作輯爲《蜚雲閣凌氏叢書》，劉毓崧代阮元爲之序，序言："其子東笙（鏞）奉遺書，乞余作序，因述其說經之淵源，爲學之次第，俾後之讀其書者，知所從事焉。"③可見，凌曙歿後，凌鏞嘗有志於整理先君舊作。《蜚雲閣文集》雖爲凌曙所作，然亦有凌鏞之文摻入，可考者如《題羅茗香先生人日挑菜圖》中有以凌鏞自稱，《西漢定陶陵鼎拓本書後》中有以謚號"文達"稱呼阮元，《春秋無達例解》中引《春秋繁露》語稱"先君注"等。

已知凌鏞爲凌曙獨子，稱乃父之學，毓瑞實爲其日後所改名。檢天津圖書館藏有題爲凌毓瑞的《關聖帝君覺世眞經集證》，是書卷首載錄有方濬頤、謝增、李祖望和凌毓瑞所作的四篇序言，除了凌氏自序之外，其他三人的序言中都提到了關於凌毓瑞生平的信息。方序言："今春眞州謝夢漁給諫攜來江邑廣文凌君東笙所輯《覺世眞經集證》二卷……因詢其人乃知爲曉樓凌公之哲嗣，凌公著名爲海內經師……"④謝序言："吾友凌東笙廣文爲吾鄉經師，凌曉樓先生哲嗣，吾眞州劉孟瞻高足，以經術見長。"⑤李序言："凌君東笙學博家世傳公羊春秋學，尊甫曉樓先生《公羊禮說》諸書久與惠徵君《周易述》並載《學海堂經解》中。"⑥在傳世的印文中，也留存同時出現凌毓瑞、東笙的印章。⑦故知凌毓瑞即凌鏞之易名。方、謝二序中所言"廣文"，乃清代儒學教官之稱，凌毓瑞嘗出任徐州府宿遷縣學教諭。總的來説，凌毓瑞承其父之學，亦受惠於

---

① （清）凌曙《禮論略鈔》卷首《後序》，清道光丙戌年蜚雲閣藏版。

② （清）方申（1786—1840），字端齋，本姓申，少孤，其舅方氏取以爲子，因此跟隨舅氏改姓方，以申爲名。道光十八年（1838），方申才以經解見知，拔爲全郡第一，補儀徵縣學生員。道光二十年秋赴試江寧，因憂勞成疾，十一月逝世，終年五十四歲。方申治學善於《易》，所著有《諸家易象別錄》《虞氏易象彙編》《周易卦象集證》《周易互體詳述》《周易卦變舉要》。劉文淇《清溪舊屋文集》卷八《文學方申傳》："余舅氏凌曉樓先生重其爲人，命子鏞師事之。道光己丑舅氏卒，時鏞年八歲。余攜之歸，而仍延君課鏞讀，君訓誨懇摯。"

③ （清）劉毓崧《通義堂文集》卷四《蜚雲閣叢書序（代阮文達公作）》，近代求恕齋本。

④ （清）凌毓瑞《關聖帝君覺世眞經集證》"方濬頤序"，清光緒六年蜚雲閣藏本。

⑤ 《關聖帝君覺世眞經集證》"謝增序"。

⑥ 《關聖帝君覺世眞經集證》"李祖望序"。

⑦ 邱德修《丁丑劫餘印存釋文》，臺北：五南圖書出版公司，1989。

劉文淇等人，並參與阮元主持的重刻《舊唐書》中的校字工作①。其學術生涯中，與阮元、劉文淇、劉毓崧、方申等學者相互交往，於經史之學打下根基，繼承了乾嘉以來考據之學的精神。

3. 藏書源流

《説文考正》卷二末頁有"抄畢"二字，故知此書爲完帙。每卷大題之下鈐有"馮雄之印"（朱文方印）、"彊齋"（白文方印）、"南通馮氏景岫樓藏書"（朱文長方印），可知此書之前曾爲馮雄景岫樓所藏。

馮雄（1900—1968），字翰飛，號彊齋，別署扶海馮氏，江蘇南通人。著名水利學家，作家，藏書家。畢業於唐山交通大學，後在商務印書館任編輯十餘年，編著水利、鐵道、世界文化史及大學叢書達四十餘種。新中國成立後任中國科學院水利研究員，曾任郭沫若先生秘書。馮氏學識淵博，雅好典籍，精於版本目錄學，著有《蜀中金石志》《景岫樓讀書志》等。藏書印有"景岫樓""南通馮氏藏書印""扶海馮氏""馮雄""翰飛"等。今國圖藏《文宗閣四庫全書裝函清册》、國博藏殘稿本《四庫全書總目》、山東大學圖書館藏《望溪先生文集》、北京大學圖書館藏《春秋諸國統紀》等書亦鈐有馮氏藏書之印，可知其藏書所在。

馮雄藏書以鄉邦地方文獻爲重，蓋受其岳父孫儆之影響。孫儆（1866—1952），字謹丞，又字謹臣，江蘇南通人，清光緒二十九年（1903）舉人，辛亥革命後任江蘇省議會副議長。致力於教育事業，興辦學校數十所。晚年居滬，鬻字爲生。喜藏書，編有《經畬樓收藏南通文獻目錄》。孫儆曾就讀於南菁書院，與唐文治、張元濟、冒廣生諸人交好，其逝世一週年時唐文治等六十餘友發起公祭，衆議私謚"愨文"。② 日軍侵華時，經畬樓爲日軍所焚，而其藏書則轉移至女婿馮雄處。後馮雄將自己與岳父藏書合併，大部分捐給上海合衆圖書館，館方爲之編撰《南通馮氏景岫樓藏書目錄》三卷。1958年，馮雄再將剩下的兩代人藏書捐給南通市圖書館，景岫樓書去樓空易作南通中學圖書館。

復旦大學圖書館藏《蜚雲閣金石錄》，由王欣夫校錄整理。該本半葉十行，行二十一字，墨印欄格，四周單邊，版心下方刻"學禮齋校錄"。卷首空白一葉，卷尾題跋一葉，合計三十七葉。卷端題"蜚雲閣金石錄"，下題"江都凌曙輯"。次行頂格題"周宣王石鼓文"，第三行起爲正文，皆低一字。止於"隋

---

① 陳居淵《阮元》，西安：陝西師範大學出版社，2017，第73頁。
② 陸陽《唐文治年譜》，上海：上海三聯書店，2013，第463頁。

智永二體千字文"。書中有朱筆校改文字。卷末有王欣夫題識兩行:"原本藏上元宗氏咫園。乙亥仲冬從禮白借得,屬陸少梅傳鈔此本。二十六日,欣夫識。"① 咫園,乃宗舜年藏書之所。宗舜年(1865—1933),字子戴,號耿吾,江蘇上元人,光緒十四年(1888)舉人,曾任浙江金華知府,後充張之洞、端方幕府。宗舜年之子宗惟恭,字禮白,曾在上海復旦大學、中國公學等處任教,是當時民法專家。宗氏父子利用自己家的藏書編印了《咫園叢書》。據此跋可知,王欣夫鈔本《蚩雲閣金石錄》淵源於宗氏所藏,由書畫家陸少梅代爲抄寫,故而工整美觀。

二、《説文考正》聲兼義與《蚩雲閣金石錄》明假借

總體來看,凌曙在小學訓詁方面有兩個比較突出的特點:一是"聲兼義",二是"明假借"。《説文考正》是凌曙研究《説文解字》的專著,以校勘《説文解字》爲主要任務,同時也是考察凌曙"聲兼義"觀點的最佳材料。

1.《説文考正》與"聲兼義"

凌曙的工作,首先是比勘大徐本和小徐本異同,釐定文字,如:"'一,惟初大始,道立於一。造分天地,化成萬物,凡一之屬,皆從一。'按此依大徐也,小徐本作'惟初太極'。"②"'禔,安福也,從示是聲。易曰禔既平。'按,大小徐同。"③"'璪,王飾如水藻之文,從王喿聲。《虞書》:璪火黺米。'按,此依大徐也,小徐作粉米,非是。"④ 等等。其次,凌曙也會解釋訂正文字的理由,包括徐鉉或徐鍇的校勘意見、經傳旁證和諸家論説。如:

> "元,始也,從一兀聲。"按,此依小徐也。大徐本作"從一從兀",然考鍇曰"俗本有聲字,人妄加之也",據此許書原本有"聲"字。《十駕齋養新錄》云:"《説文》形聲相通,十有其九。元、兀聲相近,兀讀若夐,瓊或作璚,是夐、旋同音,兀與旋同。髡從兀,或從元。軏,《論語》作軏,小徐不識古音,以爲俗人妄加,大徐並不載此語。"戴氏《六書故》

---

① 凌曙《蚩雲閣金石錄》題識,復旦大學圖書館藏王欣夫學禮齋鈔録本。
② 凌曙《説文考正》卷一上,國家圖書館藏凌毓瑞手抄本。按,原書其字頭皆篆文或古文,今所引者一併楷定簡化。
③ 《説文考正》卷一上。
④ 同上。

曰："《說文》一本從一從兀，一本從一從兀聲，兀聲爲是。"①

這一條雖然是在校勘"聲"字的有無問題，實際上要考證的是"兀"旁到底能否表聲。凌曙先從文本的校勘入手，以爲小徐本保留了許書原貌。但是通過徐鍇之言可以發現，徐鍇本意是傾向於"聲"字爲衍文的，因此需要進一步論證"兀"可以表聲且不爲衍。凌曙引用了錢大昕《十駕齋養新錄》和戴震《六書故》的說法，錢、戴二人皆是當時考據古音的權威。對於二徐對"從某某聲"的懷疑，錢大昕的態度是："二徐校刊《說文》，既不審古音之異於今音，而於相近之聲全然不曉，故於'從某某聲'之語往往妄有刊落。然小徐猶疑而未盡改，大徐則毅然去之，其誣妄較乃弟尤甚。"② 元、兀兩字雖不同部，但聲相近，是所謂的"雙聲"，因此"元"取了"兀"的聲。基於此凌曙認爲"兀"表聲，不爲衍文，自不當妄刪。

"福，備也，從示畐聲。"按，大徐本作"福祐"也。《廣雅·釋詁》："福，備也。"王氏《疏證》曰："《說文》'福，備也'，《祭統》'福者，備也'，《郊特牲》'富也者，福也'，《釋名》'福，富也'，《曲禮》注'富之言備也'。福、富、備，古聲義並同。"《玉篇》引《說文》"祐也"，大徐本蓋校者據《玉篇》而改。今依石臞先生之說定從小徐本。③

"福"字條，凌曙以小徐本爲正。根據晉人張揖的《廣雅》，可以推知許慎原書中更可能作"備也"。進而引用王念孫《廣雅疏證》的說法，來論證"福，備也"的理由。實際上福、備之間同聲同義的觀點，陳第、錢大昕等已有相關考證，而凌曙採用王念孫之說的原因，一是取其簡明，一是凌曙引《廣雅·釋詁》證《說文》，王念孫引《說文》釋《廣雅·釋詁》，二者可以互相發明。引王念孫之說後，凌曙找到《玉篇》中《說文》的引文，探尋到大徐本致誤的根源。

在訂正《說文解字》文字的同時，凌曙還對段玉裁《說文解字注》等清代《說文》學成果有所辨證。如：

"祫，大合祭先祖親疏遠近也。從示合聲。《周禮》曰：三歲一祫。"按，此依小徐也。大徐本作"從示合"，刪"聲"字。然鍇猶曰"誤多聲

---

① 《說文考正》卷一上。
② （清）錢大昕《十駕齋養新錄》卷四《二徐私改諧聲字》，《四部備要》本，據潛研堂本校刊，臺北：臺灣中華書局，1970。
③ 《說文考正》卷一上。

字",而原文"合聲"尚存,若大徐則逕刪"聲"字,小徐本遠勝大徐。段注亦將"聲"字刪去,姚氏、嚴氏《說文校議》曰:"小徐《韻會》十七治引作'合聲'。按《說文》聲兼義者過半,大徐不知'聲'多'亦聲',而擅刪'聲'字二百五十五,此大惑也。"①

凌曙首先指出"合"應該有表聲的功能,徐鉉妄刪"聲"字,徐鍇雖然也懷疑"聲"字衍,但還是保留了原文原貌。前引諸例也存在類似情況,或因大徐本晚於小徐本,徐鉉在肯定徐鍇意見的基礎上作出刪改。接下來凌曙指出段玉裁《說文解字注》也將"聲"字刪去,這意味着段玉裁認爲"合"只是表示"合祭"的意義,與"祫"之聲音沒有關涉。這不再是單純的校勘衍文,而是在字義字音探討上的原則問題。凌曙引用了嚴可均、姚文田在《說文校議》中的觀點,認爲"合"既表意又表聲,屬於《說文》中"亦聲"。據此,凌曙校訂了《說文解字》的文字,同時糾正了段玉裁的失誤。

"帝,古文帝。古文諸丄字皆從一,篆文皆從二。二,古文上字。辛、言、示、辰、龍、童、音、章皆從古文上。"按,此依小徐也。大徐本"辛"下刪"言"字,段氏注依大徐亦將"言"字刪去,不知鍇明云"言從辛聲",所以云"皆從丄"。段氏據大徐本刪之,非是,當從小徐。②

這一條裏,段玉裁對《說文解字》的校勘依據了大徐本,凌曙則指出了大徐本的錯誤。段玉裁認爲"言"不從"丄",因此按照大徐本應該是衍入的。凌曙仔細分析了徐鍇的說法,認爲"言從辛聲","辛"在"言"字中是表聲的偏旁,因此"辛"從"丄","言"也可以隨之從"丄"。於是,在校勘的過程中對段玉裁的觀點進行糾正。

除了校勘之外,凌曙也會對《說文解字》中字義和聲韻等相關問題進行考證論述。如:

"禡,師行也,所止恐有慢其神,下而祀之,曰禡。從示馬聲。《周禮》:禡於所征之地。"按,大小徐同。鄭注《王制》云"禡,師祭也",《肆師》云"祭表貉則爲位",後鄭云"師祭也,貉讀爲十百之百",是《周禮》以禡爲貉聲之轉也。汪容甫先生《經義知新記》云:"《詩·吉日》'既伯既禱',《爾雅·釋天》文同,毛公曰'伯,馬祖也'。《說文》引作

---

① 《說文考正》卷一上。
② 同上。

'既禡既禂',於義爲長。"又云:"《王制》'禡於所征之地',《釋文》'禡,馬怕反,又音百'。《周禮·肆師》鄭注'貉讀如十百之百',北人讀伯如霸,因以當禡。"陳氏《左海經辨》云:"《後漢書·馬融傳》云'偃伯靈臺',李賢注:'古者武軍三年不興凱歌,偃伯靈臺,偃休也,伯謂師節也。'壽祺按,伯訓師節,它無所徵,即禡字,師節當爲師祭,聲近之誤也。'既禡既禂',魯、齊、韓三家異文,《周禮》以貉爲禡,杜、鄭讀貉爲百,《説文》又以禡爲伯,伯、百同字,伯、禡、貉通借字,偃伯之義當如《周禮》之禡,訓爲師祭,武軍不興則偃師祭所立之表於靈臺也。"①

"禂,禱牲馬祭也,從示周聲。"按,大小徐同。引《詩》"既禡既禂",乃小徐按語。段注謂《詩》無此語,不知鍇所引蓋三家。錢氏《十駕齋養新錄》云:"古讀禂如禱,《周禮·甸祝》'禂牲禂馬',杜子春云'禂禱也',引《詩》'既伯既禱',後鄭云:'禂,讀如伏誅之誅,今侏大字也。'按禱與禂文異義同,後鄭讀禂爲誅,是漢時誅侏亦讀舌音。"②

這兩則考證可以聯繫在一起考察。利用經籍中的異文來考察古文字字音和字義的做法,是乾嘉諸老擅長的研究方法之一,比如錢大昕舉《詩》"凡民有喪,匍匐救之"之"匍匐"二字以論古音之輕重,必先考證此句詩在《禮記》《左傳》《家語》等文獻中的異文,進而提出著名的"古無輕唇音"説。凌曙在"禡"條的考證中也利用了相關的異文,考察"禡"的讀音和意義,再引用當代學者的成論進一步佐證自己的觀點。在"禂"字條中,則先考察了《説文》引《詩經》的源流,指出段玉裁觀點的失誤。進而沿着錢大昕的觀點來考察"禂"的字義和字音。

從《説文考正》中可以看到,凌曙關注對《説文解字》的研究,同時廣泛吸收乾嘉時期小學專家的理論成果,並運用到小學訓詁和字書校勘中。從凌曙的考證文字中,可以看出凌曙考據學的基本思路,即先考察立論的出處依據再進一步考證發明。需要注意的是,在《説文考正》中主要體現了凌曙對字音的重視,特別是對"聲兼義"問題的重視。文字學中的"右文說"特別重視發明漢字右半邊聲符兼義符的情況,凌曙在《説文考正》中的問題意識是否和"右文說"的影響有關,還有待新證據的支持。但是,在凌曙交遊的學友當中,亦有特別主張"聲兼義"這一觀點的,即黃承吉。黃承吉曾在自己的著作中説

---

① 《説文考正》卷一上。
② 同上。

道:"六書之中,諧聲之字爲多。諧聲之字,其右旁之聲,必兼有義,而義皆起於聲。凡字之以某爲聲者,皆原起於右旁之聲義以制字,是爲諸字所起之綱。"① 凌曙與黃承吉彼此間有共同的認識,可推想二人同窗於梅花書院時當對此有所交流。

2.《蜚雲閣金石録》與"明假借"

明假借,是凌曙小學的另一個特點,其主要體現在《蜚雲閣金石録》中。《蜚雲閣金石録》收録凌曙對自己經眼或收藏的金石文獻的題識和考證,王欣夫曾爲《蜚雲閣金石録》作跋語,附在該書末尾,其中説到:

> ……是編起石鼓文,迄隋智永二體千字文,共若干種。或附以考釋,或僅列目録,似未成之書。多采錢竹汀、王石臞、畢秋帆、朱銓甫之説,而考證精密處如漢三公山碑引《詩》"或耘或芋",據《漢書·食貨志》謂武帝習魯詩。白石神君碑引《詩》"敬恭明祀",今《文選·東京賦》"爰恭敬於明神",臧氏《玉林》遂謂平子所據《詩》作"明神",曉樓爲據西嶽華山碑等以證《詩》之本作"明祀"。漢射陽石門畫象碑陰據《儀禮·鄉射》記聶氏《三禮圖》以明豐器之制。隋美人董氏墓誌銘謂"委迤",即《詩》"委佗"之變文,《詩》言"委委佗佗"蓋就"委佗"二字而長言詠歎之。皆有關經義。他若文字之通叚,書法之遞變,尤多所發明。蓋曉樓以治經之餘爲金石之學,故悉有依據,無穿鑿憑臆之言。……②

王欣夫評價了凌曙在金石文字上的考證成果,跋文中所引的例證都是其中最爲精善的條目。凌曙重視通假現象的研究,他認爲"明乎通假省文則書可讀矣"。在《蜚雲閣金石録》中,凌曙屢屢提出"經典多假借""漢碑多用假借字"的觀點,並藉以考察文字通假。爲了更好地瞭解凌曙在這方面的研究,兹嘗試再舉幾個例證來分類考察。

> 周留君簠:……簠字,許書訓黍稷圜器,從竹從皿,甫聲,是正文。《禮·明堂位》云"殷之六瑚",瑚即簠之音同假借。《左·哀十一年傳》"孔子曰:胡簋之事",胡又瑚之省文。許書玉部訓瑚爲珊瑚,肉部訓胡爲牛頷垂,故知爲簠之假借字。經典多假借。……③

> 漢魯相韓勑孔子廟碑:曙按,碑云"四方士仁",古仁與人通。《虞氏

---

① (清)黃承吉《夢陔堂文集》卷二《字義起於右旁之聲説》,清道光二十三年刻本。
② 《蜚雲閣金石録》王跋。
③ 同上書,"周留君簠"條。

易》"何以守位曰人",《開成石經》作仁。又㳄灘作㳄歎,靐作雷,爼豆作爼桓,歎、雷、爼、桓皆以同音通假。漢碑多用通假字。豆作桓,《說文》正作桓。①

漢魯相史晨孔子廟後碑:曙按,碑云"畔官文學先生",畔即泮之假借,漢碑多假借。前碑云"行秋饗禮,飲酒畔官"文亦然。②

清儒主張"說經必先明假借"③,戴震更是說過"夫六經字多假借"④。通過這三個例子,可以發現凌曙對通假現象的重視,特別是對待金石、經籍等時代較早的文獻,其將讀六經的明假借應用至閱讀碑刻文獻中,爲理解金石文字奠定了工具性基礎。凌曙總結了金石和經籍中普遍存在通假的現象,將其視作一條規律,在讀書治學的過程中熟練運用。如他曾指出"饗"和"享"古通,因此"凡經傳言享,亦是饗禮,而經傳言饗禮多名同而實異"⑤,並大概舉出十件事來闡明饗禮。除了通假之外,凌曙還重視對書法源流的發明,如謂周壇山刻石已開小篆門徑⑥,周比干墓題字已開隸書門徑⑦,等等。這不僅對認識書法字體的發展過程有幫助,同時有助於瞭解漢字字形的演變。

凌曙重視金石文字的釋讀和考辨,是因爲他認爲金石文字具有考察古義、補史之闕、探源家法等方面的功能。

漢魯相置孔廟卒史碑:曙按,碑云"則象乾巛",《周易》皆作坤,陸德明《釋文》云"巛本作坤,坤今字",據此陸云今者,別於古也。蓋《易》自輔嗣注出而漢學亡,噫,古義之見於石刻亦僅矣。⑧

凌曙根據石刻與傳本經籍的異文對比,發現文字的古今差別。既而通過學術史的疏理,指出由於王弼的《周易注》成爲後來《周易》文獻的統一定本,所以漢代《周易》的文字原貌已經很難考見了,所幸金石材料還能零零散散地保存一些。

---

① 《蜚雲閣金石錄》"漢魯相韓勑孔子廟碑"條。
② 同上書,"漢魯相史晨孔子廟後碑"條。
③ (清)江藩《經解入門》卷四,上海:華東師範大學出版社,2010,第83頁。
④ (清)戴震《戴震文集》卷一〇《六書音均表序》,北京:中華書局,1980,第153頁。
⑤ 《蜚雲閣經解》。
⑥ 《蜚雲閣金石錄》"周壇山刻石"條。
⑦ 同上書,"周比干墓題字"條。
⑧ 同上書,"漢魯相置孔廟卒史碑"條。

漢執金吾丞武榮碑：……碑云"治魯詩經韋君章句"，《漢書·儒林傳》曰："申公以《詩經》爲訓故，以教亡傳，疑者則闕弗傳。韋賢治詩，事博士大江公及許生，由是魯詩有韋氏學。"至韋君章句之目，則史所弗著，金石之功豈淺鮮哉。①

韋賢傳魯詩，歷史上有所記載。但是韋賢有章句，歷史上沒有記載，《藝文志》也没有著録。現在漢碑中記載了"韋君章句"之目，雖説單憑這一句話尚屬孤證，但至少爲學術界提供了一個新的材料或新的課題，可以引發學者探索的興趣，從這一點上看金石文獻的作用的確不小。

漢蕩陰令張遷碑：曙按，碑云"幣沛棠樹"，即《毛詩》"蔽芾甘棠"之文，漢人多用三家詩，與毛異。②

漢三公山碑：……考頌詞所引"或耘或芓"，與《毛詩》異，蓋本魯詩。……曙謂武帝習魯詩……武帝從申公受魯詩無疑。漢碑亦引魯詩爲多，《漢志》所謂"魯最爲近之"是也。③

通過比勘傳本《毛詩》與金石材料中的引詩，凌曙在發現異文的基礎上疏理學術淵源，認爲漢代當時魯詩或三家詩更爲流行，因此漢碑引詩很少用《毛詩》。這不僅有助於考察經學家法源流，也可以視爲解讀漢代金石材料的規律之一。由此可見，凌曙致力於小學研究其最終目的仍要歸於治經學。

三、凌曙的詁經方法

除了《説文考正》和《蜚雲閣金石録》中相關的小學成果之外，凌曙在治經中也會自覺運用小學訓詁的方法。試以《春秋公羊禮疏》中的一條材料爲例，隱公二年九月紀履緰來逆女，何休注"夏后氏逆於庭，殷人逆於堂，周人逆於户"④，凌曙疏云：

許慎《説文》："逆，迎也。關東曰逆，關西曰迎。"《通典》："遂皇始

---

① 《蜚雲閣金石録》"漢執金吾丞武榮碑"條。
② 同上書，"漢蕩陰令張遷碑"條。
③ 同上書，"漢三公山碑"條。
④ （漢）何休解詁、（唐）徐彦疏《春秋公羊傳注疏》卷二，影印清嘉慶二十年江西南昌府學刻阮元校刊宋本十三經，京都：中文出版社，1989，第 7 册，第 4779 頁。

有夫婦之道，伏羲氏制嫁娶以儷皮爲禮。五帝馭時，娶妻必告父母。夏后氏親迎於庭。殷於堂。周制，限男女之歲，訂婚姻之時，親迎於戶。"注："何休曰：'後代漸文，而迎於戶，示其親。'"①

此條疏文中引用了三段材料，引《説文》探明字義，引《通典》探明典制，引注語發揮經義。三段材料完整地體現了由訓詁到典制再到經義的闡釋邏輯，可謂典型的乾嘉考據學範本。在這之中也能看出，小學訓詁是發揮經義的必要條件，也是凌曙考據學中的基礎。

凌曙運用小學訓詁的方法治經，首先是爲了考察先儒立論依據，進而作補充説明：

> 問："成二年傳'踊於棓而闚客'，注'踊，上也'，此亦齊人語乎？"曰："《晏子春秋》'齊景公爲露寢之臺而鴞鳴其上，公惡之，臺成而不踊'，是其證。"②

> 問："宣十八年注'掃地曰墠，今齊俗名之云爾'，此於經有據否？"曰："《説文》云'墠，野土也'。《東門之墠》傳曰'墠，除地町町者'，疏'封土謂之壇，除地謂之墠'。賈公彥以爲'四邊委土爲壇，於中除地爲墠，墠内作壇，爲若三壇同墠之類也'。"③

凌曙通過小學訓詁的方法，論證了何休在這兩個問題上的注釋都是使用的齊地方言。凌曙不僅提出了何休的根據，而且作了更進一步的解釋説明。

運用小學訓詁的方法，第二個目的是爲了能夠在先儒兩存之説中抉擇長短：

> 問："定四年注'挾弓者，懷格意'，疏'格猶拒也。或曰格，來也'，二説不同，當何從？"曰："格，敵也，鬥也，殺也。《史記·張儀傳》'驅群羊攻猛虎，不格明矣'。《周語》'穀洛格'，韋昭云'二水格'。《周禮》注'若今時無故入人室宅廬舍，上人車船，牽引人欲犯法者，其時格殺之，無罪'。莊三十一年何休注云'古者方伯征討諸侯不道，諸侯交格而戰者，誅絕其國，獻捷於王者'。此皆格之明訓，疏後説非也。"④

---

① 凌曙《春秋公羊禮疏》卷一，上海古籍出版社，2015，第29頁。
② 凌曙《公羊問答》卷下，上海古籍出版社，2015，第258頁。
③ 同上書，第258頁。
④ 同上書，第262頁。

徐彦疏中保留了"格"字意義的兩種説法，如果直接將格字的這兩種意義代入原文，文字表面上都可以理解，但實際意義完全不同。因此，到底選擇格字的哪一個意義，便不能再模棱兩可了。於是凌曙應用訓詁的方法，考察了若干材料，認爲格當以拒之義爲是。可以看出，小學考據在凌曙的學術中是非常有作用的。

小學訓詁的方法，第三個目的是作爲駁難前儒謬説的重要武器：

> 問：《士虞禮》"祝命佐食綏祭"，《集説》："綏或是授之誤，以下文可見。"《特牲》"祝命授祭"，《集説》："授祭，即授祭也。"《少牢饋食》"祝反南面"，注"未有事也，墮祭爾"，《集説》："繼公按：注云'墮祭'亦誤，墮宜作授。"當作授否？
>
> 曰：敖不知而妄説也。《士虞禮》注："下祭曰墮，墮之猶言墮下也。《周禮》曰'既祭則藏其隋'，謂此也。今文墮爲綏，《特牲》、《少牢》或爲羞，失古正矣。齊魯之間謂祭爲墮。"疏："鄭既以授、綏及羞三者已作墮，復云'古文作擩'，以其《特牲》及此《士虞》皆有擩祭，故亦兼擩解。"據此知各經異字，終當以墮爲正矣，鄭注事尸之禮始於授祭，終於從獻，此經無所謂授祭矣。賈疏申墮之義曰："凡祭皆手舉之，向下祭之，故云下祭曰墮，按《左傳》云'子路將墮三都'，以三都太高，故墮下之。取墮爲下祭之義，故讀從之。齊南魯北謂祭爲墮者，由墮下而祭，因即謂祭爲墮，是鄭從墮不從綏與羞之義。"按：凡物放下皆得以墮名。《國策》曰"墮飯"，趙成王方饋不墮飯，蓋以手放飯於器是也。《春秋傳》曰"墮幣"，楚有宗祧之事，將墮幣焉，蓋以手莫幣於神是也。墮，《説文》作陸，又作隋，裂肉也，從肉陸省聲。故陸又作隋。《集韻》隋或作墮、綏、授，《周禮》太祝辨九祭，六曰擩祭，或作撰，又作揣，轉相假借，失其本義矣。敖氏但知爲形似之誤，當作授，不求之於文義，不徵之於經典，遂以爲墮、授、擩、綏皆當作授矣，豈其然乎？①

此處先來分析敖繼公的觀點，敖氏在《士虞禮》"祝命佐食綏祭"夾註"綏當讀作授"，注云："綏或是注之誤，以下文可見。"②考其所據下文，應爲"佐食取黍稷肺祭授尸"及"佐食舉肺脊授尸"等經文，以爲"祝命佐食綏祭"

---

① 凌曙《群書答問》卷上，清光緒戊子夏木犀軒本。
② 敖繼公《儀禮集説》卷一四《士虞禮》，影印摛藻堂《四庫全書薈要》本，長春：吉林出版集團有限公司，2005，第509頁。

是綱領，佐食兩"授尸"的行爲乃所命"綏祭"的內容。所以夾註中認爲綏當通"授"讀，即"綏"是"授"的假借，在注中則斷以己意用"或是"一詞表達自己的推測，並不是武斷地改動經文。① 同經下文"不綏祭"，敖氏亦以爲當作"授祭"。②《特牲饋食禮》"祝命挼祭，尸左執觶，右取菹，撄於醢，祭於豆間"，注云："挼祭即授祭也，挼字蓋誤。祝命佐食授尸祭，尸於是祭薦，欲及其授祭之節也。"③ 下文與《士虞禮》相類似，亦是佐食取某物以授尸這種行爲，所以敖氏以爲當爲授祭。《少牢饋食禮》"祝反南面"，鄭注"未有事也，墮祭爾"，敖氏以爲"墮祭亦誤，墮宜作授"。④ 下文云："上佐食取黍稷於四敦，下佐食取牢一切肺於俎以授上佐食，上佐食兼與黍以授尸，尸受，同祭於豆祭。"⑤ 可見敖氏以爲"授祭"之處，基本都因下文云佐食取物授尸，認爲"綏祭""墮祭"等都取"授尸"的意思，故當作"授祭"。至此，可以看出，敖繼公的觀點是依據上下文意考索出來的，而且按他的意思經文之意簡潔明瞭、連貫可通。再看凌曙的反駁。凌曙的反駁主要從經、注、疏三者出發，先從注中找到鄭玄的具體看法和意思，然後嚴格依據賈疏對鄭注的解讀，來闡釋經文異字的現象。在這一系列基礎的工作之上，再用文字訓詁的方法論證"墮"字之意，以及其用在"墮祭"一詞內的可行性，並利用他經典制來討論文字轉相假借的規律。從而凌曙認定意爲"下祭"的"墮祭"是正確的。當然也應該意識到，凌曙所作的一切論證都以鄭注無誤爲邏輯起點，所以他用疏來解注，用訓詁來闡釋"墮"爲放下之意，都是來說明鄭注"墮祭"的含義。當"墮祭"的含義在訓詁上可以說清楚，那麼鄭玄注釋的合理性就隨之樹立起來。另外，凌曙引"太祝辨九祭"中的"擩祭"以及其或作"挼"等，置之《特牲饋食禮》"祝命挼祭，尸左執觶，右取菹，撄於醢，祭於豆間"中可以看出，"挼祭"爲一解，"撄"當別爲一解，倘以綏、墮、授、擩爲轉相假借之字，則

---

① 按：《四庫全書薈要》本卷末附有這一條的考證，館臣云："鄭本綏作墮，注曰'今文墮爲餒'。繼公謂以文意求之當云'授祭'，墮、綏皆誤，而餒字爲差近，故但取其近者。"意爲鄭本經文爲"墮祭"，且按鄭注"墮"爲古文，"餒"爲今文，鄭用古文爲正。敖氏此處經文寫作"綏祭"可能有誤，如果授爲形誤的話，經文當用今文的"餒"字或更接近些。然而，據景印文淵閣《四庫全書》本《儀禮注疏》以及阮元校刊《儀禮注疏》，鄭注"今文墮爲綏"，不知館臣所謂"餒"字何所本。
② 《儀禮集說》卷一四《士虞禮》，第517頁。
③ 同上書，卷一五《特牲饋食禮》，第538頁。
④ 同上書，卷一六《少牢饋食禮》，第576頁。
⑤ 同上。

《特牲饋食禮》這一條經文"授""擩"則當爲一解，此亦不可通。何況，在《儀禮集説》中敖繼公僅有以"綏祭""墮祭""挼祭"讀爲"授祭"者，而未見有將"擩""挼"等讀爲授者，反而敖氏在"挼"下夾註"如悦反"，明見其並不以"擩""挼"等讀爲授。在這個問題上，褚寅亮《儀禮管見》、胡培翬《儀禮正義》、凌廷堪《周官九祭解》、《禮經釋例》等與凌曙的觀點完全一致，其理由也是非常相似的。由此可見，凌曙在駁斥前人謬説時，將小學訓詁的考據方法應用得得心應手，成爲其重要的工具。也正是基於小學訓詁而來的學問才最扎實，凌曙條分縷析、步步爲營的考證基本上形成了可靠的結論。

四、結語

通過對《説文考正》和《蜚雲閣金石録》的討論，本文主要考察了作者凌曙的生平與學術，抄寫者凌毓瑞的基本情況，以及兩部作品的藏書源流等問題。藉由文獻的考察和研究，可以發現凌曙在小學訓詁方面有着獨到的見解，同時小學訓詁的基礎成爲其研究經學的主要手段。凌曙的經學展現出濃厚的乾嘉考據學品格，他以考據治經，特別是以考據的方法治公羊經傳，擴展了公羊學的研究範式，但也爲其招致了批評。若只站在清代常州"莊—劉"脈絡的公羊學角度來看，凌曙的經學確實與常州學派爲公羊學預設的路徑不甚相合。然而，在學術問題上不應有先入爲主的成見，公羊學的發展也未必僅有常州學派一脈。陳其泰提出由於清代考據學的慣性，晚清公羊學形成了以經議政和文獻考證雙軌並進的獨特景觀。① 在理解清代公羊學發展上，應破除成見、打開局面。

劉建臻指出："在揚州學派經學發展過程中，凌曙的作用相當明顯，除了教授阮福等人，揚州學派後期的重要代表人物劉文淇，就是在凌曙的關懷和培養下逐步走上學術研究道路的。"② 凌曙居乾嘉末期，上承乾嘉諸老之遺韻，下啓劉文淇、陳立之新疏，在學術史上理當有其一席之地。跳出揚州學派來看，錢基博認爲凌曙之學甚至影響了湘學與蜀學，其云："江都凌曙曉樓初治鄭玄

---

① 陳其泰《晚清公羊學雙軌演進及其哲理啓示》，《濟南大學學報（社會科學版）》2019 年第 5 期。

② 劉建臻《清代揚州學派經學研究》"概論"部分，南京：江蘇人民出版社，2004，第 22 頁。

禮,嗣聞武進劉逢禄申受論何氏《春秋》而好之,轉而治《公羊》,撰《公羊禮疏》十一卷、《公羊禮説》一卷。句容陳立卓人最稱高第弟子,承其緒衍,成《公羊義疏》七十六卷、《白虎通疏證》十二卷。其學由《白虎通》以通《王制》,遂旁開以《公羊》言禮一派。近世湘潭王闓運壬秋、善化皮錫瑞鹿門,皆由此衍,言禮明然後治《春秋》,別開湘學。又旁軼而爲蜀學,集其成於井研廖平季平,繼別爲宗。而淵源所自,不得不推凌氏爲別子之祖也。"① 如何看待凌曙之學,如何評估凌曙在學術史上的地位,有待學界進行更加深入的探討。

(作者單位:河北工業大學人文與法律學院,河北省語言文化創新發展研究基地)

---

① 錢基博《古籍舉要》,長沙:嶽麓書社,2010,第68頁。

俞樾《群經平議》的《孟子》研究

李暢然

【内容提要】 晚清的《孟子》研究，俞樾可謂一枝獨秀。在三批相關成果中，仍以最早的《群經平議》最具代表性。該書於訓詁名物、古文通假均有發明，尤長於在無疑處生疑、質疑、校正傳本的訛誤，體現了讀書之細緻。《群經平議》的《孟子》研究彌補了高郵二王不研及《孟子》的缺憾，勝義紛出，雖然有的未可遽信，但多可備一説。其論"性""情"同源、"仁"乃合人我二人言之，以及一鱗半甲的今文學特徵，也值得學術史留意。

【關鍵詞】 清代孟子學　語言文字學　性情　素王丘民　仁

晚清由於時局動盪，特別是嘉道諸老受到太平天國的衝擊，學術研究步入低谷。相關的《孟子》研究當中，俞樾的成果可謂一枝獨秀。

俞樾（1821—1907），字蔭甫，號曲園，浙江德清縣人。是晚清學界的代表人物。俞樾四歲遷居仁和（今杭州）臨平鎮，道光十七年丁酉（1837）貢生，二十四年甲辰舉人，道光三十年庚戌（1850）進士，授編修，咸豐五年（1855）外任河南學政，七年即罷官，僑居蘇州，又受學陳奐（1786—1863）和宋翔鳳（1779—1860）。歷主蘇州雲間（1858）和紫陽（1865）、上海求志、德清清溪、歸安龍湖等書院，主杭州詁經精舍長達三十一年（1867—1898）。除勤於著述之外，又總辦浙江書局，刻子書二十四種，又建議江浙揚鄂四局分刻二十四史（1868），建議抄補文瀾閣《四庫全書》。俞樾治學興趣廣泛，著述彙爲《春在堂全書》，近五百卷，主要有《群經平議》五十卷、《諸子平議》五十卷、《古書疑義舉例》七卷、《第一樓叢書》三十卷、《曲園雜纂》五十卷、《俞樓雜纂》五十卷、《茶香室經説》十六卷等。俞樾長期致力於教育，"蔚然爲東南大師"，黃以周、譚獻、吳大澂、戴望、繆荃孫、朱一新、張佩綸、崔適、宋恕、章炳麟皆曾受業。卒後入國史儒林傳。①

一、俞樾的三批六種《孟子》研究著作

俞樾六歲即由姚太夫人"口授四子書"②，對包括《孟子》在内的四書之探究，貫穿了他的一生。俞樾有關《孟子》的研究分三批六種，首先是《群經平議》中有關《孟子》的兩卷，其次是《俞樓雜纂》中的《孟子古注擇從》《孟子高氏學》《孟子續義内外篇》和《四書辨疑辨》四種各一卷，最後是《茶香室經説》末卷關於《孟子》的條目。此外北京市文物局藏有俞樾批校清刻本《四書集注》一部十九卷③。

道光間胡紹勳《四書拾義》之所以是該時期最耀眼的著作，是因爲他以高郵二王爲榜樣，以語言文字學爲突破口，提出了一批可喜可信的有學術價值的新見。胡書惜成書較早，篇幅亦有限；同光間俞樾繼起，且著作有條件隨成隨刊，從而爲後世留下大量寶貴的成果。《群經平議》是俞樾罷官後撰寫的首部著作，主要成於同治元年起在天津的三年（1862—1864），六年刊行（或著録爲五年），乃"竊附"王引之《經義述聞》"之後"④，是其接武二王的三大成名作之一。同治十年、光緒二十五年有重印，另有石印本。光緒十四年（1888）收入南菁書院刊《皇清經解續編》，《經解續編》次年又有上海蜚英館石印本。

王氏《經義述聞》雖然經典，論多精確，惜不及《論》《孟》，所幸有俞氏《平議》予以涵蓋。昔人謂《平議》立説不及《述聞》可信，然而後人欲於《論》《孟》求清人代表性的小學成果，大體只能索諸俞書。⑤《平議》卷三二《孟子一》處理上《孟》，四十四條，三十七葉；卷三三《孟子二》處理下

---

① （清）繆荃孫《清誥授奉直大夫誥封資政大夫重宴鹿鳴翰林院編修俞先生行狀》，氏著《藝風堂文續集》卷二，清宣統二年刻民國二年印本；（民國）章炳麟《俞先生傳》，氏著《太炎文録》卷二，民國《章氏叢書》本。

② （清）繆荃孫《清誥授奉直大夫誥封資政大夫重宴鹿鳴翰林院編修俞先生行狀》。《群經平議》序目即已言之。（清）俞樾《群經平議》，載《俞樾全集》，南京：鳳凰出版社，2010，第1册，第1頁上欄。

③ 陽海清《中國叢書廣録》第5124號，武漢：湖北人民出版社，1999。

④ （清）俞樾《群經平議·序目》，《俞樾全集》，第1册，第1頁下欄。

⑤ 《述聞》論他經自然間授《論》《孟》，例參李暢然《清胡紹勳〈四書拾義〉對〈孟〉學增字解經的克服暨其他創解》，載《儒家典籍與思想研究》第十二輯，北京：北京大學出版社，2020，第293、297、298頁。

《孟》（《離婁》以下），五十二條，二十六葉，共計六十三葉。約光緒間，諸生程仲威有《俞氏論孟二經平議重訂》，不傳。①

儘管《群經平議》是俞樾的成名作，畢竟成書較早，俞樾一直想訂補，但限於精力和版刻的成本，只能另起爐灶。以《孟子》學計，《俞樓雜纂》是又一批，最後則是《茶香室經説》。《俞樓雜纂》的序稱俞樓建於光緒四年戊寅，又提到次年夏之事，並稱"所著書已二百五十卷"，則蓋成於光緒五年（1879）五十八歲時。

俞樾的《俞樓雜纂》中有四種有關《孟子》。卷一六是《孟子古注擇從》一卷，並非是在趙岐、劉熙等古注中選擇其優長者，而是專擇趙岐《孟子章句》之善者。全書十六條，九葉。

卷一七《孟子高氏學》一卷，因高誘《孟子》注失傳已久，唯見稱於其《呂氏春秋序》，故取高誘有關《呂氏春秋》《淮南子》和《戰國策》的注釋以注《孟子》。全書八十九條，二十五葉。

卷一八《孟子續義內外篇》一卷，寥寥六葉，以凝練的語言發揮《孟子》的義理。內篇兩葉，舉《孟子》原文四條，論持志養氣；外篇三葉半，引《孟子》原文五六條，言治國之道，皆有借古諷今的意味。

卷一九《四書辨疑辨》一卷，對元代不墨守朱熹《四書章句集注》的陳天祥《四書辨疑》予以申説或辯駁②。全書十五條，依朱熹讀四書的次第排列，《大學》二條，《論語》六條，《孟子》六條，《中庸》一條，計二十一葉，其中《孟子》六葉半。

以上四著並不能説明這一時期俞樾於四書，主要精力暨成果就在《孟子》。因爲《俞樓雜纂》卷一三輯《論語鄭義》，與《孟子高氏學》隱相仿佛；卷一五爲《論語古注擇從》，則與《孟子古注擇從》配套。此外卷七尚有《何邵公論語義》，卷一四則爲《續論語駢枝》。

第三批的《茶香室經説》自序署光緒十四年（1888）春二月，云主詁經精舍"已逾二十載"，去年秋在吳下（蘇州）將課士期間的二百餘條記録編纂成十六卷，因"適在《茶香室三鈔》成書之後，故即名之曰《茶香室經説》"③。時年俞樾六十七歲。《經説》卷一六有十六條有關《孟子》的條目，計八葉，

---

① 程仲威少受學於朱駿聲（1788—1858），太平天國戰爭之後篤信程朱。
② 陳天祥《四書辨疑》詳情參董洪利《孟子研究》，《中國古文獻研究叢書》，南京：江蘇古籍出版社，1997，第270頁—第273頁。
③ 俞樾《茶香室經説・序》，《俞樾全集》，第7冊，第1册上欄。

有兩條直接説明是對《群經平議》和《湖樓筆談》等較早著作相關條目的修正或者另起一説。

其實除此以外，像《第一樓叢書》裏的《湖樓筆談》、《茶香室叢鈔》等等，也有關於《孟子》的條目，但均零碎，篇幅亦寥寥；《四書文》一卷則傳統上歸於集部，均不再論。

《俞樓雜纂》四種計四十六葉，再加上《茶香室經説》的八葉，仍不及《群經平議》中有關《孟子》六十三葉的篇幅；且不計《高氏學》的八十九條的話，餘書只有四十七條有關《孟子》，不及《群經平議》相關條目的一半。可見《群經平議》仍然是俞樾《孟子》研究的代表成果。本文即圍繞《平議》評述其有關《孟子》的研究。

二、《群經平議》的《孟子》研究

《群經平議》對話的對象是趙岐《孟子章句》、偽孫奭《孟子正義》和阮元《孟子注疏校勘記》，作爲低格的第一部分；低格的第二部分始爲正文，總體上以俞氏自己的研究爲主，另引用過顧炎武、閻若璩、江永、翟灝、段玉裁、阮元，以顧氏爲多。俞樾在該書《序目》中揭示了其標誌性的方法："治經之道，大要有三：正句讀，審字義，通古文假借。得此三者以治經，則思過半矣。"①因此其主要内容是有關字詞訓詁以及篇章文義的，由此也會涉及校勘。下面分類介紹。

（一）《群經平議》有關《孟子》所涉訓詁名物的研究

先舉三個例子。《公孫丑下》："弟子齊宿而後敢言，夫子卧而不聽，請勿復敢見矣。"關於"齊宿"，趙注："齊，敬；宿，素也。弟子素持敬心來言。"《平議》曰：

> 樾謹按，如注義，則當云"宿齊"，不當云"齊宿"，趙注非也。古"宿"與"肅"通。《儀禮·特牲饋食禮》"乃宿尸"，《禮記·祭統篇》"官宰宿夫人"，鄭注竝云："'宿'讀爲'肅'。"然則"齊宿"猶"齊肅"也。《賈子·保傅篇》"有司齊肅端冕"，《國語·楚語》"故齊肅以承之"，竝以"齊肅"連文。又或作"齊遬"，《禮記·玉藻篇》："君子之容舒遲，見所尊者齊遬。"是也。"齊宿而後敢言"，正自言極其敬謹爾。

---

① 俞樾《群經平議·序目》，《俞樾全集》，第1册，第1頁下欄。

> 又按，此人自稱"弟子"而孟子與之語自稱"長者"，與語樂正子同。然則留行之客雖不知何人，要必孟子弟子之留仕於齊者，若盆成括之流歟？①

按，依趙注之解，語序不對，所以俞樾讀破"素"爲"肅"。

《離婁上》："今之欲王者，猶七年之病求三年之艾也。苟爲不畜，終身不得；苟不志於仁，終身憂辱，以陷於死亡。"關於"猶七年之病求三年之艾也"，趙注："如七年病而卻求三年時艾。"《平議》曰：

> 樾謹按，此承"雖欲無王，不可得矣"而言，喻當今之世行仁政而王者之易也。
>
> 假使病者不過三年而艾必以七年爲期，斯無及矣；今病者尚可七年而艾乾三年即已可用，則何爲而不畜乎？趙注似失之。
>
> 至"三年""七年"，乃古人恒語。古凡言數者，必三、五、七。如"大國五年，小國七年"，則以"五"與"七"言；"三年之艾""七年之病"，則以"三"與"七"言。蓋數極於九，至十則復爲一矣，五，其中數也；自一至五則三爲中數，自五至九則七爲中數。《大戴記·明堂》之制，"二九四七五三六一八"，亦以七、五、三爲中，即此義也。故古人舉得半之數則曰五，不及乎半則曰三，過乎半則曰七。《易》曰"三日不食"，又曰"七日來復"，又曰"七日得"；《詩》曰"其實七兮""其實三兮"，又曰"鳲鳩在桑，其子七兮"，又曰"五日爲期"；《論語》曰"三年有成"，又曰"比及三年"，又曰"善人教民七年"：皆是也。若至少之數不可以"三"言者則曰"一"，如"一鉤金""一杯水"是也；至多之數不可以"七"言者則曰"九"，如"九合諸侯""叛者九起"是也。《左傳》"五侯九伯"，"五"者舉其中數，"九"者舉其極數也。後人不達古語，凡言數者必求其義，斯鑿矣。②

按，一般把"猶七年之病求三年之艾也"理解爲消極狀況，俞樾作了積極面的理解，可備一說。條目主體部分只是論古人行文通例，對此處《孟》文的理解並無絕對的判別作用，不過至少對《離婁上》"不孝有三"、《離婁下》"世俗所

---

① 俞樾《群經平議》卷三二"弟子齊宿而後敢言"條，《俞樾全集》，第1册，第1頁下欄，第527頁上欄。

② 同上書，卷三三"今之欲王者猶七年之病求三年之艾也"條，《俞樾全集》，第1册，第535頁下欄—第536頁上欄。

謂不孝者五"之類或有更好的解釋力。

《公孫丑下》："孟子去齊。充虞路問曰：'夫子若有不豫色然。前日虞聞諸夫子曰："君子不怨天，不尤人。"'曰：'彼一時，此一時也。五百年必有王者興，其間必有名世者。由周而來，七百有餘歲矣。以其數則過矣，以其時考之則可矣。'"關於"彼一時，此一時也"，趙注："彼前聖賢之出是有時也，今此時，亦是其一時也。"《平議》曰：

> 樾謹按，趙說是也。"彼一時，此一時"，言其時之同也；猶"彼丈夫也，我丈夫也"，言其人之同也。下文云"以其時考之則可矣"，即承此而言。惟其時"可"，故孟子之時即太公望、散宜生之時，又推而上之，即伊尹、萊朱之時，又推而上之，即禹、皋陶之時。彼亦一時，此亦一時，非有異也。"天欲平治天下，舍我其誰？"則孟子雖不得志於齊，而固未嘗不豫也。
>
> 後人誤解"彼一時，此一時"句，遂謂孟子真若有不豫色者，殊失孟子之意。乃東方朔《答客難》曰："彼一時也，此一時也，豈可同哉？"則漢人已誤解此二語矣。①

按，此條也是推翻流行的朱熹的理解，反向思維，以求更通達的解釋，給人以振聾發聵之感。由此條還可以看到，《平議》雖然主要列出趙氏《章句》，《章句》卻未必總是《平議》的批評對象。有的條目完全是申趙義。

《滕文公上》："夷子曰：'儒者之道，古之人若保赤子，此言何謂也？'"趙注："言儒者曰，古之治民，若安赤子。"偽孫奭疏："儒者之道有云，古之人治民，若保安赤子者。"《平議》曰：

> 樾謹按，趙氏以"曰"字釋經文"道"字，"道"，猶"言"也。此文十一字共爲一句，猶云儒者之言古之人若保赤子也。《正義》斷"儒者之道"四字爲句，失之。②

此是揭示舊疏與趙注意違，但讀者很容易忽略。類似的還可以見卷三二"今夫蹶者趨者"條③，亦贊同趙注，駁斥朱注。當然，俞說之下，"儒者之道"的"之"字顯得多餘。

---

① 俞樾《群經平議》卷三二"彼一時此一時也"條，《俞樾全集》，第 1 册，第 527 頁下欄—第 528 頁上欄。
② 同上書，卷三二"儒者之道古之人若保赤子"條，《俞樾全集》，第 1 册，第 532 頁上欄。
③ 同上書，卷三二"今夫蹶者趨者"條，《俞樾全集》，第 1 册，第 522 頁下欄。

訓詁是俞樾的強項。《滕文公上》:"及至葬,四方來觀之,顔色之戚,哭泣之哀,吊者大悦。"關於"吊者大悦",《平議》曰:

> 樾謹按,《爾雅·釋詁》:"悦,服也。""吊者大悦",言吊者大服也。《孟子》書"悦"字當訓服者甚多。"取之而燕民悦",猶云燕民服也;"士則兹不悦",猶云兹不服也。
>
> "悦"與"喜"微有區別。如"屋廬子喜""屋廬子悦",兩字不可互易。喜者,因有聞可問而喜也;悦者,因既得其義而服也。①

按,俞説令人茅塞頓開。像他章諸如《滕文公下》"誅其君而吊其民,若時雨降,民大悦"、《盡心上》"予不狎於不順,放太甲於桐,民大悦;太甲賢,又反之,民大悦",類似的"悦"都以解爲"服"更貼切。

《滕文公上》引孔子曰:"君哉舜也,巍巍乎有天下而不與焉。"關於"君哉",趙注:"舜得人君之道哉。"《平議》曰:

> 樾謹按,"君",猶"美"也。《詩·羔裘篇》"洵直且侯",毛傳曰:"侯,君也。"《釋文》引《韓詩》曰:"侯,美也。"《文王有聲篇》"文王烝哉",毛傳曰:"烝,君也。"《釋文》引《韓詩》曰:"烝,美也。"是"君"與"美"義通。故昭元年《左傳》曰"楚公子美矣,君哉",《白虎通·號篇》曰"皇君也美也",並其證矣。"君哉舜也",猶曰美哉舜也。《説文·羊部》"美"從大,"與善同意"。《詩·桑柔篇》鄭箋云:"'善',猶'大'也。"然則"美"亦猶"大"也。孔子稱堯曰"大哉",稱舜曰"君哉",其意相近。趙注未達其旨。②

按,"君"一般理解爲君主,君主之義則一般認爲來自"群";俞樾考證有美義,當亦來自"群",而君主之義或許借階於美大之義,亦未可知。

《離婁下》:"匡章,通國皆稱不孝焉。夫子與之遊,又從而禮貌之,敢問何也?"關於"禮貌",趙注:"又禮之以顔色喜悦之貌也。"《平議》曰:

> 樾謹按,"禮"當爲"體"。《周易·繫辭傳》"知崇禮卑",蜀才本"禮"作"體";《詩·谷風篇》"無以下體",《韓詩外傳》"體"作"禮":是古字通也。《戰國策·齊策》"令人體貌而親郊迎之",《漢書·賈誼傳》

---

① 俞樾《群經平議》卷三二"吊者大悦"條,《俞樾全集》,第1册,第528頁上欄。
② 同上書,卷三二"君哉舜也"條,《俞樾全集》,第1册,第531頁下欄;參同書卷九《毛詩》"其君也哉"條。

"所以體貌大臣而屬其節也"，此"體貌"二字之證。

桓十四年《穀梁傳》"察其貌而不察其形"，范甯注曰："貌，姿體。"是"貌"與"體"義亦相通。古人言"容貌"亦言"容體"，故以"體貌"連文。

《荀子·大略篇》："君子之於子，愛之而勿面，使之而勿貌。"楊注曰："'面''貌'，謂以顔色慰悦之。""體貌"亦猶是矣，二字平列。如趙注，則當云"禮之以貌"，不當云"禮貌之"也。《告子篇》"禮貌未衰"，又曰"禮貌衰"，凡言"禮貌"者，竝當讀爲"體"。①

此讀"禮"爲"體"，且於古文廣有徵驗，很有啓發。

《平議》也有考名物的條目。《盡心下》："高子曰：'禹之聲尚文王之聲。'……曰：'以追蠡。'"關於"追"，趙注："追，鐘鈕也。"《平議》曰：

樾謹按，"追"訓鍾鈕，於古無徵。"追"疑當爲"縋"。《説文·糸部》："縋，以繩有所縣也。"鍾鈕亦所以縣者，故謂之"縋"。②

按，這是通過通假來讀通經文。

(二)《群經平議》研究《孟子》時對假借的運用

《平議·序目》謂正句讀、審字義、通古文假借"三者之中，通假借爲尤要"（1下欄），因此《平議》通過假借來解決問題的條目不少。除前引之外，又如《告子下》："一不朝，則貶其爵；再不朝，則削其地；三不朝，則六師移之。"關於"移"字，趙注："移之，就之也。"《平議》曰：

樾謹按，"移"當讀爲"阤"。《廣雅·釋詁》"阤""陊"，竝訓"壞"，是"阤"與"陊"義相近。"陊"，即"墮"字，故《集韻》曰："陊，或作'隤'。"然則"六師阤之"，猶"六師墮之"，蓋毀壞其都邑，若《春秋》所書"帥師墮郈""帥師墮費"之類是也。因段"移"爲"阤"，而注者以本字讀之，遂失其旨矣。③

不過"墮"主要針對城市，是否可以泛泛地直接用於諸侯，尚需要更直接而貼切的文例。

---

① 俞樾《群經平議》卷三三"又從而禮貌之"條，《俞樾全集》，第1冊，第538頁下欄—第539頁上欄。
② 同上書，卷三三"以追蠡"條，《俞樾全集》，第1冊，第551頁上欄—下欄。
③ 同上書，卷三三"則六師移之"條，《俞樾全集》，第1冊，第549頁上欄。

《公孫丑下》:"有賤丈夫焉,必求龍斷而登之,以左右望而罔市利。"關於歷來聚訟的焦點"龍斷",趙注:"龍斷,謂堁斷而高者也。"《平議》曰:

> 樾謹按,趙說"龍斷"不了,疑非經旨也。《說文·网部》"買"下引《孟子》"登壟斷而网市利",是"龍"字本作"壟"。孫奭《音義》曰:"陸云'龍斷'謂岡壟斷而高者。"是陸善經正讀"龍"爲"壟"也。惟於"斷"字尚未得解。
>
> "斷"當讀爲"敦"。"敦"與"斷"一聲之轉,古得通用。《莊子·逍遙遊篇》"斷髮文身",《釋文》云:"斷,司馬本作'敦'。"是其證也。《爾雅·釋丘》曰:"丘一成爲敦丘。"郭注曰:"今江東呼地高堆者爲敦。"然則"壟"與"敦"皆土之高者。《說文·土部》:"壟,丘壟也。""敦"即今"墩"字。讀"龍斷"爲"壟墩",自得其義,無煩申說矣。①

按,《平議》把注意力放到注家暨讀者普遍忽略的"斷"字上,作了比較令人信服的解釋;當然"斷""敦"雖然上古都是端母,中古都是合口一等字,不過上古元部和微文部還是有點距離。

《梁惠王下》宣王曰:"諸侯多謀伐寡人者,何以待之?"《平議》曰:

> 樾謹按,《爾雅·釋詁》:"止,待也。"《論語·微子篇》"齊景公待孔子",《史記·孔子世家》作"止孔子",是"待"與"止"同義。宣王問"何以待之",猶言"何以止之",故孟子告之曰:"置君而後去之,則猶可及止也。"②

按,"待"從"寺"得聲,"寺"從"止"得聲。

(三)《群經平議》有關《孟子》普通文義的於無疑處生疑

《群經平議》也有大量只涉及普通文義的條目,可謂於無疑處生疑,讀之令人茅塞頓開。《盡心下》:"經德不回,非以干祿也;言語必信,非以正行也。"關於"言語必信,非以正行也",趙注:"庸言必信,非必欲以正行爲名也。"《平議》曰:

> 樾謹按,趙氏之意,以"正行"是美事,"以正行爲名"始是不美,

---

① 俞樾《群經平議》卷三三"必求龍斷而登之"條,《俞樾全集》,第 1 冊,第 526 頁下欄—第 527 頁上欄。
② 同上書,卷三二"諸侯多謀伐寡人者何以待之"條,《俞樾全集》,第 1 冊,第 521 頁下欄。

故增益其義如此。不知非孟子意也。上文云"經德不回,非以干祿也","干祿"二字見於《詩》,亦是美事,故子張學干祿,孔子不斥其非,且告以干祿之道曰:"言寡尤,行寡悔,祿在其中矣。"然則"經德不回",以之"干祿";"言語必信",以之"正行":此乃學者之常事,即孔孟教人,亦未嘗不以此也。若夫"經德不回"而"非以干祿","言語必信"而"非以正行",則盛德之至,非聖人不能矣。三代以下,儒者恥言干祿,遂覺"正行"與"干祿"不可竝論,乃謂其"欲以正行爲名",非古義也。①

按,俞樾指出古時"干祿"本是中性詞,所以在理解"正行"時也沒有必要往貶義上去引領。

當然多數情況下對文義的推敲會導致對訓詁的調整。《滕文公上》:"江漢以濯之,秋陽以暴之,皜皜乎不可尚已!"趙注:"曾子不肯,以爲聖人之潔白,如濯之江漢,暴之秋陽。""皜皜,甚白也。"《平議》曰:

樾謹按,江漢濯之,誠哉潔白矣;秋陽暴之,則何潔白之有?且贊聖人之德而但稱其"潔白",亦小之乎視聖人矣!趙注非也。

"江漢以濯之,秋陽以暴之",猶《説卦傳》云"雨以潤之,日以烜之",此兩句正以相反而見相劑之妙。惟濯之以江漢,故秋陽暴之而不燥;惟暴之以秋陽,故江漢濯之而不濡。孔子之聖,所以化清、和、任之跡而集大成也。曾子之稱孔子,猶孟子之稱孔子也。

其下曰"皜皜乎不可尚已",《説文》無"皜"字,古字止作"皓",亦與"浩"通。《公孫丑篇》"我善養吾浩然之氣",《文選·答賓戲篇》作"養皓然之氣",是"皜皜"即"浩浩"也。《尚書·堯典篇》"浩浩滔天",枚氏傳曰:"浩浩,盛大。"《楚辭·懷沙篇》"浩浩沅湘",王逸注曰:"浩浩,廣大貌。""浩浩乎不可尚已",蓋言聖人之大也。因字叚作"皓",又變作"皜",後人以爲形容其潔白,遂并上兩句之義而失之矣。②

按,"秋陽暴之,則何潔白之有?且贊聖人之德而但稱其'潔白',亦小之乎視聖人矣",的確令人恍然有所覺悟。

《滕文公下》:"昔者……周公兼夷狄,驅猛獸,而百姓寧。"趙注:"周公

---

① 俞樾《群經平議》卷三三"言語必信非以正行也"條,《俞樾全集》,第1册,第552頁下欄。

② 同上書,卷三二"江漢以濯之秋陽以暴之皜皜乎不可尚已"條,《俞樾全集》,第1册,第531頁下欄—第532頁上欄。

兼懷夷狄之人。"《平議》曰：

> 樾謹按，上文言周公誅紂伐奄，戮飛廉，滅國五十，無"兼懷夷狄"之事，下文又引《詩》云"戎狄是膺，荆舒是懲"，然則趙氏以"兼夷狄"爲"兼懷夷狄之人"，殆失之矣。"兼"之言"絶"也。《考工記·輪人》曰："外不廉而內不挫。"鄭注曰："廉，絶也。"《説文·火部》作"爏"①，曰"火爏車網絶也"，引《周禮》曰："爏牙，外不爏。"又《水部》："㺩，薄水也。一曰中絶小水。"是從兼之字並有絶義。《周書·武稱篇》"爵位不謙"，"不謙"即不絶也。説詳《周書》。"周公兼夷狄"，蓋謂屏絶之，故與"驅猛獸"並言。②

按，朱注以爲"并之"③，同樣不及俞氏此説義長。

《公孫丑下》："寡人如就見者也，有寒疾，不可以風；朝將視朝，不識可使寡人得見乎？"關於首句，《平議》曰：

> 樾謹按，"者也"，猶云"者邪"。古"也""邪"二字通用。陸德明《經典釋文序》所謂也、邪無別是也④。齊王此言，蓋設爲商度之辭，若曰：寡人如就見者邪，則有寒疾，不可以風，故欲孟子來朝而見之也。⑤

按，道光間胡紹勳解"如"爲當⑥，其效果則同，但從可靠性來看，自然以俞説爲簡截。

《平議》雖以小學見長，但也有以考史考制度爲主的條目。《公孫丑下》："不得已而之景丑氏宿焉。"趙注："孟子迫於仲子之言，不得已，而心不欲至朝，因之其所知齊大夫景丑之家而宿焉。且以語景子。"《平議》曰：

> 樾謹按，孟子既不欲朝王，則竟歸其家可矣，何必之景丑氏宿乎？蓋宿於景丑氏者，將朝王也；將朝王而宿於景丑氏者，便於造朝也。古者卿

---

① 按，《説文》實作"爏"，下引《周禮》同。
② 俞樾《群經平議》卷三二"周公兼夷狄"條，《俞樾全集》，第1冊，第534頁下欄—第535頁上欄。
③ （宋）朱熹《孟子集注》卷六，氏著《四書章句集注》，北京：中華書局，1983，第273頁。
④ "邪、也弗殊。"（唐）陸德明著，吳承仕疏證：《經典釋文序録疏證·條例》，北京：中華書局，2008，第15頁。
⑤ 俞樾《群經平議》卷三二"寡人如就見者也"條，《俞樾全集》，第1冊，第525頁下欄。
⑥ （清）胡紹勳《四書拾義》卷四"如就見"條，《叢書集成續編》影印民國間劉世珩《聚學軒叢書》本，臺北：藝文印書館，1989，第33冊，第711頁上欄。

大夫皆受宅於司里，與公宫相近。《國語·魯語》"文公欲弛孟文子之宅"，又"欲弛郈敬子之宅"。韋昭注曰："公欲毀之以益官。"則其近於公宫可知矣。孟文子之言曰："夫署，所以朝夕虔君命也。臣立先臣之署，服其車服。爲利故而易其次，是辱君命也。"韋注曰："言朝夕者，不宜遠也。"郈敬子之言曰："先臣惠伯以命於司里，今命臣更次於外，爲有司之以班命事也，無乃違乎？"韋注曰："言先臣惠伯受命於司里，居此宅也。"以是二傳考之，古卿大夫皆受宅於司里，如後世賜第之比，其宅必近公宫。

莊三十二年《左傳》"公築臺臨黨氏"，杜注曰："黨氏，魯大夫。"此黨氏之家亦必與公宫近，故公築臺得臨之。哀十一年《傳》："季氏使從於朝，俟於黨氏之溝。"杜注曰："黨氏溝，朝中地名。"即此黨氏矣。

孟子之宿於景丑氏，蓋以景丑氏家距朝不遠，故孟子宿此，以爲明日造朝之地；或孟子每朝王恒主其家，未可知也。《儀禮·鄉飲酒禮篇》賈疏曰："孟子不肯朝，後不得已而朝之，宿於大夫景丑氏之家。"是賈公彥正以"不得已"爲不得已而朝王，但其必宿於景丑氏之故，則自來未見及耳。

又按孟仲子之意，欲使孟子即以是日造朝。而孟子必宿於景丑氏，待明日乃朝者，蓋其不得已而朝也，所以踐仲子之言；而不以是日造朝，則仍所以明不可召之義。且仲子固言之矣，曰："吾不識能至否乎。"則是日不造朝，於仲子仍無失言之咎也。①

按，是説於情理甚妥貼，堪爲定論。又如關於人名，俞樾也注意古代記載方式與今日之不同。《公孫丑上》："孟施舍之所養勇也，曰：'視不勝猶勝也'云云。"趙注："孟，姓。舍，名。施，發音也。"《平議》曰：

> 樾謹按，孟施，字也；舍，名也，連言之曰"孟施舍"，猶《左傳》稱"孟明視"矣。《周官·小司徒》職曰"凡征役之施舍"，《鄉師》職曰"辨其可任者與其施舍者"，然則名舍而字孟施，名、字正相應。趙注以"施"爲發聲，義既未安；近人或以"孟施"爲姓，或以"施舍"爲名，胥失之矣。②

按，今人慣以姓加名的格式稱人，但先秦則有不同的格式，"孟"字當是排行。

---

① 俞樾《群經平議》卷三二"不得已而之景丑氏宿焉"條，《俞樾全集》，第1册，第525頁下欄—第526頁上欄。

② 同上書，卷三二"孟施舍之所養勇也"條，《俞樾全集》，第1册，第522頁下欄。

俞樾此説讓人轉換了思路。

《盡心下》:"如琴張、曾晳、牧皮者,孔子之所謂狂矣。"關於"琴張",《平議》曰:

> 樾謹按,趙注以"琴張"即顓孫師,乃賈逵、鄭衆之舊説,見昭二十年《左傳正義》,而服虔已疑之。至杜預注《左傳》曰:"琴張,孔子弟子,字子開,名牢。"則本之《家語》,更不足據。《莊子·大宗師篇》:"子桑户、孟子反、子琴張三人相與友。"竊疑此人名張,字子琴,而姓氏不傳。古人名字竝稱,皆先字,後名,故曰"子琴張",亦曰"琴張"也。①

按,這種解讀思路與解"孟施舍"是一致的。

《梁惠王上》:"《湯誓》曰:'時日害喪,予及女偕亡!'"趙注:"時,是也。時乙卯日也。害,大也。""湯臨士衆而誓之,言是日桀當大喪亡,我與女俱往亡之。"《平議》曰:

> 樾謹按,趙説與《孟子》引《書》之意不合。《尚書·湯誓篇》枚傳謂"衆下比桀於日,曰是日何時喪,我與女俱亡",此説是也。《詩·柏舟篇》毛傳曰:"日,君象也;月,臣象也。"《東方之日篇》傳曰:"君明於上,若日也;臣察於下,若月也。"是《詩》人之辭,每以日喻君。"時日害喪,予及女偕亡",此兩句乃韻語,疑是夏民歌謠之辭,故與《詩》義相近也。《廣雅·釋詁》:"日,君也。"《韓非子·内儲説》曰:"吾聞,見人主者夢見日。"哀六年《左傳》:"有雲如衆赤鳥,夾日以飛。周大史曰:'其當王身乎?'"竝古人以"日"喻"君"之證。文七年《傳》賈季稱"趙衰,冬日之日;趙盾,夏日之日",亦以古卿大夫有土者皆有君道,故以日爲喻也。必謂桀嘗自比於日,因以目之,抑又未達古義矣。②

按,這一論斷雖左袒僞孔傳而有保留,但建立在對古人慣常的取譬觀念的考查上,是俞樾高出衆人之處。

(四)《群經平議》對《孟子》傳本的校勘

無論對訓詁、文義、名物以及歷史的考查,都可能引發對《孟子》傳本存在訛誤的懷疑。《萬章上》:"好色,人之所欲,妻帝之二女,而不足以解憂。"

---

① 俞樾《群經平議》卷三三"琴張"條,《俞樾全集》,第1册,第552頁上欄—第553頁下欄。
② 同上書,卷三二"時日害喪"條,《俞樾全集》,第1册,第517頁上欄。

關於"好色",《平議》曰:

> 樾謹按,"好"乃"妃"字之誤。《漢書·賈誼傳》:"及太子少長,知妃色。"師古注曰:"妃色,妃匹之色。"《大戴記·保傅篇》同。賈子《新書》作"好色",字之誤也。此云"好色,人之所欲",其下云"人悦之、好色、富貴",又云"知好色則慕少艾","好"字竝當作"妃"。"妃色"蓋古語。孟子、賈子竝有"知妃色"之文,後人不達古語而改爲"好色",失之矣。①

按,此可備一説。從概率看,"妃色"罕用,容易誤作"好色",反之則較難發生。

《告子上》:"以紂爲兄之子,且以爲君,而有微子啓、王子比干。"趙注:"紂爲君,又與微子、比干有兄弟之親,亦不能使此二子爲不仁。"《平議》據趙注與經文的不對應,提出"之子"或爲"弟"之誤:

> 樾謹按,《史記》微子是紂庶兄,比干則但云"紂之親戚"。如《孟子》此文,則是微子、比干皆紂父帝乙之弟矣,與史不合。顧氏《日知錄》曰:"'以紂爲弟,且以爲君,而有微子啓;以紂爲兄之子,且以爲君,而有王子比干',竝言之則於文有所不便,故舉此以該彼。"夫舉兄之子,何足以該弟?此論殊不可通。據趙注云"紂爲君,又與微子、比干有兄弟之親",疑趙氏所見經文作"以紂爲兄弟,且以爲君"。"弟"字誤爲"之子"二字,非特不合《史記》;即以趙注按之,亦自不合矣。朱子《集注》云:"疑此或有誤字。"殆已見及此,因無佐證,不敢質言耳。②

按,這也是解決記載分歧的策略之一。不過顧炎武説自有内證,如《孟子》另有"決汝漢,排淮泗,而注之江"的説法,今只有漢水入江,餘三則否。

利用趙注校經文的還有《盡心上》:"有天民者,達可行於天下而後行之者也。"趙注:"天民,知道者也。可行而行,可止而止。"《平議》云:

> 樾謹按,如注義,則經文"達"字疑"道"字之誤。《章句》亦曰

---

① 俞樾《群經平議》卷三三"好色人之所欲"條,《俞樾全集》,第1册,第539頁下欄—第540頁上欄。

② 同上書,卷三三"以紂爲兄之子且以爲君而有微子啓王子比干"條,《俞樾全集》,第1册,第545頁下欄—第546頁上欄。

"天民行道"①,趙氏所據本,必是"道"字也。②

按,"道"自無妨出自"天民"之"天",不過趙注的確未衍及"達"字,不太合乎《孟子"章句"》的體例,所以俞説有一定道理。

《平議》關於《孟子》本文的校勘,最重要的是《盡心上》:"君子所性,仁義禮智根於心,其生色也睟然,見於面,盎於背,施於四體,四體不言而喻。"《平議》云:

> 樾謹按,此句之義,殊不可曉。若謂"四體不言而人自喻",則四體豈能言者;若謂"我之四體不待我言而喻我之意",則凡人皆然,豈必君子?據《文選·魏都賦》劉淵林注引《孟子》曰:"君子所性,仁義禮智根於心,其生色睟然見於面,不言而喻。"應吉甫《華林園集詩》李善注引《孟子》曰:"君子所性,仁義禮智信根於心,施於四體,不言而喻。"兩文不同,然"不言而喻"上皆無"四體"字。疑古本《孟子》"四體"二字不疊也。若謂古人引書或以意增損,不足據,則何以劉、李二人如出一手乎?且如李所引有"信"字而劉所引即無之,蓋以意增損,必不能同;乃兩人所引皆無"四體"字,則是古本如此矣。③

《平議》的校勘不限於單個詞句,也有一段文字者。《盡心下》:"'何以謂之狂也?'曰:'其志嘐嘐然,曰,"古之人,古之人。"夷考其行,而不掩焉者也。狂者又不可得,欲得不屑不潔之士而與之,是獧也,又其次也。孔子曰:"過我門而不入我室,我不憾焉者,其惟鄉原乎!鄉原,德之賊也。"'曰:'何如斯可謂之鄉原矣?'曰:'何以是嘐嘐也?言不顧行,行不顧言,則曰,古之人,古之人,行何為踽踽涼涼?生斯世也,為斯世也,善斯可矣。'閹然媚於世也者,是鄉原也。"關於描述鄉原的三十字"曰:'何以是嘐嘐也?言不顧行,行不顧言,則曰,古之人,古之人,行何為踽踽涼涼"一段,《平議》認為是上文描述狂者而非鄉原的:

> 樾謹按,此三十字當在"其志嘐嘐然"之下,"夷考其行"之上。"曰何以是嘐嘐也",萬章問也;"言不顧行"以下,孟子答也。"踽踽涼涼"正與"嘐嘐"相反。"踽踽"者,獨也,《詩》云"獨行踽踽"是也;"涼

---

① 引文出《孟子章句》的章指部分。
② 俞樾《群經平議》卷三三"有天民者,達可行於天下而後行之者也"條,《俞樾全集》,第1冊,第549頁上欄。
③ 同上書,卷三三"四體不言而喻"條,《俞樾全集》,第1冊,第549頁上欄—下欄。

涼"者，薄也，《說文·水部》"涼，薄也"，是也。凡物之衆者厚者皆有大義，"殷"訓大亦訓衆，"膴"訓大亦訓厚，是其證也；然則"獨"與"薄"皆有小義矣。趙氏訓"嘐嘐"爲志大言大，是"踽踽涼涼"正與相反也。狂者言行不相顧，故常以古人之行爲隘小而非笑之，每曰"古之人，古之人，行何爲是踽踽涼涼？"此狂者譏古人之詞也。及考其所爲，則實未能大過古人，故曰："夷考其行，而不掩焉者也。"自此三十字誤移在後文，則與論鄉原何涉？趙注、朱注皆曲爲之說，而義不可通。前文止存"曰古之人古之人"七字，此乃文字爛脱之有未盡者，今當爲衍文矣。①

按，此章號爲難通，俞之嘗試頗有建設性。

《盡心下》："貉稽曰：'稽大不理於口。'孟子曰：'無傷也。士憎兹多口。《詩》云"憂心悄悄，愠於群小"，孔子也；"肆不殄厥愠，亦不殞厥問"，文王也。'"《平議》認爲此章到"孟子曰無傷也士憎兹多口"即截止：

> 樾謹按，此章之文止於此。下文"《詩》云憂心悄悄"一節當在"貉稽曰"之前，與上章合爲一章。其文云："孟子曰：'君子之戹於陳蔡之閒也，無上下之交也。《詩》云"憂心悄悄，愠於群小"，孔子也；"肆不殄厥愠，亦不殞厥問"，文王也。'"蓋因孔子而及文王。孟子之意，以文王比孔子也，簡策錯亂誤倒在後，注家遂誤以爲告貉稽之言。若果孟子爲貉稽引《詩》，則當有次弟，安得先孔子而後文王乎？②

按，會話中行文有講究者，有不講究者，此可備一說而已。以上兩條俞樾在後來的《古書疑義舉例》中俱收入"簡策錯亂例"條（卷六），可參看。

（五）《群經平議》解《孟》條目中難以遽信者

儘管《群經平議》關於《孟子》的研究成績斐然，但其中也有難以遽信者。如關於《孟子》裏比較費解的"比"字，《平議》有一處的解釋還是比較近情理的。《梁惠王上》梁惠王云："寡人恥之，願比死者壹洒之，如之何則可？"僞孫奭《正義》："今願爲死不惜命者一洗除之。"③《平議》云：

---

① 俞樾《群經平議》卷三三"曰何以是嘐嘐也言不顧行行不顧言則曰古之人古之人行何爲踽踽涼涼"條，《俞樾全集》，第1冊，第553頁上欄。
② 同上書，卷三三"孟子曰無傷也士憎兹多口"條，第551頁上欄。
③ "爲"字，《四庫全書》本《孟子注疏》同，阮刻本作"近"，校勘記云："閩本同。監、毛本'近'作'爲'。"然則俞樾寫書根據的《孟子注疏》當屬於明北監本、汲古閣本及清武英殿本系統。

> 樾謹按，上云"寡人恥之"，"恥"以生者言，則"洗除"亦當以生者言，不得云"爲死者洗除"也。此"比"字當訓爲近，"比死"，猶"近死"也。《管子‧勢篇》："動靜者，比於死。"尹知章注曰："比，近也。"與此文"比死"同義。《國語‧齊語》："夫管夷吾射寡人中鉤，是以濱於死。"韋昭注曰："三君皆云：濱，近也。""比"與"濱"一聲之轉，義亦相通。據《竹書紀年》，惠王立三十六年改元，又十六年而卒，孟子至梁實在惠王後元之十五年，次年惠王卒，襄王立，孟子一見即去梁矣，説本顧氏炎武《日知録》及江氏永《羣經補義》。然則惠王是時在位已五十一年，其年之老可知。"比死者"蓋其自稱之辭，猶云"垂死之人"。"願比死者一洗之"若曰"願及其未死之時，一洗除其恥"耳。①

按，如此解甚爲通順，"比"與"濱"脂真對轉，在音韻學上也很可靠。不過另一條關於"比"字的訓解則稍嫌於生硬。《告子上》："心之官則思。思則得之，不思則不得也。此天之所與我者。先立乎其大者，則其小者不能奪也。"關於經文"此天之所與我者"和相應的趙注"此乃天所與人情性"，朱熹《孟子集注》提供了一條版本異文，即"此"舊本《孟子》作"比"："然'此天'之'此'，舊本多作'比'，而趙注亦以'比方'釋之；今本既多作'此'，而注亦作'此'，乃未詳孰是。但作'比方'，於義爲短，故且從今本云。"爲此《平議》引趙注直作："比方天所與人情性。"按云：

> 樾謹按，"比"之言"次"也。《周官‧世婦》職"比其具"，鄭注曰："比，次也。"《宰夫》職"比官府之具"，注曰："比，校次之。"又《儀禮‧大射儀》"遂比三耦"，注曰："比，選次之也。"並與此"比"字義同。蓋心與耳口皆天之所與我者，必比次之，然後知其孰爲大孰爲小，然後能"先立乎其大"。下文"先"字正從"比"字生出。趙氏以"比方"釋之，其義不顯，後人遂誤改作"此"字矣。②

按，王念孫《讀書雜誌‧戰國策一》認爲兩處"比"字俱是皆、都之意，似更穩妥。俞樾學宗二王，自然知道王説，此二條當屬另闢蹊徑。當然，從詞義發展演變的角度看，王念孫和俞樾之説也未始不能統一，皆、編次的含義應當都是比近義之引申。

---

① 俞樾《羣經平議》卷三二"願比死者壹洒之"條，《俞樾全集》，第 1 册，第 518 頁上欄—下欄。

② 同上書，卷三三"比天之所與我者"條，《俞樾全集》，第 1 册，第 547 頁下欄。

《離婁下》："其事則齊桓、晉文，其文則史。孔子曰：'其義則丘竊取之矣。'"關於"竊取"，《平議》云：

> 樾謹按，孔子作《春秋》，"其文""其事"，本之舊史；"其義"，則所謂"筆則筆，削則削，游、夏不能贊一辭"者，孔子何所"取"之哉？取者，爲也。《廣雅·釋詁》曰："取，爲也。"即此"取"字之旨。"竊取之"，猶言"私爲之"。孔子蓋曰："其義則丘私爲之也。"後世治《春秋》者不信三科九旨諸說，而但曰經承舊史，史承赴告，則止有"其事""其文"，而孔子之"義"付之悠悠矣。①

按，王念孫《廣雅疏證》完全未疏證《廣雅》"取，爲也"之條（卷三下），然則此條訓詁之可靠性，恐大有隱患。但還是可以體現俞氏今文經學關於《春秋》的立場。

校勘條目亦有可議者。《盡心下》："仁之於父子也，義之於君臣也，禮之於賓主也，知之於賢者也，聖人之於天道也，命也。有性焉，君子不謂命也。"關於"聖人之於天道也"，《平議》云：

> 樾謹按，《集注》曰："或云'人'衍字。"其說是也。古人每以"聖""知"對言。《老子》曰"絕聖棄智"，《國語·楚語》曰"其知能上下比義，其聖能光遠宣明"，並其例也。此云"知之於賢者也，聖之於天道也"，猶《萬章篇》曰"始條理者，知之事也；終條理者，聖之事也"，皆"聖""知"對言。"聖"下不得有"人"字，後人妄加之耳。

> 《說文·耳部》："聖，通也。"蓋"聖"之本義與"知"相近，故《大戴記·四代篇》曰："聖者，知之華也。"《孟子》書屢言"聖人"，皆"大而化之"之謂；此"聖"字，則其本義。

> 所謂"天道"者，乃吉凶禍福占驗之道。《後漢書·桓譚傳》曰："天道性命，聖人所難言。"李賢注引鄭康成《論語注》曰："天道，七政變動之占也。"古者言"天道"類如此。《左傳》曰："天道多在西北。"又曰："天道遠，人道邇。"《國語》曰："我非瞽史，焉知天道？"可見"天道"者，瞽史所以占驗之術也。"知之於賢者也"，以人事言；"聖之於天道也"，以天事言。知者固欲知賢，然或爲耳目之所不及察；聖者固欲知天

---

① 俞樾《群經平議》卷三三"其義則丘竊取之矣"條，《俞樾全集》，第 1 冊，第 538 頁上欄。

道，然或爲推步之所不能周，故曰"命"矣。①

按，前列"仁""義""禮""智"四項，俱是謂詞，所以很容易推測"聖人"不當是體詞，"人"字衍。然而恰恰是越不合情理的，反而可能更有道理。《孟子》兩言"仁""義""禮""智"，有時稱爲四"端"，顯然是與四體相配的，只有在本章方與"聖"或"聖人"配而爲五，成爲後世《荀子》所批評的思孟五行說的源始。因此在孟子本意裏，"聖"或"聖人"未必與"仁""義""禮""智"平列爲五，也就不能必其無"人"字。《群經平議》同書卷二六《左傳二》"宋災於是乎知有天道何故"條下曾引《孟子》此條，仍然依照有"人"字的文本作解：

> 古書言"天道"者，皆主吉凶禍福而言。《孟子》言"聖人之於天道也"，猶言"聖人之於吉凶禍福"。蓋雖聖人，不可如何，故曰"命"也。②

按，聖人雖通達天命禍福，仍然不可能改變天命禍福，"聖人之於天道也"儘管含義與"仁之於父子也，義之於君臣也，禮之於賓主也，知之於賢者也"不是特別平行、貼切，但還是可以歸爲一類。如果改得特別工整，反而是唐宋文學高度發達以後，方始司空見慣。俞樾雖推測"人"字衍，但其理解反而仍是體詞式的"聖者"，以與前面的"知者"等一律。

（六）《群經平議》對《孟子》義理之剖判

總地來看，《群經平議》勝義紛紜，成就卓著，啓迪後學甚巨。因此，其與義理關係甚切的條目，也就非常值得今人重視。首先是關於"性"和"情"的解釋。《告子上》告子曰："生之謂性。"孟子曰："生之謂性也，猶白之謂白與？"關於"性"，《平議》云：

> 樾謹按，《白虎通·性情篇》曰："性者，生也。"《禮記·樂記篇》鄭注曰："性之言生也。"故"性"與"生"古字通用。《荀子·禮論篇》"天地者，生之本也"，《大戴禮·禮三本篇》"生"作"性"；《戰國策·秦策》"生命壽長"，《史記·范雎傳》"生"作"性"：竝其證也。"生之謂性"猶云"性之謂性"，故孟子以"白之謂白"破之。上字作"生"下字作"性"，猶《公孫丑篇》"有仕於此"作"仕"，"夫士也"作"士"。彼"士"

---

① 俞樾《群經平議》卷三三"聖人之於天道也"條，《俞樾全集》，第1冊，第551頁下欄—第552頁上欄。

② 同上書，卷二六《左傳二》"宋災於是乎知有天道何故"條，《俞樾全集》，第1冊，第422頁上欄。

"仕"同字，此"生""性"亦同字。告子此説，即所謂"無善無不善"者，其意若曰：所謂性者，止是性而已矣，論者但當就性言性，其善其不善皆非性中所有，不必論也。此是告子論性之本旨，故公都子曰"告子曰性無善無不善也"，上文"杞柳""湍水"之喻皆從此出。①

按，此説將上下文和其他章貫穿得很好。

《告子上》："乃若其情，則可以爲善矣，乃所謂善也。若夫爲不善，非才之罪也。"趙注："若，順也。性與情相爲表裏。"《平議》云：

> 樾謹按，性與情若果有"表裏"之分，則公都子所舉三説皆自論"性"，孟子何獨與之言"情"乎？蓋"性""情"二字在後人言之則區以別矣，而在古人言之則"情"即"性"也。《吕氏春秋·上德篇》"此之謂順情"，《淮南子·本經篇》"人愛其情"，高誘注泣曰："情，性也。"下章孟子言"牛山之木"則曰"此豈山之性也哉"，其言人則曰"是豈人之情也哉"。然則性、情，一也。
>
> 以六書而論，"性"從心生聲，"情"從心青聲，而"青"亦從生聲。故從生、從青之字，於義得通。《釋名·釋兵》曰："旌，精也。"《列子·説符篇》："東方有人焉，曰爰旌目。"《後漢書·張衡傳》注引作"爰精目"。"旌"從生聲，"精"從青聲，古字通用。而謂"性"之與"情"，若冰炭之異，此必不然矣。
>
> 《荀子·正名篇》曰："生之所以然者謂之性，……性之好惡喜怒哀樂謂之情。"此蓋古義如此，孟子之於荀子，不能有異。特自孟子言之，性善而情亦善；自荀子言之，性惡而情亦惡，此則其説之異也。《荀子·性惡篇》引舜之言曰："人情甚不美。妻子具而孝衰於親，嗜欲得而信衰於友，爵祿盈而忠衰於君，人之情乎，人之情乎！"楊倞注曰："引此亦以明性之惡。"是可見古人言性必言情。孟荀雖異，要未嘗區"性"與"情"而二之也。
>
> 《白虎通·情性篇》以仁義禮智信爲"五性"，喜怒哀樂愛惡爲"六情"。夫無喜怒哀樂愛惡，則仁義禮智信於何見之？惻隱之心，仁也，獨非愛乎；羞惡之心，義也，獨非惡乎？孟子以惻隱爲仁，羞惡爲義，正是以情見性。若如《白虎通》之説，則仁義屬性，惻隱羞惡屬情，不可合矣。此説也蓋襲《禮記》而失之。《禮記·禮運篇》曰："何謂人情？喜怒

---

① 俞樾《群經平議》卷三三"生之謂性"條，《俞樾全集》，第 1 册，第 545 頁上欄—下欄。

哀懼愛惡欲七者，弗學而能；何謂人義？父慈子孝，兄良弟悌，夫義婦聽，長惠幼順，君行臣忠十者，謂之人義。"夫以"人情"對"人義"，非以"人情"對"人性"，則人情即人性也。蓋性之好惡喜怒哀樂謂之情，故此七者謂之情可也，謂之性亦可也。後人不達此義，妄有"五性六情"之説，遂以"性""情"分屬陰陽，而《孟子》此章之旨晦矣。①

按，"情""性"俱從生得聲，皆指客觀規定性，"性"略偏重先天而"情"偏重後天，如此而已。俞樾所謂"無喜怒哀樂愛惡，則仁義禮智信於何見之"，十分有力，發人深省。俞樾並對嚴分性、情之始作了追溯，認爲"蓋襲《禮記》而失之"。

《群經平議》對"仁"之含義的理解繼承了段玉裁、阮元對漢儒説的發揮，又有所發展。《盡心下》："仁也者，人也。合而言之，道也。"趙注："能行仁恩者，人也。人與仁合而言之，可以謂之有道也。"朱熹《集注》："或曰：外國本'人也'之下，有'義也者宜也，禮也者履也，智也者知也，信也者實也'，凡二十字。今按，如此則理極分明，然未詳其是否也。"《平議》云：

> 樾謹按，"合而言之道也"六字爲一句。此章直是孟子解説"仁"字之義。《禮記·中庸篇》："仁者，人也。"鄭注曰："人也，讀如'相人偶'之'人'，以人意相存問之言。"《説文·人部》："仁，親也。從人二。"段氏玉裁注引鄭注而釋之曰："'人偶'猶言'爾我'，親密之辭，故其字從人二。"阮氏元《揅經室集》又從而推闡其義，引《曾子制言篇》"人之相與也，譬如舟車然，相濟達也。人非人不濟，馬非馬不走，水非水不流"發明"相人偶"之説。明乎此，然後《孟子》此章可得而言矣。

> 蓋"仁也者，人也"，乃孔門相傳之故訓也。然"仁"即是"人"，何以又制此從人從二之"仁"字？故釋之曰："合而言之道也。"夫我，一人也，人，一人也，仁於何有？必我與人相親，人與我相親，而後仁在其中焉，此即"相人偶"之義，亦即"仁"字從人從二之意。別乎"我"而爲"人"，此分而言者也；并"人""我"二人而爲"仁"，此"合而言"者也，故曰："合而言之道也。"趙氏誤斷"合而言之"四字爲句，"道也"二字爲句，則其義不可通，遂有增數語於其間，託之外國本者矣。②

---

① 俞樾《群經平議》卷三三"乃若其情則可以爲善矣"條，《俞樾全集》，第1册，第546頁上欄—第547頁上欄。
② 同上書，卷三三"仁也者人也合而言之道也"條，550下欄—551上欄。

按，俞樾獨到之處在於把"合而言之"的話題從仁與人合，改爲人與人合，所以他所理解的"合而言之道也"不是"合而言之，道也"的判斷句，而是"合而言"修飾"道也"，從而爲段玉裁、阮元説增加了一條經典證據。當然，筆者認爲傳統的理解合乎孟子原意。仁與人合，與同篇"仁之於父子也，義之於君臣也，禮之於賓主也，知之於賢者也，聖人之於天道也"是類似的，即只有原則、理想實現於實實在在的人事當中，才可以稱爲"道"。因此，朱注所涉義禮智信四段文字，也均當以"人也"述謂之，而非朱注所引"宜也""履也""知也""實也"，否則就失去了本章人弘道的意味。不過俞樾此説的思想史意義是不能抹煞的，而且以"合而言之道也"六字爲一句，充分體現了其運思之巧妙。

三、俞樾後來的《孟子》學著作與《群經平議》的關聯

俞樾第三批的《茶香室經説》，就《群經平議》的一則條目另起一説。《盡心下》："是故得乎丘民而爲天子，得乎天子爲諸侯，得乎諸侯爲大夫。"關於"丘民"，《經説》云：

> 《盡心下篇》"是故得乎丘民而爲天子"，趙注："丘，十六井也。"愚按，言民而但舉十六井之民，殊爲無義，趙注非也。丘者，空也。昭十二年《左傳》"八索九丘"，張平子説云："九丘，周禮之九刑。丘，空也，空設之也。"是古以"空"爲"丘"。《漢書·楚元王傳》之"丘嫂"，孟康注之"丘婿"，其義並爲空。"丘民"之"丘"與"丘嫂""丘婿"同，其義亦爲空。
>
> 蓋古有"命民"。《後漢·王符傳》注引《尚書大傳》云："古之帝王，必有命民。能敬長矜孤，取舍好讓者，命於其君，然後得乘飾車駢馬，衣文錦。未有命者不得衣，不得乘。"是古之民有命與未命之分，已命者謂之"命民"，未命者即謂之"丘民"。
>
> 民曰"丘民"，猶王曰"素王"。《莊子·天道篇》"玄聖素王之道"①，注曰："有其道，爲天下所歸，而無其爵者，所謂'素王'。""素"亦"空"也。《廣雅·釋詁》"丘"與"素"並訓"空"。王而無爵謂之"素王"，民而無爵謂之"丘民"矣。
>
> "得乎丘民"對"得乎天子"言。天子，至貴也；民，至賤也。然命

---

① "篇"，原誤作"扁"，今據文義改。

民猶未極其賤，故必極之"丘民"也。

　　愚前著《群經平議》，讀"丘"爲"區"而訓爲小，今又爲此說，未知孰是①。②

按，此說"丘民"並無確證，既無與"命民"對舉者，亦無與"素王"並稱者，唯備一說。《群經平議》相應的條目文字甚少，故備引如次："樾謹按，《廣雅·釋詁》曰：'區，小也。'《釋訓》曰：'區區，小也。''丘'與'區'古同聲而通用，'丘民'猶言'小民'。必以'十六井'釋之，非是。"③ 由"丘民"條牽引"素王"，則可見俞樾所受今文經學的影響。從音韻上講，"丘"與"區"讀音並不很近，之部與侯部之間還隔着幽部和宵部，侯部跟魚部的關係更密切一些。俞樾強調"同聲"而非"同音"，應該是慎重的，言下之意是旁轉可以走很遠。

俞樾第二批的《孟子古注擇從》關於《滕文公上》"夏后氏五十而貢，殷人七十而助，周人百畝而徹：其實皆什一也"④，基本觀點則早在《群經平議》卷三二"其實皆什一也"條即已言之⑤。

總地來看，俞樾關於《孟子》的解讀特別是理校，勝義紛出，雖然有的未必可信，但多數可備一說，體現出俞樾讀書過程中用心的細密。俞樾關於"性""情"同源的論斷，則更加難以忽視。俞樾在這些研究中所體現的一鱗半甲的今文學特徵，也值得學術史留意。

（作者單位：北京大學《儒藏》編纂與研究中心）

---

① "孰"，原誤作"就"，今據文義改。
② 俞樾《茶香室經說》卷一六"丘民"條，《俞樾全集》，第7冊，第207頁下欄。
③ 俞樾《群經平議》卷三三"是故得乎丘民而爲天子"條，《俞樾全集》，第1冊，第550頁下欄。
④ 俞樾《俞樓雜纂》卷一六《孟子古注擇從》"其實皆什一也"條，《俞樾全集》，第3冊，第491頁上欄—下欄。
⑤ 俞樾《群經平議》卷三二，第529頁上欄—第530頁上欄。

《三經義》的現代輯佚成果

楊韶蓉

【内容提要】 本文重點梳理了《三經義》的現代輯佚史,對自《詩義鉤沉》以來的主要輯佚成果的具體内容、特點及價值意義等進行了深入的討論,並對現代輯佚成果在《周禮義》方面的"補輯"之功,以及現代輯佚成果在對《三經義》"輯復""輯增"方面所取得的成就作了審慎的評價。

【關鍵詞】 《三經義》 《詩義鉤沉》 《三經新義輯考彙評》 《王安石尚書新義輯考彙評補逸柬議》 補輯 輯復 輯增

作爲一部佚籍,對其輯佚歷史的爬梳、輯佚文本的裁別,無疑是準確把握其文本源流、準確認識其學術特質與思想内涵的必要依據和起點。鑒於此,在對《周禮義》的早期輯佚成果進行討論後①,再撰文就《三經義》②的現代輯佚史進行專門梳理,對自《詩義鉤沉》以來的主要輯佚成果的具體内容、特點及價值意義等進行深入探討,並對今人於《周禮義》的補輯之功以及今人在《三經義》"輯復""輯增"方面所取得的成就進行審慎評價,藉此進一步深入認識《三經義》文本,推動相關研究走向深入。

一、邱漢生的《詩義鉤沉》

近代以來,最早對《三經義》展開新的輯佚工作的是邱漢生先生。邱漢生

---

① 見拙文《〈周禮義〉的早期文本輯佚及相關問題》,載《儒家典籍與思想研究》第十四輯,北京大學出版社,2022。
② 按《詩義》《書義》《周儀義》撰成之初即總稱爲《三經義》,所謂"新義"乃後人所加,非三經原稱。近代以來,學者輯佚逕稱"新義"者,如程元敏先生所言,乃是爲了"從衆"(《詩經新義體制探原》)。

先生生於 1912 年，於 1992 年去世。生前在人民教育出版社歷史編輯室任職，同時兼任中國社科院歷史研究所思想史研究室研究員、北京師範大學歷史系教授等職①。邱漢生先生是侯外廬先生主編《中國思想通史》第二、三、四卷的主要撰稿人，是國家"六五"計劃重點科研項目《宋明理學史》的主持人和主要撰稿人，是中國思想史、哲學史研究領域的大家。

20 世紀 50 年代後期至 60 年代前期，"爲了研究王安石的思想，掌握其全部思想資料"②，邱漢生先生歷時近 7 年，從呂祖謙《呂氏家塾讀詩記》、朱熹《詩集傳》、楊簡《慈湖詩傳》、胡廣《詩傳大全》等 9 種宋、元、明《詩》學文獻中，共輯得《詩義》佚文 1700 多條。70 年代末期，又輯補 200 多條，使佚文增至 2000 條，"在《詩》三百零五篇之中，輯有王氏《詩義》的達二百七十四篇"③，完成了《詩義》的初次輯佚。遂"釐定體例，綱維編校"④，將全書定爲二十卷，"以符王安石原書卷數之舊"，命名《詩義鉤沉》，於 1982 年由中華書局出版。

邱漢生先生的《詩義鉤沉》作爲《詩義》最早也是近代以來《三經義》最早的輯佚成果，在體例制定上十分謹嚴，爲其後的"三經義"輯佚工作提供了可借鑒的良好的學術範式。

第一，在所依據經文文本上，邱漢生先生選擇了《四部叢刊》影印宋巾箱本《毛詩詁訓傳》，"章句一從《毛詩》"，並依其卷數，將輯本亦定爲二十卷，以"合於《詩義》原來的卷數"。⑤

第二，在"義"文與經文的對應上，邱漢生先生除按照輯佚一般原則將各章佚文分引各章之下，定"隨《詩序》及《詩》本文引入"條例外，又根據《詩義》的特點，將總釋全詩或釋若干章旨的佚文"量引於詩末或較合適章下"，⑥此外，還定下了"凡輯有佚文的詩，錄其全篇，不作刪節。沒有佚文的詩，則存其目而刪其詩"的條例⑦，這就爲《詩義》輯佚工作最大限度地實現

---

① 據人教社官網社慶 60 周年"人教名家"刊出的張海燕《邱漢生先生學術生平介紹》。
② 邱漢生《詩義鉤沉·序》，北京：中華書局，1982，第 27 頁。
③ 同上書，第 6 頁。
④ 同上書，第 27 頁。
⑤ 邱漢生《詩意鉤沉·例言》，第 1 頁。
⑥ 同上書，第 2 頁。
⑦ 同上。

"求備""求真"打下了良好的基礎①。

第三,在佚文條目處理上,邱漢生先生亦詳定細則,對同一章詩輯出數家佚文者,"大體依各書成書年代序列",佚文意義完足者"首引";同一章詩佚文有詳有略或文字小異者,"並載佚文";同一章詩,數家佚文全同者,以"同某書"注明。②

第四,在輯佚工作的拓展上,邱漢生先生亦頗有卓見,對王安石從前人詩說而未輯得佚文者,舉他說以資推見王安石詩說梗概;對於他人駁難之言,足以從反面窺見王安石詩說梗概者,邱漢生先生亦徵引不廢。

第五,在完整體現王安石《詩》學思想上,邱漢生先生重視王安石《文集》中的詩文材料與佚文的呼應,將《臨川先生文集》中《詩義序》和有關《詩》義的文論、奏表、書信等資料附列於書內。③ 上述兩條體例的制定,使得《詩義》的輯佚工作在"輯增"方面取得突破成爲可能。

這一嚴謹的體例規範,具有重要的學術價值和意義,爲其後從事《三經義》輯佚的學者所借鑒與遵循。

二、程元敏的《三經義》新輯本

對《周禮義》《詩義》《書義》三經全面進行輯佚考論,是由臺灣大學中國文學系教授程元敏先生歷時二十多年、於 20 世紀 80 年代相繼完成的。程元敏先生師從屈萬里先生研經問業,其治學重資料,講方法,明本末,著有《書序通考》《尚書學史》《春秋左氏經傳集解序疏證》《王柏之生平與學術》等著作,是學界研治經史的巨擘。他之所以不畏艱巨,披覽群籍,庸任此功,是基於他的兩個重要的學術認識:一是他認爲學術資料是研究工作最重要的保證,"資料愈充足,所獲研究結果愈正確";二是他認爲"宋人治經,敢變漢唐舊義,創立新說,於時最早,而又影響官學及私家著述最大者,莫加於王安石《周禮新義》《尚書新義》《詩經新義》"。所以他將三書的輯考視爲"誠刻不容

---

① 梁啓超在《中國近三百年學術史·清代學者整理舊學之總成績(二)》中提出四條"鑒定輯佚書優劣之標準",其中第二條"既輯一書,則必求備"、第三條"既須求備,又須求真"。杭州:浙江古籍出版社,2014,第 297 頁。

② 邱漢生《詩意鉤沉·例言》,第 2—3 頁。

③ 同上書,第 1—4 頁。

緩之事"。①

1986年夏秋，程元敏先生先後完成了《尚書新義》和《詩經新義》的輯考②。《尚書新義》共輯得佚文558條，評論282條（包括條附於佚文之下的"評"文和書後輯考的"總評"。後《詩經新義》《周禮新義》同）；《詩經新義》共輯得佚文1040條，評論273條。據其自《序》，他系統蒐考的文獻主要包括三大類：一是由宋至清乃至近代的《尚書》《詩經》專著；二是有宋一代的史籍、筆記；三是宋、元人文集内"論"及"雜著"部分。他所閱有關《尚書》和《詩經》的文獻總計各不少於500種，經他徵引的文獻，《尚書》類達85種，《詩經》類達61種。

1987年秋，程元敏先生完成了《周禮新義》的輯考③。據其自《序》，他"全檢"現存宋、元、明人《周禮》專著及《三禮》合著，"擇考"宋、元、明人《儀禮》《禮記》專著，"略考"清人《周禮》專著，"悉查"宋人文集之"論""雜著"部分，"略查"元、明人文集，"間加蒐討"史籍、類書、宋元人筆記、近人著作等，所閱文獻500多種，從其中95家85種文獻中輯得佚文738條，評論219條，"徧及《周禮》六篇三百六十官中之二百九十三官"，然後他又將輯佚結果與景印文淵閣《四庫全書》本《周官新義》等版本"勘校同異"④，《文淵》本《周官新義》佚文全收，最終確定《周禮新義》832條佚文。

程元敏先生的三經輯佚，一個重要特點，就是他在"輯復""輯增"方面對輯佚對象的拓展，將歷代學者針對《三經義》的"評論"内容輯入，"佚文與評語相附兼收"⑤。古人引書，引文往往與其評語雜出，由評語可繹查原文，會通經義。程輯三經兼收評語700餘條，這些資料對幫助讀者更好地理解經義具有重要意義。爲備學者稽討源流，他還爲三經各自撰作了《佚文及評論之部引用書目考》《諸家評論及載引佚文按書分條考計》兩項考徵成果。

爲考明三經體制、纂修始末、科場隆替、板本流傳等問題，程元敏先生在輯佚的同時先後撰寫了《尚書新義體製探原》《詩經新義體製探原》《周禮新義

---

① 程元敏《三經新義輯考彙評（上）·尚書·自序》，上海：華東師範大學出版社，2011，第1—2頁。

② 《三經新義輯考彙評（一）——尚書》《三經新義輯考彙評（二）——詩經》，1986年由臺北"國立"編譯館出版。

③ 《三經新義輯考彙評（三）——周禮》，1987年由臺北"國立"編譯館出版。

④ 程元敏《三經新義輯考彙評（下）·周禮·自序》，上海：華東師範大學出版社，2011，第2頁。

⑤ 程元敏《三經新義輯考彙評（上）·尚書·自序》，第2頁。

體製探原》《三經新義修撰通考》《三經新義修撰人考》《三經新義與字説科場顯微録》《王安石雱父子享祀廟庭考》《三經新義板本與流傳》等一系列考徵文章，這些文章與三經佚文同書並附，以《三經新義輯考彙評》的形式出版，我們稱爲《三經義》"程輯本"。這一成果的先後出版，代表了程元敏先生在《三經義》輯、考、論三方面研究所取得的總體成就。就《三經義》的輯佚而言，無論是所據材料的廣度、蒐考的深度，還是體例方面的完善，程著都達到了一個全新的高度。2011年，華東師範大學出版社引進出版。

三、《三經義》"《全集》本"

王水照先生主編《王安石全集》，2017年9月由復旦大學出版社出版，其中《三經義》即收録程元敏先生輯本，並在程輯本的基礎上補充了新的輯佚成果，是爲《三經義》"《全集》本"。程元敏先生新輯《周禮新義》時，是以景印文淵閣《四庫全書》本《周官新義》（後簡稱《四庫》本）爲原本，《周禮》本經也是據《四庫》本定録。《四庫》本《周官新義》分爲六篇十八卷，程輯本亦依《四庫》本分卷。《尚書新義》和《詩經新義》則僅標注篇目，未分卷，所據經文爲阮元南昌府學校刻《十三經注疏》本。《全集》本於《周禮新義》保持了程輯本以《文淵》本爲原本的原則，於《尚書新義》和《詩經新義》則參照邱漢生先生《詩義鉤沉》的體例，據《四部叢刊》影宋本《尚書》和《毛詩》，分別分爲十三卷和二十卷，以合《宋史·藝文志》著録原書卷數。

四、不斷湧現的輯佚新成果

隨着研究的深入和古籍文獻資源的不斷公佈與發現，《三經義》的新的輯佚成果亦不斷湧現。

《永樂大典》在清初即已殘闕，《四庫》本《周官新義》輯成之初即闕《地》《夏》二《官》。錢儀吉補輯時曾輯得《地》《夏》二《官》佚文50多條。河南大學劉坤太教授1985年發表《〈周官新義·夏官〉補佚》一文①，從元代陳友仁所編《周禮集説》中復輯得《周禮新義》《夏官》佚文7則。

---

① 劉坤太《〈周官新義·夏官〉補佚》，《河南大學學報（社會科學版）》，1985年第1期。

2012 年，張濤發表《王安石〈周禮新義〉佚文補輯》一文①，從其所發現的乾隆年間"《三禮》館"所修《三禮義疏》稿本中輯得《周禮新義》佚文 25 條。上述成果已被《全集》本吸收。

重慶師範大學陳良中教授於 2011 年發表《王安石〈尚書新義〉輯補》一文，從《中華再造善本》中公佈出來的、前人失於輯考的南宋陳大猷《書集傳》中新輯得《尚書新義》全新佚文 159 條，與他書所引有別、可與諸家所輯相互參正者 58 條。這一成果已被《全集》本吸收②。

2020 年 10 月，臺灣高雄師大經學研究所蔡根祥教授歷時二十餘年完成《王安石尚書新義輯考彙評補逸柬議》一書，本着"爲已經失傳的王安石《尚書新義》作一次更精密、更詳盡、更純粹的'輯佚''考訂''評論''參考'，讓王安石《尚書》學說的研究，得到更佳的文本"的目的③，蔡根祥教授以程元敏先生《輯考彙評》爲基礎，逐條逐篇辨析荊公之説，劃定論說起訖，蒐羅抉別《書》義佚文遺説，對程元敏先生《尚書新義輯考彙評》展開"對比、蒐羅、校勘、連綴、補訂"等工作④，共計補佚文 160 條，評論 105 條，使得《書義》佚文增至 877 條（其中程著所輯 558 條，陳文所輯 159 條），評論增至 387 條（其中程著所輯 282 條）。

蔡根祥教授不僅"柬別淘汰"了大量程元敏先生《輯考彙評》中所收"非屬王安石《尚書新義》之文者"⑤，還對程著中"揣摩某某之意，撰文以説者"⑥ 等佚文作了議正擬改，對"佚文範圍之誤區""標點之失當"⑦ 等問題作了詳細辨正，共計刪除程著佚文 43 條，擬改 26 條，辨正 98 條，是目前《書義》輯佚研究方面的最新得力成果。

---

① 張濤《王安石〈周禮新義〉佚文補輯》，《宋史研究論叢》，2012 年第 1 期。
② 按據臺灣蔡根祥教授辨正，《全集》本《尚書新義》較《王安石〈尚書新義〉輯補》一文多補的一條佚文（見卷八頁 201《康誥》"洪大誥治"下，起"王氏曰"，終"營洛之際也"）非《尚書新義》佚文，詳見蔡根祥《王安石尚書新義輯考彙評補逸柬議》，臺北：臺灣萬卷樓圖書股份有限公司，2020，第 548—549 頁。
③ 蔡根祥《王安石尚書新義輯考彙評補逸柬議·後記》，第 751 頁。
④ 蔡根祥《王安石尚書新義輯考彙評補逸柬議》第三章《〈尚書新義〉——補逸柬議義述》，第 105 頁。
⑤ 同上書，第 111 頁。
⑥ 蔡根祥《王安石尚書新義輯考彙評補逸柬議》第四章《〈尚書新義〉輯考彙評：〈虞書〉補逸柬議》，第 138 頁。
⑦ 蔡根祥《王安石尚書新義輯考彙評補逸柬議》第三章《〈尚書新義〉——補逸柬議義述》，第 122 頁。

五、今人對《周禮義》的補輯之功

程元敏先生的《周禮新義》輯考，是在景印文淵閣《四庫全書》本《周官新義》基礎上的全面補輯。據其《自序》，他從 95 家 85 種文獻中輯得佚文 738 條，"徧及《周禮》六篇三百六十官中之二百九十三官"（按《周禮》六《官》共計三百七十七《官》，其中《天官》六十三《官》，《地官》七十九《官》，《春官》《夏官》各七十《官》，《秋官》六十五《官》，《冬官》三十《官》。① 本經已亡者十七《官》。"三百六十官"乃指本經俱存者），並將輯佚結果與景印文淵閣《四庫全書》本等版本"勘校同異"，最終確定《周禮新義》832 條佚文。

《四庫》本《周官新義》中的《天官》，除《腊人》《寺人》《內豎》三《官》無佚文外，《敘官》及其他六十《官》存有佚文 129 條，程元敏先生在各《官》原有佚文基礎上又補輯佚文 42 條。《春官》中，原《小師》《瞽矇》《眂瞭》《磬師》《鍾師》《笙師》《鞊師》《旄人》《鞮鞻氏》《司干》《卜師》《龜人》《菙氏》《外史》《御史》十五《官》無佚文，《敘官》及其他五十五《官》存有佚文 122 條，程元敏先生不僅從《周禮詳解》《周禮訂義》《周禮集說》等書中為《瞽矇》輯得佚文 1 條、《外史》3 條、《御史》1 條，而且在各《官》原有佚文基礎上又補輯佚文 41 條。《秋官》中，除《掌察》《掌貨賄》《都則》《都士》《家士》五《官》本經已亡不解注"闕"外，原《司隸》《罪隸》《蠻隸》《夷隸》《穴氏》《柞氏》《銜枚氏》《行夫》八《官》無佚文，《敘官》及其他五十二《官》存有佚文 103 條，程元敏先生不僅從《周禮訂義》《周禮集說》等書中為《穴氏》輯得佚文 1 條、《柞氏》2 條、《行夫》1 條，而且在各《官》原有佚文基礎上又補輯佚文 36 條。加之為《地官》新輯得佚文 64 條，《夏官》新輯得佚文 69 條，程元敏先生為《天》《地》《春》《夏》《秋》五《官》共新補輯佚文 261 條（程元敏先生為《考工記》所輯 20 條"安石新義佚文"未列入統計）②，

---

① 據孫詒讓《周禮正義》，王文錦、陳玉霞點校，"十三經清人注疏"，北京：中華書局，2013。

② 按程元敏先生雖然在《四庫》本《周官新義》後附《考工記》原有佚文基礎上又從《周禮訂義》《周禮詳解》《周禮全解》三書中補輯"安石新義佚文"20 條，但因存在"誤輯"或失考等情況（該問題《〈周禮義〉的早期文本輯佚及相關問題》一文已討論），這 20 條"安石新義佚文"尚需進一步考校討論，故暫不計入補輯成果。

其補輯之功可謂盛鉅。

隨着王水照先生主編《王安石全集》的出版,《全集》本《周禮新義》增補了前述劉坤太教授從元代陳友仁《周禮集説》中所輯得的《夏官》佚文 7 條、張濤從乾隆年間"《三禮》館"所修《三禮義疏》稿本中輯得的佚文 25 條,《周禮義》新補輯的佚文達到 293 條。

六、今人在《三經義》"輯復""輯增"方面所作的努力

"輯佚"是對已佚的古代文獻進行"復原"的文獻整理活動①。因整理對象已佚,其體制原委難窺,故"復原"便成爲"輯佚"的第一追求目標。"復原"基本實現後,因"佚文"多殘篇斷簡、零辭賸義,原著作者思想面貌難探,故相關資料的補充拓展又成爲更高一層追求目標。因而"輯復""輯增"實乃"輯佚"工作更爲重要的兩個方面。

皮錫瑞曾將"輯佚之學"視爲有清一代"極盛"之學,列爲清學有功後學之首②。梁啓超在《中國近三百年學術史》中總結"清代學者整理舊學之總成績"時,亦專設"輯佚書"一項,對有清以來"輯佚學"及其理論進行總結,其所提出的"鑒定輯佚書優劣之標準"四條,實乃近代以來輯佚學理論建設之嚆矢。除第一條"佚文出自何書,必須注明"屬"佚文出處"的規定外,第二條"既輯一書,則必求備"、第三條"既須求備,又須求真"、第四條"原書篇第有可整理者,極力整理,求還其書本來面目"則均爲在"輯復"方面的要求③。"輯復"不僅要求儘可能蒐輯佚文,即所謂"求備",還要儘可能詳考原書體制原委,即所謂"求真",以儘可能恢復原書的編排篇次、體式體例等"本來面目"。

作爲最早對《三經義》展開新的輯佚工作的現代學者,邱漢生先生《詩義鉤沉》在"輯復"方面的探索和實踐堪爲典範。在《詩意鉤沉·例言》中,邱漢生先生提出了《詩義》"輯復"方面的一條重要原則,即"章句一從《毛詩》",並依其卷數,將輯本亦定爲二十卷,以"合於《詩義》原來的卷數"。

---

① 按"輯佚"有廣義、狹義兩義。廣義輯佚包括對亡佚之書、脱佚之文、散佚之篇等的輯補、輯校、輯彙等;狹義輯佚則專指對亡佚之書的輯集。本文所討論的"輯佚"是狹義輯佚。
② 皮錫瑞《經學歷史·經學復盛時代》云:"國朝經師有功於後學者有三事。一曰輯佚書……一曰精校勘……一曰通小學。"周予同注釋本,北京:中華書局,1963,第 330—331 頁。
③ 梁啓超《中國近三百年學術史》,杭州:浙江古籍出版社,2014,第 297 頁。

爲此，他選擇了《四部叢刊》景印宋巾箱本《毛詩詁訓傳》作爲所依據經文文本。宋巾箱本《毛詩詁訓傳》是現存較早較優的南宋所刻《毛詩》經注本，分卷等體制與《唐石經》同，因《四部叢刊》景印而廣泛流傳，容易獲得。《三經義》所依據的經書文本，是真宗朝國子監據五代監本新校刻的經注本，而五代監本皆是從《唐石經》而來。《宋史藝文志》著録《新經毛詩義》二十卷，正與《石經》、監本合。邱漢生先生取宋巾箱本《毛詩詁訓傳》作爲《詩義》輯佚的經文文本，並依其卷數，將輯本亦定爲二十卷，就從根本上"復原"了《詩義》的文本體制，爲《詩義》輯佚打下了堅實的基礎。

其後，程元敏先生在《書義》輯佚時，雖未逕取現存宋經注本孔傳《尚書》十三卷爲所依據經文文本，而是據清嘉慶二十年南昌府學重刊阮元校《十三經注疏》本作經文依據，未分卷，但他還是注意做到"參看唐石經本等定録"①。王水照先生主編《王安石全集》，於《尚書新義》則參照邱漢生先生《詩義鉤沉》的體例，以《四部叢刊》景印南宋所刻監本纂圖重言重意互注點校題孔安國傳《尚書》作爲所依據經文文本，並依其卷數，將輯本亦定爲十三卷，以合《宋史藝文志》著録原書卷數。

"輯增"則是"輯復"之上的更高要求，要在輯佚文本已具備了"備"與"真"的基礎上，蒐考增補其他與佚書内容、思想或原作者關係密切的材料，以補充完善輯佚文本因殘篇斷簡、零辭賸義而導致的各種不足。

邱漢生先生在《詩義》輯佚中，在"輯增"方面亦進行了有益的探索。他一方面"舉他説以資推見王安石詩説之梗概"，並不廢徵引"駁難之言"，以求"從反面窺見王安石詩説崖略"。②另一方面，重視《文集》中的詩文材料與佚文的呼應，將《臨川先生文集》中《詩義序》和有關《詩》義的文論、奏表、書信等資料附列於《書義》輯本之内，爲完整體現王安石《詩》學思想提供了更爲豐富的資料。

程元敏先生的《三經》輯佚，在輯佚對象的拓展、相關文獻的增附等方面進行了更爲積極有效的實踐。他不僅從《臨川先生文集》中輯録了大量"同佚文"附在相關佚文之後，而且將歷代學者針對《三經義》的大量"評論"内容輯入，蒐考評語近800條，使"佚文與評語相附兼收"③。爲備學者稽討源流，他還爲三經各自製作了《佚文及評論之部引用書目考》《諸家評論及載引佚文

---

① 程元敏《三經新義輯考彙評（上）·尚書·例言》，第2頁。
② 邱漢生《詩意鉤沉·例言》，第1—4頁。
③ 程元敏《三經新義輯考彙評（上）·尚書·自序》，第2頁。

按書分條考計》兩項成果，這些資料，對幫助讀者更好地理解《三經義》具有重要意義。這些積極有益的"輯增"成果，也使得《三經義》現代輯佚文本的學術價值較之早期輯佚文本得到了大幅提升。

蔡根祥教授的《補逸柬議》在"輯增"方面亦做了大量積極有效的工作。他不僅補充了不少可作爲《尚書新義》佚文來源的材料，辨析徵引了大量於王安石《新義》之理解具有參考價值的材料，而且逐篇逐條蒐羅抉剔那些"取資王安石之説""采用《新義》之言"的諸家經説，同時還蒐考增補了許多與《書義》内容、思想或原作者關係密切的材料。這些有益的"輯增"成果，爲更加完整地認識《書義》思想、深入瞭解《書義》影響等方面提供了更爲豐富的資料。

（作者單位：北京大學《儒藏》編纂與研究中心）

伊藤東涯"卦變説"鉤沉

鄧子翔

【内容提要】 東涯早年在"卦變考"中的卦變説乃先根據《周易》文本中"往""來""上""下""進"五個標示詞來判定此句經傳文是否可用卦變説進行解釋,再以獨特的"成卦之爻"爲角度進行理論分析。東涯晚年在撰寫《周易經翼通解》時因爲撰寫目的不同,對"卦變考"中的標示詞限定有所改變,致使《周易經翼通解》中的卦變説施用範圍與《周易義例卦變考》不同。相比於其父伊藤仁齋固守門户之見的"反朱子學",東涯的卦變説更體現出兼綜衆説的學術傾向,這是東涯對古義學派風格的發展,應當加以重視。

【關鍵詞】 伊藤東涯　周易　日本漢學　古義學派

伊藤長胤(1670—1736),字原藏,號東涯,日本京都人。東涯的父親伊藤仁齋(1627—1705)是日本江户時期古義學派的創始人。"熟讀精思《語》《孟》二書,使聖人之意思語脈能了然于心目間焉"[1],離開朱熹對於儒家經典的闡釋,直接就古書原文進行義理闡發,是爲"古義"學派的宗旨[2]。伊藤仁齋雖撰有《周易古義》一書,但僅涉及乾坤兩卦,並未完稿。[3] 在父親的影響下,東涯的學術精力主要集中於《周易》,其人被譽爲江户時代易學領域的一座高峰,其代表作《周易經翼通解》也被稱爲江户時代最佳的《周易》學術著作。[4]

---

[1] 〔日〕伊藤仁齋《語孟字義》,日本國立國會圖書館藏寶永二年(1705)林景范刻本。
[2] 〔日〕子安宣邦《江户思想史講義》,北京:生活·讀書·新知三聯書店,2017,第78—80頁。
[3] 伊藤仁齋的易學研究可參〔日〕土田健次郎《伊藤仁齋的易學——日本易學的一個側面》,載《國際儒學研究》1999年第8輯,第79—87頁。
[4] 吳偉明《易學對德川日本的影響》,香港:中文大學出版社,2009,第32頁。

伊藤仁齋僅關注《周易》中的義理，淡化象數理論，而東涯對象數易學卻並不持消極態度。東涯撰寫於寶永元年（1704）的《周易義例卦變考》是他專門針對象數中的卦變之學撰寫的專著①，東涯的長子伊藤善韶在爲東涯晚年所寫的《周易經翼通解》（以下簡稱《通解》）作序時，特意强調卦變説是東涯拋棄宋儒舊説，發明經書"原旨"的特色之一，②足見卦變説在東涯易學體系中的重要性。

據筆者目力所見，學界對東涯卦變説的研究尚不够深入，或僅立足於《周易義例卦變考》進行研究③，或僅根據《通解》進行論述④，未能綜合研究二書中卦變説的異同，以考察東涯卦變説的歷時性演變。而對於其父伊藤仁齋固守門户之見的"反朱子學"，東涯並不完全認同，東涯於卦變説中的相關論述正是其爲古義學派注入新風的體現，前人成果亦未涉及這一差異。有鑒於此，本文從文本分析入手，對上述兩題進行討論。

一、《周易義例卦變考》中的卦變説疏理

《周易義例卦變考》分爲兩部分，前者題爲"周易義例考"，約佔全書篇幅的五分之一，後者題爲"周易卦變考"，約佔五分之四。在"義例考"中，東涯通過解釋程頤《易傳》和朱熹《周易本義》中的常用詞彙，對涉及象數的《周易》義例進行總結，這些詞彙多再見於"卦變考"中。篇幅簡短的"義例考"既是東涯對於程朱二人相關學説的擇要總結，也相當於主體部分"卦變考"的用詞凡例。

東涯卦變學説的綱領，正見於"義例考"中的"卦變"一條："凡云卦變者，謂自他卦而來居於此卦也，《易》中二十許卦言之。程子謂（卦變）皆自乾坤而變，朱子謂六十四卦自相往來，予則謂反對中自相往來耳，詳於下考。"東涯雖然認爲《周易》中只有"二十許卦"的經傳文能明確體現出由他所提出的卦變的理論，但東涯在下文仍自信地予以推廣："六十四卦自乾、坤至既濟、

---

① 〔日〕伊藤東涯《周易義例卦變考》，日本國立公文書館藏鈔本。
② 〔日〕伊藤東涯《周易經翼通解》，《漢文大系》，東京：富山房，1913，（序文）第3頁。
③ 王鑫《日本近世易學研究》，北京：北京大學出版社，2017，第76頁。
④ 陳威瑨《日本江户時代儒家〈易〉學研究》，博士學位論文，臺灣師範大學，第62頁。URL：https://ndltd.ncl.edu.tw/cgi-bin/gs32/gsweb.cgi/ccd=fPaZO_/search?s=id=%22101NTNU5045023%22.&openfull=1&setcurrent=0。訪問時間：2023年2月1日。

未濟，皆二卦反對相副以敘，六十四卦翻轉則只是三十二卦。"

東涯在"卦變考"中依次列舉了二十卦，來證實上述論斷。通過分析"卦變考"的內容，可以大致梳理出東涯論證一卦具有卦變之義的兩個方向。

（一）以"往""來""上""下""進"五字爲文本依據

東涯在解釋泰、否二卦的卦變時説：

> 卦辭，泰則曰"小往大來"，否則曰"大往小來"，二卦迭而言之，可見二卦互相往來，其繫辭尤明矣。然則諸卦言往來，亦當以此例推之。

東涯認爲《周易》經傳文中的"往""來"二字，即指反對而言，所謂"往"即原本的內卦反轉（又稱"錯綜"）後成爲外卦，所謂"來"即原本的外卦反轉後成爲內卦。因爲泰、否卦辭中出現了"往""來"二字，所以可證否卦（䷋）是因反對而成了泰卦（䷊），泰卦因反對而成了否卦，即所謂"二卦互相往來"。可見"往""來"二字即爲反轉而成卦變的標誌，其餘卦的經傳文中若出現了這樣的標示詞，便可"以此例推之"。

隨後東涯又將標誌詞的數量進行擴大，他在解釋隨、蠱兩卦爲反對卦變時納入了另一組詞彙："凡曰進、曰往者，自內卦而上外卦也。曰來、曰下者，自外卦而下內卦也。"這就以"往""來"爲基礎，將"進""下"二字等同於"往""來"，從而將"進""下"納入標誌詞的範圍中。

此外，東涯還將无妄（䷘）《彖傳》"剛自外來"和大畜（䷙）《彖傳》"剛上而尚賢"作對照，云："（无妄）自上而下，故曰'來'，其在大畜則曰'剛上而尚賢'。"認爲二卦《彖傳》中"來""上"二字是无妄、大畜二卦反對的標誌，又在大畜卦後強調"凡卦變可以此推之云"。這樣看來，"上"字也應當是反對卦變説的標示詞。

東涯在"卦變考"中共計舉出二十例來證明自己的卦變説，每一例皆是根據《周易》經傳文中所出現的上述五個標示詞來進行分析的，爲便於觀覽，現列成一表：

表一

序號	卦變前	卦變後	東涯論述所依據之《周易》經傳文	標誌詞
1	訟	需	需《彖傳》："往有功也。"	往
2	需	訟	訟《彖傳》："剛來而得中也。"	來
3	否	泰	泰卦辭：小往大來。	往、來

續表

序號	卦變前	卦變後	東涯論述所依據之《周易》經傳文	標誌詞
4	泰	否	否卦辭：大往小來。	往、來
5	蠱	隨	隨《彖傳》："剛來而下柔。"	來
6	隨	蠱	蠱《彖傳》："剛上而柔下。"	上、下
7	賁	噬嗑	噬嗑《彖傳》："柔得中而上行。"	上
8	噬嗑	賁	賁《彖傳》："柔來而文剛……剛上而文柔。"	來、上
9	大畜	无妄	无妄《彖傳》："剛自外來而爲主於内。"	來
10	无妄	大畜	大畜《彖傳》："剛上而尚賢。"	上
11	恒	咸	咸《彖傳》："柔上而剛下。"	上、下
12	咸	恒	恒《彖傳》："剛上而柔下。"	上、下
13	明夷	晉	晉《彖傳》："柔進而上行。"	進、上
14	家人	睽	睽《彖傳》："柔進而上行。"	進、上
15	解	蹇	蹇《彖傳》："往得中也。"	往
16	蹇	解	解《彖傳》："往得衆也……往有功也。"	往
17	巽	鼎	鼎《彖傳》："柔進而上行。"	進、上
18	節	渙	渙《彖傳》："剛來而不窮，柔得位乎外而上同。"	來、上
19	歸妹	漸	漸《彖傳》："進得位，往有功也。"	進、往
20	漸	歸妹	東涯："以例推之，亦當爲卦變。"	*

需要另外説明的是，歸妹卦的經傳文没有上述五個標示詞，東涯雖然認爲歸妹卦也應當是卦變，但没有引入新的標示詞來强爲之解，而是進行了義理上的推論。東涯認爲正是漸卦（䷴）之六二爻通過反對成爲歸妹卦（䷵）的六五爻，由位當之爻因反對而成爲不當之爻，所以歸妹的《彖傳》才云"位不當也""柔乘剛也"之語。從上例亦可見，東涯在"卦變考"這一早期成果中對卦變説的標示詞極爲看重，嚴格遵守成例，並不隨意擴大數量。

（二）以"成卦之爻"爲分析維度

東涯在解釋蠱卦的卦變時説："凡言往來，皆反對二卦言之，且主成卦之爻而言也。"在解釋泰卦的卦變時説："諸卦一爻往來而泰否則三爻往來，故不言剛柔而言大小也。"《周易》經傳文中揭示反對卦變的文句並非解釋全部六爻的變動，如《彖傳》所言"往來""上下"之語，僅指"成卦之爻"在反對前後的位置不同。

東涯在"義例考"中對"成卦之爻"一詞作如下解釋：

> 凡言成卦之主者，除乾坤之外，就三畫卦而言。震之初、坎之中、艮之上，是也。巽、離、兑，亦然。蓋六子卦各得乾坤一爻而成卦，故卦中陰陽唯一爻者爲主也。

東涯將"成卦之爻"定爲三畫卦中獨陽獨陰的一爻。反對本是六爻全部變動位置，但東涯用"成卦之爻"的方法來解釋反對，就相當於先將六爻的變動歸納爲內外兩卦的變動，再用內外兩卦中"成卦之爻"位置的改變來代表內外卦之變。

東涯在分析解卦（䷧）是由蹇卦（䷦）反對變來時，正屬由內外卦歸納成卦之主："蹇之外變而爲解之內，故云'利西南'。而其所主在九二爻，故《象》乃曰'乃得中也'。"在分析蠱卦（䷑）由隨卦（䷐）反對而來時，則是以成卦之主代指內外卦："初九上而爲上九，自內卦而進外卦，故曰剛上。"

"卦變考"所附圖解上在成卦之爻旁額外施加圈點（略舉四例，見圖一），正是東涯提示讀者應從成卦之主入手理解反對卦變的體現。

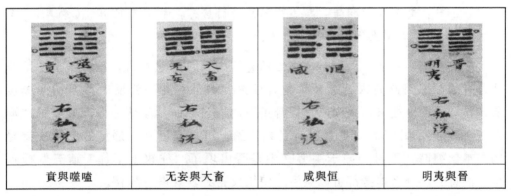

| 賁與噬嗑 | 无妄與大畜 | 咸與恒 | 明夷與晉 |

圖一

二、《周易經翼通解》對卦變說的調整

據《通解》正文前東涯自撰的《釋例》可知，《通解》成書於享保十七年（1732），此時距《周易義例卦變考》問世已有二十八年。《通解》雖然也將反對卦變作爲解釋《周易》經傳文的重要方法，但其使用卦變說範圍與"卦變考"並不相同。

(一) 新增卦

《通解》在解釋謙、臨、復、升四卦時，都使用了卦變說，這是"卦變考"所未及的。這四卦的具體情況並不相同，謙卦可以視作《通解》對於"卦變考"的繼承，後三卦則應稱之爲發展。

《通解》曰："（謙）卦變與豫卦相錯，豫之九四來而爲主於内，此天道下交，以剛濟柔也。内卦上而爲外卦，此地道卑順，能上行也。"謙卦《彖傳》"天道下濟而光明，地道卑而上行"一句有"上下"二字，故東涯認定謙卦亦可用卦變法解釋。《通解》中涉及臨（䷒）、復（䷗）、升（䷭）三卦卦變之說如下①：

> 臨：卦變與觀相錯，臨之二陽，在觀則爲五、上。浸長之陽，亦將消滅。觀四陰在下，自五月一陰始生，數之至此，正是四陰，夏正八月建酉之月，故云"至於八月有凶"……臨變爲觀則曰"至於八月有凶"，言剛消之不久也。此《易》之所以兩卦比並，互相往來。

> 復：卦變與剝相錯，剝之一陽盡於上而反生於下，陽道方亨。故名卦曰"復"而繫之辭曰"亨"也。《彖傳》"剛反"，剛謂初九。

> 升：卦變與萃相錯，萃之内三陰升而居外，故名卦曰升。《彖傳》"柔以時升"，柔謂上三陰自萃内卦而上。

觀卦由臨卦變成，而觀卦在十二消息說中爲夏曆之八月，臨卦卦辭"至於八月有凶"即因此而來。復卦自剝卦而來，剝卦上九一爻反向移至初九成復卦，其"陽道"復來，東涯以爲復卦正因此得名，而《彖傳》亦因此才稱"剛反"。東涯解釋升卦時，更直以卦名爲依據。可見東涯在《通解》中尋找卦變的文本依據時，不再局限于經傳文中是否出現了"往來上下進"這五個標示詞，消息卦、卦名本身都可以靈活地使用反對卦變說進行解釋。

(二) 刪減卦

需、漸、歸妹三卦，在"卦變考"中東涯皆以卦變爲據，但《通解》卻並未延續此說。

就需卦而言，"卦變考"曰："需之《彖》，《傳》《義》俱不做卦變說。其曰'往有功也'，則其爲卦變可知矣。"可見，東涯在撰寫"卦變考"時，尚且認爲朱熹以"往有功"爲聖人以"卦體及兩象釋卦辭"的解法並不準確②，應

---

① 分别見〔日〕伊藤東涯《通解》卷六，第1頁；卷七，第5頁；卷一二，第17頁。
② （宋）朱熹《周易本義》，北京：中華書局，2009，第57頁。

以反對卦變説爲解。但在《通解》中此句《象傳》下，東涯則注曰"以卦象釋卦辭"。可見，他在撰寫《通解》時反而部分採用了朱熹的説法，抛棄了卦變説。

在漸卦中，東涯對之前説法的改易則體現得尤爲明顯。漸《象傳》"進得位，往有功"一句，是"卦變考"中認定此卦可以用卦變説來進行解釋的重要依據，東涯甚至明確在"卦變考"的此卦下説："凡《象》曰進者，皆就卦變言。"但在《通解》中，東涯卻轉而否定前説："卦義主進，故云'進得位'，非卦變也。"

正如上文所揭，東涯在撰寫"卦變考"時，以"依例推之"來認定歸妹卦的《象傳》雖不含標示詞，但亦可據卦變説爲解，並批判"舊説"云："舊説以自二至五爲位不當，以三五二爻爲柔乘剛也，恐難分析。"但《通解》對於《象傳》"征凶，位不當；无攸利，柔乘剛"一句所作的解釋卻是："二至五，皆不當位。柔謂三、五，剛謂二、四。"這正是被"卦變考"否定的"舊説"（"舊説"當指朱熹《本義》），可見《通解》對"卦變考"的結論是有揚棄的繼承。

（三）《周易義例卦變考》與《通解》的關係探微

《周易義例卦變考》是《通解》重要的理論來源。"義例考"的內容大多爲《通解·釋例》所繼承，而"卦變考"對於二十卦的解釋，也基本納入了《通解》的文本中。然而因東涯撰寫"卦變考"與《通解》的目的並不同，所以東涯在《通解》中勢必要調整卦變説的使用範圍。

關於"卦變考"的撰寫目的，東涯在其序言中已明言："讀《易》之次，恍然有得……以此説（指卦變説）問於家君，乃曰'此説亦有理，熟復以成其説'，故今舉二十卦彖辭以述管見。"就這段話看來，"卦變考"是東涯探索卦變説的最初成果，其目的是在整部《周易》經傳文中尋找確定性、重複性的材料證據，來強調其卦變説具有較爲廣泛的解釋力，能自立爲一家之言。

《通解》是東涯在晚年撰寫的、集其學術大成的著作，其目的是利用包括卦變説在內的多種解經方法，來疏通證明整部經書中的經傳文。這樣一來，東涯在解釋一卦的卦辭與《象傳》時，還須照顧到卦下六爻的爻辭。若卦變説並不能較好地整合卦辭與爻辭、經文與傳文的關係，就算《象傳》中出現了標示詞，東涯也不得不放棄卦變説，轉用其他的解經方法。若卦變説比其他方法更有利於解釋卦爻之間的關係，雖此卦中沒有可以確認爲反對卦變説的標示詞，東涯也會"以例推之"，將卦變説運用到此卦中去。

以《通解》明確指出不能用卦變説來解釋的漸卦爲例。《通解》特意強調

《象傳》中的"進得位"的進字乃指漸卦卦義，相當於將卦名的漸字釋爲動詞，訓爲前進之進。既然漸字訓進，而六爻的爻辭又皆曰"鴻漸於某"，則可將漸卦的六爻順推爲鴻鳥逐步攀升之意。如果仍以"卦變考"之説爲解，則"進"字僅指歸妹的九二爻進爲漸卦的九五爻，而與漸卦的卦名"漸"字無涉，亦與爻辭中的"鴻漸"一詞無關。"卦變考"這樣的解釋，顯然在處理卦與六爻的關係時不如《通解》圓融。同樣，東涯無論是引入"八月"一詞，以强調觀卦之六爻皆處於十二消息卦的剛長之際，還是通過卦變説來解釋復、升二卦的各爻皆有"陽復""上升"之時義，都意在利用卦變説使一卦内部經傳文之間的解釋更加緊密。

三、東涯卦變説的學術史意義

朱熹以《周易》爲卜筮之書，東涯的父親伊藤仁齋反對朱子學，所以也反對在《本義》中佔有重要地位的象數易學。仁齋於《周易》只取義理解易之法，而於義理易一派中又只標舉程頤一家，以至説出"區區象數之學，皆旁蹊邪出，袪之可矣，惟程《易》庶幾焉耳"之語①。但學界早已發現，實際上"（仁齋）使用的概念，幾乎都是朱子學的用語"②。

自稱其學問"本於先子之綿蕞"的東涯對家學的敘述卻與其父親頗有不同，東涯在《通解·釋例》中説："先子講《易》，大意從程子，義趣時依《本義》。此《解》述家庭所聞，出入二傳，間附管見云。"東涯的這句話不僅道出其父之學也資取於朱熹《本義》的真相，更向我們展現了東涯自身包容衆家的學術傾向。

東涯對於衆家學説不分門户的吸收利用，正是他爲古義學派帶來的新風尚。而卦變説則是一窺東涯此類學術主張的津梁。

（一）不分程朱門户

按古義學派的治學方式，《周易》之"古義"，需通過閲讀《周易》經傳得以瞭解。東涯在"卦變考"中舉出的五個標示詞，即來源於《周易》卦辭與《象傳》。換言之，東涯實以卦變爲《周易》的"古義"之一。以此理論爲出發

---

① 〔日〕伊藤仁齋《周易古義》，《日本儒林叢書》第五册，東京：鳳出版，1978，第6頁。
② 〔日〕土田健次郎《伊藤仁齋的易學——日本易學的一個側面》，載《國際儒學研究》1999年第8輯，第80頁。

點，對於朱熹解《易》時的卦變之說，東涯自然可以將之視作對"古義"的合理發揮而加以接受。因此，相較仁齋"反朱子學"的門戶之見，東涯在"卦變考"中能對程、朱二家涉及卦變的學說平等視之，以實證評價其優劣。

例如，渙卦（䷺）《彖傳》"剛來而不窮，柔得位乎外而上同"之下，東涯引程頤《易傳》曰："渙之成渙，由九來居二，六上居四也。"又引《本義》："其變則本自漸卦，九來居二而得中，六往居三得九之位而上同。"東涯評價道："《彖》曰柔得位乎外，則就外卦巽體而言明矣，若主六三言，則不當言外也。程子之說可從也。"這是就其卦變說中內外卦的角度，肯定程子。

又如，漸卦（䷴）《彖傳》之下，東涯曰："《彖》曰'進得位'，程《傳》不由卦變，唯以在漸時而陰陽各得正位而言進耳。朱子則做卦變，就三、五二爻得位而言。凡《彖》曰'進'者，皆就卦變言，則朱子說可從。"這是就其卦變說標示詞的角度，肯定朱熹。

再如，睽卦（䷥）《彖傳》"柔進而上行"之下，東涯先引程頤《易傳》以柔指六五爻之說，又引《本義》"自離來者，柔進居三；自中孚來者，柔進居五；自家人來者，兼之"之說，最後加以按斷曰："程子知進之爲六五，而不言其爲卦變。朱子知進之爲卦變，而不言柔之爲六五。所以不得《彖》之本旨也。"這是就其卦變說的標示詞和成卦之爻入手，對程朱二說皆有肯定，又認爲其說有未盡之處，以爲己說張本。

東涯對於程朱二說態度的演變，亦應引起注意。就漸卦而言，東涯在"卦變考"中認爲主張義理的程頤，在對此句《彖傳》的解釋上，不如朱熹的象數之法堅確。而在《通解》中，東涯則轉而認爲"卦義主進"，不能用象數中的卦變法來解釋，則是重回程頤的觀點。就上文所揭的需、歸妹二卦而言，東涯在《通解》中也重新採用了之前曾被擯棄的朱熹之說。可見，在東涯心中自有對《周易》經傳文理解，並以此爲圭臬去繩量程朱二說。

仁齋因機械地否定朱子學，從而自諱使用朱子訓詁。東涯將象數當作"古義"之一，開放地吸收、批判程朱對象數的見解，因而不分程朱門戶的特色，正是東涯帶給古義學派的發展。

（二）兼存衆家之説

相對於仁齋在義理一派僅取程頤一家的主張，東涯則注重保留多家舊說。東涯雖然遵從其父之學，但在《通解》的經傳文之下，首先綴以王弼注解，此後才加東涯的案語，東涯推重王弼易學而非程頤易學可知。賁卦《彖傳》"柔來而文剛，故亨；分剛上而文柔，故小利有攸往"一句下，《通解》列王弼注曰："坤之上六，來居二位，柔來文剛之義也……乾之九二，分居上位，分剛上而文柔之意。"據東涯對於賁卦卦辭"卦變與噬嗑相錯"的注解，可知東涯並不認同王弼賁卦來自乾坤二卦的說法。但東涯在對應處的案語中未加任何駁斥王弼注的說法，正可作爲上述推斷的旁證。

此外，在賁卦《象傳》"天文也"三字之下，東涯又補注曰："郭氏本'天文'上有'剛柔交錯'四字。予謂古文簡奧，取達而止，不必相偶，不要補闕。"郭氏本，指郭京《周易舉正》。反對卦變，東涯又稱其爲錯綜卦變，若從郭京之本，增"剛柔交錯"四字，無疑是東涯卦變說的又一有力證據。但東涯既不據後起之書妄改經文，又能存郭氏異說，東涯嚴謹且兼綜的治學風格，可由此亦可見端緒。

"卦變考"序言曰："閱朱《漢上易傳》，唯无妄一卦與予說合，後獲得明梁山來知德《易注》，盡與予說合。"而在《通解·釋例》中，東涯對自己的這段學術經歷又作了補充：

> 後閱明來知德《易解》，適與予說符，謂之"卦綜"，取錯綜之義也。嗣得曹學佺《可說》、鄒德溥《易會》，亦皆取來注。人之所見，或偶相會，固不分古今彼此也。

由此可見，東涯對於來知德的《易注》也頗爲關注。來知德注臨卦時曰："臨綜觀，二卦同體……言至建酉，則二陽又在上，陰又逼迫陽矣。'至於八月'非臨數至觀八個月也。"①此解與東涯《通解》"卦變與觀相錯，臨之二陽，在觀則爲五、上。浸長之陽，亦將消滅"之語，大義相同。來知德注升卦時曰："綜萃，萃下卦之坤上升而爲升之上卦，亦升之象也。"②此解又與東涯《通解》"卦變與萃相錯，萃之內三陰升而居外，故名卦曰升"之說如出一轍。是知東涯後來將臨、升兩卦納入卦變說的解釋範疇，亦屬對來知德學說的合理利用。東涯"不分古今彼此"的態度，正可體現兼綜衆家之說的學術取向。

四、結語

東涯在《周易義例卦變考》中以《周易》經傳文中的"往""來""上"

---

① （明）來知德《周易集注》，北京：中華書局，2019，第 305 頁。
② 同上書，第 479 頁。

"下""進"五字爲文本上的依據,將其落實到内外卦的"成卦之爻"的變動上進行具體闡釋,得出《周易》中共有二十卦的經傳文能以反對卦變説進行解釋的結論。在《通解》一書中,東涯將早年提出的卦變法提升爲重要的解經方法,但在具體使用時則對"卦變考"中涉及二十卦範圍略有調整。以東涯卦變説爲切入點,則可以看出東涯調整古義學派"反朱子學"又固守義理易學的學風的嘗試。

當然,東涯的著作也有一些白璧微瑕之處。比如,"卦變考"在訟卦《彖傳》一節引程頤《易傳》作:"九二以剛自外來而成訟,則二乃訟之主也。<u>卦義不取成卦之由,則更不言所變之爻也。</u>"自"卦義"以下十七字,十分突兀。核查程頤《易傳》可知,"卦義"以上尚有"卦有更取成卦之由爲義者,此是也"十四字。東涯對程頤《易傳》的删節不當,使得上下文無法讀通。或是東涯所據古本已有訛脱,或是後世傳抄東涯著作有所脱漏,山川懸隔,歲月邈焉,此事固難詳考。

古義學派是中日文明交流融合的産物,東涯在解釋卦變説時,無論是他將卦變説與十二消息相結合時的熟稔,還是對郭京《周易舉證》、來知德《易注》的引用,東涯優秀的學問都令人敬佩。就此意義而言,東涯不僅是日本江户時代的易學翹楚,更是體現中日文明交融的典範。

(作者單位:北京大學中國古文獻研究中心、北京大學中文系)

唐石經《月令》篇明人補字考證

張鴻鳴

【内容提要】 唐石經中《月令》一篇，並非後世注疏系統《禮記》中的《月令》，而是成於唐開元年間的《御刊定禮記月令》（即後世所謂《唐月令》）。萬曆年間，王堯典等人補刊因關中大地震而殘損的唐石經碑石時，對於《唐月令》殘缺的文本並未做到"稽群書補之"，實際所據基本爲注疏系統的《月令》經文。雖然有碑石殘斷處上下文作爲參考，但在以注疏本《月令》擬補石經《唐月令》闕文的過程中，仍出現了不少錯誤，甚至有無視石經殘字筆畫而遷就注疏本補字的情況出現。明人補字還影響了朱彝尊《經義考》《全唐文》中所收李林甫《進御刊定禮記月令表》的文本以敦煌本《御删定禮記月令》校之，其誤自見。民國間齷忍堂《景刊唐開成石經》，雖然號稱根據整紙近拓鉤摹鋟木，文字殘損處據阮刻注疏本補足，但由於《唐月令》的文本與通行注疏本不合，《景刊唐開成石經》中《唐月令》一篇繼承了明人補字的諸多錯誤。若欲勾稽《唐月令》經注全貌，當以唐石經、朱熹《儀禮經傳通解》等書互相參校考訂。

【關鍵詞】 開成石經　《唐月令》　禮記

《月令》是《禮記》中受到歷代學者關注較多的一篇。漢代蔡邕即有《月令章句》十二卷，別於《禮記》單行。究其原因，當是《月令》篇中討論的時令與施政之關係與國家行政和祭祀關係密切，且與農業、物候均有較強關聯。至唐代開元年間，唐玄宗李隆基以《禮記·月令》爲主，參考《淮南子》《吕氏春秋》，並結合當時天象觀測與實際需求，對《禮記》中《月令》篇的文本進行了改編，當時或稱作《御刊定禮記月令》①，或稱作

---

① （宋）歐陽脩、（宋）宋祁《新唐書》卷五七《藝文志》一，北京：中華書局，1975，第1435頁。

《時令》①，後世文獻中引用時則或逕稱爲《月令》②，或稱爲《唐月令》。

《唐月令》的正文在名義上是出於玄宗删定，因而在唐代具有特殊的地位。天寳初，右相李林甫等人爲之註解。天寳二年（743）三月，玄宗敕令"《禮·月令》篇宜冠衆篇之首，餘舊次之"。③ 至宋代，不斷有人主張更用鄭注《月令》舊文，恢復《禮記》舊次。④ 據馬端臨《文獻通考·經籍考》引晁公武之說，"國朝景祐初，改從舊文，（《唐月令》）由是別行"⑤。

由於《唐月令》被玄宗敕定爲《禮記》篇首，唐石經《禮記》也就以《唐月令》爲第一篇，並冠以李林甫等人注釋《唐月令》完成後的進表。關於《唐月令》的政治背景、天文星象等問題，學者已經有較爲充分的研究。⑥ 關於唐石經的明人補字問題，也有學者論及。⑦ 但尚未有學者關注石經中《月令》一篇的補字問題。在整部唐石經中，《月令》無疑是特殊的一篇：若除去附刻的《五經文字》和《九經字樣》，《月令》篇是石經中唯一實際形成於唐代的文本，這一文本與注疏系統的《禮記·月令》和先秦月令類文獻，既有聯繫，也存在不小的差別。而單行的《唐月令》雖然宋代還在流傳，但至明萬曆間補刻《唐石經》時應已難以見到。因此，明人在補刻唐石經時是如何補全《唐月令》的文字，所補之字來源爲何，是否正確，又產生了什麽影響，均屬值得探討的問題。本文不揣淺陋，嘗試論之。

一、唐石經《月令》篇明人補字來源考

唐石經碑石原在唐國子監内，北宋元祐二年（1087），被移至京兆府學內，

---

① 《舊唐書》卷九《玄宗本紀》下："（天寳五載正月）《禮記·月令》改爲《時令》。"（後晉）劉昫等《舊唐書》卷九《玄宗本紀》下，北京：中華書局，1975，第220頁。

② 如《太平御覽》引《禮記·月令》與《唐月令》無別，均以《月令》或《禮記·月令》稱之。

③ （宋）王溥《唐會要》，北京：中華書局，1975，第1375頁。

④ 北宋關於《唐月令》的討論，可參朱彝尊《經義考》卷一四九。（清）朱彝尊撰，林慶彰等主編《經義考新校》，上海：上海古籍出版社，2010，第2746—2748頁。

⑤ （元）馬端臨《文獻通考》卷一八一，北京：中華書局，2011，第5358頁。

⑥ 如劉次沅《西安碑林的〈唐月令〉刻石及其天象記錄》，載《中國科技史料》第18卷第1期，1997；趙永磊《曆數、時令、郊社制度與〈唐月令〉》，載《文史》2018年第4輯。

⑦ 如侯金滿《開成石經磨改添注補刻現象綜考》，載虞萬里主編《七朝石經研究新論》，上海：上海書店出版社，2019，第322頁；顧永新《開成石經〈周易〉校理》，載《經學文獻研究集刊》第二十五輯，上海書店出版社，2021，等等。

從此後再未移動，北宋京兆府學即今西安碑林所在地。嘉靖三十四年（1555）十二月十二日關中大地震，石經碑石撲倒斷裂，損壞了不少文字。萬曆十六年（1588），在陝西左布政使姚繼可的組織下，西安府學及西安、咸寧、長安縣學的師生對殘缺的石經進行了補刻，補刻的方式爲另選碑石，將石經殘斷處的文字刻在新的碑石上。據統計，"石經補字共九十六塊石……共一百一十三面。補刻字數約五萬三千字"①。值得注意的是，明人補刻的內容並非只有碑石殘斷處不可見之字，對於一些尚存半字或尚可辨認的字，明人也將這些字納入了補刻的範疇。至於明人補字的來源，按萬曆十七年《重修孔廟石經記》中云："文義斷闕者，稽群書補之。"但並未明指"群書"爲何。具體到《禮記》一經，補刻之石開頭題爲"禮記補缺"，下注卷數。

圖一　北京大學圖書館藏《禮記補缺》清拓本

《唐月令》與通行注疏系統的《禮記·月令》的文本存在較大的差異，難以直接用通行注疏本將缺字補齊。那明人在校補唐石經《月令》篇時，是否做到了"稽群書補之"呢？事實上，雖然單行的《唐月令》今日不見傳本，除唐石經外所見只有清人所輯《唐月令注》本，但因北宋在行政與祭祀中《唐月令》仍被使用，因而在兩宋時期，《唐月令》似乎並非僻書，《太平御覽》等類書中都徵引了不少的《唐月令》經注文字。朱熹《儀禮經傳通解》也以《禮記·月令》爲正文，詳細校勘了《禮記·月令》與《呂氏春秋·十二紀》《淮南子·時則訓》及《唐月令》的異同。如果明人補字時參考《儀禮經傳通解》和《太平御覽》等類書，是可以正確補出唐石經《月令》的經文的。但經過校勘，可以發現唐石經《月令》明人補字的主要來源是注疏系統的《禮記·月

---

① 路遠《西安碑林史》，西安：西安出版社，1998，第544頁。

令》，校補時的基本思路是儘量通過殘損處上下文與《禮記·月令》對照，將《禮記·月令》中能對上的文字補入殘損處。而對於無法從《禮記·月令》中補入的文字，則往往以意擬補。需要說明的是，《唐月令》雖然以《禮記·月令》爲本，但對於節候所在月份往往有所調整，因而明人補字時是在整篇《禮記·月令》中尋找可以補唐石經闕文的文字，而非將唐石經《月令》與《禮記·月令》進行機械地逐月對讀。如在"四月中氣"條中，石經作"羞以□□，先薦寢廟"①，殘損二字，明人補字作"含桃"。按"羞以含桃"句在《禮記·月令》的仲夏之月（五月），不在四月。可見，明代人在面對殘斷的唐石經碑石與殘缺不全的《唐月令》文本時，根據《禮記·月令》反復比對，爲補全闕文做了不小的努力。但由於所據非廣，《唐月令》的文本來源又較爲複雜，明人這種補字的方式也造成了一些錯誤。

《唐月令》的文本來源，既有《禮記·月令》，也有《呂氏春秋》《淮南子》中的早期月令類文獻，所以《唐月令》與《禮記·月令》即使是對應的詞句也往往有字句之異。但明人補字所據僅爲《禮記·月令》，無法體現《唐月令》的文本面貌。如唐石經《月令》"三月之節"條，石經作"□□之藥□□□□"。此句《禮記·月令》有，作"餳鬻之藥毋出九門"，《儀禮經傳通解》云"《呂》《唐》'九'並作'國'"。可見此句《唐月令》當作"餳鬻之藥毋出國門"，而非"九門"，而明人補字作"九門"。唐石經《月令》"四月中氣"條，石經作"勸農勉□□□失時"。此句在《禮記·月令》孟夏之月（四月），作"勞農勸民，毋或失時"，下文又云"命農勉作"，《儀禮經傳通解》云"《唐》'勸民'作'勉人'"，《太平御覽》卷八二二引作"勸農勉人，無或失時"。可見此句《唐月令》當作"勸農勉人，無或失時"，而明人補字誤據《禮記·月令》中"命農勉作"之語補作"勸農勉作"。唐石經《月令》"十二月之節"條，石經"天子乃禡百神"以上一行殘缺，一字不存。《禮記·月令》此處作"命主祠祭禽於四方"，而據《儀禮經傳通解》所引《唐月令》，此處《唐月令》當作"命有司修祭禽之禮"，而明人補字則與《禮記·月令》同。可見，由於僅據《禮記·月令》補字，《月令》篇中的明人補字有些與《唐月令》存在相當的距離。由於過分依賴《禮記·月令》，明人補字有時甚至無視碑石上殘存的筆畫，以

---

① 本文所據唐石經拓本，整張拓本係用京都大學人文科學研究所藏拓本，感謝書格網站整理並公佈；配人補字的剪裱本係用《西安碑林全集》中影印的民國拓本；校勘所用《儀禮經傳通解》係用《朱子全書（修訂本）》第二册，上海：上海古籍出版社，合肥：安徽教育出版社，2010，第917—963頁。因文中對此三者引用較多，下文不再一一註明。

遷就《禮記·月令》的用字。上文言及，對於有些唐石經碑石上殘損但可辨認的字，明人也進行了補刻。如《唐月令》"十月之節"條中，石經原作"乘玄輅"，"乘""輅"二字雖有殘缺，但仍可辨識。此句《禮記·月令》作"乘玄路"，"路""輅"二字本通，但《唐月令》無疑是"輅"字。明人在補刻此句時卻據《禮記·月令》將"輅"字補刻爲"路"。如此校補，似難逃魯莽滅裂之譏。

圖二
左：唐石經整紙拓本
右：唐石經及明人補字之剪裱本

《唐月令》中有些内容是《禮記·月令》中没有或者二者無法對應的，對於這部分内容，明人補字則多有訛誤。這些訛誤中最明顯的莫過於"正月之節"與"五月之節"的天象記録。按《禮記·月令》的體式，每月開頭都要交代此月太陽的位置與清晨、傍晚南方天空出現的星宿，如"孟春之月，日在營室，昏參中，旦尾中"，其意即爲孟春月之時，太陽運行的位置在二十八宿中的營室，傍晚時候正南天空出現的是參宿，清晨時候正南天空出現的是尾宿。《唐月令》繼承了這一體式，但將每個月都分爲"節"與"中氣"兩節，兩節開頭分別叙述月初與月中的天象。每月的"節"與"中氣"都分別有日所在、昏中星、曉中星三組天象，《唐月令》十二月共有七十二處天象記載。據學者研究，這些天象並非通過實際觀測而得，而是通過《大衍曆》推算而來的。①《唐月令》中的天象與《禮記·月令》的天象差異較大，二者無法對應。因而明人補字中涉及的三處天象記錄，全部錯誤，無一正確。如正月之節的曉中星，據《儀禮經傳通解》所引，當是壁宿，而明人補字作"曉心"；五月之節的日所在，據《儀禮經傳通解》所引，當是參宿，而明人補字作"畢"；五月之節的曉中星，按《儀禮經傳通解》所引，當是危宿，而明人補字作"奎"。除了臆補天象記錄外，對於《唐月令》溢出《禮記·月令》的內容，明人補字也有較大的錯誤。如唐石經"八月之節"條有"命樂正習吹上丁□奠"，其中缺字據《儀禮經傳通解》所引係"釋"字，下一"奠"字左側雖有殘損，但仍可辨認。《禮記·月令》中並無釋奠禮的相關內容，明人補字誤補作"視具"，不辭已甚。又如"十一月中氣"條有"是月□□昊天上帝□□丘"句，此句據《儀禮經傳通解》所引，當作"是月也祀昊天上帝於圜丘"。《禮記·月令》中並無祀昊天上帝、祭圜丘的內容，明人補字中後二字作"社稷"，"社稷丘"云云，義不可通，顯誤。可見，對於《唐月令》有而《禮記·月令》沒有的內容，明人補字多靠臆測，不可爲據。

最後附帶談一下唐石經《月令》篇前李林甫進表的問題。唐石經《月令》之前，冠有以李林甫爲首的群臣注解《唐月令》後給唐玄宗的進表。這篇表文不見於《文苑英華》等現存唐宋總集。在唐石經的碑石上，這篇表文全損21個字，殘泐但留有殘筆的有6個字，共計27個字。明人對全損的21個字進行了補刻。② 但與經文相較，明人在擬補進表的文字時，更無所依憑。而這篇表文的內容，除了見於唐石經外，較早的來源只有宋人零星徵引。③ 敦煌所出"斯621"號殘卷《御刪定禮記月令》係唐人寫本，可惜只保留了進表的後半部分與"正月之節"條開頭部分的內容。以敦煌殘卷與宋人所徵引的進表來校石

---

① 劉次沅《西安碑林的〈唐月令〉刻石及其天象記錄》，《中國科技史料》第18卷第1期，1997，第93頁。

② 按嚴可均已經注意到李林甫進表的缺字問題。《唐石經校文》卷五："右序闕廿六字，《經義考》載此，凡改補廿九字，皆繆。"今細審拓本，進表中殘損確係27字。又嚴可均《唐石經校文》卷五曾自言撰有《唐石經月令通證》一書，查考未見傳本。（清）嚴可均：《唐石經校文》卷五，天津圖書館藏嘉慶九年刻本，見國家圖書館"中華古籍資源庫"，第2頁a面。又趙永磊也注意到此進表"（《全唐文》）原碑殘泐文字，疑多以意補之"，見《曆數、時令、郊社制度與〈唐月令〉》第147頁注1。

③ 如羅泌《路史》偶有引及。

經中《唐月令》進表的明人補字部分，可以發現，明人補字完全出自臆測，幾無當處。如唐石經"雩祀愆期，□□作沴"，碑石全損二字，明人補字作"百工"，而敦煌本則作"水旱"，《敦煌經部文獻合集》校勘記云："《路史》引作'殊乃令雩祀愆期水旱作沴'，《全唐文》'水旱'二字作'百工'，然《唐石經》'作'前一字下端有一豎筆之殘畫，明此字非'工'之殘，應是'旱'之殘，故推知《唐石經》殘泐者應是'水旱'二字。"所論甚是。"□□□□□□順時設教"，碑石損六字，明人補字作"昭代敬天勤民"，其中"民"字還按唐人避諱的習慣缺了筆。但進表撰作於玄宗時，行文中即應避諱"民"字，且原碑第六字右下角還存一捺筆殘畫，顯是"人"字，敦煌本此處作"陛下懸法授人"，則文從字順。需要指出的是，《敦煌經部文獻合集》已經注意到了此殘卷與唐石經可互相校讀，但校勘考證仍存個別瑕疵。或是由於編纂時所用膠片清晰度不高，《合集》失錄原卷二字，而此二字正在唐石經殘損處。唐石經作"□□□□□□形言，親降聖謨"，其中前六字全缺，"形"字尚存大半，所殘缺七字明人補字作"是以有皇極之敷"，《合集》錄文作"□□□□□用刑言"，校勘記云："《唐石經》前六字殘泐，存'形言'二字；《全唐文》作'是以有皇極之敷言'。案第一字底卷存左半'雇'。此駢體文，四字爲句，《全唐文》雖亦八字，然非駢體，當非。'刑'爲'形'之借字。"① 今藉助"國際敦煌項目"公佈的高清照片，細審原卷字跡，《合集》所云"存左半'雇'"之字顯爲"顧"字，下一字爲"兹"字，再下一字左從"幺"，則不可辨爲何字。此字再下一字完全殘缺，但由下文"用形言"可以推知，此字很可能是"每"，"每用形言"的說法還出現在開元元年敕書裏："朕之此志，每用形言。"② 綜合考慮，此句當作"顧兹□□，每用形言"，大意爲玄宗顧念舊有月令文獻不能貼合實際的情況，每每表現於言語當中。而所缺二字具體爲何，則有待於新材料的發現。

《合集》的另一失誤，則是校勘時僅用未摻入明人補字的唐石經拓本和《全唐文》與殘卷進行校讀，忽略了《全唐文》中收錄此篇進表的來源是朱彝尊《經義考》，而朱彝尊《經義考》收錄的進表則已摻入明人補字。以《全唐文》爲校本，忽視了從明人補字到《經義考》對《全唐文》的影響，考證不免失誤。如進表中"事資革弊，允屬□□"二句，碑石殘損二字，明人補字作

---

① 張涌泉主編《敦煌經部文獻合集》，北京：中華書局，2008，第1010頁。
② （宋）李昉等《文苑英華》卷四二一，國家圖書館藏明鈔本，第2頁a面。

圖三
左："斯621"號殘卷
中：唐石經整紙拓本
右：唐石經及明人補字之剪裱本

"宜更"，《經義考》《全唐文》均仍之，而《合集》校勘記則云："《唐石經》二字殘泐，《全唐文》作'宜更'，疑此爲清人諱'明'字而改。""宜更"的來源是明人補字，不是《全唐文》，"清人諱'明'字"自然不能成立。

顧永新老師在論及唐石經《周易》中明人補字的質量時曾説："明人補字總體而言質量尚可，雖然其所據底本不可考，但正確率還是比較高的，而且多能兼顧到石經的用字習慣。"① 從文中舉出的書證來看，《周易》一經的補字質量確實不錯。但由於在唐石經中，《月令》一篇文獻情況特殊，明人在補刻此篇時事實上並未能做到"稽群書補之"，而是主要依靠《禮記·月令》進行校補，造成了一些錯誤。考慮到萬曆時期單行《唐月令》文本可能已不可見，這些補字的失誤也在情理之中。同時，明人補字的機械做法與晚明時期輯佚學尚未大興的學術背景有關，同時也體現了唐玄宗所改定《唐月令》在流傳中逐漸從冠於《禮記》篇首到隱晦不彰的經學史事實。

---

① 顧永新《開成石經〈周易〉校理》，《經學文獻研究集刊》第二十五輯，第90頁。

二、皕忍堂《景刊唐開成石經》中《月令》篇補字考實

唐石經係石刻文獻，其文本主要以拓本的形式流傳。較之傳拓，木板刷印是更便捷的出版方式，因而將石經文字摹寫刊刻便成了順理成章的事。現存雕版摹刻唐石經之作有兩種，一種是日本江户時期儒者松崎慊堂主持刊刻的《縮刻唐石經》，另一種影響更大的則是民國時期張宗昌皕忍堂刊刻的《景刊唐開成石經》。

《縮刻唐石經》"以恢復原本文字而不是保存舊本面貌爲目的"①，不僅改變了行款，還對文字内容有所校改。具體到《月令》一篇，在《縮刻唐石經》中被恢復爲《禮記》第六篇，篇題下注"鄭氏注"，顯然係用《禮記·月令》文本，而非《唐月令》，自然也没有收録李林甫的進表。

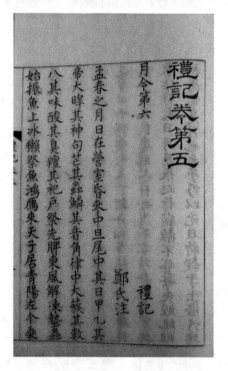

圖四　《縮刻唐石經》中《月令》篇書影

---

① 劉玉才《松崎慊堂與〈縮刻唐石經〉芻議》，《嶺南學報》復刊號，上海古籍出版社，2015，第255頁。

皕忍堂《景刊唐開成石經》係由張宗昌出資,由民國時期藏書家陶湘督刻,字大如錢,雕鏤精工,向爲書林名刻。陶湘對於刻書是行家裏手,摹刻唐石經的質量也得到了普遍的承認。1997 年中華書局將皕忍堂《景刊唐開成石經》影印出版,成爲唐石經最爲通行的版本之一。陶氏在書前有校刻凡例,頗爲謹嚴:"皕忍堂主人取新拓整張經文與仁和魏稼孫《開成石經圖考》相符者,依樣鉤摹。……字有殘缺,按儀徵阮元覆刻宋槧十行本注疏之經文雙鉤補入,以示區别。"明確表示在摹印時不用明人補字,而是根據整紙拓本覆刻,缺字則用阮刻本注疏雙鉤補齊。在這篇凡例中,還談到了《月令》一篇的問題:

　　　　唐石經《禮記》以明皇刪定、李林甫等所注《月令》爲第一。宋景祐二年從賈昌朝之請,以鄭司農所注《月令》復入《禮記》爲第五,其刪定者自爲《唐月令》别行,相傳至今未變。日本松崎氏《縮刻唐石經》即改用鄭注《月令》,列爲第五,是矣,然失唐石之真。兹仍唐石之舊,以《刪定月令》冠首,其泐損處即按《汲冢周書》《淮南子》原文補之。其李林甫等序文缺二十六字,嚴可均謂朱氏《經義考》載全文,凡改二十九字皆謬,則仍原缺不補。

　　以此凡例來看,皕忍堂本中《月令》一篇的雙鉤補字相當審慎:李林甫進表中的缺字因爲無從校補,故仍其舊;對於《唐月令》經文中的缺字,則用《汲冢周書》《淮南子》補入。但此條凡例的做法其實也存在問題:以《逸周書》和《淮南子》補《唐月令》中的缺字,這一想法的直接來源當是嚴可均《唐石經校文》中所説的"此篇(指《唐月令》)根柢《周書》,捃撫《鴻烈》"[①]。問題在於,即使真以《逸周書·時訓》和《淮南子·時則》爲依據,也是無法正確補全唐石經《月令》篇闕文的。《唐月令》有些內容,不出舊文,而出唐人之手。如前文談到唐石經《月令》中殘缺的"正月之節"與"五月之節"的天象記録,《逸周書·時訓》中没有相關内容,而《淮南子·時則》中的天象記録亦無法與之對應。而若將皕忍堂本《月令》篇中雙鉤的補字細校,可以發現,皕忍堂本中的雙鉤補字來源並非如凡例中所言據《逸周書·時訓》和《淮南子·時則》校補,而是基本沿襲了明人補字,僅校正了其中個别明顯的訛誤。其中主要的錯誤,都與明人補字一致。如前文提到的"正月之節"與"五月之節"的天象記録,皕忍堂本雙鉤補字與明人補字同,皆誤。"十一月中氣"節中"(祀)昊天上帝□□□",所缺三字當爲"於圜丘",明人補字誤作

―――――――――

① (清)嚴可均《唐石經校文》卷五《禮記》,第 2 頁 a 面。

"社稷丘"，皕忍堂本同。應該指出的是，皕忍堂本以雙鉤和實畫區分碑石上殘損和現存的字，本是非常直觀科學的做法。但在皕忍堂本《月令》篇的雙鉤補字中，有些地方不僅繼承了明人的補字，還爲了遷就明人補字，而用實筆摹寫了碑石上並不存在的筆畫。如在"十二月之節"條中，唐石經中"□□搢扑北面以誓之"一句，殘損二字據《通解》所引，當是"有司"，下一字在整張拓本上還能看到殘存的右側豎畫。但明人補字此處則據《禮記·月令》作"司徒"二字，皕忍堂本因之。皕忍堂本不僅據明人補字雙鉤出"司徒"二字，或因整張拓本中上一字右側尚存殘畫，皕忍堂本將"徒"字最後一筆之末摹成實筆。明人補字本就有忽視碑石上尚存殘畫以遷就所據文本的弊病，皕忍堂本則據明人補字擬補出碑石上沒有的實畫，二者之武斷如一。當然，皕忍堂本也糾正了個別明人補字的錯誤，如"八月之節"條中明人補字將"釋奠"誤作"視具"，而皕忍堂本雙鉤補字則將其糾正爲"釋奠"。可見，皕忍堂本對《月令》一篇的校補也並非一無足取。

圖五
左：唐石經整紙拓本
中：唐石經及明人補字之剪裱本
右：皕忍堂本

皕忍堂《景刊唐開成石經》刊刻精美，其影印本易得，又能區分碑石上現存與殘損的文字，故而流行甚廣，但其中也存在不少的問題。從其中《月令》一篇來看，經文中雙鉤的補字並非如凡例中所説僅據整紙新拓，不用明人補字，具體到《月令》一篇，也没能做到"按《汲冢周書》《淮南子》原文補之"。以此例推之，皕忍堂本中其他雙鉤補字是否存在類似問題，還有待進一步研究。但從《月令》篇的情況可以看出，皕忍堂本的文字質量仍存在問題，使用時並不能等同於唐石經的文本。

三、餘論

在經學文獻研究的視野中，《唐月令》並没有得到研究者太多的重視。對於《唐月令》文本的校補考證，除明人補字外，清代學者也做過一些努力。如臧庸已經注意到了《儀禮經傳通解》中保存的《唐月令》內容。錢大昕在《唐石經考異》之末抄録了唐石經《月令》篇的全文，闕文均用"□"表示，未摻雜明人補字。在次歐山館鈔本《唐石經考異》中，臧庸則據《儀禮經傳通解》補齊了這些脱文。①茆泮林曾據《太平御覽》等書輯出《唐月令注》一卷，但未參考石經，且存在誤輯。《唐月令》的經文及注文仍需要系統地輯佚與校勘。

唐石經中的《月令》無疑是開成十二經中特別特殊的一篇，其文本超出了傳統經注疏系統的範疇，因此明人在校補此篇時產生訛誤，並不足爲怪。無論是明人補字，還是陶湘校刻《景刊唐開成石經》，在處理《月令》一篇時都没有注意到《唐月令》的文本事實上均被朱熹《儀禮經傳通解》吸收。單行《唐月令》在書籍流傳中終歸散佚。殘損的石經經過明人的補字，冠以玄宗御製的《月令》一篇實際上成爲了《唐月令》與《禮記·月令》的嵌合文本，試圖取代傳統經學文本的製作最終又被傳統註疏本文字滲透，這也體現出注疏系統經學文本具有的穩定性與影響力。

（作者單位：北京大學中國古文獻研究中心、北京大學中文系）

---

① （清）錢大昕《唐石經考異》，國家圖書館藏清次歐山館鈔本，善本號10031，第95至108頁。

《臨川先生文集》黄廷鑑校勘考

董岑仕

【内容提要】 中國國家圖書館藏《臨川先生文集》(03575),爲宋高宗紹興二十一年(1151)王珏刻遞修本的明正德嘉靖年間印本,其上有黄廷鑑硃筆校勘。黄廷鑑之校勘,取張金吾愛日精廬舊藏王珏刻元代修補印本與明嘉靖蘇州晚印本《臨川先生文集》,校勘黄氏自藏的多雜元明補版、後人補抄的王珏本晚印本,而這些校勘,約在清嘉慶二十五年(1820)至道光六年(1826)之間進行。黄廷鑑細緻地校出了張金吾藏本的異文,並描寫張金吾本中版葉的漫漶之處;同時,黄氏自藏本上的明代補版葉或補抄葉的行款,有的與張金吾本有差異,黄廷鑑亦往往勾勒行款。憑藉着黄廷鑑的校勘,能復原今下落不明的張金吾舊藏《臨川先生文集》的面貌,了解王珏刻《臨川先生文集》元代修補印本的版本情況,並佐助判斷王安石《臨川先生文集》的版本源流。

【關鍵詞】 王安石 黄廷鑑 張金吾 校勘 《臨川先生文集》 王珏

宋高宗紹興二十一年(1151),王安石曾孫、提舉兩浙西路常平茶鹽公事王珏刊刻王安石《臨川先生文集》百卷本,書版遞經修補,明初,該書書版進入北京國子監,在永樂至嘉靖初,歷經北監的多次修補版,而《臨川先生文集》的存世印本甚夥,不同印本亦存在印次差別[1]。

在王珏本的諸多存世印本中,中國國家圖書館藏本(03575),書中鈐有"雲間郁氏溎卿予仲印""我齋圖書""琴六手校""恬裕齋鏡之氏珍藏""鐵琴銅劍樓""子雝金石""良士眼福"諸印。其中"琴六手校"爲黄廷鑑之校書

---

* 本文的版本調查過程中,得到了各個藏書單位的幫助,允借善本;寫作過程中,與北京師範大學董婧宸老師多有切磋研討,謹致謝忱。

[1] 關於王珏本的印次研究、王安石集明清翻刻本的版本源流等問題,參見董岑仕《〈臨川先生文集〉版本源流考》,《文史》2023年第2輯。

印，因爲該本保存了大量的黃廷鑑校語，故下文稱該本爲"黃廷鑑校本"。該本在黃廷鑑校勘後，爲瞿氏鐵琴銅劍樓所插架①，葉德輝曾閱②。

雖然黃廷鑑校本刷印時間在存世諸本中相對較晚，受當時北監書版丟失、漫漶等影響，書中舊有補抄葉較多，然而，該本迭經名家遞藏，實爲存世《臨川先生文集》中重要的傳本之一。該本書葉中，有大量的校勘存在。細繹這些校勘，可以分爲兩類，其一，爲黃廷鑑得到該本之前便已存在，多以墨筆描改刷印中漫漶不清的文字，並補足宋諱缺筆之處，但墨筆校勘時見粗疏臆改。其二，爲黃廷鑑硃筆手校。黃廷鑑（1762—?），字琴六，號拙經逸叟，江蘇常熟人。終生以坐館爲業，留意常熟鄉邦文獻，又好聚書、鈔書、校書。黃廷鑑曾坐館張海鵬照曠閣，督教其侄張金吾讀書，並與陳揆、瞿紹基、瞿鏞等常熟藏書家有交遊。學界目前對黃廷鑑校勘《臨川先生文集》的探討較少③，故筆者不揣謭陋，就黃廷鑑所用的參校本、黃廷鑑的校勘內容及校勘價值略作考證，以就正於方家。

一、黃廷鑑校所用參校本考

從王珏本的刊印情況來說，不晚於明永樂八年（1410），王珏本書版已移至北京國子監，其後，永樂十五年曾由楊士奇主持修補版。永樂至成化初，北監又陸續對該書書版進行了多次修補，之後書版長期未經修補，正德嘉靖間，部分版片丟失或漫漶，嘉靖五年（1526）至六年間，時任國子監祭酒嚴嵩復主

---

① 著錄見瞿鏞《鐵琴銅劍樓藏書目錄》卷二〇"集部二·《臨川先生文集》一百卷"，光緒瞿氏刻本，第22—23葉。書影見《鐵琴銅劍樓書影》宋本集部四十五，北京：北京圖書館出版社，2003，第678頁。

② 葉德輝1919年經眼，記於所跋嘉靖五年六年修補印本（今藏湖南圖書館）中，見葉德輝《郋園讀書志》，上海：上海古籍出版社，2010，第386頁。

③ 黃廷鑑校本雖曾影印入《宋集珍本叢刊》，然而影印本套印板框，而黃廷鑑的硃筆校勘幾乎難以識別，故研究中較少使用。近年出版的王安石別集的整理本中，王安石撰、劉成國點校《王安石文集》（北京：中華書局，2021），王安石撰、李壁箋注、劉辰翁評點、董岑仕點校《王安石詩箋注》（北京：中華書局，2021），均曾參考轉錄黃廷鑑的校勘成果，然而前者在使用黃廷鑑校勘時區分不嚴，間或闌入不屬於黃廷鑑校的內容，同時該本的校勘中對王珏刻遞修本中的補抄葉和補版葉亦有認識之疏；後者在校勘中轉錄黃廷鑑校語，"以覘王珏本在輾轉修補中的異文流變及其對應雲鷟本、何遷本等版本之影響"，然而因爲僅涉及詩歌部分，相當於《臨川先生文集》百卷本前三十五卷部分，故不能全面反映黃廷鑑的校勘成果。黃廷鑑校勘的文獻價值，尚待揭櫫。

持了一次大規模的修補，這些補版葉版心均鐫"嘉靖五年補刊"字樣，另刻有"嘉靖丁亥秋仲國子監補刊完"之嘉靖六年修補版牌記。黃廷鑑校本中，雜有宋刻版葉、單字刻工的元代補版及明初永樂至成化年間北監修補版葉，然而絶無嘉靖五年補版葉。同時，黃廷鑑校本書中有的版刻葉有缺葉現象，而這些缺佚之葉，在黃廷鑑收得此本時，已由舊藏者據明刊本補抄。黃廷鑑本中的補抄葉，在王珏本的嘉靖五年六年修補版印本中，往往爲"嘉靖五年補刊"葉。由此可知，從印本本身而言，黃廷鑑校本是王珏本正德嘉靖間修補印本的典型代表。

黃廷鑑校本今共二十册，正文一百卷全，書前裝有補抄的黃次山《紹興重刊臨川文集叙》一葉、明代補版的王珏識語一葉、明代所刊"臨川先生文集總目"三葉（内容爲"第幾卷之第幾卷"爲某體詩、某體文的簡目），但無卷端題作"臨川先生文集總目録"的二卷詳目。

黃廷鑑校本開帙卷一首葉天頭有校語，言："上序、跋、總目，愛日精廬宋刊本俱缺。明刊本有黃序，無跋，總目全載，與此異。"書中的大量校語，亦是"宋刊本""明刊本"之校勘。由此可知，黃廷鑑曾用宋刊本、明刊本共兩種王安石集版本來進行校勘。那麽，這兩種參校本具體所指爲何？印本面貌爲何？

1. 張金吾愛日精廬宋刊本

據黃廷鑑所述，參校本中的宋刊本，當爲張金吾愛日精廬舊藏（以下簡稱"張金吾本"）。張金吾舊藏此帙，在嘉慶二十三年（1818）始撰、二十五年成書印畢的《愛日精廬藏書志》四卷活字本中未見著録①。四卷本成書後，如張金吾在自編年譜《言舊録》中所記："（道光三年癸未，1823）重編《愛日精廬藏書志》三十六卷。己卯（嘉慶二十四年）排印《藏書志》四卷，後續得宋元刊本頗多，乃重加編次，增入原書序跋之不甚經見者，釐爲三十六卷。刊《愛日精廬藏書志》始。"② 三十六卷本於道光六年刊成，並自作新序，"寫樣後所得者，另編《續志》四卷，並以付刊"③，最終，《愛日精廬藏書志》三十六卷、《續志》四卷於道光七年藏事，而增訂後的《愛日精廬藏書志》中，卷三十

---

① （清）張金吾《愛日精廬藏書志》四卷本（中國國家圖書館藏本，書號：15069）卷四收録集部書籍，但無《臨川先生文集》一書。
② （清）張金吾《言舊録》，民國二年吴興劉氏嘉業堂叢書本，葉25b。
③ 同上書，葉28b。

"集部·別集類"中著録:"《臨川先生文集》一百卷。宋刊本。宋王安石撰。"①或因該本無序跋等,故張金吾所編藏書志中介紹幾乎未着筆墨,僅簡單記録了版本屬"宋刊本"。從張金吾藏書志的編纂情況來看,張金吾得此本,約在嘉慶二十五年至道光初年間,而張金吾的藏書在道光六年散去,黄廷鑑當在張金吾得此書後不久即完成了校勘,而愛日精廬宋刊本今下落不明,故黄廷鑑校語是考察該本原貌的重要綫索。

黄廷鑑於卷一首葉校語中,指出了張金吾本的序跋等面貌與黄氏自藏本的異同。其"序"指黄廷鑑校本卷首補抄的黄次山叙,"跋"指王珏識語,"總目"即書第幾卷之第幾卷某體詩某體文的簡目。從上述校語來看,張金吾本當爲正文一百卷全,而書前書後無序、無王珏識語、無簡目,亦無二卷詳目。黄廷鑑校本開頭幾卷中,往往逐字於地脚等處書校語某字宋刊作某,至卷四葉七的天頭,則言:"此書亦宋刊,特多元明補板,且被妄人增改。今即以宋刊校宋,亦不更分别。硃筆俱書宋本作某。"從校語來看,黄廷鑑意謂自藏本中多夾雜元明補版,且墨筆增改多無據,而張金吾本同屬宋刊而印次頗早,故黄廷鑑用愛日精廬藏宋刊本校勘手邊的這帙雜有元明補版的宋刊遞修本,而此後的硃校,多屬據張金吾本出校,往往在天頭或地脚出校,以"宋刊"或"宋本"稱之,而部分旁校則省去"據宋刊本改"之類的校語。從校記來看,張金吾舊藏百卷本中,也存在缺葉的情況,這些缺葉,黄廷鑑大多記録爲"抄補",亦偶見校語爲"失補"的情況。其中,張金吾本卷五整卷均爲補抄。同時,黄廷鑑校語顯示,張金吾本的抄補葉,大多與明刊本合,亦有少量葉與遞修本的補版合,可能來源不一,但參考價值有限。

2. 明刊本

從黄廷鑑校語可知,其用以參校的"明刊本",有黄次山叙,無王珏識語,而"總目全載",指的是明刊本有二卷詳目。關於該明刊本,黄廷鑑有多處指出其標誌異文,如卷一葉五有校籤:"御名,明覆宋本作'搆',下同。"卷六葉二《送李屯田守桂陽二首》有校籤:"'相憶'二字,明刊本散入上兩行,下明刊本至卷末俱差一行。"由此可知,黄廷鑑認爲明刊本爲"覆宋本",該明刊本的行款一般均與宋刊本同,個别處行款有别,導致整卷可能有一行文字的參差。

---

① (清)張金吾《愛日精廬藏書志》卷三〇,柳向春整理,上海:上海古籍出版社,2014,第510頁。

在明刊本中，嘉靖前期蘇州刻本翻刻自王珏本。嘉靖中後期，蘇州本的卷首叙、目録二卷、正文卷一至卷一一、卷九一至卷一〇〇，曾補版後印行，是爲蘇州晚印本。嘉靖三十九年（1560），何遷刊撫州本又據嘉靖蘇州早印本翻刻。嘉靖蘇州早印本、蘇州晚印本與何遷撫州本與王珏本均採用半葉十二行行二十字之版式，行款、换葉等，基本與王珏本同。三種明印本均載黄次山叙和二卷詳目，除了個别補版和翻刻中的誤字外，三種明印本的文字基本一致。不過，從黄廷鑑校勘所顯示的異文來看，卷九七葉四ｂ末字，黄廷鑑出校："末一字宋刊'真'，明刊誤'其'。"蘇州早印本、何遷本此字均作"真"，而蘇州晚印本補版時，此字形近而誤作"其"，由此可知，黄廷鑑所用的明刊本，當爲蘇州刻補版晚印本。

二、黄廷鑑校勘内容考

通覽黄廷鑑校本可知，黄廷鑑在所得的正德嘉靖間刷印王珏刻遞修本上，以硃筆校勘張金吾本和明刊本。總體來看，張金吾舊藏宋刊本爲黄廷鑑的主校本，詳爲出校；而明刊本則在張金吾本缺葉或存在異文時取以參校，並非主校本。此外，有少量校語，黄廷鑑寫於校籤之上。校籤上的校勘主要内容，是出校作爲參校本的明刊本在行款上與宋刊本的參差不同處，並言及明刊本改宋諱字"御名"作"構"，改"淵聖御名"作"桓"字。

黄廷鑑校語的内容，主要包括出校張金吾本的異文；描寫張金吾本的漫漶之處；同時，黄氏自藏本上的明代補版葉或補抄葉的行款，有的與張金吾本有差異，黄廷鑑亦往往以"⌐"勾勒行款。以下分別述之：

1. 出校張金吾本異文

王珏本書版在遞修遞補的過程中，新增了頗多訛誤。黄廷鑑自藏本中，多元明補版，而張金吾本絶少補版，故黄廷鑑的校勘中，詳細出校張金吾舊藏"宋刊本"與黄氏自藏本補版文字間的異文。如卷一二葉七、葉八，黄廷鑑校本爲明代補版，多有訛誤，如詩題"到郡與同官飲（時倅舒州）"之"飲"字，明代補版誤脱，黄廷鑑校補，並有校語"'飲'字，從宋刊本補"；詩題"既别羊王二君與同官會飲于城南因成一篇追寄（用藥名）"之"一篇追"三字，明代補版誤脱，黄廷鑑校補，並有校語"三字從宋刊本增。'用藥名'三字，宋刊本細字側書"，並於地脚書"'一篇追'，明刊本亦缺"。此類校勘王珏本補版異文，在黄廷鑑校本中比比皆是。

同時，黃廷鑑校本因刷印較晚，書中雖保留了不少宋刻版葉，但部分字已模糊難辨，並有版木裂版、修版等造成的文字脫落，而張金吾本刷印較早，故黃廷鑑在自藏本上臨寫張金吾本的文字。如卷四葉一，黃廷鑑校本此葉爲宋刻，卷前目錄"老景"題下，有單行小注"裝古人名"，"裝"字較漫漶，黃廷鑑硃筆描出①。此詩載龍舒本卷三八，注文正同。此卷正文葉四刊《老景》詩，黃廷鑑校本爲明代補版葉，題下注："哀言人名"，首二字爲形近之誤。黃廷鑑校："此頁宋刊模糊，題注四字莫辨。明刊作'哀古人名'，誤。"當是據卷前目錄斷定參校本的明刊蘇州本有誤字。又如卷八〇葉十，黃廷鑑校本此葉爲宋刻，有裂版，文章名"答程公闢議親■書"，"親"下有字，因裂版而字形不清，且遭舊藏者用墨筆改作"迎"字，黃廷鑑校："'親'下一字，宋刊模糊，似'定'字。明刊便删。"②卷四九葉四，黃廷鑑校本此葉爲宋刻，然而b面第十行，或因版木曾經修版之故，整行木楔脱落作空白，黃廷鑑校補"（英宗/御名）可岳州刺史充本州團練使制"一行，並記："此行照宋刊本補。"卷四九葉七校補"劭"字、卷四九葉十四校補"謹"字等黃氏自藏本中宋刻版葉的空白字，亦屬此例。此外，張金吾本中亦有不少修版木楔脱落而導致的空白字，黃廷鑑亦於對應處逐一出校"某字，宋刊本空白"，如卷五二葉四出校"兩行宋刊本空白"、卷五三葉八出校"某下，宋刊本亦缺三字，明刊有"等。

　　黃廷鑑校本中，此前藏者常以墨筆將宋刻版葉中的宋諱缺筆補上，而補版葉、補抄葉中的宋諱缺筆，亦常常逕成完字。黃廷鑑校勘時，則多圈出這些宋諱缺筆字，間或出校"某字，宋刊本缺筆"等以示版刻之别。

2. 描寫張金吾本的漫漶之處

　　黃廷鑑校勘時，會描寫張金吾本漫漶模糊之處，而其描寫方式，主要有兩種。

　　其一，在模糊之字右側，以"⌐"（乙號）標示，並在天頭或地腳處，出校"紅乙者/某字，宋刊本模糊"之類的校語，見卷五四葉五、卷六九葉三、卷七四葉二、卷七五葉三、卷八二葉十等。黃廷鑑所出校的這些字，主要位於裂版處或版框邊緣，王珏本的明印本中，若未補版，對應字有的則經修版，有的則更加漫漶；若補版，則間或有異文。

　　其二，在己藏的印本上，以硃筆勾畫出張金吾本印面漫漶之處的起訖，天

---

① 蘇州本目錄題下無注，蓋因漫漶而翻刻時删削。
② 龍舒本無此篇，蘇州本此處無字，亦不空字，然此處當據宋刊字形補"定"字。

頭或地脚間或加以"上截/下半/此角宋刊模糊"之類的校語,見卷二二葉二、卷三〇葉九、卷五三葉九、卷五九葉七,卷七一葉九葉十、卷八〇葉八、卷九六葉十三等。

3. 勾勒張金吾本與黃氏自藏本補版葉、補抄葉行款差異

黃氏自藏本上的明代補版葉或補抄葉的行款,有的與張金吾本有差異,黃廷鑑往往在對應行末字左下,以"⌐"勾勒參校本張金吾本的換行處,來描寫行款的差異。黃廷鑑校本中舊藏者的補抄,往往不依行二十字的行款抄寫,其上的勾勒,較爲多見;另有一些葉面,爲明代補版不依宋刻文字,部分文字出現脱訛,導致明代補版與張金吾本行款有差異,故黃廷鑑在自藏本上校補脱訛,并勾勒出明代補版葉與張金吾本宋刻版葉的行款差異。如卷五三葉九,《主簿王正臣守秘書省校書郎致仕制》一文中,黃廷鑑校本等明印本中裝明代補版葉,脱題目之"書省校書郎致仕制"八字,正文部分,補版作"夫還│州之官,而就里居之佚。無賦徭之役,而重禄之加。惟│慎厥終,乃其不愧",從"州"至"惟"爲一行二十字之文字,而黃廷鑑出校:"'還',明刊同,宋刊模糊,似'釋'字。"復旁改"官"爲"勞"字,並在"州"下添入"縣"字,在"而重"之間添入"有"字,並在此行第十八字"重禄之加"的"之"字左下畫"⌐",以示張金吾本的換行差異。在王珏本的存世版本中,北京大學圖書館藏有未經明代修補版的蝶裝早印殘本(SB/810.514/1031.1,今存卷五二至卷五五,共四卷。下文稱此本爲"北大蝶本"),此葉裝宋刻版葉,持以相核,張金吾本的行款、文字與北大蝶本正同。又如卷七一葉六、葉七的《許氏世譜》,明代補版多有脱文,黃廷鑑據張金吾本先後校補"無助""亡""旅"及"○"五字①,而明代補版葉的行款與張金吾本宋刻版葉亦相錯至五字,黃廷鑑逐行勾勒張金吾本的換行之處。

除了用勾勒符號外,有時黃廷鑑亦會在天頭、地脚等出校校語"某字,宋刊提行"等來作爲勾勒符號的補充,如卷七四葉十一,黃廷鑑校本爲補抄葉,不依原行款補抄,故此葉有"⌐"的勾勒符號,並在地脚有兩條校語:"'致意',宋刊提行。""'情'字至'盡'字,宋刊作一行。"而如國圖甲本(07667)等明印本中,存此葉宋刻版葉,行款正同。

---

① 按,"○"爲張金吾本有字而黃廷鑑無從辨認者,據龍舒本卷三三當爲"坍"字,具體詳下。

三、黃廷鑑校本校勘價值

　　從具體的校勘情況來看，黃廷鑑的校勘較爲細緻，詳細地校出了張金吾本的異同，乃至鉅細靡遺地描摹張金吾本的漫漶模糊的情況，並勾勒張金吾本宋刻版葉的換行行款面貌。憑藉着黃廷鑑的校勘，能基本復原今下落不明的張金吾舊藏《臨川先生文集》的面貌。

　　如同黃廷鑑所指出的，黃氏自藏本"此書亦宋刊，特多元明補板，且被妄人增改"，而張金吾本絕少元明補版。通覽全書校語，黃廷鑑指出張金吾本的卷二五葉三、葉四及卷九三葉二共三葉"亦係補刊"，意謂張金吾本此三葉配入了明代補版葉，他處則非後來補版。結合對存世《臨川先生文集》王珏本的版片調查、印次分析，比勘今存北大蝶本和王珏本諸多明印本的刷印情況，可知黃廷鑑所出校的張金吾本，當爲王珏刻的較早印本，印次接近今存的刷印於元代而未經明代修補版的北大蝶本。如卷五三葉九，黃廷鑑校本所裝爲明代補版葉，黃廷鑑於該葉上，用硃筆勾出版葉下方屬於模糊漫漶的區域，而北大蝶本和國圖甲本中此葉均裝宋刻版葉，張金吾本的漫漶程度與北大蝶本相近，而約刷印於成化初的國圖甲本中，北大蝶本尚清晰的此葉左半、上半部分，至此已漫漶不堪。北大蝶本中部分書葉爲單字刻工的元代補版葉，從黃廷鑑校勘來看，張金吾本中亦有此期補版，但除上述三葉"亦係補刊"葉外，無明代補版葉。同時，黃廷鑑記錄了張金吾本的缺葉情況，而這些張金吾本的缺葉，在王珏本的明前期修補印本中，多爲左右雙邊、細黑口、單黑魚尾版式補版，這些葉的補版風格一致，結合相關文獻可知，這批補版當屬王珏本明初永樂時期的北監補版①。綜上可證，張金吾本屬未經明初補版的元代修補印本，與僅存四卷殘卷的北大蝶本印次接近。

　　今存的《臨川先生文集》王珏本中，未經明初修補版的元代修補印本，僅有北大蝶本（存卷五二至五五）四卷和上圖蝶本的"目錄上"一卷（線善

---

① 楊士奇述永樂八年時，"北京有荊公《臨川集》板，在國子監舊崇文閣，而所闕什一"（楊士奇《東里文集》卷一〇《題王臨川文後》），隨後，約永樂十五年，楊士奇主持了對時藏北監的王珏本書版的補版，補版時有楊士奇識語，今裝有楊士奇補版識語的王珏本印本，有嘉靖五六年修補版印本，如北京大學圖書館李盛鐸舊藏本（LSB/76）、湖南圖書館藏本等。今存的王珏刻明印本中，卷五全爲明代補版，而張金吾本此卷整卷補抄，正由張金吾本未經明初補刻之故。

811320，起葉六，終卷尾葉五七，中缺葉七、葉二十、葉三五、葉三六共四葉，計共存四八葉）。張金吾本無目録卷，但正文百卷齊，僅少量卷葉爲補抄，並配入三葉明代補版。存世的其他《臨川先生文集》印本，多刷印於明成化以後，雜有明永樂至成化年間多期補版，乃至有迭經嘉靖五年六年修補版的更晚印本。黄廷鑑的校勘，有助於我們了解王珏刻元代修補印本的全貌。

據黄廷鑑校，張金吾本中，有少數書葉與王珏刻明代印本行款、文字差別較大，可能是迭經補版，而使用的版片與今存的明印本中所裝書葉有差別。如卷二三葉三，今存的明印本中，所裝均爲無刻工的宋代補版葉，而張金吾本來看，此葉爲別版，行款有別，黄廷鑑校本上第一行，爲《始與韓玉汝相近居遂相與遊今居復相近而兩家子唱和詩相屬因有此作》的末十六字"青春。萬金雖愧君多產，比我淵明亦未貧"。黄廷鑑言："宋刊本脱此行。"而此葉第十行爲詩題"予求守江陰未得酬昌叔憶江陰見及之作"，共十七字，王珏本行二十字，而詩題一般上空四字，黄廷鑑言張金吾本詩題末字"'作'字，宋刊本提行"，造成葉面的行款差別。卷三六"集句"末葉葉十，存世的王珏本明印本皆用宋刻版葉刷印，刻工名難以辨識。此葉末四詩，分別爲《示道光及安大師》《移桃花》《老人行》《倉頡》。黄廷鑑於《移桃花》下出校："此首別宋本、明刊本俱無，繫接《老人行》。"並在卷末《倉頡》後補抄《離昇州作》之詩，題下校："此首別宋本在《倉頡》前，明刊本同。"從黄廷鑑校來看，張金吾本此葉與王珏本明印本所用宋刻版葉不同版，末四詩作《示道光及安大師》《老人行》《離昇州作》《倉頡》。王珏本詳目、卷目，此卷末四詩，亦題"《示道光及安大師》《老人行》《離昇州作》《倉頡》"，與張金吾本內容合。《移桃花》一詩，王珏本卷三實已載，題作"移桃花示俞秀老"，非集句詩①。卷二三葉三、卷三六葉十，今存的明印本雖爲宋刻版葉，然似皆宋代補版，而張金吾本所裝葉疑爲紹興初刻的版木所刷，故形成了行款、內容上的差異。另外，卷二葉三，今明印本中，僅見嘉靖五年補版，據黄廷鑑校，張金吾本"四皓二首"題下，多"一"之題一行，而此葉《寄蔡氏女子》脱漏他本中均見的"含姿"至"魚跳兮"十六字，行款亦有別。

黄廷鑑校勘，細緻地保留了張金吾本的版面信息，指出張金吾本中亦多有空白、模糊處，在裂版、版框邊緣處，漫漶尤甚。張金吾本較爲模糊的字形，黄廷鑑校語中往往會"細審"其字形，並比勘明刊本之異同，給出判斷。細審

---

① 按，龍舒本載卷七九"集句"下亦收此詩，題作《移桃花》，但編入"集句"恐誤。

之例，如卷七一葉七《傷仲永》，"日扳仲永環□於邑人"，b 面十二行第一字，靠近版框，明代補版作空字，黄廷鑑於地脚校："上一字宋刊模糊，明刊'謁'。"復於天頭出校："上一字，細閲宋刊似'匃'字。"按，龍舒本載卷三三，正作"匃"。其他細審之字，有的雖未得確解，然亦可見其迹，如卷七七葉十《答楊忱書》，"其爲□也可以已邪"，此葉爲宋刻，"□"字爲 b 面第十行首字，已殘泐，下半有"口"字，黄廷鑑校："上一字宋刊模糊，似'善'字。明刊作'言'。細審確是'善'字。"按，龍舒本載卷八，作"喜"，黄廷鑑從模糊的張金吾本中疑作"善"，而與"喜"形近，作"喜"是，然亦可證明嘉靖蘇州本"言"字爲誤字；又如卷八五葉三《祭范潁州文》，"□其辭色"，黄廷鑑於地脚校："上一字宋刊模糊。"天頭復補書："此本上一字似'和'字，細審宋刊，確非'和'字。"蘇州本作"和"，而龍舒本卷八一作"夷"，疑張金吾本即漫漶之"夷"字，而蘇州本誤。

　　黄廷鑑校勘的參校本中，僅採用了張金吾舊藏宋刊本、明嘉靖蘇州刊本二帙，未用王安石詩李壁注作校勘。清代通行的李壁注本爲清綺齋本，該本在李壁注的版本源流中並非上乘之本，然而亦有一定的文獻價值①。當然，黄廷鑑亦無緣得見紹興間刊龍舒本《王文公文集》的面貌。黄廷鑑校勘指出的張金吾本中的空白、模糊處的文字，核以今存的龍舒本、李壁注殘宋本及李壁注朝鮮本等，這些版面中的空白、模糊處文字，往往可以參證，而在王珏本的明代補版及嘉靖蘇州本、何遷本等爲代表的明代翻刻本中，這些字却往往訛誤，乃至有逕删模糊處文字之例。如卷二〇葉七，黄廷鑑校本此葉爲宋刻版葉，《送裴如晦宰吴江》題下，有雙行小注，擠版而多修版剜補，並有漫漶及墨釘，"分題以黜梅堯臣｜然安石銷■■■王安■/■推■■■■之｜而■■已■陽脩爲■"，據黄廷鑑校，雙行注中，"'然'字'而'字上，宋刊本空白"，故知張金吾的雙行小注上半"分題以黜梅堯臣/■推■■■■之"皆空白，其文字，當爲明代修版；下半漫漶的文字中，張金吾本則有部分字可識，據張金吾本，這段注文可辨爲"分題以黜梅堯臣｜然安石銷<u>裴煜魂王安國</u>/■推■■■■之｜而<u>蘇</u>■■<u>歐</u>陽脩爲■"②。據李壁注卷一〇《送裴如晦即席分題三首》

---

① 參見董岑仕《張元濟刊石印本〈王荆文公詩箋注〉始末考》，載《中國典籍與文化論叢》第二十輯，南京：鳳凰出版社，2018。
② 黄廷鑑校語："'蘇'下兩字，'爲'下一字，宋刊俱模糊。"按，"已"字有裂版，原字字形仍在，而黄廷鑑無從分辨，故此處據其校語改"已"字作墨釘。

庚寅增注①，此段王珏本修版墨釘等略有訛誤移易，原注當作："分題以'黯'，梅堯臣；'然'，安石；'銷'，裴煜；'魂'，王安國；'惟'，姚闢；'別'，焦千之；'而'，蘇洵；'已'，歐陽脩；爲韻。"蘇州本逕删此注。卷七一葉六《許氏世譜》，黃廷鑑校本此葉爲明代補版，有"俞兩子，均爲進士"一句，蘇州本同，黃廷鑑校於"均"下添入一"○"，並出校語："'均'下，宋刊本多一字，模糊，明刊本不多。"此葉勾勒行款，亦可證此處明代補版有脱文，據龍舒本卷三三，張金吾本模糊而明代補版脱漏之字，當爲"坰"字，此句實作"俞兩子，均、坰，爲進士"，均、坰爲許俞兩子之名。卷七一葉九《書瑞新道人壁》，黃廷鑑校本此葉爲宋刻，然而右下角漫漶而修版施以墨釘，作："則新既死於■■■■■■知與不知，莫不愴然焉。"黃廷鑑於自藏本上勾畫出張金吾本印面漫漶之處，並言張金吾本"此角宋刊亦模糊"。龍舒本無此文，李壁注卷一三《答瑞新十遠》，引"公集有《書瑞新道人壁》"，此句作"則新既死於京師，聞其死者，知與不知"②，墨釘六字作"京師聞其死者"，嘉靖十三年安正堂本、嘉靖二十五年應雲鸑本作"則新既死於此山久矣，而人知與不知"，屬臆補；嘉靖蘇州本、何遷本等此句作"則新既死於其月某日矣。人知與不知"，亦屬臆補。卷七四葉十一，此葉爲宋刻版葉，《與崔伯易書》有兩空字，張金吾本同作空白，據龍舒本卷五，兩字均作"如"，疑兩字初刊時"如"字字形或有訛誤而均修版，後修版木楔脱落，蘇州本此二字分別作"逾""如"，前者或亦出臆補。卷五一葉十六，王珏本此葉爲宋刻，篇名"陳確■大理寺檢法官制"，漫漶處施以墨釘，蘇州本"確"下無字，亦不空，據黃廷鑑校，"'確'下明刊本少一字，宋刊模糊，似'授'字"，龍舒本載卷一二，篇名正有"授"字。

今存的王珏本的元代修補印本或明印本中，保留有頗多的宋刻或元代補版版葉，而黃廷鑑校本相對晚印，部分書葉已改用明代補版乃至缺葉補抄，持以相較，可以發現黃廷鑑亦偶有失校、誤校。失校的，如卷二三葉七，約成化初刷印的上圖甲本（綫善835621—68）存元代單字刻工"張"之補版葉，其中補

---

① 庚寅增注："如晦自國子監直講出知吳江，歐陽永叔會介甫、平甫、聖俞、明允、姚子張、焦伯强分韻送行，以'黯然銷魂惟別而已'爲韻，公得'然'字，歐陽永叔得'已'字，姚子張得'惟'字，蘇明允得'而'字，公更擬'而'字韻二首、'惟'字韻一首。"見（宋）王安石撰、（宋）李壁箋注、（宋）劉辰翁評點《王安石詩箋注》卷一○，董岑仕點校，北京：中華書局，2021，第396頁。

② 李壁注王常本、毋逢辰本、朝鮮本、清綺齋本同。

版間或有訛字，黃廷鑑校本此葉爲明代補版，乃至有輾轉再訛者，其上黃廷鑑硃筆出校元代補版葉的異文，與上圖甲本中此葉元代補版內容合；然而，此葉《平甫與寶覺遊金山思大覺并見寄及相見得詩次韻二首》其二的"相逢未免故情深"，"未"元代補版不誤，明代補版誤作"求"，黃廷鑑失校。卷五三葉九，黃廷鑑校本爲明代補版葉，《前南儀州推官試大理平事馬房衛尉寺丞致仕制》的"承于衛尉"，北大蝶本此葉爲宋刻，"承"作"丞"，黃廷鑑失校；卷五五葉十二等亦有失校。卷七一葉十《許氏世譜》，黃廷鑑雖逐行勾勒，校出了諸多王珏本補版的誤字，然"迥""迴"的形近之訛未見出校，或亦屬失校。另外，黃廷鑑之校語偶有誤植，如卷二八葉五、卷四九葉三的校記，與今存明刊本均無法對應，或誤將張金吾藏宋刊本和己藏明刊本的異文相混。

此外，王珏刻遞修本的明印本中的卷六九葉四，在明代補版時，實際所刻內容爲卷三九葉四，而版心誤刻作"臨川集卷六十九"，致各本此葉內容前後不接。黃廷鑑校本中，此葉據張金吾本謄錄，並貼校籤："此卷缺第四頁。宋刊有。今抄補。"抄補時，還逡錄了張金吾本上此葉的宋代刻工名"趙宗"。然而，遺憾的是，受當時校勘理念之限制，雖然在抄補此葉時逡錄刻工名，他處則未曾關注並出校張金吾本宋刻版葉的刻工情況。

結　語

黃廷鑑爲張金吾之老師，在張金吾叔父張海鵬與張金吾進行的諸多刊書過程中，黃廷鑑常常擔任佐校之役。黃廷鑑曾撰《藏書二友記》，記錄同爲常熟藏書家的張金吾與陳揆（字子準）二人的藏書習氣：

> 張居西關，陳居稍南，相去不半里，皆面城臨水，暇輒過從，各出所獲，賞奇辨疑，有無通假相善也。兩君志趣同，而各有所主。張則鍾于經籍，而兼愛宋元人集；陳則專於史志，而旁嗜說部。其大較以網羅散佚、存亡繼絕爲宗旨。其于書也，張則樂與人共，有叩必應；陳則一室靜研，慎于乞假。余于張爲及門，陳則世講也。故兩家之書，皆得借讀。①

張金吾"樂與人共"而陳揆"慎于乞假"的藏書觀念之別，也在張金吾的《〈稽瑞〉跋》中有着鮮明展現：

---

① 黃廷鑑《第六絃溪文鈔》卷二，鮑氏後知不足齋叢書本，葉18a。

子準嘗曰:"書貴縅秘,不縅秘則流布廣,而視之必輕。使是書由我而輕,我之罪實甚。"金吾則曰:"書貴通假,不通假則扃鐍固,而傳本易絶。使是書由我而絶,我之罪更甚之。"①

陳揆道光五年(1825)去世後藏書盡散,而張金吾在道光六年三月撰成《愛日精廬藏書志》三十六卷本的序言後不久,七月"從子承涣取愛日精廬藏書十萬四千卷去償債也"②,黃廷鑑以爲,"書目成而書散,説者謂干造物之忌云"③,然而書雖散而不散,因之前的慷慨允借,張金吾舊藏《臨川先生文集》的面貌,賴黃廷鑑"以不改爲主"之校勘④,得以窺其崖略。雖然黃廷鑑校本偶有失校、誤校,然而,瑕不掩瑜,黃廷鑑的校勘,揭示了王珏刻《臨川先生文集》元代修補印本的面貌,提供了豐富的版本信息,有着很高的文獻價值。黃廷鑑校語所反映的王珏刻《臨川先生文集》元代修補印本的面貌,同時也有助於我們判斷明代嘉靖蘇州本的刊刻底本,對認識王安石《臨川先生文集》的版本源流,有着重要的意義。

(作者單位:人民文學出版社古典文學編輯室)

---

① 張金吾《愛日精廬文稿》卷四,鄭永曉整理,南京:鳳凰出版社,2015,第71頁。
② 張金吾《言舊録》,民國二年吴興劉氏嘉業堂叢書本,葉29b。
③ 黃廷鑑《第六絃溪文鈔》卷四《張月霄傳》,鮑氏後知不足齋叢書本,葉18a。
④ 黃廷鑑《第六絃溪文鈔》卷一《校書説》,鮑氏後知不足齋叢書本,葉34a。

華岳《翠微南征録》流傳及現存主要版本考

何思雨

【内容提要】 南宋詩人華岳有別集《翠微南征録》傳於世，學界對其編訂流傳的研究尚嫌不足。《翠微南征録》初時不稱"録"而稱"集"，當爲華岳生前所編，明代曾與趙希逢詩合編並行。《翠微南征録》早期版本皆已不存，現存版本以清本爲主，有諸多藏書名家題跋、校勘的抄本，亦有郎遂、劉世珩重新編次先後刊印的刻本。

【關鍵詞】 華岳　《翠微南征録》　版本

華岳（？—1221），字子西，號翠微，貴池（今屬安徽）人。武學生。寧宗開禧元年（1205）夏四月上書，因忤韓侂胄，被貶建寧下獄。韓死後，華岳放還，嘉定武科登第，爲殿前司官屬。後又謀去丞相史彌遠，杖死東市。《宋史》卷四五五有傳。華岳著作今存《翠微南征録》與《翠微北征録》，[①] 其中《翠微南征録》爲華岳詩集；《翠微北征録》包括《平戎十策》和《治安藥石》，是華岳就軍國大計上書皇帝的策論及講邊防守備之法的兵書。

華岳兩度大膽諫言，觸逆權相以至獲罪身死，後世多頌其忠義，但他的詩受到關注較少。對華岳及其著作的研究，多基於《翠微北征録》，探討其軍事戰略思想、南宋軍事制度及軍備發展；對華岳詩歌的研究，主要著眼於其愛國主義的文學情感傾向，關於華岳詩集的版本研究成果不多。《翠微南征録》早期版本皆已不存，現存版本以清本爲主，今依據版本實物，並查考史料及諸家目録，試梳理《翠微南征録》在清以前的編輯流傳情況，以及清代各本的關係。

[①] 上海圖書館古籍資料庫中，有清光緒刻本《嘯霞漫稿》著録爲宋華岳撰，此華岳當爲清人，字嘯霞，咸豐同治間人。

一、《翠微南征録》在宋元明的編纂流傳

《翠微南征録》不見於宋代公私書目及《宋史·藝文志》，僅宋人筆記類文獻中尚存隻言片語。葉紹翁《四朝聞見録》甲集"華子西"條：

> 華岳字子西，右庠諸生，以武策擢第。爲人輕財好俠。未第時，以言語爲韓氏所貶，置建寧圄土中。投啓建守傅公伯誠（一作"誠"）。公憐之，命出入毋繫。又以抵觸李守伯珍（原注：名大異），復置圄土。有詩自號《翠微南征集》。……①

華岳主要生活在南宋寧宗朝，與葉紹翁時代相近，《四朝聞見録》所記下限正是寧宗朝，當較爲可靠。此外，宋末周密《浩然齋雅談》卷中也提到了華岳的詩集：

> 韓平原用事時，華岳子西爲武學生，嘗獻詩云："漢地不埋王莽骨，唐天難庇禄山軀。"韓怒，羈管建寧。有詩號《翠微集》，大抵皆粗惡語。②

此處所引詩句，今《翠微南征録》卷四猶存，詩題《上韓平原》。同樣生活於宋末元初的韋居安在《梅磵詩話》中，也記載了華岳"集中有戲韓詩"，並將這首七律全詩照録，稱讚華岳"氣節殊可嘉尚"。③

由以上記載看，華岳詩集既爲"自號"，則詩集的編定時間應該是在華岳生前，很可能是華岳自己編成。當時此集尚不稱"録"，而是稱爲《翠微南征集》或《翠微集》。名《翠微集》的詩文集不止華岳一家，如北宋徽宗時僧人沖邈就有《翠微集》，華岳集加以"南征"二字方便區分。

元無名氏《湖海新聞夷堅續志》後集卷二神明門"死後爲神"目下有《華岳爲閻王》故事，雖是志怪小說體，但其中遺留下關於華岳詩集的線索：

> ……看畢，至一殿宇，問左右曰："閻王爲誰？"曰："即世間華岳子西也。"忽見一人紫袍金帶坐殿上，問云："汝在生有口過，曾有'買個雷公打殺他'之句，雷乃奉行天之威令，豈汝能買乎？"歐答云："大王《翠微南征集》亦有'雷霆不劈欺君賊'之句，即此意也。"華笑曰："放還！

---

① （宋）葉紹翁《四朝聞見録》甲集，北京：中華書局，1985，第21頁。
② （宋）周密《浩然齋雅談》卷中，鄧子勉校點，瀋陽：遼寧教育出版社，2000，第29頁。
③ （宋）韋居安《梅磵詩話》卷下，北京：中華書局，1985，第40頁。

放還!"①

此處提到華岳集名亦是《翠微南征集》,不過"雷霆不劈欺君賊"一句不見於今本集中。

宋元本《翠微南征集》今皆不存。黃山書社點校本《〈翠微南征錄〉〈北征錄〉合集》前言稱"《翠微南征錄》舊本之最早者爲元抄本,今藏北京圖書館"②,檢國圖館藏《翠微南征錄》並無元抄本,而《翠微北征錄》十二卷有顧廣圻跋元抄本,疑爲整理者誤認。

《南征錄》之名大致出現在元明之際,或因《北征錄》同化而來。至明初時,華岳詩集已被稱爲《南征錄》。《永樂大典》所引華岳詩,少數稱《南征錄》,多數作"《華趙二先生南征錄》"或簡作"《二先生南征錄》"。另《文淵閣書目》著錄有"《華趙二先生南征錄》一部一冊"。③"趙"指趙希逢,和華岳詩甚多。《全宋詩》輯趙希逢詩173首編爲一卷,其中超過160首是和華岳的詩。④ 按《永樂大典》所標書名來看,當時應當有一種版本的《南征錄》是將華岳詩與趙希逢和詩合編並行,此本今亦不存。

今所知最早的《翠微南征錄》刻本,爲明嘉靖王崇志刊本。此本今未見諸家收藏目錄著錄,但清康熙間郎遂刊刻《翠微南征錄》凡例云:"原本上書有闕文,今補之,字句微有點竄,照嘉靖間王崇志本,詩有遺句者,今仍之,有逸字者,避諱也,其有小注不當提頭者,今合之。"是王崇志本至少在清初尚存於世。《翠微南征錄》現存主要版本爲清本,今就考察所知,略述諸本源流。

二、《翠微南征錄》郎刻本與活字本

(一) 郎遂還樸堂刻本

康熙三十年(1691),郎遂(字趙客)還樸堂刻《翠微南征錄》十卷首一卷。半葉11行,行22字,四周雙邊,黑口。版心刻書名、卷數、頁數。卷首

---

① (金)元好問撰、無名氏撰《續夷堅志 湖海新聞夷堅續志》後集卷二,北京:中華書局,1986,第211頁。
② (宋)華岳《〈翠微南征錄〉〈北征錄〉合集》,馬君驊點校,合肥:黃山書社,2014,第8—9頁。
③ (明)楊士奇《文淵閣書目》,北京:中華書局,1985,第133頁。
④ 北京大學古文獻研究所編《全宋詩》冊62卷三二六六,北京:北京大學出版社,1998,第38921—38946頁。

包括序、凡例、《宋史》本傳、《上寧宗皇帝諫北伐書》、劉廷鑾《華狀元里宅記》、吳非《池州書畫記》附楊載《題華岳江城圖》、余翹《華子西論》，其中史傳和里宅記後有郎遂按語。序後有"郎遂""趙客"兩方墨刻印，凡例之後有"別字杏村""風雨名山""郎遂乳名震小字生器"三方印。

吳非序、郎遂序敘此本刊刻緣起云：

> ……歲己巳，黃俞邰徵君從史館秘書抄翠微南征詩，則子西著也。不遠三千餘里，馳書于余，欲爲余補池事之缺略。以此集之傳，屬郎子趙客，因特請其抄本來，傍蒐互訂，較訛正疑，殊費苦心，庶可剞劂。（吳非序）

> ……歲己巳，溫陵黃俞邰先生從史館秘書抄得華子西殿帥《南征錄》，亟貽書於吾澀齋師，謬許余耽情古籍，並屬闡揚是編，用備吾池文獻。越庚午，先生奉旨赴洞庭纂修之役，便歸白下，始以所抄本見貽。（郎遂序）

己巳即康熙二十八年（1689）。黃虞稷從史館秘書中抄得《翠微南征錄》，越年交予郎遂，郎遂校訂重編後刊刻。

郎刻本凡例中多處提到"原本"，所指當即黃虞稷抄本。郎遂以此抄本爲底本，又以明嘉靖王崇志本校補，在凡例中說明了自己在重編時對原本體例的幾項重要改動：

> 原本無凡例，無目錄。今先之以凡例，而目錄次焉。

> 原本無序文，開卷即《上寧宗皇帝書》，而卷尾附《宋史》本傳。今以本傳先之，而上書次於其後，並錄里宅記附焉。

> ……

> 原本詩雖分體，而以五七言古相雜，且先七言古，今以五言古先之。七律不應先五律，七排律不應先五排律，且排律不應先於律也。今以其次訂正之。惟五言絕句缺。

> ……

> 原本僅以詩分卷，今旁搜幽討，錄其軼事，列之卷末。誦之讀之，可以尚論古人矣。

> ……

黃虞稷《千頃堂書目》著錄："華岳《翠微南征錄》十一卷。貴池人，寧宗時武科，忤韓侂胄謫死。"[①] 他抄自史館的華岳詩，應當也是這樣的面貌。而

---

① （清）黃虞稷《千頃堂書目》卷二九，上海：上海古籍出版社，1990，第707頁。

郎遂在對"原本"進行改動後，卷一至卷九爲華岳詩，分體排列，卷一至卷三分別爲五言古、七言古、五言律，卷四至卷六爲七言律，卷七五言排律，卷八、卷九七言絕句，卷一〇爲郎遂自編雜記。書後有王蓍跋。

郎刻本每卷起重新編頁，嚴格按詩體分卷，故各卷篇幅相差較大。如卷四至卷六七言律詩每卷十數頁，而卷七五言排律僅三頁。爲保持字數整齊，與體裁嚴格對應，有時會刪易文字。五言古詩中，郎刻本《柴氏》末句爲"再拜進酒卮，恭爲兒女壽"。《傷春》末句爲"醉臥花柳中，千金不容換"。而其他各本這兩句均作"何當再拜摳我衣，卮酒恭爲兒女壽""何時醉臥花柳中，一笑千金不容換"。五言古詩以七言句收尾本是常見現象，但郎遂仍然採用了這種過求整齊的做法。

郎遂在部分詩作處加以己注，以"遂注"標出，如卷一《記夢》。詩句缺失處以墨丁填充，如卷三《浦城買舟》。亦可見挖補墨丁處，如卷四《勉馮著名》頸聯"公如不唱從軍樂，士亦恐□□路難"，空缺處後補"歌行"二字，而四周留存木版痕跡。

（二）文萃堂木活字本

國圖古籍館藏文萃堂木活字本，黃色書衣，上書"《翠微南征錄》，里後學王用賓謹題"。扉頁牌記鎸"宋狀元華子西著 翠微南征錄 敖陶孫集嗣出 文萃堂藏版"。據記載華岳爲武科第一，故後世有"華狀元"之稱。正文半葉9行，行22字，左右雙邊，黑口。前有桂迓衡序，末附王蓍、江表跋。桂序云：

> ……康熙中，溫陵黃俞邰徵君從史館抄寄吾邑吳溜齋，轉屬郎杏村蒐羅考訂，梓而行之。歷今百數十年，板已無存。加以兵燹後藏書毀盡，後學者又幾不知有是書矣。光緒壬午春，余赴省，道出郡城，適先生二十四世孫名忠者檢得是錄，乞余爲校正，將重刊之。……今寄言，同里劉丙卿孝廉出資付之剞劂，乞序于余，爲志其緣起如此。……時光緒己丑良月。

即光緒十五年（1889）時，此活字本已經印成，乃據郎刻本校正重刊。序中提及的劉丙卿，名世瑋，貴池人。其弟劉世珩後來刊刻《翠微南征錄》時在跋語中提到"光緒己丑，縣中以郎本活字印行"。此本卷首內容、正文分卷、詩歌次序，均與郎刻本同，惟缺失目錄。卷三《秋晚即事次黃巨瞻韻》後有一行"此後原本缺一頁，俟獲別本再補"，所缺內容在存留至今的郎刻本中還可以找到，可見華忠、桂迓衡當時得到的郎刻本有細微缺損。

國圖藏此本中有朱筆校字，書末附數葉抄紙，紙左欄下印"藝風別鈔"，半葉11行，行22字，內容包括《開禧元年四月二十七日上皇帝書》、依據《後村千家詩》刪補華岳詩數首、過錄勞權題識,並繆荃孫自記,蓋經繆荃孫校勘之本。

三、《翠微南征錄》的主要抄本

(一) 十卷抄本

此抄本今藏國圖。半葉 8 行,行 18 字。《宋史》本傳、目錄在前,華岳詩編爲十卷,華岳上書在卷一○之後,不標卷數。

潘祖蔭《滂喜齋藏書記》卷三集部載:

> 鈔本翠微南征錄一冊。宋華岳撰。翠微其號也。岳以劾韓侂冑、蘇師旦,流竄建寧。此本劾侂冑疏即附其後。岳又有北征集,四庫所未收,傳本更稀也。冊首題字云:咸豐庚申九秋購于揚州仙女廟鎮。似許信臣中丞筆。

此抄本上書附於集後,冊首題字同潘氏所記,知即滂喜齋藏本。

現存《翠微南征錄》各種抄本基本爲十一卷,僅此本例外,但其編排又不同於郎刻本的十卷。十卷抄本亦分體排列,然各卷篇幅差距不大,卷三、卷七、卷八皆包括兩種詩體,並不因體裁變換而另起一卷。以"古風"居首,卷三所謂"詩"爲兩首五言排律,其後幾卷律詩爲七律,卷八的"律詩"則是承前省稱的五律,最後是七絕。古風、律詩(排律除外)都以七言在前,五言在後,與郎刻本相反。每種體裁內部各詩排列次序,二本也多有不同。

此本後有傅增湘題記,亦見於《藏園群書題記》卷一五:

> ……此舊鈔本十卷,以字跡定之,當爲清初人所錄,觀其次第行款,必係從明嘉靖刊本所出也。余昔年于南中得郎刻本,後又見鮑淥飲、勞季言兩家校本,取郎刻對勘之,差異之處頗多,蓋郎氏就鈔本重編,輕改舊第,又輾轉鈔傳,頗病訛失。遂依鮑、勞二氏本校之,改訂凡數百字,其《上皇帝書》奪文尤多。其後劉氏重梓,曾假余校本悉爲糾正,學者稱善,垂爲定本。今睹此鈔帙,以余前校證之,一一都合,其《上皇帝書》中脫文此本咸在,而原所闕字亦未妄加增補,以視郎本,遠出其上。異字既多,舊觀未改,良足珍也。辛巳十一月廿八日,藏園記。

其中提到的抄本與郎刻本《上皇帝書》的差別,具體而言包括以下幾個方面:一,抄本上書完整題名爲《開禧元年四月二十七日上皇帝書》,文末爲"岳百拜",其他抄本同此本;而郎刻本此篇題《上寧宗皇帝諫北伐書》,刪去結尾"岳百拜"三字,既用皇帝廟號,必非當時本來面貌,郎刻是抹去華岳口吻,以第三方視角單純把它作爲華岳文章收錄。二,內容存在大量異文。郎刻本於清代重編,於違礙字有所避忌,如"夷狄"作"強敵"或"外患"、"遠夷外戎"作"遠人"等,而抄本仍保留原貌。華岳於上書中列舉數條人事,抄本中這些人名皆空過未書,如"□□之納妾求知,□□□之售妹入府"等。郎刻本填補了其中部分人名,未能填補者則直接刪去"之"字,改作"或以……"句式。華岳上書在《宋史》中亦有記載,郎刻本所填補上的人名正是《宋史》中存留的三個。據郎刻本凡例,上書中原有闕文按嘉靖王崇志刊本補,推測明刊本據史傳校補增添了人名,爲郎刻本沿用。三,抄本上書中逢"陛下""皇帝陛下"等字,或提行另起或前空一格,疑從宋本或影宋本沿襲而來。

(二) 毛氏汲古閣十一卷抄本

明末清初毛氏汲古閣十一卷抄本,爲《南征錄》現存較早版本,題作《翠微先生南征錄》,與其他諸本不同。張金吾《愛日精廬藏書志》卷三一、瞿鏞《鐵琴銅劍樓藏書目錄》卷二一分別有著錄:

> 翠微先生南征錄十一卷,舊抄本,汲古閣藏書,宋華岳撰,板心有汲古閣三字。

> 翠微先生南征錄十一卷,舊鈔本,宋華岳撰,舊爲毛氏鈔藏本,極精,板心有汲古閣三字。

今國圖藏本鈐有"鐵琴銅劍樓"印,即爲瞿氏藏本。無序、目錄,半葉10行,行20字,左右雙邊,白口。卷一爲《開禧元年四月二十七日上皇帝書》,卷二至卷一一爲詩。

毛本有一些獨有異文,如《歸釣吟》詩:"倦時眠,醉時舞,漁家自有神仙府。眠時蝴蝶夢莊周,舞處鷗鷥奏韶武。"眠、舞前後對應。別本"眠時"作"睡時"。"我釣不似呂,呂釣何太直",十卷抄本後一"釣"字作"鈎",別本兩"釣"字皆作"鈎",與毛本不同。

《百舌》詩,毛本"綠窗清靜□無人",郎刻本及多種抄本作"綠窗清晴靜無人",四庫本作"綠窗清晝靜無人",《宋百家詩存》收此詩作"綠窗清寂靜無人"。獨毛本的空缺在"清靜"之下,提供了另一種可能。

《飲仙閣》詩題下小注,毛本"廊廡瀟然,有物外之樂",郎刻本作"物外之致",其他抄本則多缺末字。

《苦蚊》詩末句,毛本"一夜喬打跌",郎刻本作"一夜敲打劫",其餘諸抄本作"一夜敲打拍"。

《責通》其二,毛本"願助相如還趙璧","助"字他本作"勸"或"効"。

《花村》詩,毛本"聞宿花村",別本作"投宿花村"或"問宿花村"。

值得一提的是,毛本卷一上書中有"程松"等三個見於《宋史》的人名,這一點不同於其他各抄本,但其餘人名毛本仍舊空缺,並未像郎刻本一樣改變原文句式。而剩餘十卷詩的分卷、次序,毛本則與各種抄本一致。蓋在郎刻本之前,各本詩作編排無明顯差異,郎刻本次序獨獨不同,是郎遂自行調整所致。而具體文字上,清代各抄本內容另有來源,並不自毛本傳衍而來。

(三) 黃丕烈跋十一卷抄本

國圖藏。有邊欄,無界行,半葉 10 行,行 20 字。書前題"蔣氏賜書樓藏本,甲戌初秋收"。全書十一卷,無目錄。卷一爲《開禧元年四月二十七日上皇帝書》,卷二至卷一一爲華岳詩,分卷、次序同十卷抄本中的卷一至卷一〇。上書中空缺人名、尊稱提行情況等與十卷抄本同,《宋史》本傳在卷一一後。末有黃丕烈記:

> 余向藏《翠微先生北征錄》,係舊抄本,外間罕有也。項書友攜此《翠微南征錄》來,却與《北征錄》作合。檢舊時藏書家無有也。適吳枚庵來,余訊之,云:《浙江採集遺書目錄》有之,云十卷刊本,謂是黃虞稷從史館抄得,屬池人郎遂刻之。蓋華岳貴池人,故刻諸也。然此本亦鮮流傳。今抄本雖不甚舊,而取此儷《北征集》,適爲兩美之合,因置之。書共九十五番,合緡錢一千五百餘文,可謂貴矣。甲戌中元日,復翁記。
>
> 案此抄本却是十一卷,疑目誤也。

此本無目錄、《宋史》本傳在後,與郎遂在凡例中說到的"原本無凡例,無目錄""原本無序文,開卷即《上寧宗皇帝書》,而卷尾附《宋史》本傳"特徵一致。而據黃虞稷在《千頃堂書目》中所記,他原抄的《翠微南征錄》即是十一卷。黃丕烈所藏此抄本,或即黃虞稷自史館抄出之本,或至少二者同源。黃丕烈不知郎遂已將黃虞稷原抄本改易重編成十卷,故有"此抄本却是十一卷"之疑。

《四部叢刊三編》影印舊鈔本即黃丕烈藏此本,有張元濟跋及校勘記,所用校本包括郎本、劉世珩刊本、汲古閣毛本。

(四) 鮑廷博、勞權校十一卷抄本

國圖藏。書前有"金國《南遷錄》,亦華子西僞作,駕名于張師顏,見《文獻通考》""翠微詩,劉後村《千家詩選》所錄最多,亦有集中不載者"兩段題記。此本有依據《後村千家詩》補詩，編排上以《宋史》本傳在前，次目錄，卷一上書，卷二至卷一一爲華岳詩。有"天都鮑氏困學齋圖籍"等鮑廷博印鑒，並勞權印。各卷後有鮑廷博題識，前後校勘兩次。如卷六末記：

> 嘉慶壬申臘八日辰刻校 癸酉正月十六日辰刻覆校。

卷一一末記：

> 壬申十二月初十日校畢。一冬晴暖，是日陰寒，饒有雪意。八十五叟廷博呵凍書。
>
> 癸酉正月十六日覆校。陰寒呵凍了之。放翁云，待飯不來還讀書。腹餒甚，放筆一笑，午刻。是月二十六日以郎遂刊本再校，又改正二十餘字，至二十八日辰刻畢。

又鮑廷博跋：

> 宋華子西先生《翠微南征錄》凡十一卷，元明以來，世鮮傳本。國朝康熙間，溫陵黃俞郎始於史館抄得之。池州郎遂字趙客，重以鄉里文久失其傳，重加編次，刻以行世。……索居無事，偶出舊本，就郎本讎比，以消歲月。乃得其謬誤，肆加塗抹，後有得吾書者，勿以有刊本而廢棄之，則此書之大幸也夫。

鮑校本後爲勞權所得，勞權識語云"轉抄淨本""錄原跋"，"據《後村千家詩》補逸七首，此本未經增補，按目據棟亭曹氏刻本寫入"。黃山書社整理本《〈翠微南征錄〉〈北征錄〉合集》認爲《翠微南征錄》康熙時有曹寅刻本，實誤讀勞跋，此處勞氏所云"棟亭曹氏刻本"指《後村千家詩》版本。

國圖此本後另附傅增湘手書兩通，記"勞得鮑氏底本移寫"，"曾乞繆小山前輩代校，只爲鈔卷首上皇帝書而已。……其後此書轉入京都，歸於吳君印臣。……行將寄付劉君聚卿，俾重刻之"。其中提到的繆荃孫代校並抄卷首上皇帝書，與今見活字本後附"藝風別鈔"所抄上書一篇正可印證。

（五）《四庫全書》本

文淵閣本《翠微南征錄》，首爲提要，其後爲王士禎題語。無序、目錄，書分十一卷，卷一爲《開禧元年四月二十七日上皇帝書》，後十卷詩與其他抄本分卷、次序同。違礙字改易較多，且與郎刻本改易多不同。如"虜人"郎刻本改作"女真"，四庫本改作"金人"。此外四庫本還往往爲文從字順而改字，如《次李信州七十韻》，別本皆作"山期封泰岱，石擬勒燕然。禹甸期環轍，堯氓願受廛",獨四庫本將後一"期"字改爲"欣",以避免重複。

四、《翠微南征錄》劉世珩刻本兩種

　　傅增湘手書提及劉世珩刻《翠微南征錄》先後兩次,今兩本俱存,面貌差異較大。劉氏第一次刻《翠微南征錄》,出於表彰本鄉節義的宗旨,將《翠微南征錄》《翠微北征錄》與明吳應箕《啓禎兩朝剝復錄》《留都見聞錄》《讀書止觀錄》合編爲《秋浦雙忠錄》。此本版心有"唐石簃本",按"忠一""忠二"標卷,《翠微南征錄》對應卷一三至卷二三。半葉13行,行23字,左右雙邊,黑口。卷首郎遂、吳非二序,次凡例,其下《宋史》本傳、《上寧宗皇帝諫北伐書》《華狀元里宅記》《池州書畫記》附《題華岳江城圖》《華子西論》各篇相連。本傳和里宅記有郎遂按語,上書文字亦承自郎刻本。詩集前半部分大體上繼承了郎刻本面貌,卷一署"宋貴池華岳著,同里後學郎遂編次",以五古開篇。但後半部與郎刻本不同。郎刻本七律分三卷,佔卷四至卷六;劉刻則分爲四卷,爲卷四至卷七。兩本卷八、卷九均爲七言絕句。郎刻以兩首五言排律爲卷七,劉刻移至卷一〇,並以郎遂編輯的《雜記》爲卷一一,最後是王蓍跋。劉刻亦嚴格按體分卷,一卷之中並無兩種體裁混同的情況,此與郎刻本一致。又華岳集中有兩首同名《丹青閣》,一爲五言排律,一爲七言律詩,郎刻本缺後一首,劉刻本補,題下注"此首郎刻佚"。

　　初次刊刻之後,劉世珩陸續得見華岳集各本,於是有了第二次刻本。其光緒二十六年庚子(1900)重編識語云:

　　　　前以郎趙客所撰《雜記》作十一卷,誤也。今從文瀾閣本,並據鮑淥飲、黃蕘圃、勞平甫三家勘校本詳復讎比,釐爲十一卷,與四庫本亦相合。郎撰《雜記》、凡例,具見苦心,乃重加編訂。……至如郎遂序、吳非序、王蓍識、王士禎書後、鮑廷博跋、黃丕烈跋、勞權跋,皆入之雜錄,別作一卷以爲附錄,附十一卷後,庶不紊矣。

二次刊刻的《翠微南征錄》分十一卷另附錄一卷,郎刻本《雜記》與卷首內容均歸入附錄,仍舊嚴格按體分卷,各體詩歌內部的排列次序參考抄本。郎刻本將抄本的七言、五言倒置,使五言在前,劉世珩在第二次刊刻時把它又換了回來。七律較第一次刻本多分出一卷,即比郎刻本多兩卷;又將五言排律和五言律詩合併,整體上是一卷上皇帝書加十卷詩的形式。

劉世珩第二次刻本參考了郎刻本和諸家抄本，綜合黃丕烈、鮑廷博、勞權、傅增湘等人的校勘成果，融合郎刻本的分卷和抄本的詩歌次第，並將各本雜記、序跋、題識等都附在書後，形成了一個與早期版本面貌相去甚遠，但編排整飭、包含較完整內容的版本。

《宋集珍本叢刊》中有"《翠微南征錄》十卷首一卷"一種，版本標注爲清劉世珩刻本，但其內容編排與兩次劉刻均不相同，實是包含了數家勘校的郎刻本。

五、小結

由以上梳理可知，《翠微南征錄》宋時初名當作《翠微南征集》，華岳生前編成。宋元時尚有流傳。明初已經被改稱爲《南征錄》，曾與趙希逢詩合本並行。明代嘉靖間有王崇志刊本，清初可見，今佚。

現存《翠微南征錄》主要是清以後的版本。各本具體分卷對比見表一：

表一　各版本具體分卷對比

	十卷抄本	十一卷抄本	郎刻本	劉刻本1	劉刻本2
卷一	古風	上皇帝書	五言古	五言古	上皇帝書
卷二	古風	古風	七言古	七言古	七古
卷三	詩、律詩	古風	五言律	五言律	五古
卷四	律詩	詩、律詩	七言律	七言律	七律
卷五	律詩	律詩	七言律	七言律	七律
卷六	律詩	律詩	七言律	七言律	七律
卷七	律詩、五言律詩	律詩	五言排律	七言律	七律
卷八	律詩、七言絕句	律詩、五言律詩	七言絕句	七言絕句	七律
卷九	七言絕句	律詩、七言絕句	七言絕句	七言絕句	五律
卷一〇	七言絕句	七言絕句	雜記	五言排律	七絕
卷一一	（上皇帝書）	七言絕句	（無）	雜記	七絕

其中，四庫以外的各種抄本內容均十分接近，從稱君提行頂格等特徵來看，當源出於宋本。四庫本的底本亦屬於此系統，但館臣作了一定的理校和違礙改字。鮑廷博、勞權校本又從《後村千家詩》中輯出華岳佚詩補入。毛氏汲古閣

本有許多獨特異文，當另有所本。

  刻本方面，康熙年間郎遂以黃虞稷抄本爲底本，參考明刊本修改重編，刊行十卷本。光緒年間活字本是對郎刻本的重刻，一脈相承。稍晚出現了劉世珩刻本，其中第一次刊刻並不成熟，基本沿用劉所見的郎刻本重刻。第二次刊刻則綜合參考了衆多版本和前人校勘成果，更加成熟完備。

（作者單位：北京大學中文系）

朱公遷《詩經疏義》版本考辨

林 寧

【内容提要】 元朱公遷《詩經疏義》一書，爲發明朱子《集傳》而作。該書存世僅見三種明刻本，分别爲明書林三峯葉景達本、嘉靖二年（1523）書林劉氏安正書堂本和正德四年（1509）書林余氏克勤書堂本。本文利用刻印結合的考察方法，探索三部明刻本之間的關係，揭示傳統著録的錯誤，重新梳理三刻本的源流關係，並對學者沿用傳統著録而導致的錯誤結論作糾正。

【關鍵詞】 朱公遷　《詩經疏義》　劉氏安正書堂　余氏克勤書堂　三峯葉景達

朱公遷，字克升，饒州鄱陽人。肆力聖賢之學，以正心誠意爲入德之門。至正七年（1347），以遺逸徵至京師，授翰林直學士，勸帝："親賢遠佞、修德恤民，庶天意可回；不然，恐憂在旦夕。"執正惡其切直，不能用，出爲處州學正。撰有《詩傳疏義》二十卷、《四書通旨》六卷等。事跡具柯邵忞《新元史》卷二三六。

朱氏《詩經疏義》一書，清乾隆間列入《四庫全書總目》，可見有其學術價值。提要云："是書爲發明朱子《集傳》而作，如注有疏，故曰疏義。其後同里王逢及逢之門人何英，又采衆說以補之。逢所補題曰'輯錄'，英所補題曰'增釋'，雖遞相附益，其宗旨一也。……書成於至正丁亥（七年），正統甲子（九年，1444），英始取逢所授遺稿，重加增訂，題曰'詩傳義'。詳釋發明，以授書林葉氏刊行之。而版心又標'詩傳會通'，未喻其故。今仍從公遷舊名，題曰'詩經疏義'，以不没其始焉。"[①]

---

① （清）永瑢等《四庫全書總目》卷一六《詩經疏義》提要。北京：中華書局，1965，第127頁。

此書存世版本以明刻爲主，清代未見刊刻。明刻現存者所知僅有三種，而這三種本子在著錄方面存在不少問題，對學者使用產生了一定的干擾。有鑑於此，筆者擬對三刻本作重新核定，確定其刊印時間，梳理其文本源流。

一、三峯葉景達本的刊刻時間

葉本每半葉十一行，行二十一字，小字雙行同。版心黑口，雙魚尾。四周雙邊，間有左右雙邊。匡高 20 釐米，寬 12.4 釐米。卷端題 "詩卷第一"，次行題 "朱子集傳"。第三至五行署 "後學番易朱公遷克升疏義，野谷門人王逢原夫輯錄，松塢門人何英積中增釋，書林三峯葉添德景達刊校"（見圖一）。卷首標 "詩卷之幾"，而無總名。版心處多題 "詩傳會通"（見圖二），故舊目或以《詩傳會通》爲題名。曾經清徐渭仁、康有爲遞藏。書前有甲寅（民國三年，1914）九月康有爲手跋①，十册。存十八卷：一至十六，十九至二十。

鈐有 "曾爲徐紫珊所藏" 朱文長方、"南海康有爲更生珍藏" 朱文方、"康有爲印" 白文方、"不讀書人藏" 白文方印。

是帙今藏上海圖書館（書號 791948-63，以下簡稱 "上圖"）。該館藏書目錄舊題 "明書林三峯葉景達刻本"，未詳具體刊年。《中國古籍善本書目》（以下簡稱《善目》）未收。審其字體，與明正統十二年葉景達刻王執中《鍼灸資生經》風格近似，蓋刻於明正統間。

《四庫全書總目》提及是書第一刻爲明正統九年書林葉氏刊本。今上圖藏此本字體符合明正統刻風氣，《詩序辨説》第五行署 "書林三峯葉□德景達刊校"，卷端及卷九、卷一六第五行則署 "書林三峯葉添德景達刊校"。葉景達，名添德，爲明前期建陽書坊刻書家，其書堂又名三峯書舍。元葉氏廣勤堂入明後，亦是葉景達繼承。② 由是推知，上圖藏此本即《四庫》提要所稱之正統九年書林葉氏刊本，即目前所能見到的本書最早刊本。

---

① 康有爲跋定此本爲元板，未確。
② 方彥壽《增訂建陽刻書史》第五章《明代建陽刻書業的鼎盛（上）》，福州：福建人民出版社，2020，第 296—299 頁。

朱公遷《詩經疏義》版本考辨

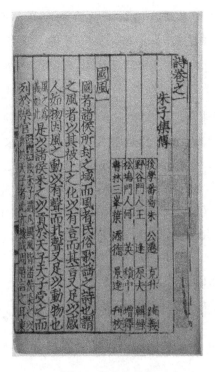
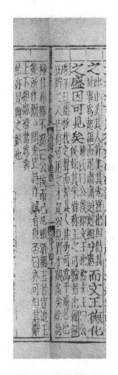

圖一　葉本卷端　　　　　　　圖二　葉本版心

此本原有明正統甲子何英序，是帙脫失。幸運的是，與此本屬同一系統的晚出版本——書林劉氏安正書堂刊本保留了何英序，附錄如下：

先師松塢先生嘗謂：野谷洪先生初從遊先正朱氏公遷先生之門，受讀三百五篇之詩。一日請説《周頌·維天之命》一章之旨。先生於《集傳》下訓釋其義，發言外之意，瞭然明白，復請曰於《集傳》皆得如此章，以發其所未發，以惠天下學者，豈非斯文之幸歟。時先生以特恩授校官，得正金華郡庠，日纂月註，以成其書，名曰《詩傳疏義》。黃文獻公溍一見，深加歎賞，凡興體之作，語意呼應，尤切究心焉。然學者悦慕，雖相傳録，終亦罕覯。永樂乙酉，先師宗兄世載游書林，主葉君景達家，因閱《四書通旨》而語及《疏義》。景達尚德之士，屢致書來請梓傳。歲丁酉，英侍先師，館于葉氏廣勤堂，參校是書，旁取諸儒之説，節其切要者録而附之。葺成未就鋟刻，先師還斾考終。正統庚申，景達書來，屬英曰："所藏《詩傳疏義輯録》，遺其藁數卷不存，願為補輯而壽諸梓。"英竊慮其所遺亡，恐成湮晦，況景達欲廣惠愛之仁，故不揆淺陋，敬取先師所授餘藁，謹録補遺，重加增釋，足成是編，名曰《詩傳疏義詳釋發明》，質諸同門友京兆劉剡，以卒先師之志。狂僭之咎，固不可逃。庶乎有以表述先正斯文之德，昭際盛代文明之治，尚得與四方君子共之，是所願也。正統甲子九月望日，後學番易梅谷何英謹識。

該序言及《詩傳疏義》書成於元末①，明永樂三年（乙酉，1405），王逢宗兄於書林葉景達家見朱氏《四書通旨》，而言及是書，葉氏便多次來信，欲刊此書。明永樂十五年（丁酉，1417），王逢館于葉氏廣勤堂，參校是書，旁取諸儒之説，節其切要者録而附之，名曰《詩傳疏義輯録》。正統五年（庚申，1440），何英取逢稿補遺增釋，名曰《詩傳疏義詳釋發明》，正統九年（甲子，1444）稿成，並付葉景達刊行於世。這些記載，與《四庫全書總目》本書提要的記載可相印證。

葉景達本頗罕見，世人多未見此傳本，故對何英序文中提及的"正統本"一説，有不同看法。清瞿鏞甚至以何英序中無"以授書林葉氏刊行"之語，認爲没有正統本。②

檢瞿中溶《古泉山館題跋》③，有《詩義通釋》一條，附録如下：

中板每葉廿二行，行廿一字。細淺黑口，第一卷首行題"詩卷之一"，次行低三字，題"朱子集傳"，後三行下分爲四行，題"後學番陽朱公遷克升疏義""野谷門人王逢源輯録""松隝門人何英積中增釋""書林三峰葉添德景達刊校"。其書以"集傳"亦作大字，而低一字。"疏義""輯録""增釋"則皆雙行注於其下，而上標"疏義"二字，"輯録""增釋"亦各標二字於上爲別。卷首但標"詩"，別無總名，而摺口板心中多標"詩傳會通"，恐非朱氏原書有是名，乃後人因其有輯録增釋等，而更爲此總稱，以別之耳，疑即出於書坊葉添德也。此書僅止第六卷《秦風》，餘皆缺佚。每册首尾具有"安元忠印"及"在公"二圖章。

按瞿氏所見《詩義通釋》，版式特徵與葉本皆合，應爲葉本同版。今未見各家著録，或已無可蹤跡。

---

① 馬天祥、李山《詩經疏義整理説明》，將朱公遷《詩經疏義》的成書時間考定爲至正元年至至正七年間。載《詩經義疏》，李山主編，北京：北京師範大學出版社，2013，第2頁。
② （清）瞿鏞《鐵琴銅劍樓藏書目録》卷三經部三，上海：上海古籍出版社，2000，第74頁。
③ 繆荃孫《藕香零拾》本。

二、嘉靖劉本的印本調查

《詩經疏義》傳世本多爲明嘉靖二年（1523）書林劉氏安正書堂刻本，該本每半葉十一行，行二十一字，小字雙行同。版心黑口，雙魚尾，四周雙邊。匡高17釐米，寬12.6釐米。卷端題"詩經疏義會通卷之一"，次行題"朱子集傳"。第三至五行署"後學番易朱公遷克升疏義，野谷門人王逢原夫輯録，松塢門人何英積中增釋，書林安正堂劉氏重刊"。另有兩處牌記，一處在《詩經疏義外綱領》末，題"嘉靖二年孟夏月安正堂重刊"；另一處位於卷末，有"癸未年仲夏安正書堂刊"牌記。卷前有朱公遷《詩經疏義序》、朱熹《詩經疏義序》、何英序及《讀詩凡例》《詩經疏義凡例》《詩經疏義外綱領》《詩經疏義小序》《詩經疏義綱領》《詩經大全圖》。①

此刻傳世印本有早、中、晚之分。以卷一葉二後八至十一行爲例：

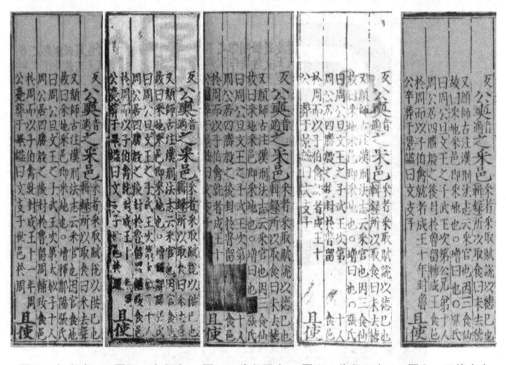

圖三　初印本　　圖四　中印本　　圖五　後印甲本　　圖六　後印乙本　　圖七　正德余本

---

① 卷首部分現存諸本存卷略有不同，此以上海圖書館藏本（書號 T47554—61）爲例。

上圖藏本（書號T47554—61）文字清晰可見，爲初印本（見圖三）；

臺灣"中央"圖書館藏本（書號00266）此四行字跡已漫漶不清，爲中印本（見圖四）。

上圖藏本（書號791940—47）第一至二葉爲補版，此四行有墨丁，爲後印甲本（見圖五）。

國家圖書館藏本（書號03356）墨丁處已鏟去留白，爲後印乙本（見圖六）。

此外，後印本補版較多，在流傳過程中，還有從別本借版拼湊的情況。如《詩經疏義綱領》葉三至葉四，初印本與中印本仍是原版（見圖八），至後印甲本（見圖九），此二葉缺失，便從《詩經大全》本移二葉補足，導致出現前半部分文字重出，後半部分文字缺失的情況。《詩經疏義小序》的葉十一、葉十二處，補版情況更加複雜。初印本、中印本及後印甲本均爲原版。後印乙本此二葉已爲補版，多處有墨丁。國家圖書館藏本（書號06277），此二葉則更換爲別本補版，致内容上下文不連，爲後印丙本。

故以得知，此刻傳世印本至少有五種。

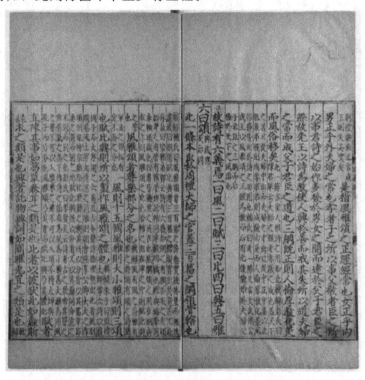

圖八　初印本

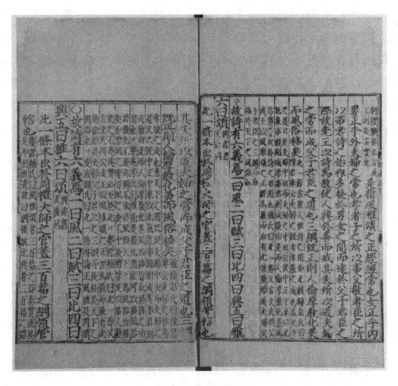

圖九　後印甲本

三、所謂正德余氏克勤堂本實爲隆慶本

該本每半葉十一行，行二十一字，小字雙行同。版心黑口，雙魚尾，四周雙邊或四周單邊。匡高 16.3 釐米，寬 12.5 釐米。卷端題"詩經疏義淺講卷之一"，次行題"朱子集傳"。第三至五行署"後學番易朱公遷克升疏義，野谷門人王逢原夫輯錄，松塢門人何英積中增釋，書林克勤堂余氏重刊"。卷末有"己巳年仲夏克勤書堂刊"牌記。此本題名多有不一，如卷端題"詩經疏義淺講"，卷二題"詩經疏義"，卷六起多題"詩經疏義會通"。前有至正丁亥朱公遷《詩集傳疏義淺講序》，次《詩經疏義外綱領》，次《凡例》，次朱子詩序，次《詩序辨說》，次《詩經疏義綱領》，次《詩經大全圖》。

鈐有"烏程梁樂琴閱過"白文方、"鹽官蔣氏衍芬草堂三世藏書印"朱文方、"臣光焴印"白文方、"寅昉"朱文方印。

今藏上海圖書館（書號 791948—63）。

關於余本牌記中的"己巳年",《善目》將其定爲明正德四年(1509),學界也多從此。余本刊印不精,時有錯字,謬誤頗多,學者已有發現。2013年北京師範大學出版社標點本《詩經疏義》就因"正德本(余本)雖年代較早、卷首内容較完備,但錯訛較多",而選用嘉靖本爲底本。① 但余本的錯誤究竟從何而來,學者並未進一步深究。

在結合嘉靖本的研究基礎上,筆者將余本與嘉靖本作了進一步的版本比對,文字仍以《詩經疏義》卷一第二葉爲例,詳表一:

表一

葉	行	明嘉靖二年劉氏安正書堂刻本			明余氏克勤書堂刻本（見圖七）
		初印本	中印本	後印本	
二	後九	【增釋】鄱陽張氏曰	【增釋】鄱陽張氏曰	增曰也。■ 張氏曰	增曰也。○張氏曰
二	後十	周公旦,文王之子,武王次第。太姒子十人,周公居四	周公旦,文王之子,武王次第。太□子十人,周公居四	周公旦,文王之子,武王次第。■■■十人,周公居四	周公旦,文王之子,武王次第。公兄弟十人,周公居四
二	後十	勝殷之後,封於魯,留周輔政	勝殷之後,封於魯,留□輔政	勝殷之後,封於魯,留■■■	勝殷之後,封於魯,留輔成王
二	後十一	成王十一年,周公薨,葬于畢	成王十□□,□公薨,葬于畢	成王十■■,■公■葬于景	成王十年封魯公,卒,葬于景
二	後十一	支子世邑於周	支子□□於□	支子■■■■	支子□□□□

從上表可明顯看出,卷一葉二後八至十一行處文字,嘉靖初印本、中印本至後印本間,因爲書版的逐漸損壞,文字由初始的清晰完整到漫漶不清,再至墨丁。而余本的文字訛誤,正是在嘉靖後印本文字不清的基礎上擅自臆改。

再結合嘉靖各印本補版情況與余本的比對,將各版本部分不同處列表如下(詳表二):

---

① 馬天詳、李山《詩經疏義‧整理說明》,北京:北京師範大學出版社,2013,第7頁。

表二

版本	印次	《詩經疏義綱領》第三葉、第四葉	《朱子辨說》第十一葉、第十二葉	卷一第一葉、第二葉
嘉靖劉本	初印本（上圖藏本）書號862187–96	原版	原版	原版
	中印本（台灣"央圖"藏本）書號00266	原版	原版（第十一葉行一首字"被"字模糊）	原版，第二葉B面行九至十一部分字模糊不清
	後印甲本（上圖藏本）書號791940–47	他本補版，上下文內容不連	原版（第十一葉行一首字"被"字模糊）	補版，第二葉B面行九至十一有墨丁，文字改動
	後印乙本（國圖藏本）書號03356	他本補版，上下文內容不連	補版（內容同，有墨丁）	補版，文字改動，上圖本墨丁處，此本留白
	後印丙本（國圖藏本）書號06277	他本補版，上下文內容不連	補版（上下文內容不連，他本移植）	補版，文字改動，上圖本墨丁處，此本留白
	後印丁本（國圖藏本）書號07267	此二葉缺，抄配二葉，內容同"他本補版"	補版（上下文內容不連，他本移植）（另有抄配二葉，晚印本03356墨丁處，抄配葉皆留白）	補版，文字改動，上圖本墨丁處，此本留白
余本		文字同後印本的"他本補版"，上下文內容不連	第十一葉行一首字"被"字缺	文字同後印本，墨丁處已加入文字，內容與原版不同

由此表可以看出，嘉靖後印本用他本補版處，余本亦照樣翻刻。因此，余本所採用的底本，實際是嘉靖二年劉氏刻本的後印本。其牌記中的"己巳年"，不可能是正德四年（1509），早於嘉靖二年（1523），只可能晚於嘉靖。結合字體考察，此"己巳年"應爲明隆慶三年（1569）。此"正德"本實爲明隆慶三年書林余氏克勤書堂本。

四、餘論

本文利用刻印結合的考察方法，對朱公遷《詩經疏義》現存的三種明本作了重新鑒定，理出頭緒。綜上，可以得出以下結論。三峯葉景達本即何英序中所稱明正統本；明正德四年余氏克勤書堂本非正德本，而是晚於嘉靖二年劉氏安正書堂本，"己巳"爲明隆慶三年。《詩經疏義》三部明刻本，《中國古籍善本書目》原著錄有缺誤，可改正如下：

  詩傳會通二十卷　元朱公遷撰　明王逢輯　明何英增釋　明正統書林三峯葉景達刻本

  詩經疏義會通二十卷綱領一卷圖一卷　元朱公遷撰　明王逢輯　明何英增釋　明嘉靖二年（1523）書林劉氏安正書堂刻本

  詩經疏義淺講二十卷綱領一卷圖一卷　元朱公遷撰　明王逢輯　明何英增釋　明隆慶三年（1569）書林余氏克勤書堂刻本

余本牌記署"己巳年"，《善目》將其定爲明正德四年（1509），這一錯誤給學者帶來誤導。而上圖藏明正統三峯葉景達本未見載於《善目》，學界遂定余本爲《詩經疏義》現存年代最早本。有學者將此本作爲余氏克勤堂明前期刻本的代表，說"書林余氏克勤堂，在明後期刻書較多，前期刻本僅見正德四年刻元朱公遷撰《詩經疏義淺講》二十卷、《綱領》一卷、《圖》一卷"[1]。可見，《善目》中涉及此書的版本著錄缺誤，不但顛倒了本書三種明本的先後關係，也給學者重繪福建出版史提供了與事實背離的信息。因此，在核查版本實物的基礎上，給出更合理的版本著錄，無論是對於出版史研究，還是對於古籍整理，都是很有必要的。

（作者單位：上海圖書館歷史文獻中心）

---

[1] 方彥壽《增訂建陽刻書史》第五章《明代建陽刻書業的鼎盛（上）》，第310頁。

·版本校勘·

梵蒂岡圖書館藏《孔聖家語》小考
——兼論《孔子家語》傳入歐洲的歷程*

謝 輝

【内容提要】 梵蒂岡圖書館藏明崇禎六年南京國子監刻本《孔聖家語》，乃據萬曆間吴嘉謨編刻《孔聖家語圖》翻刻，由胡尚英與王錫袞主持校刻，國内未見流傳。該本爲意大利傳教士康和子從中國返回歐洲時，帶回的五十七部漢籍之一。康和子應對其進行了較爲深入的閲讀，其用拉丁文所寫《孔子傳》可能有取材於該書之處。《孔子家語》一書，約在十七世紀末由法國傳教士白晉首先帶到歐洲，十八、十九世紀在歐洲廣泛流傳，公私藏家多有收藏，部分漢學家還率先開展了對該書的研究。這在一定程度上反映出十八世紀"中國熱"背景下，歐洲漢學界儒學研究走向深化。

【關鍵詞】 梵蒂岡圖書館 《孔聖家語》 康和子 歐洲藏漢籍

梵蒂岡圖書館藏有一部明崇禎六年（1633）南京國子監刻本《孔聖家語》，雖僅爲明末所刻，但卻是一種較爲稀見的《孔子家語》傳本，《中國古籍總目》未見著録，金鎬《〈孔子家語〉版本源流考略》（《故宫學術季刊》第二十卷第二期）也未述及。本文即對該本作一初步考察，並略述將此本攜歸歐洲的意大利傳教士康和子（Carlo Orazi da Castorano，1673—1755）的情況，在此基礎上，進而探討《孔子家語》傳入歐洲的歷程。

一、梵蒂岡藏《孔聖家語》的基本情況

梵蒂岡藏《孔聖家語》，館藏號 R. G. Oriente. III. 261，全書十卷，一函五

---

* ［基金項目］本文係國家社科基金重大項目"語録類文獻整理與儒家話語體系建構及傳承的研究"（項目編號：20&ZD265）的階段性成果。

册。半頁十行二十字，小字雙行同。白口，四周單邊，單白魚尾。版心上題"孔聖家語"，中題卷數，下題頁數。最下方偶題字數與刻工"信"。卷端題"孔聖家語卷之某"及"南京國子監梓"。卷前有胡尚英《孔聖家語序》、崇禎六年王錫袞《家語序》。卷末有校閱者題名："南京國子監祭酒胡尚英、司業王錫袞同閱。監丞趙維寰，博士陳良佑、黎國俊，率性堂助教蘇九容，修道堂學錄陳之恪，誠心堂學錄稽相琦，正義堂學正吳一琨、卜萬運，崇志堂助教黃自泰、學正楊秉籙，廣業堂助教薛寀、學正陸懋功、典簿程震、典籍陳九韶分閱。"

此本是據吳嘉謨萬曆年間所編刻《孔聖家語圖》翻刻。吳本十一卷，此本去除卷一之圖而爲十卷：卷一《相魯》《始誅》《王言解》《大婚解》《儒行解》《問禮》《五儀解》，卷二《致思》《三恕》《好生》，卷三《觀周》《弟子行》《賢君》《辨政》，卷四《六本》《辯物》《哀公問政》，卷五《顏回》《子路初見》《在厄》《入官》《困誓》《五帝德》，卷六《五帝》《執轡》《本命解》《論禮》，卷七《觀鄉射》《郊問》《五刑解》《刑政》《禮運》，卷八《冠頌》《廟制》《辯樂解》《問玉》《屈節解》，卷九《正論解》《曲禮子貢問》《曲禮子夏問》《曲禮公西赤問》，卷一〇《本姓解》《終記解》《七十二弟子解》。其卷帙劃分、篇章次序、注文内容、版式行款等，基本全同吳本。卷二尾題"孔聖家語圖"，更可明見此本出自吳本之實。甚至一些錯誤都沿襲自吳本，如《禮運》篇之篇名，吳本卷前目錄不誤，正文則誤"禮"爲"體"，此本亦因之而誤。此本另有一些墨釘闕文之處，吳本不闕。如卷五第四頁正面"仕疑作□"，吳本闕文作"侍"。卷一〇第十三頁正面"或以爲棠字之□"，吳本作"誤"。也應該是翻刻時出現的問題。

主持刊刻此本者胡尚英，康熙《徽州府志》有傳，謂："字超凡，號瑤宇，歙棠樾人。萬曆己未進士，館選時主者閱其卷，稱爲敬輿後身，取冠庶常。歷官南京祭酒，移宮詹，卒。所著有《南華旁訓》《擊鉢吟》《解弦微中》《玉屑篇》《超凡集》《詞林紀》諸集。"① 按《國榷》載，天啓四年（1624），胡氏由庶吉士補檢討，七年，因得罪魏忠賢被削奪官職，崇禎元年（1628）起爲南京國子祭酒，六年，遷詹事，八年，勒致仕。② 其在崇禎間，曾從事於南監本

---

① （清）趙吉士《徽州府志》卷一三，臺北：成文出版社，1975，第 1747 頁。
② （明）談遷《國榷》卷八六、卷八八、卷八九、卷九二、卷九四，北京：中華書局，1958，第 5289、5374、5464、5622、5690 頁。

《元史》之補板①，對刊刻經籍較爲熱心。在卷前序文中，胡氏道出了其刊刻此本的用意：

> 《孔子家語》皆當時公卿大夫及諸弟子咨訪問答之語，弟子取其正實切事者爲《論語》，其餘集之爲《家語》。雖言有繁簡，或本根，或標枝，其爲至聖經緯之談，諸弟子編述之周，則一也。乃戴聖以《禮記》不足，取《家語》中所載者裨益之。說者謂戴聖撏拾諸書，如《呂覽》、荀卿之語亦在集中，近於龐雜不倫。今戴《記》列在學官，棘闈試士率取通經義者入轂，博士家童而習之，且藉是取青紫。而《家語》則鮮有誦者，甚至寘之不觀矣。則戴聖表率之功，不可誣也。一經采集，遂令聖言昭若日星，而望若河漢，家習户誦，幾與《周易》《詩》《書》相埒。乃戴《記》所采集，特録其有關於禮教者，自成一書，非寔高下淺深也。夫言無甲乙，特所遇有顯晦耳。當未顯時，寧直《家語》，即《學》《庸》二書，必待朱紫陽訓注，然後與孔孟之書列而爲四。當其顯時，寧直《家語》，即《呂覽》月令，亦奕當年而垂萬禩。況後世立言之士，縱啓口宗洙泗，非遇異世知己，羽翼而推轂之，其湮滅不傳者，可勝道哉？然言非所貴也，有寓於言之先者，顧其人若何耳。堯舜禹授受相傳，止曰精一。孔門傳道心法，止曰一貫。二之不存，多於何有。其覽戴《記》也，無以異於覽《家語》也。其覽《家語》也，無以異於覽《論語》也。然子又云無言，則目擊道存，一且無著，又可相證於渾漢矣。成均經史如林，而《家語》獨無刻本。夫日步宮墻，陳俎豆，與諸士相訓迪，此書乃闕如。則百氏書繁，不幾爲説鈴乎？昔人謂《論語》一部，可建治平，更得《家語》爲之佐，而治平無難於奏矣。昆華王先生每談及此，首肯以爲然。二人有同心矣，遂付之梓。史氏超凡甫胡尚英題於南雍北麓草堂。

胡氏序文中謂《家語》爲《論語》之餘，戴聖取《家語》入《禮記》云云，大都取自《家語》的兩篇署名孔安國的後序②，非其自創。但其對《家語》的價值還是比較認同，又鑒於南監未刻此書，故予以刊刻。具體負責校刻工作的"昆華王先生"即王錫袞，亦作有序文：

> 大司成胡先生之爲此刻也，曰：吾輩偕諸生終日誦法聖人，而聖人家

---

① 王紹曾《二十四史版本沿革考》，《目録版本校勘學論集》，上海：上海古籍出版社，2011，第525頁。
② 高尚舉等《孔子家語校注》，北京：中華書局，2021，第661—664頁。

中語莫或昭布，雖羅列百家，猶外府也。世守謂何？其亟付梓。梓既竣，仍報以文。余有一種深意。秦火不能燼，呂壁不能私。入諸儒任意增損之中，出太史公適魯低回之外者，余敬受勤迤而求焉，若有得也。粵稽言與事，顯晦用不同，授受機不同，古今旨不同。要以納物成器，達治偶時，則罔不同。蓋不獨昏解儀解，與問辨諸禮解，章章較著也。先生所指，其在斯哉？今天下四維漸弛，六逆迭見，亦云炱矣。則妄意於此一家爲之表豎之而坊觀之，扶敝砭衰，或亦可化嚚淫、起敬信，而尊儒效於無教戲。究竟禮主辨而豫治未然也。迨既而圖之，不其晚乎？罾生場中，有人自外整衣冠而入，罔訕罔盈，則狂氣必小懾。矧其有進於此者，確確然昭冥有型，辭受有衡，經緯有紀，進退有繩。以歷試於君民身世之會。神明儼若，群魅肅然。安見三代之英不可復，而一人之望不可崇也？在昔已辭言格而魯勢微，救世意伸而鄭祚振。彼偽伯辟習，吾徒不道，而或道之效矣，矧其有進於此者？雖然，未易言也。惟聖作則不廢者，評毖諸廷廟，本仁與誠，老而不逾，自見設行，而謂禮可輕議歟？未能，願學於此墻羹。亦繼是繹語證道，與二三子時其服習周旋焉，以求不負先生表章聖統，砥柱狂波之教，抑幾矣。時崇禎癸酉仲春晴明日，古華王錫袞頓首拜題。

王錫袞（？—1647），字龍藻，雲南禄豐人，南明間仕至禮部尚書、東閣大學士。其生平情況，孫秋克《王錫袞行實錄存》考證甚詳。據其所考，王氏於崇禎五年（1632）升南京國子監司業，七年，以洗馬掌司經局，① 而崇禎六年事迹無考，此序也不見於別處。梵蒂岡藏本爲研究王氏提供了難得的新資料。

二、《孔聖家語》收藏者康和子的情況

梵蒂岡圖書館收藏的此部《孔聖家語》，爲意大利來華傳教士康和子於1734年返回歐洲時帶歸。康和子爲方濟各會士，約1700年到中國，先在山東傳教，後到北京。1704年，教廷頒布了禁止中國禮儀的決議，引起清王朝的不滿。爲了緩和矛盾，教廷派特使嘉樂（Carlo Ambrogio Mezzabarba，1685—1741）來華，提出八條變通的辦法，其中包括：准許教徒供奉祖宗牌位，但只

---

① 孫秋克等《明代雲南文學家年譜》，北京：商務印書館，2017，第415—416頁。

許寫先父先母姓名，並要旁注天主教孝敬父母的道理，允許中國教徒對亡人行非宗教性質的禮節，等等。方濟各會等修會對此無法接受，因康和子漢語較佳，且對中國情況較爲熟悉，遂於 1733 年派其回羅馬，勸説教皇禁止此八項許可。1742 年，本篤十四世頒布命令，重申禁止中國教徒祭祖等禁令，並禁止傳教士討論禮儀問題。康和子的目的達到，即返回故鄉，後去世。其所携帶的漢籍與相關資料，原存於羅馬阿拉切利圖書館（Biblioteca di Aracoeli），約在羅馬被合併入法國的 1809 年至 1814 年間進入梵蒂岡圖書館①。該館東亞部負責人余東曾將館藏與康和子相關的文獻編爲目録，總計九十九條，包括西文手稿、中外文對照詞典、公文抄件、教徒領洗名單等等，品類十分龐雜。② 其中嚴格意義上的漢籍有五十七部。西學類典籍三十二部，多數是明末清初比較常見的品種。如利瑪竇《天主實義》（清康熙刻本），利安當《正學鏐石》（清康熙三十七年濟南天衢天主堂刻後印本），艾儒略《天主降生言行紀略》（明崇禎八年晉江景教堂刻本）、《天主降生出像經解》（二部，明崇禎十年晉江景教堂刻清康熙印本）等（以上編號 R. G. Oriente. III. 247. 1—7）。但也有一些稀見者，如嚴謨《帝天考》（清康熙抄本，R. G. Oriente. III. 248. 10）、白日昇《經典記略問答》（清康熙抄本，Vat. estr. or. 21），别館均無收藏。中國傳統古籍的部分，今編號爲 R. G. Oriente. III. 251—268，總計二十五部。除了《孔聖家語》之外，較值得注意者尚有二部：

一爲明萬曆金陵唐富春刻後印本《新刻出像增補搜神記》六卷（R. G. Oriente. III. 264，缺卷六）。該本一函五册，半頁十一行二十字，白口，單黑魚尾，四周單邊。卷前有羅懋登《引搜神記首》。書名頁題"刻出像增補搜神記大全，金陵唐氏富春堂梓"。卷端題"金陵三山對溪唐富春校梓"。此本著録於《中國古籍善本書目》，國家圖書館藏本（館藏號 15756，鄭振鐸舊藏，《續修四庫全書》據其影印）與此同板，但書名頁字體不同，刷印較佳，似是早印之本。另有大盛堂印本（館藏號 18779），漫漶殊甚。此本大約是介於二者之間的一個印本。

二爲明末金陵藴古堂刻本《文公家禮儀節》八卷（R. G. Oriente. III. 262）。

---

① 李慧《意大利來華方濟會士康和子的〈拉意漢詞典〉(1732)》，《辭書研究》2018 年第 5 期，第 52 頁。

② Clara YU Dong, *Gli scritti di Carlo da Castorano nella Biblioteca Apostolica Vaticana*, Carlo da Castorano, un sinologo francescano tra Roma e Pechino, Milano: Luni Editrice, 2017, pp. 266—302.

該本一函八冊，半頁九行十八字，小字雙行同，白口，單黑魚尾，四周單邊。書名頁題"文公家禮，楊升庵先生手輯，金陵蘊古堂梓"。卷端題"宋新安朱熹編，明成都楊慎輯"。卷前有楊慎《文公家禮序》，成化十年（1474）丘濬《文公家禮儀節叙》。楊氏序文末題"正德庚寅"，然正德無庚寅，王重民先生以爲當是嘉靖九年（1530）①。此種題爲楊慎所編的版本，四庫館臣謂："是編前有慎序，詞極鄙陋，核其書，即丘濬之本，改題慎名。其圖尤爲猥瑣，送葬圖中至畫四僧前導，四樂工鼓吹而隨之，真無知坊賈所爲矣。"② 以其爲僞書。此外耶穌會羅馬檔案館（Jap. sin. I. 31）、法國國家圖書館（Chinois 3204－1、3206）等也藏有該本，國内吉林省圖書館有之。總的來看，尚屬較爲少見。

除此之外，康和子帶回的其他中國傳統典籍，可以分爲三類：一是儒家經典及相關著作，包括《鄭孔肩先生家傳纂序周易説約本義》《纂序書經説約》《映旭齋六訂詩經全旨纂序説約合參大全集注定本》《禮記摘注輯要》《春秋説約》《性理大全標題纂要》《四書集注大全》（R. G. Oriente. III. 251－260）、《增補小學講義金丹大全》（R. G. Oriente. III. 263）。其中多數爲清代坊間所刻兩節版，質量不高，但基本備齊了儒學典籍的主要品種。二是一些訓蒙識字類的典籍，包括《新鐫幼學雜字》《大方六言雜字》《千字文草法》（R. G. Oriente. III. 265.2－4）、《新鐫古今名賢草帖臨池真跡》（R. G. Oriente. III. 265.8－11）、《字彙》（R. G. Oriente. III. 268）等。值得注意的是，其中還包括三部滿漢合璧著作，即：清京都二酉堂刻本《滿漢合集百家姓》，清京都聚興齋刻本《出像滿漢同文雜字要覽》，清京都永魁齋刻本《滿漢千字文》（R. G. Oriente. III. 265.5－7）。三是一些較爲實用的典籍，如《新鐫路程要覽》（R. G. Oriente. III. 265.1），兩種雍正十二年（1734）時憲曆（R. G. Oriente. III. 265.12－13），雍正八年夏季《新刻官爵全覽》（R. G. Oriente. III. 267），以及清德聚堂刻本《增補萬寶全書》（R. G. Oriente. III. 266）。這些典籍均應爲康和子自用，特别是儒家經典部分，康和子應對其進行了細緻閱讀，並在幾種典籍的書衣上作了大量批注，《孔聖家語》亦不例外。其曾以拉丁文寫成《孔子傳》，或即是建立在研究此部《孔聖家語》的基礎上。

---

① 王重民《中國善本書提要》，上海：上海古籍出版社，1983，第22頁。
② （清）永瑢等《四庫全書總目》，北京：中華書局，2003，第207頁。

三、《孔子家語》傳入歐洲的歷程

此前學界在討論《孔子家語》西傳的歷史時，多從譯介的角度出發，以英國聖公會傳教士赫信真（Arthur Blockey Hutchinson，1841—1919）之英譯本作爲論述起點①。但如從漢籍流轉的角度而言，則至少在赫氏譯本出現之前近二百年的清康熙年間，《孔子家語》原書即已傳入歐洲，並產生了一定影響。

目前所知，第一部傳入歐洲的《孔子家語》，可能是由法國來華傳教士白晉（Joachim Bouvet，1656—1730），於1697年從中國返歐時攜歸。經法國學者郭恩（Monique Cohen）考證，白晉帶歸的漢籍總共有二十二部、四十五函、三百一十二冊，絕大多數今存法國國家圖書館，然《孔子家語》約在1707年與《算法統宗》一起被埃蒙（Jean Aymon，1661—1734）盜走，《算法統宗》於1752年被菲利普·馮·斯托什（Philipp von Stosch，1691—1757）歸還，而《孔子家語》則未歸，今不知在何處。②梵蒂岡圖書館藏有一部題爲《易鑰》的抄本（館藏號 Borg. cin. 317.2），一般認爲是白晉所著。其中有一段論述：

> 又如《易》咸卦云：“聖人感人心而天下和平。”乾卦云：“首出庶物，萬國咸寧。”《埤雅》、《爾雅翼》皆以麟見爲太平之符，王者德政平之應。《家語》曰：“叔孫氏獲麟。孔子曰：麟也，胡爲來哉？麟之至爲明王也。出非其時。”東西千古所望大聖之期，應天下太平，麟乃大聖生世之象。孔子時天下大亂，故麟見。孔子異之曰：“胡爲來哉？出非其時。”天主降生之期，乃漢哀帝元壽二年，時東西天下太平，正相印符，前百世所望者，即其時也。

此處所引《家語》之文，出自《辯物》篇。梵蒂岡藏另一部同題爲《易鑰》的抄本（館藏號 Borg. cin. 317.16，內容與前本不同），也提到"案今《世本·帝繫》及《大戴禮·五帝德》，並《家語》宰我問，文定公《五帝本紀》，皆以黃帝爲五帝"。當然，白晉的這些中文著作，應該是在中國助手的協助下

---

① 參見崔華杰《晚清英國傳教士赫真信與〈孔子家語〉譯介》，載《齊魯學刊》2013年第2期，第60—65頁。

② Monique Cohen, "A Point of History : The Chinese Books Presented to the National Library in Paris by Joachim Bouvet S. J., in 1697," *Chinese Culture : A Quarterly Review* 31.4 (1990), pp. 39—48.

完成的，但其對該書也應多少有所瞭解，故而將其帶往歐洲。

繼白晉携歸之本之後，法國國家圖書館又於 1720 年，從巴黎外方傳教會得到了一部《家語》。此本今尚存該館（館藏號 Chinois 3256），爲明末汲古閣刻吴郡寶翰樓重印本。① 經目驗，該本十卷，洋裝一册。半頁九行十七字，白口，無魚尾，左右雙邊。卷端題"孔氏家語卷某，王肅注"。各卷首末頁版心題"汲古閣"（大字）、"毛氏正本"（小字加框），其餘題書名"家語"與卷數、頁數。卷前有王肅《孔氏家語序》，卷末有毛晉與正德二年（1507）何孟春識語。書名頁題"孔子家語，汲古閣校，吴郡寶翰樓"，並鈐"寶翰樓藏書記"印。王肅序首頁鈐"梁弘任印"白文方印。梁弘任（Artus de Lionne，1655—1713）爲巴黎外方傳教會會士，1689 年來華，1702 年返回歐洲，此本即其從中國帶歸者。1722 年，法國傳教士傅聖澤（Jean-François Foucquet，1665—1741）由中國返回歐洲的時候，也帶歸了一部《孔子家語》。傅氏於 1699 年到中國，先在福建、江西傳教，1711 年被召進清宫，在中國生活了二十餘年。其1701 年在南昌時，已購藏漢籍十餘種，其中即有《家語》。其後傅氏的藏書不斷擴充，至其 1720 年離開北京時，規模已極爲可觀，這些典籍大部分被其帶走。在廣州等候船隻的時候，又補充了部分品種。梵蒂岡圖書館藏有傅氏藏漢籍的兩種抄本目録，其中《十四夾板内書單》（Borg. cin. 357.5）爲傅氏在北京時期的藏書目録，《書單》（Borg. cin. 357.2）爲其在廣州即將返回法國時的裝箱目録。② 後一目録中即著録了《孔子家語》，與《闕里纂要》合爲一套。法國外交部檔案館藏《耶穌會傅聖澤神父帶回的中國典籍目録》亦有之，著録爲王肅注本，二册。③ 傅氏帶往歐洲的典籍，大部分今存梵蒂岡圖書館，然未見此部《家語》。此批典籍在傅氏去世之後，曾有一部分由羅馬流出至英國，並被英國國家圖書館收購。該館今藏有各種版本的《家語》共八部，其中兩部爲日本、朝鮮木

---

① 參見王域鏗、陳恒新編《法國國家圖書館中文古籍目録（古恒部分）》，北京：中華書局，2021，第 103 頁。張西平主編：《歐洲藏漢籍目録叢編》第 2 册，廣州：廣東人民出版社，2020，第 1236 頁。

② Nicolas Standaert, "Jean-François Foucquet's Contribution to the Establishment of Chinese Book Collections in European Libraries," *Monumenta Serica：Journal of Oriental Studies* 63.2 (2015), pp. 361–424.

③ 《法國外交部檔案館藏中法關係史檔案彙編·巴黎分館卷一》，南開大學外國語學院譯，天津：南開大學出版社，2019，第 389 頁。

活字印本，其餘時代最早的王肅注本爲吳郡寶翰樓本，有正德二年跋①，推測也應是汲古閣本的後印本，與前述法國國家圖書館藏本同板，或即傅氏帶歸者。

　　以上三部《家語》與梵蒂岡圖書館藏本，都是十八世紀前半期就已傳入歐洲。其餘在此時期傳入者還有一些，如意大利卡薩納特圖書館（Biblioteca Casanatense）藏一本，可能是法國巴黎外方傳教會士計有綱（Antoine Guignes，生卒年不詳）帶回，約 1741 年入藏。② 其後隨着專業漢學的興起，《家語》在歐洲的流傳也更加普遍。例如，倫敦大學亞非學院在十九世紀前期，接收了馬禮遜（Robert Morrison，1782—1834）的漢籍，其中有嘉慶四年（1799）老會賢堂刻本《家語》。③ 稍後牛津大學博德利圖書館也入藏了第一部《家語》，爲嘉慶十一年（1806）會文堂刻本（館藏號 Sinica 159）。艾約瑟（Joseph Edkins，1823—1905）於 1876 年所編《博德利圖書館中國典籍目錄》（A Catalogue of Chinese Works in the Bodleian Library），即已著録該本。④ 1864 年，第 26 世克勞福德勛爵詹姆斯·林塞（James Lindsay，1847—1913）從收藏家阿爾斯坦（Pierre Léopold van Alstein，1792—1862）處整體購入了一批漢籍，其中也有一部寶翰樓印本《家語》，今存曼徹斯特大學圖書館。⑤ 法國漢學家頗節（Guillaume Pauthier，1801—1873）也曾收藏過一部嘉慶十年（1805）刻本《孔子家語原注》。⑥ 頗節去世之後，其藏書被拍賣，有一部分可能轉入法國國家圖書館，該館今存嘉慶十年老會賢堂刻本《家語》一部（館藏號 Chinois 3259），或許就是頗節舊藏。這些傳本都是在赫信真譯本之前，就已經傳入歐洲。且歐洲學者在此之前，也已經開展了一些對《家語》的研究。早在 1687 年，由比利時傳教士柏應理（Philippe Couplet，1623—1693）編輯出版的《中國哲學家孔子》，其中已提到了《家語》，謂其權威性次於五經，與《小學》、

---

① 參見廖可斌等《英國國家圖書館藏中文古籍目錄》，北京：國家圖書館出版社，2020，第 356—357 頁。張西平主編：《歐洲藏漢籍目錄叢編》第 1 册，第 239 頁。

② Eugenio Menegon, "The Biblioteca Casanatense (Rome) and Its China Materials," *Sino-Western Cultural Relations Journal* 22 (2000), pp. 31—55.

③ Andrew C. West, *Catalogue of the Morrison Collection of Chinese Books*, London: School of Oriental and African Studies (University of London), 1998, p. 72.

④ 張西平主編《歐洲藏漢籍目錄叢編》第 1 册，第 586 頁。

⑤ 李國英等《英國曼徹斯特大學約翰·賴蘭茲圖書館中文古籍目錄》，中華書局，2018，第 610 頁。

⑥ Louis-Xavier de Ricard, *Catalogue des Livres Chinois Composant la Bibliothèque de feu M. G. Pauthier*, Paris: E. Leroux, 1873, p. 11.

《孝經》等並列。① 前引頗節藏書目錄，也提到了錢德明（Joseph-Marie Amiot，1718—1793）和理雅各（James Legge，1815—1897）引用過《家語》。錢德明著有《孔子傳》，其中有一段關於孔子與魯定公談論祭祀之禮的內容，可能就出於《家語》。② 英國學者偉烈亞力（Alexander Wylie，1815—1887）於 1867 年出版的《中國文獻紀略》（Notes on Chinese Literature）中，也在子部儒家類之首著錄了《家語》，並叙述之曰：

> 出於尊重聖人名字的目的，此類（今按：指儒家類）一般將十卷本《孔子家語》置於首位。這部書在公元前就已存在，但被普遍認爲亡佚已久。現存同名的帶有王肅注釋之書，有充分的理由相信即是王肅的作品。其於公元 3 世紀初撰述此書，聲稱是得自孔子第二十二世孫，目的是反對鄭康成的學説，並給自己的作品賦予權威性。儘管其已是衆所周知的僞書，但其中包含着大量傳統材料，爲作者在當時從各個渠道收集得來，仍舊很有價值。③

可見，在赫氏譯本出現之前，不僅已經有多部《家語》在歐洲流傳，且一部分歐洲漢學家也已開始關注並利用此書。當然，赫氏譯本的出現，也確實在很大程度上推動了歐洲學者對《家語》的認識。例如，1889 年出版的《亞洲文會圖書館藏中文典籍目錄》（A Catalogue of the Chinese Manuscripts in the Library of the Royal Asiatic Society），著錄了該館收藏的兩部《家語》，即提到了"數年前在《教務雜誌》上，有嘗試翻譯此書者"④。

餘 論

《孔子家語》傳入歐洲並受到關注的歷程，雖然並不很長，但却與歐洲漢

---

① 〔比利時〕柏應理等《中國哲學家孔夫子》第一卷，汪聶才等譯，鄭州：大象出版社，2021，第 25 頁。

② 龍雲《錢德明：18 世紀中法之間的文化使者》，北京：北京大學出版社，2015，第 108—112 頁。

③ Alexander Wylie, *Notes on Chinese Literature*, Shanghai: American Presbyterian Mission Press, 1867, p.66. 其對《家語》的描述，有一部分應取自《四庫全書總目》，如所謂"其中包含着大量傳統材料"云云，或即是來源於《總目》"特其流傳已久，且遺聞軼事往往多見於其中"之文，參見《總目》卷九一，第 769 頁。

④ 張西平主編《歐洲藏漢籍目錄叢編》第 2 册，第 933 頁。

學的發展息息相關。約在十七世紀末至十八世紀初，隨着"中國熱"與世俗漢學在歐洲的興起，歐洲學者已不再滿足於只通過四書五經來瞭解儒學，而傳教士爲了塑造所需要的孔子形象，也努力搜集更多的資料。除了《家語》外，如《孔叢子》《闕里志》《聖門禮樂志》等與孔子相關的文獻，也都在這一時期進入了歐洲學者的視野。如法國來華傳教士李明（Louis Le comte，1655—1728）在致法國蘭斯主教勒泰利埃（Charles-Maurice Le Tellier，1642—1704）的信件中，詳盡地描寫了孔子的生平，其中就引用了不少《孔叢子》的内容[①]。《家語》就是在這一背景下傳入歐洲。

歐洲學者收藏《家語》，起初主要是用於個人研究，故所藏多爲通行易得之本。康和子將較爲稀見的《孔聖家語》帶往歐洲，乃是事出偶然，並不意味着其具有選擇善本的意識。而歐洲藏《家語》也乏善本，除梵蒂岡藏《孔聖家語》之外，目前所知，只有牛津大學博德利圖書館的一個藏本較值得重視。該本館藏號 Backhouse 154，爲漢學家巴克豪（Edmund Trelawny Backhouse，1873—1944）舊藏。半頁九行十六字，左右雙邊，有抄補與朱筆批注。卷末有"終歲甲寅端陽□□□用書黃周□□□□"刊記（原書殘損）。另有朱筆題記二條：一爲"乾隆己酉秋八月廿三日讀一過"，鈐"偶此軒印"，不知爲何人；另一條爲"光緒十二年秋七月，據日本信易太宰純增注本略校一過。武進屠寄識於武昌教院"。該館著録此本爲明嘉靖三十三年（1554）吳郡黃魯曾刻本，但經與國家圖書館（館藏號 08894）與臺灣省圖書館（館藏號 05310、05311）比對，字體和斷板都不同，似是明末翻刻。這些少量的善本之外，多數流散在歐洲的通行本《家語》，其價值並不在於本身，而在於其被歐洲學者收藏、閱讀、利用的歷程，以及其對漢學發展產生的影響。漢學史和書籍史的角度，將給歐洲藏漢籍研究帶來更廣闊的空間。

（作者單位：北京外國語大學國際中國文化研究院）

---

① 〔法〕李明《中國近事報道（1687—1692）》，郭强等譯，鄭州：大象出版社，2004，第177—191頁。信中摘録了十四條被李明認爲是出於孔子的"箴言"，其中第五條來自《孔叢子·居衛》，第十一條來自《抗志》。

"《漢書》學者"與其授讀：

六朝《漢書》異文與歷史文本研探（下）

陸駿元

四、顏《注》對南北文本之取捨與釐定

前節已明，六朝《漢書》文本傳衍的核心載體，乃是"《漢書》宗匠"各自教授的注本；而其異文產生的主要途徑，則爲注家注解之訓釋。在外部因素方面，又輔以文字本身在歷時與共時雙重影響下的變化。顏師古所面對的南北文本情況，與蕭該大體相同，但其《叙例》明確地描摹了立足於早期北方注本的流傳譜系，① 在顏《注》的文獻内證上，表現爲承襲河北本而鄙薄江南本的一體兩面之傾向。另外，前輩學者已論及顏之推、游秦、師古三代在《漢書》文本、學説上的延續性與同質性②，準此，小顏所援據之文本既是家學傳本，在性質上顯然又屬六朝衆本之一。職是之故，顏師古注本文字的確定當取決於以上三個因素。本節兹從顏《注》出發，考察其所用底本文字，並探繹《注》中屢稱"流俗書本"之確切所指，儘可能準確定位顏《注》在六朝《漢書》授讀、傳本脈絡中的位置。

（一）回歸河北本：別本保存内證

顏監《叙例》既自陳承接"晉灼本—臣瓚本"的文本系統，今可在顏《注》中找尋到相關的文獻蹤跡。晉灼、臣瓚兩本均爲漢魏單行班注的集解本，因此注家如如淳、文穎所見當時的別本異文，亦間存諸顏《注》中。兩集解本

---

① 關於顏師古、蕭該所面對的校勘格局與圖景，可參拙作《韋昭〈漢書音義〉之傳習與接受考略——兼論中古〈漢書〉南北注本的分野與遞變》，載《文學遺産》2022年7月，第4期，第80—81頁。

② 參〔日〕吉川忠夫《顏師古の"漢書注"》，載《六朝精神史研究》，同朋舍，1984，第346—360頁。

"《漢書》學者"與其授讀：六朝《漢書》異文與歷史文本研探（下）

均屬河北本①，此爲顏師古本繼承河北注本的堅實證據。今顏《注》所載各家舊注異文②，其中如淳9條、晉灼5條、服虔4條、孟康5條、蘇林3條、李奇2條、文穎2條、臣瓚1條；將之與顏本互勘，可知顏《注》的取捨情況。③

顏《注》中所載漢魏舊注異文，顏師古往往取字與注家底本同，而不取所列別本。如①《高帝紀》："鄉者夫人兒子皆以君，君相貴不可言。"顏《注》："如淳曰：言并得君之貴相也。'以'或作'似'。師古曰：如說非也。言夫人及兒子以君之故，因得貴耳，不當作'似'也。鄉讀曰嚮。"④ 表十八列諸本異同如下：

表十八

如淳本	如淳或本	顏師古本
以君	似君	以君

"以"可讀如本字，意如師古所言，謂夫人及兒子以君之故而得其顯貴；亦可借"以"爲"似"，言夫人及兒子相皆似沛公，而劉邦相貴不可言。是兩通之説。"以"之讀作"似"，經典多有其例，如《詩·旄丘》："必有以也。"《儀禮·特牲饋食禮》鄭《注》"以"引作"似"；襄三十一年《傳》："令尹似君矣，將有他志。"孔《疏》："服虔云：令尹動作以君儀，故云'以君矣'。俗本

---

① 至少注家在注中明言的"或作"異文應是晉室南渡前所本有。
② 指的是《注》中明確寫明該注家所見或本文字，而非可考的所有異文情況。如《汲黯傳》："當時爲大司農，任人賓客僦，入多逋負。"依裴駰《史記集解》引臣瓚説，可知臣瓚本"僦人"作"僦人"（詳後文考證）。而顏《注》中並未顯示，則此臣瓚本例屬於考得之異文，並非《注》中明載之異文。
③ 關於顏《注》所存《漢書》異文的數量與詳情，學者根據不同的標準産生統計的差異：程明安《顏注〈漢書〉校對文字異同之計量分析》（《改革與戰略》2003年第9期，第75—78頁）、《顏注〈漢書〉異文之計量分析》（《鄖陽師範高等專科學校學報》第23卷第5期，2003年10月，第81—95頁）、《論顏師古注〈漢書〉的異文》（《語言研究》第23卷第4期，2003年12月，第62—67頁）三文，從語言學角度，對顏《注》中異文進行分類，統計有明確來源者有161例；孫顯斌《〈漢書〉顏師古注研究》（南京：鳳凰出版社，2018）"附錄"論列各類校勘異文287例。筆者對孫書287例逐一分析，發現部分未必實有其本而確屬當時《漢書》注本，很多僅爲小顏明文字同用、通用之例。這與陸德明《經典釋文》中"字亦作"、"字或作"等術語用例相近，是"原無其本"，而"以意所知説之"的情況（黃焯《經典釋文彙校》卷二轉述黃侃語，北京：中華書局，2006，第三十三頁下）。不過，例證方面以孫書蒐羅最爲詳備，本文以之作參考。若遇具體個案異文之分判與歸屬，則就此個案詳爲判斷。
④ 蔡琪本《漢書》卷一上，第五葉下。

作似。"① 則當服虔所處之東漢末年，其所據《左》本作"以"，而讀作似。與此《漢書》"以君"之或本作"似君"如出一轍。出土文獻中亦有例證，如《老子》第二十章："而我獨頑似鄙。"馬王堆漢墓帛書《老子》甲乙本均作"以"；《陰陽十一脈灸經甲本》："不可以顧，肩以（似）脱，臑以（似）折，是肩脈（脈）主治。"② **如淳云"以"或作"似"，乃其時所據或本有作"似"者，蓋有魏時學者已讀作"似"而形成新文本，符合秦漢間的文本變異情況；小顏見如淳存作"以"之底本，並不取作"似"之别本。** 然如云"并得君之貴相也"，涵蓋"以""似"兩義，非僅據"似"。錢大昭曰："《史記》及《論衡·骨相篇》竝作'皆似君'，如説爲是。蓋言相之大貴皆似君耳，非謂吕后之貌有類高祖也。《漢書》凡'以'字皆作'目'，此獨作'以'，以即似字。"③ 王先謙曰："荀《紀》作'夫人兒子蒙君之力也'，與顔説合。義得兩存。"④ **漢時司馬遷、王充均述作"似"，而荀悦則如字讀，知漢時已成兩義也**，錢説未盡。錢所云《漢書》多作"目"，是刊本習用"目"也。⑤ 又，顏本與漢魏注家底本同者，多與晉灼本同，如②《五行志上》："後章坐走馬上林下烽馳逐，免官。"顏《注》："孟康曰：夜於上林苑下舉火馳射也。'烽'或作'燹'。晉灼曰：冠首曰烽。競走曰逐。師古曰：孟説是。"⑥ 表十九列諸本異同如下：

表十九

孟康本	孟康或本	晉灼本	顔師古本
上林下烽	上林下燹	上林下烽	上林下烽

顔師古雖備載孟、晉二説，而實讚同孟氏。此句可見顔監承襲晉灼注本之跡。

---

① （漢）鄭玄注、（唐）孔穎達疏《毛詩注疏》卷二之二，影印嘉慶二十年南昌府學本，臺北：藝文印書館，2007，第十九頁下；（晉）杜預注、（唐）孔穎達疏《春秋左傳注疏》卷二五，第五十五頁上。

② 裘錫圭主編：《長沙馬王堆漢墓簡帛集成（肆）》，北京：中華書局，2014，第41頁、第206頁；《長沙馬王堆漢墓簡帛集成（伍）》，第199頁。

③ （清）錢大昭《漢書辨疑》卷一，影印橅李沈氏刻銅熨斗齋叢書本，上海：上海古籍出版社，2003，第一頁下。

④ （清）王先謙《漢書補注》，卷一，第9頁。

⑤ 吴恂《漢書注商》亦以顏説爲是："恂案：顏説是也。上文老夫曰：'夫人所以貴者，乃此男也。'然則惠帝之所以貴者，非因高祖邪？故下云'君相貴不可言'。可見吕后、惠帝之貴，皆以高祖，豈大貴相似之謂乎？《漢紀》雖有竄改，其義則同，足以取證。……且本書目、以錯出，時時有之，不盡作'目'也。"（上海：上海古籍出版社，1983，第2—3頁）

⑥ 蔡琪本《漢書》卷二五上，第廿五葉上。

《説文·火部》：" 㷭燧，候表也。邊有警則舉火。"段《注》："孟康曰：'㷭如覆米㔺，縣著挈臬頭，有寇則舉之；燧積薪，有寇則燔然之也。'裴駰、顏師古取其説。張揖曰：'晝舉㷭，夜燔燧。'李善取其説。"① 則"烽""㷭"異體。《史記·司馬相如列傳》："夫邊郡之士，聞烽舉燧燔。"裴駰《集解》引《漢書音義》即段引之孟康説。小司馬《索隱》引韋昭曰："烽，束草置之長木之端，如挈皋，見敵則燒舉之。燧者，積薪，有難則焚之。烽主晝，燧主夜。"② 説與孟康、張揖二氏同。從文字層面而言，孟、晉本均作"烽"，而孟康或本、張揖本均作"㷭"，顏氏取孟、晉底本文字。③

顏《注》並列漢魏注本之異文，不僅可見早期文字、注説演變之跡，同時呈現顏氏不偏廢河北本多種注説的態度，如③《外戚恩澤侯表》："斡官、鐵市兩長丞。"④ 顏《注》："如淳曰：斡音筦，或作'幹'。斡，主也，主均輸之事，所謂斡鹽鐵而榷酒酤也。晉灼曰：此竹箭幹之官長也。均輸自有令。師古曰：如説近是也。縱作幹讀，當以斡持財貨之事耳，非謂箭幹也。"表二十列諸本同異如下：

表二十

如淳本	如淳或本	晉灼本	顏師古本
斡官	幹官	（幹官）讀若幹	斡官

依如説，則如本作"斡"，而所見或本作"幹"。晉灼直謂"竹箭幹"，則其本或即如淳或本，又或其本作"斡"而讀若幹。顏師古以如爲是，而云"縱作幹讀"，則所據本作"斡"，與如同，以晉説爲非。"筦""管"與"斡"形成一組異文，經典中多有文例，如《史記·平準書》："盡代僅，筦天下鹽鐵。"《漢書·食貨志下》作"斡"，即此文如淳所謂"斡鹽鐵"也者；又，《平準書》："欲擅管山海之貨。"《食貨志》"管"作"斡"。⑤ 王念孫《廣雅疏證》："斡者，《楚辭·天問篇》：'斡維焉繫？'《漢書·賈誼傳》：'斡棄周鼎。'王逸、如淳注

---

① （清）段玉裁《説文解字注》第十篇上，影印經韻樓本，臺北：洪葉文化事業有限公司，1999，第五十三頁上。
② 〔日〕瀧川資言《史記會注考證》，卷一一七，第六二頁。
③ 另外，注説層面，《漢書·司馬相如傳》同句，顏引孟康説而不引韋昭説，亦傾向河北學者。
④ 蔡琪本《漢書》卷一八，第十二葉下。
⑤ 〔日〕瀧川資言《史記會注考證》卷三〇，第四一頁、第二二頁；（清）王先謙《漢書補注》卷二四下，第1642頁、第1628頁；

竝云：'斡，轉也。'《天問》'斡'字一作'笇'。《匡謬正俗》云：'斡，《聲類》及《字林》竝音管。'"① 是"斡"之音管而訓爲轉也。顏師古《匡謬正俗》又云："故知斡、笇二音不殊。"嚴旭《疏證》曰："《賈誼傳》錄其《弔屈原賦》'斡棄周鼎'，注曰：'斡，轉也。音管。'是則斡與管、笇音同，其主領之義乃'管'之假借。"② 以嚴説觀如淳説，則如淳逕視"斡"爲"管"，而晉灼如字讀，以爲乃"箭幹"之"幹"也。又，顏師古以爲晉本作"斡"而讀作"幹"。另外，《墨子·非命上》："上帝山川鬼神必有幹主。"孫詒讓《閒詁》曰："漢隸幹、斡皆作幹，經典多通用。"③ 漢隸"幹"作幹 老子乙前 96 上（隸），"斡"有作𦙝 漢印徵形，字形多類，因此如淳、晉灼所見本有作"幹"字者。《史記·平準書》："初大農笇鹽鐵官布多。"《漢書·食貨志》"笇"作"斡"，④ 則《食貨志》本應作"斡"，而漢隸書作"幹"，即是其例。又，《食貨志下》："五均賒貸，斡在縣官。"顏師古曰："斡謂主領也。"宋祁曰："斡，南本作幹。"⑤ 亦是古本異文之遺。玩味此例顏《注》"縱作幹讀"語，則雖不同意晉説而猶存"幹"讀也，顯示顏監對早期河北本文字、注説相對寬容的態度。又如④《禮樂志》："霑赤汗，沫流赭。"顏《注》："應劭曰：大宛馬汗血霑濡也，流沫如赭也。李奇曰：沫音靧面之靧。晉灼曰：沫，古靧字也。師古曰：沬、沫兩通。沬者，言被面如頮也，字從水傍午未之未，音呼内反；沫者，言汗流沫出也，字從水傍本末之末，音亦如之。然今書字多作'沫面'之'沬'也。"⑥ 表二十一列諸本異同：

表二十一

李奇本	晉灼本	顏師古本	顏師古二本
沬流赭	沬流赭	沬流赭	沫流赭

玩味顏《注》之意，則所見有作"沬""沫"兩本，兩義竝通：作"沬"者，讀如靧面之靧，謂其出汗狀若被面如頮，李奇、晉灼皆主之。靧從貴，從未，

---

① （清）王念孫《廣雅疏證》卷四上，影印王氏家刻本，北京：中華書局，2004，第一頁下。
② （唐）顏師古撰，嚴旭疏證《匡謬正俗疏證》卷七，北京：中華書局，2019，第 375 頁。
③ （清）孫詒讓《墨子閒詁》卷九，北京：中華書局，2001，第 268 頁。
④ 〔日〕瀧川資言《史記會注考證》卷三〇，第三三頁；（清）王先謙：《漢書補注》卷二四下，第 1636 頁。
⑤ 蔡琪本《漢書》卷二四下，第廿五葉下。
⑥ 同上書，卷二二，第三十二葉下。

"《漢書》學者"與其授讀：六朝《漢書》異文與歷史文本研探（下）

均屬微部，由是得通。作"沫"者，顏監謂"汗流沫出"，《史記·樂書》："霑赤汗兮沫流赭。"裴駰《集解》引應劭説曰："大宛馬汗血霑濡也，流沫入赭。"① 則此説爲應劭説也。顏氏謂兩字音皆爲"沫"，王念孫《廣雅疏證》曰："沫者，《説文》：'沫，洒面也。'《漢書·律曆志》引《顧命》曰'王乃洮沫水'，今本'沫'作'頮'，馬融注云：'頮，頮面也。'《內則》云：'面垢，煩潘請靧。''沫''頮''靧'並同。'沫'從'午未'之'未'，音呼內反，與'涎沫'之'沫'異。'沫'從'本末'之'末'，音亡曷反。《檀弓》'瓦不成味'，鄭《注》云：'味，當作沫。沫，靧也。'案：'沫'從'午未'之'未'，與'味'聲相近，故云'味當作沫'。'沫'與'靧'同，故云：'沫，靧也。'《釋文》音亡曷反，失之矣。"② 兩字音不同，則顏所見中古之二本，殆因從末、從未之字混用而然。③《文選·赭白鳥賦》："膺門沫赭。"李善《注》："《漢書》天馬歌曰：'霑赤汗，沫流赭。'如淳曰：'沫或作頮。'"④ 則此處如淳或本作"頮"。此例顏《注》並存兩説。

顏《注》雖並存早期河北本文字，但若文字已産生歷時性變化，則顏師古在釐定時，並不盡依舊本文字，如⑤《武帝紀》："春，起柏梁臺。"顏《注》："服虔曰：用百頭梁作臺，因名焉。師古曰：《三輔舊事》云：'以香栢爲之。'今書字皆作柏，服説非。"⑤ 表二十二列諸本同異如下：

表二十二

服虔本	顏師古本
百梁臺	柏梁臺

據服説，則其本作"百梁臺"可知。服本以"百"爲"栢"也，"柏"從白，

---

① 〔日〕瀧川資言《史記會注考證》，卷二四，第七頁。
② （清）王念孫《廣雅疏證》卷二下，第一頁下。
③ 李零曰："值得注意的是，《刺客列傳》索隱對曹沫之'沫'的讀音，所注反切是'亡葛切'，從道理講，它是上古音的明母月部字，即相當於'沫'字，而不是'沫'字。這兩個字，字形、讀音都有區別，'沫'是明母月部字，兩橫是作上長下短；'沫'是明母物部字，兩橫是作上短下長。雖然在古書中，'沫''未'兩字經常混用，但還是有一定區別。"（氏著《爲什麼曹劌和曹沫是同一人——爲讀者釋疑，兼談兵法與刺客的關係》，載《讀書》2004年第9期，第129—134頁）李説與懷祖説同。疑"沫""沫"之混用乃傳抄時形成。
④ （唐）吕延濟等注《明州本六臣注文選》卷一四，北京：人民文學出版社，2008，第6a頁。
⑤ 蔡琪本《漢書》卷六，第廿四葉上。

百古音幫母鐸部，白古音並母鐸部，聲近韻同，故从白、百之字多得相通，此即"百"所以通作"柏"之由，經典中多有異文，如《詩·邶風·柏舟》之"柏舟"，陸德明《釋文》引又本作"栢舟"。① 張參《五經文字》"柏"字下曰："經典相承亦作栢。"岡井慎吾《箋正》曰："《漢堯廟碑》'列種栢樹'，《廣韻》'柏'亦作'栢'。"② 顏氏云"今書字皆作柏"，則當六朝之末，所見班書已無存作"百"之本也，小顏作選擇存在歷時性的因素。

當晉灼、臣瓚集解漢魏衆注時，對單行本的文字已有一定程度的整合，今顏《注》中所見灼、瓚本文字，顏監亦對其多有考辨。雖間並存諸本，但仍多偏向肯定晉灼本，如⑥《武帝紀》："因遭虜之方入，將吏新會，上下未輯。"顏《注》："晉灼曰：入猶還也。不得已而用兵，言師不踰時也。'入'或作'人'，因其習俗、土地之宜而教革之也。師古曰：晉說非也。詔言古者出則治兵，入則振旅，素練其衆，不虧戎律。今之出師，因遭寇虜方入爲害，而將吏新會，上下未和，故校尉棄軍而奔北也。輯與集同。"③ 表二十三列諸本同異：

表二十三

晉灼本	晉灼或本	顏師古本
因遭虜之方入	因遭虜之方人	因遭虜之方入

依晉說，其時所見作"入"、作"人"兩本，字形相似而譌，蓋有兩解。顏監則以作"人"者爲誤。然晉灼底本仍作"入"，此顏用晉本文字而非晉灼或說。類似例證，又如⑦《元帝紀》："隕霜傷麥稼，秋罷。"顏《注》："如淳曰：當言罷某官某事，爛脫失之。晉灼曰：或無'稼'字，或'稼'字在'秋'下。'稼'或作'(臧)[桑]'，或作'霖'。《五行志》：'永光元年三月，隕霜殺桑。''九月二日，隕霜殺稼，天下大飢。'言傷麥稼，秋罷，是也。師古曰：晉說得之。秋者，謂秋時所收穀稼也。今俗猶謂黍豆之屬爲雜稼。云秋罷者，言至秋時無所收也。"④ 表二十四列諸本同異如下：

---

① （漢）鄭玄注、（唐）孔穎達疏《毛詩注疏》卷二之一，第五頁下。
② 〔日〕岡井慎吾《五經文字九經字樣箋正》第一册，上海圖書館藏大正十五年（1926）石印本，索書號：綫普長 32673—76，電子稿第 18 頁。
③ 蔡琪本《漢書》卷六，第六葉下。
④ 同上書，卷九，第十一葉下。

表二十四

晉灼本	晉灼一本	晉灼二本	晉灼三本	晉灼四本	顔師古本
隕霜傷麥稼，秋罷。	隕霜傷麥，秋罷。	隕霜傷麥，秋稼罷。	隕霜傷麥桑，秋罷。	隕霜傷麥霖，秋罷。	隕霜傷麥稼，秋罷。

晉説之"臧"字，景祐本、慶元本與蔡琪本皆作"臧"，錢大昭曰："南監本、閩本'臧'並作'桑'。"王先謙曰："官本注'臧'作'桑'，是。"① "臧"無有通作"桑"之例，且後文引《五行志》作"殺桑"，殆是"桑"之誤，晉氏所見五本均爲傳讀時所誤。此顔取晉本而從晉説也。再如⑧《禮樂志》："長麗前掞光燿明。"顔《注》："孟康曰：欲令神宿留，言日雖暮，長更星在前扶助，常有光明也。'掞'或作'扶'。晉灼曰：掞即光炎字也。臣瓚曰：長麗，靈鳥也。故相如《賦》曰：'前長麗而後喬皇。'舊説云鸞也。張衡《思玄賦》亦曰：'前長麗使拂羽。'師古曰：晉、瓚二説是也。麗音離。掞音豔。"② 表二十五再列諸本異同如下：

表二十五

孟康本	孟康或本	晉灼本	顔師古本
掞	扶	掞	掞

諸本皆作"掞"，惟孟康所見或本作"扶"。顔監並未刪去。此顔師古從晉灼校定之字而不取孟康或本。最後，即便顔氏否定晉説，仍從晉本文字，如⑨《揚雄傳上》："口吃不能劇談。"顔《注》："鄭氏曰：劇，甚也。晉灼曰：或作'遽'。遽，疾也。口吃不能疾言。師古曰：劇亦疾也，無煩作"遽"也。"③ 表二十六臚列諸本異同：

表二十六

鄭氏本	晉灼本	晉灼或本	顔師古本
劇談	劇談	遽談	劇談

鄭氏本作"劇"，而晉灼、顔師古本承此本；晉灼所見或本作"遽"，訓爲疾，劇、遽同從豦，蓋爲兩通之本，王念孫《廣雅疏證》："勮者，唐釋慧苑《華嚴

---

① （清）王先謙《漢書補注》卷九，第401頁。
② 蔡琪本《漢書》卷二二，第三十一葉下。
③ 同上書，卷八七上，第二葉下。

經》卷六十三《音義》引賈逵《國語》注云：'遽，疾也。''遽'與'勮'通。"①"勮""遽"同訓爲疾，爲一對異文，因此有晉灼所見兩本。顏訓"劇"爲疾，故言"無煩作遽"，在其眼中，二字訓釋一也。但徵諸鄭氏、晉灼之意，乃解"劇"若甚，與"遽"有微異。雖然，顏氏仍從鄭、晉之本也。今顏本中所遺晉灼本異文，或晉灼時或本文字數量並不多，此乃因顏監承繼、整合"晉灼—臣瓚"文本，故已將兩集解本融入顏《注》而然。然而徵諸本文前節，蕭該《音義》所載標"晉灼《音義》"異文尚有不少，除去誤字與文字的歷時性變化，顏本在文本面貌上仍更傾向於晉本，此即顏師古在校勘上的側重。

另一方面，顏《注》對臣瓚本也有相當的承襲，如⑩《陳餘傳》："誰知者，以私問之。"顏《注》："張晏曰：以和悦問之。臣瓚曰：字多作'私'，謂以私情相問也。師古曰：瓚説是也。"②表二十七臚列諸本異同如下：

表二十七

張晏本	臣瓚本	顏師古本
以和問之	以私/和問之	以私問之

張晏既云"以和悦問之"，則其所見本作"和"。而臣瓚謂"字多作'私'"，則其所見有作"和"、作"私"之兩本。其時作"私"之本已多，謂以私情問詢也。顏師古讚同瓚説，故定其本作"私"。私、和漢隸分別作 和孫臏317、和中私官銅鍾、和校官碑、和武威醫簡87，蓋因形似而譌。此例亦爲顏《注》中唯一一例載明臣瓚或本的例證。在顏《注》中可得徵實臣瓚本文字的例證中，又有文字從瓚本，而不取其注説者。如⑪《食貨志下》："見郡國多不便縣官作鹽鐵，器苦惡，賈貴。"顏《注》："如淳曰：'苦'或作'鹽'。鹽，不攻嚴也。臣瓚曰：謂作鐵器，民患苦其不好也。師古曰：二説非也。鹽既味苦，器又脆惡，故總云苦惡也。"③表二十八下列諸本異同：

表二十八

如淳本	如淳或本	臣瓚本	顏師古本
器苦惡	器鹽惡	器苦惡	器苦惡

---

① （清）王念孫《廣雅疏證》卷一上，第三十七頁下。
② 蔡琪本《漢書》卷三二，第十四葉下。
③ 同上書，卷二四下，第廿五葉下。

如淳本作"苦",又見或本作"鹽",以"苦"爲"鹽"之借字,謂其器不堅固也。臣瓚、顏師古本均作"苦",從主流文本也。瓚説如字讀,謂民苦其鐵器;而顏氏轉從"鹽味苦"以釋之。如淳説是也,王念孫《讀書雜志》曰:"如説是也。'苦'讀與'鹽'同。《唐風·鴇羽·傳》云'鹽,不攻致也',言鐵器既鹽惡,而鹽鐵之價又貴也。《史記·平準書》作'見郡國多不便縣官作鹽鐵,鐵器苦惡,賈貴',《鹽鐵論·水旱篇》云'今縣官作鐵器多苦惡',皆其證。師古讀'苦'爲甘苦之苦,而以'鹽鐵器苦惡'連讀,斯不成義矣。《高惠高后文功臣表》云'道橋苦惡',《息夫躬傳》云'器用鹽惡',《匈奴傳》云'不備善而苦惡',《管子·度地篇》云'取完堅補弊,久去苦惡';書傳言'苦惡'者多矣,若讀甘苦之'苦',則其義皆不可通。"① 懷祖之説是也。此例中雖瓚、顏均不從如淳説,但文本均依如本。因此,實際上顏師古文字乃沿如淳本,而解説亦不取臣瓚。顏監文本取臣瓚本而不取其説者,又如⑫《食貨志》:"令官作酒,以二千五百石爲一均,率開一盧以賣。"顏《注》:"如淳曰:酒家開肆待客,設酒鑪,故以鑪名肆。臣瓚曰:盧,酒瓮也。言開一瓮酒也。趙廣漢入丞相府破盧瓮。師古曰:二説皆非也。盧者,賣酒之區也,以其一邊高,形如鍛家盧,故取名耳,非即謂火盧及酒瓮也。此言醲五十釀爲準,豈一瓮乎?廣漢所破盧及罌盧,亦謂所居罌瓮之處耳。"② 表二十九列諸本同異如下:

表二十九

如淳本	臣瓚本	顏師古本
率開一以鑪賣	率開一盧以賣	率開一盧以賣

據如淳説,則其本作"鑪",謂火鑪;臣瓚本作"盧",釋爲酒瓮;顏師古則解爲賣酒之區,其釋義實與韋昭説同。《司馬相如傳上》:"乃令文君當盧。"顏《注》:"郭璞曰:盧,酒盧。師古曰:賣酒之處,累土爲盧,以居酒瓮。四邊隆起,其一面高,形如鍛盧,故名盧耳。**而俗之學者皆謂當盧爲對温酒火盧,失其義矣。**"《史記集解》:"韋昭曰:鑪,酒肆也。以土爲堕,邊高似鑪。"③ 兩

---

① (清)王念孫《讀書雜志》,志四之四,第574頁。
② 蔡琪本《漢書》卷二四下,第廿六葉下。
③ 〔日〕瀧川資言《史記會註考證》卷一一七,第六頁。

相對比，顏所謂"俗之學者"包含如淳之説，而顏意則承自韋昭也。① 此例顏監文本取臣瓚而不取如淳，而解説則承韋昭而不取如、瓚也。綜合例⑪⑫，知顏監所以文字從臣瓚本，蓋臣瓚本是集解本，而顏氏實則依從主流文本也。

與顏《注》傾向晉灼本相對，今可考的臣瓚本文字頗有不同於顏本，而與《史記》文本相同者。本文第三節例⑨表十二，曾對《季布欒布田叔傳》"身履軍搴旗者數矣"一句，臚列《史》《漢》諸本同異，其中臣瓚本作"屢軍"，恰與徐廣所見《史記》一本同；而同時，"屢"字又被小顏判定爲"流俗書本"。實際上，本節後文將表明，有相當數量的《史》《漢》相涉異文，是江南本《漢書》文字，而最終被顏師古定性爲"流俗書本"，排除在流傳譜系之外。**由是約略可知，西晉臣瓚本與其下啟的六朝江南本《漢書》存在某種程度的聯繫。**無獨有偶，⑬《鄭當時傳》："當時爲大司農，任人賓客僦，入多逋負。"顏《注》："晉灼曰：當時爲大司農，而任使其賓客辜較作僦也。師古曰：僦謂受顧賃而載運也。言當時保任其賓客於司農載運也。僦音子就反。"② 顏師古本作"入"，若比勘《史記》，則其本"入"字正作"人"，裴駰《史記集解》曰：

> 徐廣曰："人"一作"入"，云賓客爲大農僦人，僦人蓋興生財利，如今方宜矣。駰案：臣瓚曰：任人，謂保任見舉者。③

徐廣所見《史記》一本作"人"，一本作"入"，徐氏以作"人"者爲是，而臣瓚本《漢書》亦作"人"，其讀反與《史記》同。表三十列諸本同異如下：

表三十

顏師古本	臣瓚本	《史記·汲鄭列傳》
任人賓客僦，入多逋負	任人賓客僦人，多逋負	任人賓客爲大農僦人，多逋負

王先謙《補注》曰："本書下'人'字作'入'，屬下讀，義可兩通。臣瓚以'任人'與'賓客'對舉，是也。任人，謂見保任之人，若富商大賈之屬，與莊賓客立爲大農辜較取利也。"④ "入"與"人"形似，葵園以爲兩讀皆可，其

---

① 又，如、韋均借"鑪"爲"壚"。王先謙《補注》曰："韋説與顏説同，字當作'壚'。（《説文》：'壚，剛土也。'通作'鑪'。《爾雅·釋天》注'即今夜獵載鑪照也'。《釋文》'鑪本作壚'。《説文》'鑪，方鑪也'。蓋以爲器，即顏所云鍛鑪耳。盧則省文也。《説文》'盧，飯器也'。因文省作'盧'，故或釋爲酒瓮。）"（第4063頁）
② 蔡琪本《漢書》卷五〇，第七葉下。
③ 〔日〕瀧川資言《史記會注考證》卷一二〇，第一七頁。
④ （清）王先謙《漢書補注》卷五〇，第3783頁。

説是也。細味灼、瓚二注，晉云"任使其賓客辜較作儈"，則其所據本作"入"，而顏師古從之；臣瓚既以"任人"與"賓客"對舉，則其本作"儈人"，晉、瓚兩本分別井然。又小司馬《索隱》曰："按：謂當時作大農，任賓客就人取庸直也。"則司馬貞所據本作"儈人"，承徐廣、臣瓚本也。若結合顏之從晉本，則"儈人"疑爲江南本《漢書》文字也。此處顏師古雖不以作"人"之本爲"流俗書本"，但小顏從晉灼本之意顯然。綜合上述兩例可合理推測，西晉兩大集解本，晉灼本文字與顏師古本接近，而臣瓚本則相對較遠。換言之，顏師古彙校晉灼、臣瓚兩本文字，猶多從晉本而少取瓚本也。①

今顏《注》中所存漢魏單行注本之異文匪鮮，如《天文志》："暈適背穴，抱珥蚎蜺。"孟康注云或本"穴"作"鐍"；《天文志》："白蚎屈短，上下鋭。"李奇注或本"屈"作"尾"；《蕭何傳》："蕭何爲法，講若畫一。"文穎注或本"講"作"較"等等，皆是其例。② 顏師古對此雖間有考辨，但仍並列別本異文，反映顏《注》對河北早期注本的重視與包容；但另一方面，若以群籍與顏本相勘，吾人猶可得更多漢魏單行注本異文，顯示顏《注》經過晉灼、臣瓚兩大主流文本的整合，以及文字本身自然的發展變衍，顏師古順從主流文本與歷史發展，而於《漢書》本文多所校正，此亦勢之必然。然則，從整體趨勢來看，顏《注》回歸"晉灼本—臣瓚本"暨河北注本系統的面貌，與其《叙例》自述若符合契。更進一步比較可知，顏氏更傾向於晉灼本而非臣瓚本。

（二）顏師古據特定底本作《注》

顏師古注重早期河北本的傾向始於其祖顏之推，《顏氏家訓·書證篇》即已極言北方文本之善，其曰：

　　《漢書》"田肎賀上"，江南本皆作"宵"字。沛國劉顯，博覽經籍，偏精班《漢》，梁代謂之漢聖。顯子臻，不墜家業。讀班史，呼爲"田肎"。梁元帝嘗問之，答曰："此無義可求，但臣家舊本，以雌黃改'宵'

---

① 文中考辨兩例均從西晉時"臣瓚北本"論説，而尚未牽連"臣瓚南傳本"與江南本《漢書》交涉的因素。根據筆者對臣瓚本注説與注釋背景的認識，臣瓚在集注《漢書》時，已與晉灼旨趣産生不同（或云"微異"），並下啓南北朝河北本與江南本的注釋差異（詳參拙作《中古〈漢書〉注釋之承繼與統合——從"河北"到"江南"的歷史譜系析論》，載《中國典籍與文化論叢》第二十六輯，南京：鳳凰出版社，2022）。當然，南北班注以顏《注》之統一與河北系注本的總體勝利而告終。

② 蔡琪本《漢書》卷二六，第一葉下、第廿一葉上；卷三九，第十九葉下。

爲'冐'。"元帝無以難之。吾至江北，見本爲"冐"。①

"田冐"之名，江南本皆作"宵"，顯爲字形訛誤。南朝梁劉顯、臻父子精於班學，家藏精校本改"宵"爲"冐"。及顔之推至河北，北本文字即作"冐"字，不僅證明劉顯父子家法之純，更反映河北本的文本質量與天然優勢。顔家寶愛河北本，牽合《顔氏家訓》與顔《注》即可知曉。《家訓》載之推諟正《漢書》文字者有兩例，均明確認同河北本而師古承之。②兹舉其一，①《司馬相如傳下》："中外禔福，不亦康乎？"顔師古曰："禔，安也。康，樂也。禔音止支反。"③《顔氏家訓·書證篇》云：

> 《漢書》云："中外禔福。"字當從示。禔，安也，音匙匕之匙，義見《蒼》、《雅》、《方言》。河北學士皆云如此，而江南書本多誤從手，屬文者對耦，並爲提挈之意，恐爲誤也。④

今小顔本作"禔"，與《書證篇》同，其説解亦從之推。依《家訓》，河北本作"禔"，訓爲安，而江南本多作"提"。所謂"河北學士皆云如此"，則可體會其甚爲推崇"河北本"之傾向。禔、提古韻皆在支部，皆從是聲，故得通用。以此處字義言之，禔是本字，提是借字。河北本與江南本均不誤。今《史記》正作"提"，與《家訓》所言江南本同。《集解》與《索隱》分別云：

> 徐廣曰：提，一作"禔"，音支。《史記集解》
> 禔福，《説文》云："禔，安也，市支反。"《史記索隱》⑤

蓋徐廣所見《史記》一本作"提"，一本作"禔"，司馬貞所見《史記》逕作"禔"，與河北本《漢書》同。《文選》作"提"，亦與江南本同。表三十一列各本異同如下：

---

① 王利器《顔氏家訓集解》卷六，北京：中華書局，1993，第443—444頁。
② 顔師古《漢書》學承自家學，前輩學者已辨明，吉川忠夫《顔師古の『漢書注』》分別臚列10例與15例，分別證明顔《注》對顔之推、顔游秦書之繼承（見《六朝精神史研究》第346—358頁），所論精實。
③ 慶元本《漢書》卷二七下，第七葉下。按，慶元本"止"作"土"，宋祁曰："禔，景本止支反，浙本上支反。"以顔本之文字與解説，應依宋説。
④ 王利器《顔氏家訓集解》卷六，第460頁。
⑤ 〔日〕瀧川資言《史記會注考證》卷五七，第七三頁。

表三十一

河北本《漢書》	江南本《漢書》	《史記·司馬相如列傳》			《文選》
		徐廣本	徐廣別本	司馬貞本	
中外褆福	中外提福	中外提福	中外褆福	中外褆福	中外提福

由是可知，六朝間"褆""提"互用的情況極爲普遍，作爲南方文本的《史記》多作"提"，而以"褆"爲別本也。顔家從之推至師古，均以"褆"爲正字、"提"爲誤字，則確實傾向河北本。

不過，顔氏口中的河北本雖指"晉灼本—臣瓚本"一系北方書本之集合，但落實到顔氏家藏《漢書》，或顔師古斟酌、校定之底本，必然是 N 本中之一本。**換言之，顔監注班是根據一特定底本。**這在顔本文字與別本齟齬時尤爲顯著。蓋分爲兩類情況，第一，顔本與別本爲兩通之本，而顔氏堅執己本爲是，甚或誤詆別本爲俗本。如②《食貨志下》："而不軌逐利之民畜積餘贏以稽市物，痛騰躍。"顔《注》："晉灼曰：痛，甚也。言計市物賤，豫益畜之，物貴而出賣，故使物甚騰躍也。師古曰：不軌，謂不循軌度者也。言以其贏餘之財，蓄積群貨，使物稽滯在己，故市價甚騰貴。今書本'痛'字或作'踊'者，誤耳。踊、騰一也，不當重累言之。"①《史記》正作"踊"，與顔《注》言"今書或本"同。表三十二臚列各本同異，並裴駰《史記集解》、司馬貞《史記索隱》② 如下：

表三十二

如淳本	晉灼本	顔師古本	今書或本	《史記·平準書》
踊騰句躍	痛騰躍	痛騰躍	踊騰躍	踊騰句糴
《史記集解》	晉灼曰："踊，甚也。言計市物賤，而豫益稽之也。物貴而出賣，故使物甚騰也。"《漢書》"糴"字作"躍"。			
《史記索隱》	如淳云："踊騰，猶低昂也。"低昂者，乍賤乍貴也。今按：《漢書》"糴"字作"躍"者，謂物踊貴而價起，有如物之騰躍而起也。然"糴"者，出賣之名，故《食貨志》云"大熟，則上糴三而舍一"是也。			

如淳謂此句之意爲"乍賤乍貴"，故其本作"踊"；顔《注》與裴駰《集解》中

---

① 蔡琪本《漢書》卷二四下，第四葉下。
② 〔日〕瀧川資言：《史記會注考證》卷三〇，第三—四頁。

晉灼均訓作"甚",所謂"踊騰躍",晉氏以爲物因囤積而價貴,其物價甚騰躍至高位也。按,經傳中"踊"字無訓爲"甚"者,唯"痛"有以甚釋之者,如《史記·魏其武安侯列傳》"非痛折節以禮詘之,天下不肅。"小司馬訓爲甚;《管子·七臣七主》"姦臣痛言人情以驚主",尹知章注:"痛,甚極之辭。"① 則晉本應從《漢書》所載作"痛",今《史記集解》作"踊",則改從《史記》正文也。顔師古於如、晉兩本中依晉説定字作"痛",訓爲甚。其曰:"踊、騰一也,不當重累言之。"是則針對如淳説而言。顔氏所見"今書或本"作"踊騰",殆承如説而來。《史記》作"踊",似有江南本淵源。另外,**《史記》不僅"痛"作"踊",《漢書》之"躍"復作"糶"。由於用字不同,斷句亦異:**《玉篇》:"糶,出穀米也。"糶訓爲賣,句屬後讀,言賣米至萬石錢。"踊騰"者,物價跳躍也。王先謙曰:"《説文》:'踊,跳也。躍,迅也。'《廣雅·釋詁》:'騰,上也。'諸書釋踊、騰、躍皆爲跳,今既以踊騰躍相貫爲文,則是言其物價跳上迅速,若今俗云'斗漲'矣。"② 葵園釋踊、騰爲跳,形象比喻物價上下起伏波動如騰躍一般驟速。是以小司馬曰"物踊貴而價起,有如物之騰躍而起也",據《索隱》之文,其説本如淳。如淳之訓,謂"踊騰"爲乍賤乍貴之貌,故其本應與《史記》同。踊、痛古音皆在東部,二者均从甬聲得通;又,糶、躍古音均在宵部,字均从翟聲。"踊"/"痛"、"糶"/"躍"兩組字,字之音形相近,均有混用之可能;惟以語意言之,"痛"與"躍"/"踊"與"糶"互爲捆綁,由是形成如淳、晉灼兩種文本,而爲後世所承。若從文字衍生嬗變的角度而言,"糶"譌爲"躍"易於"躍"譌作"糶",故似如淳本較接近古本原貌;而"踊"之作"痛",亦應產生於"糶"譌變爲"躍"之後。據此,則"痛騰躍"產生之年代似爲如淳之單注本併入晉灼《集注》本之西晉時。兩本文字説均可通,從《史記》的文本而言,原自作"踊騰句糶",如淳本"糶"似已作"躍";但就《漢書》而言,則以如淳説爲優,學者依所見之本及對文意之理解各作取捨。此例不僅可見顔師古依晉灼本爲定本的態度,更可明其因堅執己本爲正而以"今書或本"爲誤的取捨立場,故必依"痛"字作訓解也。而此一"今書或本"正與《史記》正文相涉,而疑爲江南本《漢書》。

另有一類例證,雖從文字角度而言爲通假,是兩通的文本,但顔氏之解釋有誤,然渠仍從其本而曲爲之説。如③《貨殖傳》:"又況掘冢搏掩,犯姦成

---

① 〔日〕瀧川資言《史記會注考證》卷一〇七,第一〇頁;黎祥鳳:《管子校注》卷一七,北京:中華書局,2004,第1002頁。

② (清)王先謙《漢書補注》卷二四下,第1611頁。

富。"顔《注》："師古曰：搏掩謂搏擊掩襲，取人物者也。'搏'字或作'博'。一説搏，六博也，掩，意錢之屬也，皆戲而賭取財物。"① 表三十三臚列諸本同異如下：

表三十三

顔師古本	顔師古或字	《史記·貨殖列傳》
搏掩	博掩	掘冢，姦事也，而田叔以起。博戲，惡業也。

以顔《注》載一説而言，則作"博"者或有其本，因字形相近而產生，小顔以爲兩通之本。顔《注》既謂"搏擊掩襲"，蓋解"搏"如字讀，從其底本"搏"字論説。但實際上此《漢書》之"搏"應通作"博"。《史記·貨殖列傳》："掘冢，姦事也，而田叔以起。博戲，惡業也。"② 比勘《史記》之文，知顔所謂一説作"博"是也。《史》《漢》兩句實論一事，顔氏依底本曲爲之説也。又有顔監不知字詞確解而以意説之者，如④《李廣傳》："前以降及物故，凡隨武還者九人。"蔡琪本載顔《注》與宋祁校語曰："師古曰：物故謂死也，言其同於鬼物而故也。一説：不欲斥言，但云其所服用之物皆已故耳。而説者妄欲改'物'爲'勿'，非也。○宋祁曰：'物'當從南本作'歾'，音没。"③ 表三十四列各本同異如下：

表三十四

顔師古本	説者之字	宋祁所見南本
物故	勿故	歾故

王念孫《讀書雜志》曰：

《釋名》："漢以來謂死爲物故，言其諸物皆就朽故也。"此師古後説所本。《史記·張丞相傳·集解》引高堂隆荅魏朝訪曰："物，無也。此是讀物爲勿。故，事也，言無所能於事。"念孫案：子京説近之。物與歾同。《説文》："歾，終也。"或作"歿"。歿、物聲近而字通，今吳人言物字，聲如没，語有輕重耳。物故，猶言死亡。《楚元王傳》云："物故流離以十萬數。"《夏侯勝傳》云："百姓流離物故者過半。"物故與流離對文，皆兩字

---

① 蔡琪本《漢書》卷九一，第十八葉下。
② 〔日〕瀧川資言《史記會注考證》卷一二九，第四三頁。
③ 蔡琪本《漢書》卷五四，第廿二葉下。

平列，諸家皆不知物爲歾之借字，故求之愈深，而失之愈遠也。①

根據顏《注》所云兩説，俱從"物"字立論，故其本作"物"；然又因其曰"而説者妄欲改物爲勿"，則其時似有作"勿"之本，而小顏以爲非。案：王念孫以爲物爲歾之借字，歾或作"歿"，歿、物聲近而字通，故可代換。所謂物故，直言死亡耳。物古音微紐物部，歾古音明紐物部，二字皆從"勿"聲得通。因此，宋祁於北宋時見南本猶作"歾"者，是本字，其祖本應屬六朝之别本也。另，懷祖所舉高堂隆讀物爲"勿"，則作"勿"之本乃由學者定讀而進入文本也。顏師古必依"物"字立説，則據其底本而曲爲之説，否定同時相通之别本。

第二，顏本爲誤本，而小顏仍曲爲之説。如⑤《司馬相如傳下》："列僊之儒居山澤間。"顏《注》："師古曰：儒，柔也，術士之稱也，凡有道術皆爲儒。今流俗書本作'傳'字，非也，後人所改耳。"②表三十五列各本同異如下：

表三十五

顏師古本	流俗書本	《史記·司馬相如傳》
列僊之儒	列僊之傳	列僊之傳

顏本作"儒"，而所見其時一本作"傳"，並認定爲"流俗書本"。今《史記·司馬相如傳》正作"傳"。王念孫《讀書雜志》曰："《史記》作'列僊之傳'，《索隱》曰：'案："傳"者，謂相傳以列僊居山澤間。小顏及劉氏並作儒，云：儒，柔也。術士之稱。非。'念孫案：司馬説是也。《郊祀志》云'此三神山者，其傳在勃海中'，與此'傳'同義。'儒'與'列僊'意不相屬，劉、顏曲爲之説，而終不可通。隸書'傳'或作傳，'儒'或作儒，二形相似，故'傳'譌爲'儒'矣。"③懷祖説是也。顏所以曲爲之説者，其家傳底本作"儒"，與劉氏同也。此劉氏乃劉顯，其所持《漢書》文本爲其家精校而爲當時所稱者，故顏之推與劉顯本同。劉、顏校本正是誤本，小顏猶不知其誤。疑作"傳"者不止《史記》，江南本《漢書》亦然。類似之例，又如⑥《揚雄傳下》："譬若江湖之雀，勃解之鳥，乘鴈集不爲之多，雙鳧飛不爲之少。"顏《注》："應劭曰：乘鴈，四鴈也。師古曰：'雀'字或作'厓'。'鳥'字或作'島'。

---

① （清）王念孫《讀書雜志》志四之十，第九頁。
② 蔡琪本《漢書》卷五七下，第十五葉上。
③ （清）王念孫《讀書雜志》志四之十，第817頁。

島，海中山也，其義兩通。乘音食證反。"① 表三十六列各本同異：

表三十六

顏師古本	顏師古或字
江湖之雀，勃解之鳥	江湖之厓，勃解之島

此處顏氏謂"字或作"者，蓋實見其本也，小顏以爲其底本與所見或本爲兩通之本。王念孫《讀書雜志》曰："臧氏玉林《經義雜記》曰：'古島字有通借作鳥者，《書·禹貢》"鳥夷"，孔讀鳥爲島可證。'此言江湖之厓，勃解之島，其地廣闊，故鴈鶩飛集，不足形其多少。子雲借'鳥'爲'島'，淺者因改'厓'作'雀'以配之。師古不能定，因謂'其義兩通'也。若此文先言'雀''鳥'，則下文之'乘鴈''雙鳧'爲贅語矣。《文選》載此正作'江湖之崖，渤澥之島'。"② 此說是也。《文選》既與顏氏所謂"或本"同，則江南本《漢書》容或與之同也。此例明"或本"爲是，而顏氏底本有誤，然小顏仍以底本爲正本，尤可證其據己本立場致誤不知。顏師古以爲兩通之本爲是者，又有文字與注說兩方面皆誤的情況，如⑦《酷吏傳》："張湯以知阿邑人主，與俱上下。"顏《注》："蘇林曰：邑音人相悒納之悒。師古曰：如蘇氏之說，邑字音烏合反。然今之書本或作'色'字，此言阿諛，觀人主顏色而上下也。其義兩通。李奇阿音烏。"③ 表三十七列諸本同異如下：

表三十七

顏師古本	今書本
阿邑人主	阿色人主

王念孫《讀書雜志》曰："'邑'當音烏合反。阿邑人主，謂曲從人主之意也。'阿邑'雙聲字，或作'阿匼烏合反'，《唐書·蕭復傳》云'盧杞諂諛阿匼'是也。師古欲從俗本作'色'，'以知阿色人主'，則大爲不詞，乃爲之說曰'言阿諛觀人主顏色而上下'，其失也迂矣。"④ 王說"阿邑"說是。"阿邑"乃雙聲字，故其字重於聲音，顏氏不知，於"色"形訛之本強爲之說，則誤矣。然小顏並非"欲從俗本"，實乃不知"阿色"之爲"阿匼"也，此其不通聲韻，

---

① 蔡琪本《漢書》卷八七下，第十三葉上。
② （清）王念孫《讀書雜志》志四之十三，第937頁。
③ 蔡琪本《漢書》卷九〇，第三十四葉下。
④ （清）王念孫《讀書雜志》志四之十四，第954頁。

而欲並存兩本故也。又,觀蘇林"人相悒納之悒",則蘇林已不知"阿邑"確詁,顏《注》係沿漢魏注家舊説。

今本《漢書注》中多可見顏師古直依其所據本爲定本的情況:如《淮南王傳》:"使爲離騷傳,且受詔,日食時上。"王念孫據《太平御覽》"傳"作"傅",以爲"傅"與"賦"古字通,宜從作"傅"之本,顏所見本爲別本也;又,《陸賈傳》:"賈往,不請,直入坐。"《史記》無"不"字,裴駰《集解》引《漢書音義》本無"不"字,故小顏訓"請"爲"將命",而《漢書音義》以"請"爲問起居,語義有別;《韓安國傳》:"得其地不足爲廣,有其衆不足爲彊,自上古弗屬。"《史記》本文作"自上古不屬爲人",司馬貞《索隱》引晉灼曰:"不内屬漢爲人。"則晉灼本有"爲人"二字,顏本無;《李廣傳》:"絶不飲食。"顏本"不"後脱"與"字,曲爲之説,謂"食讀曰飤";又《張湯傳》:"平亭疑法,奏讞疑。"宋祁曰:"浙本'疑'字下有'事'字。"王念孫檢《北堂書鈔》《太平御覽》引班書,均有"事"字,而王先謙以爲"平"字爲衍文,乃顏所據本有"平"字,故"就爲之説"。① 此等例證或顏氏所據本有譌衍,或他本異文未必有誤,顏監俱依己本注之,遂使部分異文因偶然因素而定格於《漢書》的文本之中。

(三) 顏《注》所謂"流俗書本"

顏師古校定《漢書》,在年代上尊崇漢魏早期文本,在地域上又以晉灼本爲代表的河北本爲歸,且又以之推以來家藏精校善本爲依憑,是則具論於前文。顏《注》中又有標識爲"流俗書本"之語,明示其規避、捨棄的文本。今檢顏《注》中標有"流俗書本"者共有 43 例②,逐一檢視其文本内容,大致分爲兩種情況:第一,因存在與《史記》、《文選》、荀悦《漢紀》等相關典籍相涉文句而產生的異文,包含《史記》10 例、《文選》2 例,以及荀《紀》2 例共 14 例;第二,在《漢書》傳鈔與傳習過程中產生的異本、異文,共計 29 例。若論異文是否爲誤本,則第一類正誤參差,而第二類均爲流俗誤本。

先論第一類異本:《史記》《文選》相涉文例有 12 例,均疑似與江南本《漢書》同,而爲顏監主觀斥爲"流俗書本"。其中實誤者僅 3 例,而其餘皆是兩通之本,甚或"流俗書本"文字是,而顏本反誤者。《史記》之例如①《張耳傳》:"有廝養卒謝其舍曰……"顏《注》:"蘇林曰:廝,取薪者也。養,養人

---

① (清)王先謙《漢書補注》卷四四,第 3535 頁;卷四三,第 3498 頁;卷五二,第 3881 頁;卷五四,第 3969 頁;卷五九,第 4242 頁。

② 用語上,包含"流俗書本",以及"今書本作某,爲流俗所改"云云兩大類。

者也。舍謂所舍宿主人也。晉灼曰：以辭相告曰謝。師古曰：謝其舍，謂告其舍中人也。故下言舍中人皆笑。今流俗書本於此'舍'下輒加'人'字，非也。廝音斯。"① 表三十八列各本同異如下：

表三十八

蘇林本	顏師古本	流俗書本	《史記·張耳陳餘列傳》
謝其舍	謝其舍	謝其舍人	謝其舍中曰

蘇林云"舍謂所舍宿主人也"，則其所見本作"舍"。小顏極斥"舍"後加"人"之本爲"流俗書本"。《史記·張耳陳餘列傳》作"謝其舍中曰"，司馬貞《索隱》："謂其同舍中之人也。《漢書》作'舍人'。"② 是知小司馬所見《漢書》即作"舍人"，爲顏師古所謂"流俗書本"。顏《注》曰："謝其舍，謂告其舍中人也，故下言舍中人皆笑。"正因此處謂其"告舍中人"，是故在流傳過程中形成作"舍人"之本。王先謙《補注》："然'謝其舍'，非對人言而何？顏斥爲俗本，亦太泥。"③ 葵園説通達。對勘《史記》，可知其生成之由。小司馬所見《漢書》有"人"字，疑即爲江南本。觀察顏監面對異本的態度，並非不容異文異本之存在，亦確有並存兩通文本的情況。然正因是江南本，故顏氏無法容忍，而直斥爲俗本。反之，小顏所據乃河北之蘇林本也。相似之例，又如②《司馬相如傳》："其東則有蕙圃，衡蘭芷若。"顏《注》："張揖曰：蕙圃，蕙草之圃也。衡，杜衡也，其狀若葵，其臭如蘪蕪。芷，白芷。若，杜若也。師古曰：蘭即今澤蘭也。今流俗書本'芷若'下有'射干'字，妄增之也。"④ 表三十九臚列各本同異如下：

表三十九

顏師古本	流俗書本	《史記·司馬相如列傳》	《文選》
衡蘭芷若	衡蘭芷若射干	衡蘭芷若射干	衡蘭芷若射干

顏師古謂"流俗書本"有"射干"字，今《史記》《文選》載司馬相如此《賦》均有"射干"二字，齊召南《考證》曰："《史記》有'射干'二字，《文選》亦有。案善注無。然則俗本妄增，有自來矣。據下文，射干一獸名，一草名，此

---

① 蔡琪本《漢書》卷三二，第六葉上。
② 〔日〕瀧川資言《史記會注考證》，卷八九，第一二頁。
③ （清）王先謙《漢書補注》，卷三一，第3141頁。
④ 白鷺洲書院本《漢書》卷五七上，第七葉下。

是香草名。如《史記》《文選》,則此《賦》凡三用'射干'字。"① 是知江南文本②均有"射干"二字,不可遽指其非,應是兩通文本。再如③《高帝紀》:"吾以布衣提三尺取天下。"顏《注》:"師古曰:三尺,劍也。下《韓安國傳》所云'三尺'亦同,而流俗書本或云'提三尺劍','劍'字後人所加耳。"③ 今《史記·高祖本紀》正作"提三尺劍",表四十列各本異同如下:

表四十

顏師古本	流俗書本	《史記·高祖本紀》
提三尺	提三尺劍	吾以布衣提三尺劍取天下

顏説《韓安國傳》者,彼《傳》云:"然高帝曰'提三尺取天下者朕也'。"故與此《傳》稱三尺者相合。然小顏所謂"流俗書本",蓋江南本也。今《史記·高祖本紀》正作"提三尺劍"④,連言三尺劍,亦未嘗不可。

被指爲"流俗書本"實與《史記》正文同,並爲兩通文本者尚有多例。前文所舉《季布傳》"身履軍搴旗者數矣",顏謂流俗本改"履"爲"屨",而《史記》徐廣所見一本正作"屨",江南本承臣瓚本亦作"屨";《司馬相如傳》"箴持若荼",顏《注》謂流俗書本"持"字作"橙",實《史記》《文選》正作"橙",與《漢書》江南注釋姚察本同,"箴持/橙"爲雙聲疊韻詞而得兩通也;⑤《魏豹傳》"儋陽爲縛其奴",顏以"爲"作"偽"者爲流俗書本,而張守節《史記正義》所據本"陽爲"作"詳偽",並不誤。⑥ 如是諸例,均是顏氏貴重河北本而極貶江南本立場之表現。

然而,確實亦有《史記》文字與"流俗書本"同,而屬俗、誤之本者。如④《陳勝傳》:"百萬之軍,仰關而攻秦。"顏《注》:"師古曰:秦之地形高,而諸侯之兵欲攻關中者皆仰嚮,故云仰關也。今流俗書本'仰'字作'叩',

---

① (清)王先謙《漢書補注》,卷五七,第 4070 頁。
② 今案:今本《史記》緣裴駰、司馬貞等注得存,其中裴駰是南朝宋人,司馬貞是吳人,均是南朝人,故其文本南方因素頗高;而《文選》爲南朝梁昭明太子蕭統所編,固亦是江南文本。江南本《漢書》在傳讀時,容與此二書相關部分面貌近同。
③ 蔡琪本《漢書》卷一下,第三十二葉上。
④ 〔日〕瀧川資言《史記會注考證》,卷八,第 84 頁。
⑤ 此例王念孫《讀書雜志》已詳爲論證之,其與江南姚察本之關係,可參拙作《韋昭〈漢書音義〉之傳習與接受考略——兼論中古〈漢書〉南北注本的分野與遞變》,載《文學遺產》2022 年 7 月,第 4 期,第 82 頁。
⑥ 蔡琪本《漢書》卷三三,第三葉上;〔日〕瀧川資言:《史記會注考證》卷九四,第二頁。

"《漢書》學者"與其授讀：六朝《漢書》異文與歷史文本研探（下）

非也。"① 表四十一列各本同異如下：

表四十一

顏師古本	流俗書本	《史記·秦始皇本紀》
仰關而攻秦	叩關而攻秦	叩關而攻秦

今《漢書·項籍傳》、《新書·過秦論》、荀《紀》均作"仰"，惟《史記·秦始皇本紀》作"叩"，與顏氏所謂"流俗書本"同。瀧川資言《考證》曰："楓、三本、南化本常作嘗，叩當作印。印、仰通。"② 瀧川説是。經典中"印""仰"異文隨處可見，如《詩·小雅·北山》："或棲遲偃仰。"《釋文》："印，本又作仰。"襄十四年《左傳》："仰之如日月。"《釋文》："印，本亦作仰。"③《史》《漢》中，例證亦夥，《史記·汲鄭列傳》："仰奉賜以給諸公。"《漢書·鄭當時傳》作"印"；《史記·匈奴列傳》："無仰於漢也。"《漢書·匈奴傳》作"印"。④ 是知《漢書》此處似原作"印"，而讀作"仰"也。"印""叩"漢隸分別作㔾老子乙前97下、㔾耿勳碑、㔾孔龢碑，容有傳鈔訛誤之可能，且"叩關"亦是常用之辭，故致誤也。顏師古云文意爲"諸侯之兵欲攻關中者皆仰嚮"，其説是。又，⑤同《傳》："九國之師遁巡而不敢進。"顏《注》："師古曰：遁巡，謂疑懼而卻退也。遁音千旬反。流俗書本'巡'字誤作'逃'，讀者因之而爲遁逃之義。潘岳《西征賦》云'逃遁以奔竄'，斯亦誤矣。"⑤ 表四十二臚列各本同異於下：

表四十二

顏師古本	流俗書本	《新書》	《史記·陳涉世家》	《史記·秦始皇本紀》
遁巡	遁逃	逡巡	遁逃	逡巡遁逃

《漢書》此傳作"遁巡"，顏師古謂流俗書本作"遁逃"，據水澤利忠《校補》，《陳涉世家》正作"遁逃"，未有其他卷子本異文；《新書》、荀《紀》均爲"逡

---

① 蔡琪本《漢書》卷三一，第四十一葉上。
② 〔日〕瀧川資言《史記會注考證》，卷六，第六頁。
③ （漢）鄭玄注、（唐）孔穎達疏《毛詩注疏》卷十三之一，第二十頁下；（晉）杜預注、（唐）孔穎達疏：《春秋左傳注疏》卷二二，第二十二頁上。
④ 〔日〕瀧川資言《史記會注考證》卷一二〇，第一五頁；卷一一〇，第三三頁；（清）王先謙：《漢書補注》卷五〇，第3781頁；卷九四上，第5628頁。
⑤ 蔡琪本《漢書》卷三一，第四十一葉上。

巡";而《史記·秦始皇本紀》作"逡巡遁逃",瀧川資言《考證》曰:"愚按,《新書》《世家》《文選》'關'下有'而'字;《新書》《漢書》及《群書治要》無'遁逃'二字,《世家》、《文選》無'逡巡'二字。無'遁逃'二字者義長,逡巡,言遲疑不進也。"① 以賈誼《過秦論》語意而言,瀧川之說是,與顏師古意同。然潘岳《西征賦》不宜非也,《文選》收賈文自作"遁逃",則潘氏以此爲典也。趙明誠《金石錄》卷一五"漢郎中鄭君碑跋尾"曰:"今此碑有云'推賢達善,逡遁退讓',詳其文意,亦逡巡之意。"按,《周禮·夏官·司士》:"王揖之,皆逡遁。"陸氏《音義》:"逡遁,七巡反,下音巡。"②"遁"之音巡,與"循"之音巡同,二字皆从盾,古音與"巡"皆在文部,自得通用。典籍中"巡""遁"互爲異文之例甚多,如宣六年《公羊傳》:"趙盾逡巡北而再拜。"《文選·上林賦》李善《注》引作"逡遁";《漢書·平當傳》:"平當逡遁有恥。"顏《注》:"遁與巡同。"③ 結合漢碑、《周禮》《漢書》中之記載,漢魏間多書"逡巡"爲"逡遁",應讀"遁"若巡,而非如字。若讀如字,則會產生訛誤。水澤利忠《校補》曰:"疑本文或作巡,或作遁,後人兩存之。讀者不察,又增'逃'字於下耳。"④ 水澤利忠說極是。又,嚴旭曰:"清、邪爲旁紐,遁、巡既通,遁、逡(清母文部)亦容相同。……綜上,'遁巡''逡遁'乃'逡巡'之異文,音理皆通。"⑤ 嚴說大體可通。《漢書》作"遁巡",亦是"逡巡""逡遁"之另一種異文,乃涉音而生成也。"逡巡"爲雙聲疊韻字,主於音而連言之方成意。顏氏所謂"流俗書本"或《史記·陳涉世家》作"遁逃",則俗多見"遁逃"而少見"遁巡"也。又,漢隸"逃"作_{老子乙前 121 下},"巡"作_{漢印徵},容有相似的可能。而《史記·秦始皇本紀》之"逡巡遁逃",則因後人不知"逡遁""遁巡"之意,而臆補二字,以成四字之連文。綜上,顏辨賈文讀作"逡巡"是,前人亦多有論述。然譏潘岳之誤,豈求之過深歟?

又有《史記》正文與"流俗書本"同,而江南本《漢書》與顏本相同之例,如⑥《伍被傳》:"今我令緩先要成皋之口。"顏《注》:"韋昭曰:淮南,臣名也。師古曰:緩者,名也。不言其姓。今流俗書本於'緩'上妄加'樓'

---

① 〔日〕瀧川資言《史記會注考證》卷六,第九五頁。
② (清)孫詒讓《周禮正義》卷五九,中華書局,1987,第2463頁。
③ (漢)何休注、(唐)徐彥疏《春秋公羊傳注疏》卷一五,影印嘉慶二十年南昌府學本,臺北:藝文印書館,2007,第十二頁下;(清)王先謙:《漢書補注》卷七一,第4751頁。
④ 〔日〕水澤利忠《史記會注考證校補》卷六,臺北:廣文書局,1972,第539頁。
⑤ (唐)顏師古撰,嚴旭疏證《匡謬正俗疏證》卷五,第183頁。

字,非也。"① 表四十三列各本同異如下:

表四十三

顏師古本	流俗書本	《史記·淮南衡山列傳》
令緩先要成皋之口	令樓緩先要成皋之口	令樓緩先要成皋之口

今《史記·淮南衡山列傳》上有"樓"字,與顏監所謂"流俗書本"同。裴駰《集解》:"《漢書》直云'緩',無'樓'字。樓緩乃六國時人,疑此後人所益也。李奇曰:'緩,似人姓名。'韋昭曰:'淮南臣名。'"② 裴氏直云《漢書》無"樓"字,而觀李奇、韋昭之解,則李、韋所見本亦無"樓"字,與顏本相同。此"樓"之衍文,蓋緣《史記》而產生。此例即顏說爲是者。

《文選》與"流俗書本"相同者有兩例,均是兩通文本。此亦江南本《漢書》文字而爲小顏所斥爲非者,如⑦《揚雄傳上》:"風㦄㦄而扶轄兮,鸞鳳紛其御蕤。"顏《注》:"師古曰:㦄㦄,前進之意也。御猶乘也。蕤,車之垂飾(若)縷蕤也。㦄音竦。今書'御'字或作'銜'者,俗妄改也。"③ 顏監以"御"作"銜"者爲"俗妄改"之本,而顧胤本《漢書》與《文選》均作"銜"。表四十四列各本同異於下:

表四十四

顏師古本	顏師古或字	顧胤本	《文選》
御蕤	銜蕤	銜蕤	銜蕤

天曆本載顧胤《集義》曰:"作'銜',云鸞鳳口然,銜其車蕤。"《文選》"御"亦作"銜",則江南本有作"銜"者。由是可知,若無南朝舊注的情況,江南本《漢書》有兩個參照標準,前期有《史記》,後期則是《文選》。又,⑧同《傳》:"前番禺,後陶塗。"顏《注》:"如淳曰:小國也。師古曰:駼騵馬出北海上。今此云後陶塗,則是北方國名也。本國出馬,因以爲名。今書本'陶'字有作'椒'者,流俗所改。"④ 表四十五列諸本異同如下:

---

① 白鷺洲書院本《漢書》卷四五,第十四葉上。
② 〔日〕瀧川資言《史記會注考證》卷一一八,第三〇頁。
③ 蔡琪本《漢書》卷八七上,第廿三葉上。
④ 同上書,卷八七下,第十二葉上。

表四十五

顏師古本	今書本	《文選》
陶塗	椒塗	椒塗

《文選》作"椒塗",與小顏所謂"流俗所改"之今書本同。此處爲北國地名,陶、椒古音分屬幽、宵,韻近,得其音耳。因此不必分正、俗,顏以本於《文選》作"椒"之本爲"流俗所改",則其輕視江南本可知矣。

兩例之外,前舉《史記》與"流俗書本"諸例中,亦有兼與《文選》文字同者,此皆江南典籍間因流通、傳讀致使文本相同之例,兹不重複贅舉。今再補充一顏《注》所駁"或說"與江南本《漢書》(或《文選》)相同之例,以概見顏師古輕視江南本的校注態度。如⑨《刑法志》:"一同百里,提封萬井。"顏《注》:"蘇林曰:提音衹,陳留人謂舉田爲衹。李奇曰:提,舉也,舉四封之内也。師古曰:李說是也。提讀如本字,蘇音非也。說者或以爲積土而封謂之隄封,既改文字,又失義也。"① 表四十六兹列各本異同如下:

表四十六

蘇林本	顏師古本	顏師古或說
提封	提封	隄封

蘇林音提爲衹,訓爲"舉田";而李奇直訓"提"爲舉,顏氏意同李氏,訓爲"提舉封疆大數,以爲率耳"。② 顏氏所見或本作"隄封",六朝或說意謂"積土而封謂之隄封",此音實沿蘇音而據之改字也。按,《文選·西都賦》:"提封五萬,疆埸綺分。"李善《注》引韋昭說曰:"積土爲封限也。"③ 是則韋《注》正讀若隄,此江南注說爲顏口中之或說也。三說各據底本文字作解。顏師古《匡謬正俗》曰:

> 凡言"提封"者,謂提舉封疆大數,以爲率耳。後之學者不曉,輒讀"提"爲"隄"。著述文章者,徑變爲"隄"字,云惣其隄防封界,故曰隄封。按:封籍之體,止舉大數,定其綱陌。其言"封"者,譬言堰埒,以知頃畝,何待堰堤,然始立畔乎?正當依其本字讀之,不宜曲生異說也。

---

① 蔡琪本《漢書》卷二三,第四葉上。
② (唐)顏師古撰,嚴旭疏證《匡謬正俗疏證》卷五,第217頁。
③ (唐)呂延濟《明州本六臣注文選》卷一,第五頁上。

"《漢書》學者"與其授讀：六朝《漢書》異文與歷史文本研探（下）

又隄防之"隄"字，並音丁奚反。**江南末俗，往往讀爲大奚反，以爲風流，恥作低音，不知何所憑據。轉相放習，此弊漸行於關中**。其"提封"本取提挈之義，何作低音？而呼"隄防"之字，即爲蹄音：兩失其義，良可歎息。①

顏監所云是針對六朝末年混言不分"提""堤"二字的現象，嚴旭已明辨之："師古謂隄、堤正音爲丁奚反之'低'，訓爲隄防；提之正音爲大奚反之'蹄'，訓爲提挈，二者不容淆亂。而當時有讀提爲低、讀隄爲蹄者。故云'兩失其義'也。"② 此固其屢次申述之意也，但這與《漢書》本傳文字當否是兩件不同層次之事。**然則，就具體個案而言，小顏不同意韋昭之六朝或說，以及蘇林之音，但其意與蘇林說有近似者**。若綜合音義，則諸說皆誤。王念孫《廣雅疏證》曰：

> 堤封，亦大數之名，猶今人言通共也。……案：諸說皆非也。"提封"，即"都凡"之轉。"提封萬井"，猶言通共萬井耳。《食貨志》云："地方百里，提封九萬頃。"《地理志》云："提封田一萬四千五百一十三萬六千四百五頃。"《匡衡傳》云："樂安鄉本田提封三千一百頃。"義並與此同。若訓"提"爲"舉"，訓"封"爲"四封"，而云"舉封若干井""舉封若干頃"，則甚爲不辭。又《東方朔傳》云："廼使大中大夫吾丘壽王，與待詔能用算者二人，舉籍阿城以南，盩厔以東，宜春以西，提封頃畝，及其賈直。"亦謂舉籍其頃畝之大數，及其賈直耳。若云"舉封頃畝"，則尤爲不辭，且上言"舉籍"，下不當復言"舉封"，以此知諸說之皆非也。"堤封"與"提封"同。蘇林音祇，曹憲音時，《集韻》音常支切，字作"隄"，引《廣雅》："隄封，都凡也。"李善本《文選·西都賦》"提封五萬"，五臣本及《後漢書·班固傳》並作"隄封"。"提封"爲"都凡"之轉，其字又通作"堤"。"隄"則亦可讀爲都奚反。**凡假借之字，依聲託事，本無定體，古今異讀，未可執一**。顏注以蘇林音"祇"爲非，《匡謬正俗》又謂"提封"之"提"不當作"隄"字，且不當讀爲都奚反，**皆執一之論也**。③

實際上，無論"提封""隄封""都凡"等均一聲之轉，爲雙聲之詞，因此不必

---

① （唐）顏師古撰，嚴旭疏證《匡謬正俗疏證》卷五，第217頁。
② 同上書，卷五，第219頁。
③ （清）王念孫《廣雅疏證》卷六上，第四十五頁。

拘泥於文字形體，而關注其聲音可也，是知前述諸説均爲皮相之談。小顔輕訛江南本文字，是其不悟文字通假之例，而強執一本爲定本，強分字有正俗思維之體現。懷祖以顔説爲"執一之論"，實則可概評其臧否江南本説之態度也。

與《史記》《文選》相涉例不同的是，"流俗書本"與荀悦《漢紀》相同之例，多確爲俗誤之本也，兹舉兩例。如⑩《惠帝紀》："令郡、諸侯王立高廟。"顔《注》："師古曰：諸郡及諸侯王國皆立廟也。今書本'郡'下或有'國'字者，流俗不曉，妄加之。"① 表四十七列各本同異如下：

表四十七

顔師古本	流俗書本
令郡、諸侯王立高廟	令郡國、諸侯王立高廟

顔説是也。郡、諸侯王已該郡、國二者，若再加"國"字，與"諸侯王"所指語意相複，今荀悦《漢紀・孝惠皇帝紀》亦作"令郡諸侯王立高廟"②，可知衍"國"者爲顔氏所見六朝俗本。又如⑪《高后紀》："匈奴寇狄道，攻阿陽。"顔《注》："師古曰：狄道屬隴西。阿陽，天水之縣也。今流俗書本或作'河陽'者，非也。"③ 表四十八列諸本同異曰：

表四十八

顔師古本	流俗書本	荀《紀》
攻阿陽	攻河陽	攻河陽

讀者少見"阿陽"而多見"河陽"，故有此之誤。今荀悦《前漢紀》適作"河陽"，則疑當漢時已有此誤也。

《史記》、荀《紀》、《文選》等典籍，由於其形成本身即與《漢書》有密切關係（如《史記》、荀《紀》），抑或所載篇章間有重複者（如《文選》），因此會產生外部異文、異本轉化爲内部異文、異本的情況。④ **顔師古多逕以外部異**

---

① 蔡琪本《漢書》卷二，第四葉上。
② （漢）荀悦《前漢紀》卷五，臺北：華正書局，1974，第二頁上。
③ 蔡琪本《漢書》卷三，第五葉上。
④ 《漢書》異本又有關涉《史記》、荀《紀》，形成三書關聯的情況。如《高后紀》："奴爲將而棄軍，吕氏今無處矣。"顔《注》："師古曰：言見誅滅，無處所也；'處'字或作'類'，言無種類也。"（卷三，第八葉上）各本同異如下表四十九：

（轉下頁）

文爲俗本、誤本，而直指江南本《漢書》文字爲"流俗書本"，這與其尊崇河北本是一體兩面之事。

第二類"流俗書本"29例，確實是傳鈔、傳讀過程中所產生的訛誤之本。雖無相關典籍參證，但仍可證明顏《注》之校訂正確也。傳鈔致誤者，多爲文字形訛，如⑫《古今人表》："敤手。"顏《注》："師古曰：敤音口果反。流俗書本作'擊'字者誤。"①顏說是也，表五十平列兩本如下：

表五十

顏師古本	流俗書本
敤手	擊手

"擊"楷書可寫作毄，與"敤"之異體"皷"字形近似容誤，此流俗書本所以作"擊"之由。又如⑬《郊祀志》："黃帝得寶鼎冕侯，問於鬼臾區。"顏《注》："師古曰：鬼臾區，黃帝臣也。《藝文志》云'鬼容區'，而此《志》作'臾區'，臾、容聲相近，蓋一也。今流俗書本'臾'字作'申'，非也。"②"臾""申"，蓋字形相似而訛，顏說是也，兩本情況如表五十一：

表五十一

顏師古本	流俗書本
鬼臾區	鬼申區

"流俗書本"爲字形訛誤之例，再如⑭《辛慶忌傳》："光禄勳慶忌行義修正，柔毅敦厚。"顏《注》："師古曰：和柔而能沈毅也。《尚書·皋陶謨》曰'擾而

（接上頁）

表四十九

顏師古本	顏師古或字	荀《紀》
呂氏今無處矣	呂氏今無類矣	呂氏今無類矣

此爲顏氏認爲的兩通之字，故竝存之，荀悦《漢紀》即作"呂氏今無類矣"，此東漢時已有兩本。又按，《史記·吕后本紀》載呂氏滅後，諸大臣議立繼任者，曰："今皆以夷滅諸吕，而置所立，即長用事，吾屬無類矣。不如視諸王最賢者立之。"張守節《正義》曰："言少帝年少，即長用事，誅害吾輩、群屬無種類。"（《史記會注考證》卷九，第三四頁）此處大臣云少帝之誅害吾輩，一如此《紀》呂頖謂漢臣之誅殺諸呂，語意雷同，蓋習讀《史》《漢》者亦代入本文形成異本也。

① 蔡琪本《漢書》卷二〇，第十二葉上。
② 同上書，卷二五，第四十葉上。

毅'。擾亦柔也。今流俗書本'柔'字作'果'者，妄改之。"① 顏説是也，兩本情況如表五十二：

表五十二

顏師古本	流俗書本
柔毅	果毅

顏説是也，世人少見"柔毅"，多見"果毅"，且"果毅"與"敦厚"意抵觸，作"柔"字是也。"果"隸書作果縱橫家書89，"柔"隸書有作柔武威簡·少牢22、柔西狹頌者，蓋字形相似而譌。以上諸例，皆是傳鈔過程中正常致誤的現象，蓋小顏校正是也。

至於傳讀過程中致誤原因多樣，有同義換讀者，如⑮《項籍傳》："籍入，梁眴籍曰：'可行矣！'"顏《注》："師古曰：眴，動目也，音舜，動目而使之也。今書本有作'眄'字者，流俗所改耳。"② 兩本情況如下表五十三：

表五十三

顏師古本	今書本
梁眴籍曰	梁眄籍曰

"眴"謂動目示意，而"眄"則謂斜視，王念孫《廣雅疏證》："眄者，《衆經音義》卷一引《倉頡篇》云：'眄，旁視也。'《説文》：'眄，衺視也。'《方言》云：'自關而西秦晉之閒曰眄。'《燕策》云：'眄視指使。'"③ 在傳授過程中，後人用訓爲視之"眄"代"眴"字，由是形成俗本，顏説是也。又有因不曉文詞語意而錯補者，如⑯《成帝紀》："其後幸酒，樂燕樂。"顏《注》："晉灼曰：幸酒，好酒也。樂燕，沈譴也。師古曰：幸酒，晉説是也。樂燕樂者，《論語》稱孔子云'損者三樂：樂驕樂，樂逸遊，樂燕樂，損矣'。燕樂，燕私之樂也。上樂讀如本字，又音五孝反。下樂音來各反。今流俗本無下'樂'字，後人不曉輒去之。"④ 表五十四列兩本同異：

---

① 蔡琪本《漢書》卷六九，第廿一葉上。
② 同上書，卷一，第十三葉下。
③ （清）王念孫《廣雅疏證》卷一下，第三頁下。
④ 蔡琪本《漢書》卷一〇，第二葉上。

"《漢書》學者"與其授讀：六朝《漢書》異文與歷史文本研探（下）

表五十四

顏師古本	流俗書本
樂燕樂	樂燕

顏氏云後人不曉"燕樂"之意故去下"樂"字是也，然所以去者，似與晉説僅注"樂燕"有關。更有以流俗熟知者補正文闕略之例，如⑰《鄒陽傳》："故秦皇帝任中庶子蒙之言。"顏《注》："師古曰：蒙者，庶子名也。今流俗書本'蒙'下輒加'恬'字，非也。"① 比勘《史記·鄒陽列傳》，可知此"蒙"爲蒙嘉，三本異同如表五十五：

表五十五

顏師古本	流俗書本	《史記·鄒陽列傳》
蒙	蒙恬	蒙嘉

王先謙《補注》："顧炎武云：《史記》'秦王寵臣中庶子蒙嘉爲先言於秦王'，非蒙恬，亦非蒙名。《傳》文脱'嘉'字耳。先謙案：蒙嘉事並見《燕策》、《新序》，此文《史記》、《文選》皆作'蒙嘉'。"② 顧、王説皆是也。蓋顏師古所據底本脱"嘉"字，遂以"蒙"爲臣名。而六朝流俗書本作"蒙恬"，乃傳鈔/傳授時，以爲人熟知之"蒙恬"改易原"蒙嘉"也。此不僅"蒙恬"爲流俗之本，而顏本亦爲脱誤本也。

綜合顏《注》中所有標記"流俗書本"之43例，其中確係訛誤本者33例，佔總數76.7%，此顏師古所定當時"俗本"泰半能落到實處。但其中也包含與《史記》《文選》等相涉兩通之本10例，佔23.3%，是顏監誤指爲"流俗書本"者。這一方面表現出顏師古作《注》時，在文字判別、文本斟酌時依違兩端的現象，更體現其貶抑江南本的主觀校訂態度。③ 六朝《漢書》流傳地域廣而年代長，別本必多，因此，由音、形、義而產生之異文亦夥。顏監面對衆多注本，必據一家而摒除其餘，則其譴正諸六朝異本訛字的同時，亦將其時紛繁的《漢書》別本視作"流俗書本"或"或本"，或否定之，或兩存之，終統整於其定本也。

---

① 蔡琪本《漢書》卷五一，第廿六葉上。
② （清）王先謙《漢書補注》，卷五一，第3819—3820頁。
③ 顏師古指認的《史記》《文選》"流俗書本"之例共13例，其中確實爲誤本訛字者僅3例，佔23%。由此愈加可知顏師古對外部典籍，尤其是江南文本之輕蔑態度也。

颜师古注《漢書》時，必欲統一六朝間所產生的南北各文本，並依統整以後之文本而作注釋，此與蕭該《音義》集晉灼、韋昭諸音義而畢陳其異文的注書態度不同。**是故顏監作《注》在文本層面，即爲其《漢書》定本。**此定本必先據一底本損益斟酌，又因顏家世傳《漢書》之學，是以其文本必有家學因素。定本已具，則凡定本以外者，雖間存異文，然仍多視爲"流俗書本"而加以駁斥，以收統一之效。"流俗書本"中有部分文本爲是而顏本實爲非者，或有與顏本兩通者，此皆爲六朝《漢書》傳授過程中，因字音、字形、字義而傳衍之異文、異本，今據《史記》《索隱》等書可得而考索也。**要之，顏師古以一己之本爲天下之書，憑一家之言而爲《漢書》之注，則漢魏六朝幻化之萬千文本終歸於顏矣。**

另一方面，由於《漢書》早期注釋俱爲漢晉時的河北文本，顏師古校注之定本傾向於河北本亦情勢所趨。相對地，後世南北朝因政權分立，文字雜猥，比勘西晉以前早期文本確實紛亂易誤。殆顏監《叙例》申明回歸"晉灼本—臣瓚本"之河北文本系統，則江南注本如韋昭《音義》、姚察《訓纂》、蕭該《音義》等所存之文字與注說一概抹殺，而《漢書》文本大抵立基於北方注本，與《史記》《文選》根本江南文本，又各自不同也。

五、多本分立的流傳樣態與衆本合一的文本歸趣

清人趙翼（1727—1814）在《廿二史劄記》中謂初唐有三大顯學：三《禮》、《漢書》與《文選》之學。當時學者所以推崇如此者，以其皆有師法與家學也。《劄記》卷二〇"唐初三禮漢書文選之學"條云：

《漢書》之學亦唐人所競尚：自隋時蕭該精《漢書》，嘗撰《漢書音義》，爲當時所貴。包愷亦精《漢書》，世之爲"**《漢書》學者**"，以蕭、包爲宗；劉臻精於兩《漢書》，人稱爲"漢聖"；又有張沖撰《漢書音義》十二卷，于仲文撰《漢書刊繁》三十卷，是《漢書》之學，隋人已究心，及唐而益以考究爲業；顏師古爲太子承乾注《漢書》，解釋詳明，承乾表上之，太宗命編之祕閣。時人謂杜征南、顏祕書爲左邱明、班孟堅忠臣。**其叔游秦先撰《漢書決疑》，師古多取其義。**此顏注《漢書》，至今奉爲準的者也。房玄齡以其文繁難省，又令敬播撮其要成四十卷。當時《漢書》之學大行，又有劉伯莊撰《漢書音義》二十卷；**秦景通與弟暐皆精《漢書》，號大秦君、小秦君；當時治《漢書》者，非其指授，以爲無法。**又有劉訥

"《漢書》學者"與其授讀：六朝《漢書》異文與歷史文本研探（下）

言，亦以《漢書》名家；姚思廉**少受《漢書》學於其父察**。思廉之孫班，以察所撰《漢書訓纂》多爲後之注《漢書》者隱其姓氏，攘爲己説，班乃撰《漢書紹訓》四十卷，以**發明其家學**。又顧胤撰《漢書古今集》二十卷、李善撰《漢書辨惑》三十卷，王方慶嘗**就任希古受《史記》《漢書》**，希古遷官，方慶仍隨之卒業。他如郝處俊好讀《漢書》，能暗誦；裴炎亦好《左氏傳》《漢書》，此又**唐人之究心《漢書》，各禀承舊説，不敢以意爲穿鑿者也**。①

趙氏細數兩《唐書》中時人研習《漢書》之記載，言隋時班書之學已然大盛，蕭該、包愷爲當時《漢書》宗匠而爲時人所貴。唐時更以究心班學爲尚，"非其指授，以爲無法"，此均需要相關之師法、家學方得入門。因此，以上臚列的唐代學者，學承俱有淵源，一如其六朝前輩：顔師古、顔游秦精研班書，皆循顔之推以來家學；秦景通及弟暐兄弟二人精於孟堅之學；姚班《漢書紹訓》紹述其祖思廉以及曾祖姚察也；而王方慶之就學希古習馬、班之學，亦有專家傳授，故任氏遷官，方慶猶隨之而卒業。因此趙氏歸納此一現象，謂唐人究研《漢書》，乃"各禀承舊説，不敢以意爲穿鑿者也"，此實即嚴格因循《漢書》學之師法與家法也，由是方有"《漢書》學者""《漢書》宗匠"之稱。而所謂師法、家學者，乃後學根據"學者""宗匠"所持之書本、注釋而進行修習。唐初之人各據其師傳授《漢書》文本與解説，實爲六朝《漢書》學之延續。方初唐之時，顔《注》尚未大興，且顔本未如北宋有雕版印刷以後文本之定於一元也，六朝班學傳衍、傳承之實態是各家多本並立傳授的總體格局。是故《隋書·經籍志》言《史》《漢》"師法相傳，並有解釋"，而劉知幾（661—721）《史通·古今正史》稱"至於專門受業，遂與五經相亞"②，所謂"專門受業"者，除魏晉以來逐漸獨立之史部作爲專門之學以外，亦指因班書多存古字古言，文本與注釋衆多，需要深通語言文字的學者解説之意。而"與五經相亞"不僅指《漢書》之學成爲專家之學，更指涉其傳授之形式與五經雷同，此爲《漢書》在魏晉南北朝傳授的前提條件。

兩漢之經學被立於官學之後，意味着經師所持文本與解説被逐漸固定，唯有某經師之文本與注解被官方認可，其學方得立於學官。經師根據所持之讀本

---

① （清）趙翼著，王樹民校證《廿二史劄記校證》卷二○，北京：中華書局，1984，第441頁。

② （清）劉知幾著，浦起龍釋《史通通釋》卷一二，下冊，第339頁。

與自己之理解傳授生徒，於是產生師法、家法。虞師萬里《兩漢經師傳授文本尋蹤——由鄭玄〈周禮注〉引起的思考》一文曰：

> 迨及師法家法形成後，被官方認定的師法或家法文本相對穩定。在常態下，恪守師法或家法**文本**是絕大多數學子學習原則。
>
> 漢代建立博士之條件是文本與解説。所謂"左右采獲"，既有山巖屋壁新出文本，亦有前代經師**漢讀**異文；既有問"五經諸儒"所得之出入者，亦有因異文而產生之别解者，只要持之有故，言之成理，即有被新立爲博士之可能，由是一經而衍爲數家之學。因此，恪守師法家法是常態，它維持官方的五經教育；突破師法家法是非常態，它推動漢代的經學發展。①

在經師之文本與解説被立於官學以後，文本雖保持一定程度之穩定，然由於學子對經文各有理解，其不同的解釋、前代經師漢讀之異文都會在五經傳授過程中形成新的文本與解説，因此"一經而衍爲數家之學"。漢儒所持之五經文本，及至後漢末年，經文已產生各種異文。是故，後漢官方議定樹立石經以正定文字，《後漢書·宦者列傳》曰："（李）巡以爲諸博士試甲乙科，爭弟高下，更相告言，至有行賄定蘭臺漆書經字以合其私文者，乃白帝，與諸儒共刻五經文於石。於是詔蔡邕等正其文字。自後五經一定，爭者用息。"② 由於熹平石經刊刻於石，五經文字方得"一定"，而爭者亦息，魏正始石經之刊立也出於相似原因。然而由於魏晉政局紛亂、戰火頻仍，南北朝政權分立，經學之傳授漸由朝廷而轉移入各經師之傳承。經師家法日多，而異文與注釋相應地亦層出無窮。

與五經傳授相對，《漢書》之學雖"與五經相亞"，然自應劭、服虔爲其作注伊始，即未如五經之有官學私學之分，因此，其文本與解説傳授之整體過程，自漢末至初唐一直處於與經師相對應之"《漢書》學者/宗匠"的各自傳授脈絡之中，因而由"讀"與解説之異而生成之異文，自始至終貫串於六朝《漢書》文本的傳衍與流播的過程，而學者由異讀產生之異文亦在韋昭本、晉灼本、臣瓚本等漢晉間注釋中持續存在。晉灼《集注》與臣瓚《集解音義》，其集注形式雖有助於減少《漢書》異文，此乃灼、瓚本異文所以少於韋昭注本之

---

① 虞師萬里《兩漢經師傳授文本尋蹤——由鄭玄〈周禮注〉引起的思考》，載《文史》2018年第4輯，第66頁。引文中加粗之字爲筆者所標。

② （南朝宋）范曄《後漢書》卷七八，北京：中華書局，1965，第9冊，第2533頁。

原因，然而終究無法停止異文的生成。細繹顏《注》中所載漢魏各家注本中"或作"之異文，單行注本間的差異亦夥，晉灼、臣瓚雖集解諸注，僅只能做到哀輯眾注、略作取捨而已，而漢魏單本傳授的音義、注釋，猶賴晉本遺存也。

然而，自晉室南渡，南方學者無緣得見晉灼本，所傳者爲"臣瓚南傳本"。六朝《漢書》注本雖同紹述灼瓚祖本，後因國家政出多門、南北懸隔而各自發展。異文緣此更大量產生，此六朝間南北皆然之事也。顏之推《顏氏家訓·雜藝篇》曰：

> 晉、宋以來，多能書者。故其時俗，遞相染尚，所有部帙，楷正可觀，不無俗字，非爲大損。至梁天監之間，斯風未變；大同之末，訛替滋生。蕭子雲改易字體，邵陵王頗行僞字；朝野翕然，以爲楷式。……或妄斟酌，逐便轉移。爾後墳籍，略不可看。北朝喪亂之餘，書迹鄙陋，加以專輒造字，猥拙甚於江南。……如此非一，徧滿經傳。①

南北書家動輒改易字體、妄加斟酌，甚或造字，朝野悉然，文字形體變化之隨意影響經傳四部書籍之傳寫。此乃六朝數百年間文字興替、別構異字滋生流衍，同時無標準規範統一而導致的必然且普遍之現象也。陸德明《經典釋文·序錄》亦揭示六朝末年典籍文字因形體正俗之分、音讀南北之別而造成的異文叢生之情況：

> 近代學徒，好生異見，改音易字，皆采雜書。唯止信其所聞，不復考其本末。……今並校量，不從流俗。方言差別，固自不同。河北、江南，最爲鉅異。或失在浮清，或滯於沈濁，今之去取，冀袪茲弊。②

蓋元朗以爲近代學徒改易字體均採自雜書，而不考究文字本原，致使字形雜猥；又因南北方言異讀，其反映在文本之上，乃是河北與江南音讀之錯亂。字形與音讀之雙重差異固定於文本之中，隋唐以後，基於政治統一的基礎、文字統合整理的需求，時人產生了正俗字分別的觀念，於是流俗之本，河北、江南書本之別進而產生。此爲六朝經籍文本因歷時之時間因素與共時之空間因素疊加影響而產生自然結果，而陸氏之校錄，乃在於去除上述兩方面所導致的譌

---

① 王利器：《顏氏家訓集解》卷七，第 574—575 頁。
② （唐）陸德明《經典釋文》卷首，影印中國國家圖書館藏宋刻元修本，上海：上海古籍出版社，2013，第五頁上。

誤。綜合言之，《漢書》異文的產生途徑，除了由歷時的時間因素所造成的字體興替、字形變異之外，尚存在因共時的空間原因所導致的南北音讀別異、訓釋混淆的情形——此兩種因素皆不同程度地通過"《漢書》學者"授讀之過程，相纍遞增入教授者與研習者所持文本之中。

陸德明之説雖鋭意經部，然移施於《漢書》亦可也。根據《隋志》與《兩唐志》之著録，南北朝《漢書》學興盛與傳播側重在南方宋、齊、梁、陳諸代，而不同於魏晉間集中於北方之流傳。方臣瓚本南渡之初，即與三國吳時業已流行江南的韋昭《音義》合流，南方學者如徐廣、裴駰等人猶據以注釋《史記》，使得《史記》之別本或本中摻雜了《漢書》之異文。齊之陸澄，梁之劉孝標、劉顯、韋稜、夏侯詠，陳之姚察，均在臣瓚本、韋昭本，以及由臣瓚本散入正文之蔡謨本諸本之影響下爲班書作注作音。北方學者雖亦間傳授，然據書志目録記載，《漢書》注解仍以南朝爲要。職是之故，有文本與解説、有傳授過程即會產生異文，江南本《漢書》所滋生之異文尤多，遠過於河北。在此一情勢之下，《漢書》文本的南北之別，在經由顏《注》依河北本統一"諟正"之後，逐漸轉化爲"正""俗"之分，與經籍推崇南方"晉宋古本"的狀況適正相反。① 《顏氏家訓·書證篇》所載劉顯父子家傳精校善本與河北本同的故事，反映了六朝末"《漢書》學者"普遍尊崇河北本，並欲彙校南北文本的心態與現實需求。

實際上，顏之推、游秦、師古一家推崇河北本之傾向應爲六朝末、隋唐時面對南北衆異本之《漢書》學者所共有的現象與認知。今蕭該《音義》每以晉灼、韋昭本與"今《漢書》"讎對，蕭氏之仕宦經歷與顏之推大致相近，其爲梁鄱陽王蕭恢之孫，後經梁室戰亂，遂北上長安。故蕭該治班史有南北兩方的學術淵源，南北諸本亦皆得觀覽。蕭注《漢書》將"今書本"與晉灼《音義》、韋昭《音義》讎校之原因，恐怕小顏言晉本"南方學者皆弗見"，河北本文本面貌近古而具有較高的文獻價值乃是主因。而韋昭本作爲早期即獨立之注本，自然不容注家忽視。但同樣擁有"集解本"特徵的臣瓚本，除可能是蕭云"今《漢書》"之底本以外，其與晉、韋本比較則相形見絀。由於《漢書》多古字古言，魏晉以來重在注釋音義，晉灼、臣瓚雖爲"集注"本，本質上仍是"音義"。蕭該《漢書音義》既用三本讎校，則其集校諸本之意涵明顯。檢覈蔡琪

---

① 關於六朝經籍文本南北與正俗的研析，詳可參張良《南北二分與正俗有別——〈禮記正義〉讎校諸本蠡測》，載《唐研究》第二十四卷，北京：北京大學出版社，2019，第267—299頁。

"《漢書》學者"與其授讀：六朝《漢書》異文與歷史文本研探（下）

本所附蕭該《音義》校勘形式，在臚列三本異文之後，往往根據字書之訓詁附以己説，對《漢書》的文字與釋義屢加斟酌，這是六朝末彙整異本之自然現象。與顔《注》相同，蕭書必須處理班書經歷時與共時兩方面影響而造成的文本變異情況。在本文第三節梳理中，吾人可知，蕭氏所據底本雖文字與舊本異，然蕭該注説在不改文字的情況下仍依從舊説，另外又有文字與舊本同而別作解説的情況，此泰半即緣於《漢書》文本經過歷時的演變所導致的隋唐書本與灼、瓚祖本產生時代文字變異的結果。吾人今得以發掘宋刻蔡琪本一系刊本中遺留之五分之一卷帙的蕭該《音義》，從此方能一窺六朝《漢書》異文流傳之實相。

在蕭氏同時期較後之顔師古，其校注《漢書》之態度與蕭該截然不同。顔《注》以河北本爲尊，而又以其家傳本爲依據，是其所是，非其所非，欲定多種異本別本爲一。今顔師古《注》中目爲"流俗書本"者即有43例，與陸德明校勘經籍"不從流俗"的態度相仿，小顔注中直斥"流俗"文本爲非，其中多數例證爲《漢書》文本在歷時因素影響下所導致的文字訛誤，字體字音之失均存在，顔氏匡謬正俗可謂是矣。然而，流俗書本之例中亦頗有南朝別本而可得兩通者，本文第三、第四節歷舉其中數例，均爲江南別本，而義可得兩通，不能逕視爲誤本、俗本。細審義得兩通之10例，可知顔師古視作"流俗書本"江南別本，又多與《史記》《文選》文本相合，這是典籍内部傳承與典籍間外部交互傳讀的自然現象。今流傳的《史記》《文選》因其注家、編者爲南朝人，文本偏向江南本固理所當然。江南本《漢書》因文本與二書相關，故相涉處多與之同。**結合今江南本《漢書》多與《史記》相通的現象，吾人固知昔人所謂"班馬異同"者，其表現爲異文者，並不僅止爲《史》《漢》間的異文，更是兩種典籍内部系統之異本、別本。這是在六朝《史》《漢》學者漫長的傳讀過程中，經過學者研習、交流、互通而逐漸形成的異讀、異文，屬於"師法相傳""專門受業"下的產物。**①裴氏《史記集解序》曰：

> 故中散大夫東莞徐廣，研核衆本，爲作《音義》，麤有所發明，而殊

---

① 《史》《漢》異文，少有論及者。王念孫《史記雜志》之末有"索隱本異文"條，謂馬、班之書原皆多古字，而今《史記》中古字在版刻中均爲淺人所改，而《漢書》中古字殆因顔《注》每與注中列舉古今文字異同而得保存，實開二書文字校讎之先聲（《讀書雜志》志三之六，第四十一—四十二頁）；而胡樸安曾撰《史記漢書用字考證》（《國學週刊》1923年至1924年，第23期至第77期，連載未完，僅至《陳勝項籍傳》）系列文章，在傳統語言學層面比較、論析《史》《漢》用字異同，可足參考。

恨省略。聊以愚管，增演徐氏。①

蓋裴駰《集解》以徐廣《史記音義》基礎而增演其説。徐廣（352—425）歷仕東晉、劉宋，偏安南方，《宋書》本傳謂其"性好讀書，老猶不倦""百家數術，無不研覽"②，《隋志》有其《史記音義》《漢書音義》各十二卷。是以徐氏所據《史》《漢》均爲南方本，所對應之班書即"臣瓚南本"。而裴駰已言其書有據"臣瓚《漢書音義》"爲説者，亦爲"臣瓚南本"一系。及司馬貞撰《史記索隱》，其《史記索隱後序》歷數所據班書底本："蔡謨集解之時，已有二十四家之説。"③而其所本之《史記》文本亦爲徐、裴之書，外增劉伯莊一人。注家均爰班馬南本，則文字亦同屬南方系統也。今《史記》《漢書》中頗有顔《注》所謂班書别本或本與徐廣所見《史記》之一本或别本同者，如《漢書·高帝紀上》："人乃以嫗爲不誠，欲苦之。"顔師古曰："今書苦字或作笞。"是小顔所見班史一本作"苦"，或本作"笞"，《史記·高祖本紀》："人乃以嫗爲不誠，欲告之。"徐廣曰："一作'苦'。"是與顔本同。《漢書·項籍傳》："吾聞漢購我頭千金，邑萬户，吾爲公得。"顔引晉灼曰："字或作德。"是晉灼時即有或本作"德"，《史記·項羽本紀》："吾聞漢購我頭千金，邑萬户，吾爲若德。"徐廣曰："亦可是'功德'之'德'。"是晉時或本與《史記》同，可見當日小顔亦無法全數否定《史記》所據江南文本也。綜上所言，顔師古所據《漢書》書本既與江南本不同，則其一以河北本爲準而極斥江南本文字爲"流俗書本"。在此非議下，江南本《漢書》異文，最終因顔《注》在唐宋以後定於一尊而逐漸消失與淘汰。

然而另一方面，六朝《漢書》注本異文滋生、雜猥訛誤的情況究屬事實，顔師古論曰：

> 《漢書》舊文，每有古字，**解説之後，屢經遷易。後人習讀，以意刊改，傳寫既多，彌更淺俗。今則曲覈古本**，歸其真正，一往難識者，皆從而釋之。古今異言，方俗殊語，**末學膚受，或未能通。意有所疑，輒就增損，流遯忘返，穢濫實多。今皆删削，克復其舊。**④

《叙例》在歷時與共時兩個層面叙述六朝《漢書》異文叢生之現象：所謂"解

---

① 〔日〕瀧川資言《史記會注考證》卷首，第四頁。
② （南朝梁）沈約《宋書》卷五五，北京：中華書局，1974，第五册，第1547—1549頁。
③ 〔日〕瀧川資言《史記會注考證》卷首，第一頁。
④ （清）王先謙《漢書補注》卷首，第二—三頁。

說之後，屢經遷易；後人習讀，以意刊改"，此即《漢書》在傳授過程中，因習讀與解說而造成的文字改易之變遷，同時有因後學淺俗"以意刊改"而進入班書本文。此屬於歷時的變化，顏氏所作乃"曲覈古本，歸其真正"。小顏相信據漢晉間的河北古本校勘文本、釐定文字，猶可劃六朝南北衆本爲一，俾使歸於"真正"。所謂"古今異言，方俗殊語，末學膚受，或未能通。意有所疑，輒就增損，流遯忘返，穢濫實多"，其中包含了因地域差異、古今訓讀沿革而導致的文本變化，顏氏以爲"穢濫實多"，皆爲刪削以"克復其舊"。因此，顏《注》之旨趣，即根據古本、真本而通過其一己之才、一家之學而主觀統一六朝《漢書》衆本爲一本，此即其顏師古所釐定之"新《注》"也。縱觀六朝衆本歸於顏本之整體趨向與過程，顏師古以己本定天下多本爲一，嗣後其注本又爲北宋刊刻而廣爲流佈，《漢書》自漢魏以訖隋所演化之衆多文本由是悉歸湮滅，一方面關閉了因六朝班學師傳授受、習讀傳寫而自然產生之異本異説之途，另一方面旋又開啟了後之學者因從群書中稽考遺文舊説，而引起的有關新舊注本優劣、是舊注而非顏本的種種紛擾與爭論。

結　語

清代以降，學者對六朝《漢書》文本之研究集中在比較舊注與顏《注》優劣、考訂與校勘今本文字，並期提供更爲適切的訓釋諸方面；對六朝《漢書》文本之譜系停留在顏師古《漢書叙例》與王鳴盛《十七史商榷》所構建的"晉灼本—臣瓚本"相累連貫的注釋脈絡。此不僅取決於其蠡探古本原本的考證導向，更受到研究材料的限制。今宋刻蔡琪家塾本、慶元本、白鷺洲書院本一系刊本所附之蕭該《音義》與宋祁校語，既已確定了文獻真實性，結合《史記》三家注等群書所載異文，參考清儒考訂成果，運用傳統語言學、文獻目錄學的方法，可就此將六朝《漢書》異文定位至相對確定的歷史年代坐標位置，進而探論六朝《漢書》文本衍生、流傳與整合的歷史脈絡。經梳理考證，茲得結論如下：

第一，六朝《漢書》異文之生成與其傳授模式、文本形態密不可分。《漢書》多古字古言，《隋書·經籍志》言其"師法相傳，並有解釋"，史稱其學貴專門、與"五經相亞"，實皆指與兩漢經師相對應的魏晉南北朝"《漢書》學者/宗匠"，通過將所持《漢書》文本與注釋教授研習的生徒而傳其學的具體傳授過程，與經籍傳衍、傳承類同。在此一過程中，不同學者訓讀與解說之差異，以及研習者接受之差別均會反映在文字之上而產生異文，從而進入《漢書》文本之中。

　　第二，魏晉南北朝政權分立、南北懸隔，《漢書》文本同時受到歷時的時間因素與共時的空間因素雙重影響而產生異文，形成衆多的異文與異本。學者各據其本，傳授其學。三國吳之韋昭本，西晉之晉灼、臣瓚本，六朝末之蕭該本，可以代表不同歷史時期的典型文本以反映六朝《漢書》流傳之脈絡。作爲早期注本的韋昭本，其文字不僅與隋唐時差異較大，與兩晉之灼、瓚本亦間有不同，校勘價值爲後世學者所重；晉灼、臣瓚本作爲南北朝河北本、江南本之祖本，提供了大量的因注家訓讀、古今異同、方俗差異所產生的異文，折射六朝《漢書》學興盛之實景；蕭該本注成於隋，其時亦有參酌衆本、校訂音義之性質，故其以當時的《漢書》書本、晉灼本、韋昭本互相讎校，在反映各本樣貌的情況下進行去取，有沿用舊説、保存舊貌者，亦有與後世顔本相同而别作新解者，表現其匯通古今的文本性質。

　　第三，顔師古之注《漢書》，面對六朝因注家疊出、傳授不絶而導致的大量異文與文字混亂的局面，乃以河北本爲尊，又以家藏校本爲校勘底本，悉以所校定本爲論説。是其所是，非其所非，旋定六朝衆本於一元。此事之另一端，顔氏又極詆江南本《漢書》文字爲"流俗書本"，儘管其中多數異文爲兩通之本並不爲誤，且與《史記》《文選》等典籍相涉、用字相同，而學有本原。這反映了小顔輕視、否定江南本之主觀校注態度，在其"定本""正俗"的觀念下，六朝《漢書》多本分立並存、前後注本相代之文本格局，尤其是南方班注傳授興盛、傳本衆多的面貌，漸渺然不可得知。

　　第四，正是因爲要面對並解決六朝文本正俗無判、南北相亂局面，對於釐正文本的迫切性成爲注解《漢書》的内在要求，顔《注》順應而出，表現出其強烈的文本主義的注釋傾向。在東漢以後至唐中葉《漢書》傳授的過程中，顔氏亦適爲此脈絡中之一份子；而六朝《漢書》的授讀傳統，正是由漢唐間"《漢書》學者"的持續傳習而積累形成，最終造就了初唐所興盛的"《漢書》之學"。與此相形，正因爲顔氏注本對注釋的整合以及文本的統一，亦同時終結了六朝《漢書》多本分立的流傳樣態，結束了受師法影響的六朝《漢書》學傳統。此一事實恰隱藏在今遺存的諸班書異文遺字之中。

（作者單位：浙江大學古籍研究所）

《緯略》資料來源和引用情況初探

于涵煦

【内容提要】 南宋高似孫《緯略》一書中部分内容自他書轉引而不標出處，前人雖早已注意到《緯略》採錄類書的現象，但一直缺乏系統考察。本文通過詳盡考察《緯略》的轉引資料來源，發現《緯略》全書435則條目中至少有187則轉引類書，另有73則襲用他人著作。在釐清資料來源基礎上，本文考察了《緯略》使用類書及他人著作資料的方式，並對其深層原因進行了分析，認爲《緯略》大規模襲用類書與他人著作，當與其成書過程以及高氏撰述意圖、治學態度密切相關，從中亦可一窺類書在南宋學術生產中的作用。

【關鍵詞】 《緯略》 高似孫 轉引 類書 筆記

《緯略》十二卷，南宋高似孫撰。全書按條目從四部群書中摘抄、輯錄相關資料彙集而成，其内容涉及名物典故、詩文著作等方面，蒐採頗豐，間下己意。高似孫（1158—1231）①，字續古，號疏寮，鄞縣（今浙江寧波）人。孝宗淳熙十一年（1184）中進士，授會稽主簿。寧宗慶元五年（1199）十月除秘書省校書郎，次年二月通判徽州②。嘉定十六年（1223）五月除秘書郎③，次年九月升著作佐郎兼權吏部侍右郎官。理宗寶慶元年（1225）九月出知處州④。紹定初，辭官居於嵊縣。紹定四年（1231）卒，年七十四。高似孫著述頗多，有《剡錄》《史略》《子略》《緯略》《蟹略》《硯箋》《疏寮小集》等十餘種存世，《經略》《集略》《詩略》等書今已亡佚。

---

① 左洪濤《高文虎、高似孫生卒年考》，《文學遺產》，2006年第4期，第107頁。
② （宋）陳騤撰，（宋）佚名續錄《南宋館閣錄 續錄》，張富祥點校，北京：中華書局，1998，第327頁。
③ 同上書，第299頁。
④ 同上書，第317頁。

《緯略》成書於嘉定五年（1212），高氏自序詳細講述了成書的緣由及過程：

> 嘉定壬申春，程氏準新刊尚書公《演繁露》成，以寄先公，先公得書，晝夜看不休，雖行墅中必與俱，對賓客飯亦不舍。似孫從旁問曰："書何爲奇古而耽視若此？"先公曰："是皆吾所欲志者，筆不及耳。"似孫盡一夜之力，省侍旁見聞者鈔作二卷，急課筆史，仍裝裱成册，曉以呈先公。先公翻閲再三，且曰："此書好於《演繁露》，何人所作？"對曰："似孫嘗聞尊訓，有所欲志而筆不及，是乃夜來旋加輯録者。"先公喜曰："吾志也，宜增廣卷帙，庶幾成書。"一月後，甫得卷十二，而先公已捐館，展卷輒墮淚，然不可因此而失傳，略識其事以爲之序。嗚呼！後四年乙亥正月十日似孫書。①

卷一之首也有題記略釋《緯略》的書名與體例：

> 似孫既輯《經略》、《史略》、《子略》、《集略》，又輯《詩略》。事有逸者、瑣者，爲《緯略》，蓋與諸略相爲經緯。不以彙分者，可續也。②

這一題記爲何人所作尚無定論，然結合題記與自序，亦可以對《緯略》成書之初的情况作一分析。高似孫諸《略》的成書時間除《緯略》外只有《史略》可考。《史略》序載"寶慶元年十月十日修，十一月七日畢"③，可知《史略》成書於1225年，比《緯略》晚十三年。《史略》成書既晚於《緯略》，則上引《緯略》卷首題記當是各略成書之後所作。高氏在成書四年之後作自序，從序中可以看出高似孫創作《緯略》的目的是與《演繁露》爭勝，並没有"與諸略相爲經緯"的想法。這一體系的設想恐怕應當是在《史略》成書之前不久才形成，最早也不會早到《緯略》成書之時。如果在《緯略》成書的時候已經有這一體系的設想，以高似孫寫《緯略》《史略》均一月而成的速度，這一體系不太可能在十餘年之後才最終完成。諸"經"既不備，諸"經"之"緯"的"緯略"之名是否在成書之時即有，也要打一個大大的問號了。

---

① 葉德輝據宋本《緯略》補抄高似孫自序，附於其所藏清初抄本與清白鹿山房活字本（今均藏於中國國家圖書館）。此處據白鹿山房活字本轉録。

② （宋）高似孫《高似孫集》，王群栗點校，杭州：浙江古籍出版社，2015，第508頁。本文《緯略》內容均引自浙江古籍出版社，2015，《高似孫集》。其中《緯略》底本爲景印文淵閣《四庫全書》本。

③ 同上書，第235頁。

由上述分析可知，今本《緯略》的成書可能有兩個階段。一是嘉定五年（1212）纂成至嘉定八年（1215）刊行；二是寶慶元年（1225）之後與"諸《略》相爲經緯"，定名《緯略》，同時可能加以整理修訂。

若以上兩處自述確爲高氏自撰，則從中可以發現高似孫對於《緯略》的定位有二：既是仿《演繁露》而作，又是輯録瑣事、逸事，與諸略相爲經緯。《緯略》的這兩方面定位很可能並非同時，而是與上述成書兩階段相對應，高氏最初想法僅是仿《演繁露》，之後才發現此書可以與諸《略》相爲經緯。如果説剛成書的時候可能還有一些私人筆記消閒兼保存材料的意味，到與"諸《略》相爲經緯"時，《緯略》已經被高氏目爲學術著作性質的了。

《緯略》纂輯之初，即得到其父高文虎的高度評價，由自序可知，甚至有"好於《演繁露》"的讚譽，似孫頗自喜。但除高文虎評價外，時人對高似孫的人品、文品多有批評。如陳振孫《直齋書録解題》卷二〇《疏寮集》解題云："其讀書以隱僻爲博，其作文以怪澀爲奇。"[①] 後世對高似孫所作諸書的評價也大都不高。目前所見最早對《緯略》進行評價的是周密《齊東野語》卷一九：

> 程文簡著《演繁露》，初成，高文虎炳如嘗假觀，稱其博贍。虎子似孫續古，時年尚少，因竊窺之。越日，程索回元書，續古因出一帙曰《繁露詰》，其間多文簡所未載，而辨證尤詳。文簡雖盛賞之，而心實不能堪。或議其該洽有餘，而輕薄亦太過也。[②]

《齊東野語》所載與高氏自序相矛盾。按自序所言，高文虎得到《演繁露》的時間是嘉定五年，此時程大昌早已去世，又如何能"盛賞之"呢？此事雖不足信，但亦可見出當時人對高氏及其《緯略》的評價。

明代沈士龍刊刻《緯略》後所作的跋指出了《緯略》多用類書，"誇示宏肆"的問題：

> 梓竟，復檢是書，則援證極博，間質己意，至於聯類集録，點摘新麗，往往多醒豁人目。第自"湣騷""招隱""八風""圍棋"以及"甋甈""禡牙"之類，大都全録《藝文》《初學》《北堂》《御覽》諸書，無少增損，則知宋世篇集，不復具存，適取類書，誇示宏肆耳。善乎陳仲醇之言

---

① （宋）陳振孫《直齋書録解題》，徐小蠻、顧美華點校，上海：上海古籍出版社，1987，第608頁。

② （宋）周密《齊東野語》，張茂鵬點校，北京：中華書局，1983，第351頁。

曰：采拾多而評議寡。真足爲此書照膽。①

之後對《緯略》的評論也多注意到其引用不規範，多轉引類書的特點。清人周中孚即指出，《緯略》引書的一大特點是"其有原書已亡，僅散見於類書者，亦多所徵引，而仍標本書"②。

雖然前人都已經發現了《緯略》多用類書的問題，但對其情況多是一帶而過，既沒有細緻考察，也沒有深入分析。因此，本文擬統計《緯略》一書引文的實際來源情況。在釐清資料來源的基礎上考察《緯略》使用類書及他人著作的方式，分析其深層原因。

一、判斷《緯略》引文來源的方法

我們對《緯略》轉引他書引文的情況進行了統計，《緯略》全書 435 則中，至少有 242 則使用他書引文而未標明實際來源，超過了半數。更值得注意的是，這些轉引內容中相當一部分的來源並不是類書，而是《苕溪漁隱叢話》《能改齋漫錄》等詩話、筆記和《通志》《雍錄》等史部書。因爲高似孫在引書上頗爲隨意，判斷書中某處是轉引而非直引並不容易。因此，有必要説明一下我們判斷《緯略》引文來源的方法。

判斷書中某處轉引自某書的最直接證據就是在轉引之後又引用了該書中與這條文獻相關的其他文字，通常是對内容所發的議論與考證，引詩話、筆記等皆是此類。如卷三"龜"：

> 蓋古之卜者皆有繇辭，《周官》："三兆，其頌千有二百。"如"鳳凰于飛，和鳴鏘鏘。問於兩社，爲公室輔"、"專之渝，攘公之渝。一熏一蕕，十年尚猶有臭"、"如魚窺尾，衡流而方羊。裔焉大國，滅之將亡"、"闔門塞竇，乃自後踰"、"大橫庚庚，予爲天王，夏啓以光"之類是也。今此書亡矣，漢人尚視其體，今人雖存其意，而專以五行爲主。三代舊術莫有傳者。

《夢溪筆談》卷七：

---

① 高似孫《高似孫集》，第 791 頁。
② （清）周中孚《鄭堂讀書記》，黄曙輝、印曉峰標校，上海：上海書店出版社，2009，第 886 頁。

古之卜者皆有繇辭，《周禮》"三兆，其頌皆千有二百"，如"鳳凰于飛，和鳴鏘鏘"、"間於兩社，爲公室輔"、"專之渝，攘公之羭，一熏一蕕，十年尚猶有臭"、"如魚窺尾，衡流而方羊，裔焉，大國滅之，將亡，闔門塞竇，乃自後踰"、"大橫庚庚，余爲天王，夏启以光"之類是也，今此書亡矣。漢人尚視其體，今人雖視其體，而專以五行爲主，三代舊術莫有傳者。①

引《周禮》之外，議論文字十分相似，可以斷定《緯略》此處引自《夢溪筆談》。

對於連續引用多條引文的内容，判斷書中某處轉引自某書可以對比二書引文的排列情況。如果在一段文字中，兩書同時引用了多條同樣的引文，則基本可以認爲是轉引自某書。如卷一"脂澤"：

> 蔡邕《女誡》曰："傅脂則思其心之和，澤髮則思其心之潤。"《馮衍集》衍與婦弟任武達書曰："惟一婢，武達所見，頭無釵澤，面無脂粉。"《世説》曰："江淮以北，謂面脂爲面澤。"《釋名》曰："澤，人髮恒枯瘁，以此濡澤之。"唇脂，以丹作，象唇赤也。《北史·后妃傳》曰："晉舊儀典櫛三人，掌宫中櫛膏沐。""膏沐"二字出《詩》"豈無膏沐"。王維詩："邀人傅脂粉，不自著羅衣。"此言脂也。夏英公詩："絳唇不敢深深注，卻怕香脂污玉簫。"用脂字尤妙。温庭筠詩："蘭膏墜髮紅玉春，燕釵拖頸抛盤雲。"即澤也。

《太平御覽》卷七一九：

> 脂澤
> 《釋名》曰：澤，人髮恒枯瘁，以此濡澤之。唇脂，以丹作，象唇赤也。
> 《廣志》曰：面脂，魏興已來始有之。
> 《漢書》曰：翁伯販脂而傾縣邑。
> 又曰：孔奮爲姑臧長清儉，人或譏之以身處脂膏，不能自潤。
> 《北史·后妃傳》曰：晉舊儀典櫛三人，掌宫中櫛膏沐。
> 《世説》曰：江淮以北，謂面脂爲面澤。
> 蔡邕《女誡》曰：傅脂則思其心之和，澤髮則思其心之潤。

---

① （宋）沈括《夢溪筆談》，金良年點校，北京：中華書局，2015，第68頁。

> 《馮衍集》曰：衍與婦弟任武達書曰："惟一婢武所見，頭無釵澤，面無脂粉。"①

所引五事均見《太平御覽》卷七一九，且同屬"脂澤"類，可以認爲這五事引自《太平御覽》。

《緯略》中還有一種類似的情況，即相鄰若干則均見於同一書。如果一則前後幾則均引自某書，且按原書順序，文字又無差異，則可根據前後幾則確定引文由來。如卷七"流黄素""罨畫""茗一車""雪茶"四則的内容均見《海錄碎事》，且相距較近，雖然見於《海錄碎事》的内容在當則中所佔不多，仍可以初步判定是引自《海錄碎事》。實際上，卷七共有26則皆引自《海錄碎事》，引用順序也與《海錄碎事》相同。卷八連引8則《太平御覽·天部》也是此類。

除此之外，還可以通過比較引文出處和可能的實際出處之間文字的差異來判斷引文抄錄自何書。如卷三"天部"：

> 《淮南子》曰："天有九部八紀，地有九州八柱。九州之外有八埏，東方曰沙澤，東南方曰沅澤，南方曰浩澤，西南方曰丹澤，西方曰泉澤，西北方曰海澤，北方曰塞澤，東北方曰無通澤。"顏延年詩："辰角麗天部，提封經地域。"蓋用此天部也。

此處只引《淮南子》一書，《太平御覽》卷三六：

> （《淮南子》）又曰："天有九部八紀，地有九州八柱。九州之外有八埏，東方曰沙海，東南方曰沅澤，南方曰浩澤，西南方曰丹澤，西方曰泉澤，西北方曰海澤，北方曰塞澤，東北方曰無通澤。"②

《淮南子·墜形訓》：

> 九州之外，乃有八殥，亦方千里。自東北方曰大澤，曰無通；東方曰大渚、曰少海，東南方曰具區、曰元澤，南方曰大夢、曰浩澤；西南方曰渚資、曰丹澤；西方曰九區、曰泉澤；西北方曰大夏、曰海澤；北方曰大冥、曰寒澤。③

---

① （宋）李昉等編《太平御覽》，北京：中華書局，1960，第3185—3186頁。
② 同上書，第172頁。
③ 何寧集釋《淮南子集釋》，北京：中華書局，1998，第330—332頁。

很明顯，《太平御覽》與《緯略》内容均爲對《淮南子》内容的省略改寫，而改寫如此一致，可以斷定此則轉引自《太平御覽》。

但是，通過文字細微之處來確定引用來源也不盡穩妥。版本在流傳中出現的文字訛誤形式多樣，我們很難確定高氏所見的本子面貌如何。如果高氏所見本與現在通行本的版本系統不同，我們就更難推知文字差異之由，更難由幾處文字差異就斷定高氏引自某書而不是他書。如卷二"文章不起草"，高氏所引兩處均出自《北齊書》，且全部縮略改寫。與今本《北齊書》原文和《太平御覽》引文對照，發現《緯略》中"奉詔爲封禪文"一句，與《太平御覽》中"曾奉詔爲封禪文"更像，而與今本《北齊書》"詔試收爲封禪書"差異較大。看似可以判斷高氏轉引自《太平御覽》而非《北齊書》，但是《北齊書》早已殘缺不全，今本《北齊書》的《魏收傳》是根據《北史》補入的。此處《太平御覽》所引内容較今本《北齊書》爲多，當是《北齊書》原文。我們無法斷定高氏所能見到的《北齊書》是何面貌，也就無法由文字差異來判斷此則文字由來。① 這個例子，是我們在清楚今本《北齊書》的情況之後發現的問題，很多類書、子書、筆記、雜史，我們對其流傳過程中文本面貌的變化並不清楚，因此在判斷時需要非常謹慎。

二、《緯略》對類書的轉引和使用

《緯略》中至少187則的引文有轉引自類書的現象（有10則引兩種類書）。其中，轉引自《太平御覽》117則，《海錄碎事》38則，《藝文類聚》21則，《類説》19則，《職官分紀》2則。② 由此可以知道沈士龍跋中所説的"大都全錄《藝文》《初學》《北堂》《御覽》諸書"並不確實，《緯略》基本没有引《北堂書鈔》和《初學記》的内容。下面對《緯略》引類書的方法與態度略作分析。

1.《緯略》引用類書的方式

《緯略》引類書時通常不是完全直抄，而是會把類書的内容按自己的需要加以取捨、改動。

---

① 《北齊書》在北宋時已經殘缺，高似孫見到原本《北齊書》的可能性不大，這裏僅是用來説明原書已佚，無法判斷實際引用來源的情況。

② 《四庫全書總目》將《類説》歸入子部雜家類，然《類説》實際上是按書分類摘抄，並無考證、議論内容，與類書較爲相近，前人亦有將其視作類書者，因此在本文中歸於類書一類。

(1) 選引

《緯略》引類書某一類內容時並不是全引，而是會根據自己的需要取捨。如卷四"氍毹毾㲪"：

> 張衡《四愁詩》曰："美人贈我氍毹毾㲪。"古樂府詩："請客上北堂，贈我氍毹毾㲪。"衡詩蓋用此。《諸葛亮集》詔答恢曰："行當離別，以爲惆悵，今致氍毹一。"《魏略》曰："大秦國以野蠶作繭，織成氍毹，文出黄白黑緑。"則漢魏間所施也。按《通俗文》曰："織毛褥謂之氍毹。"《聲類》曰："氍毹，毛席也。"《廣志》曰："氍毹，用氍毛織也。出南海。"又《通俗文》曰："氍毹之細者，謂之毾㲪。毾㲪者，施大床之前，小榻之上，所以登而上床者。"《魏略》亦曰："出大秦國，以羊毳木皮野絲爲之，有五色、九色，鮮於東海所作。"《東觀漢記》曰："景丹率衆至廣阿，光武出城外下馬，坐於氍毹毾㲪上，設酒肉。"杜篤《邊論》曰："匈奴請降，毾㲪罽褥帳幔氍裘積如丘山。"蓋謂是也。

該則引《太平御覽》卷七〇八"氍毹"和"毾㲪"兩類的內容共十一條，其中"氍毹"未引中間《陶侃別傳》與《南州異物志》兩條，"毾㲪"未引中間《南史》《世說》《異苑》三條。其原因可能是想說明"漢魏間所施"，所以不引東晉南朝內容。選引有時確實會使行文更加簡潔，但是高似孫在這裏既不引漢魏之後的內容，又說"則漢魏間所施也"，很有可能會誤導讀者，使讀者認爲漢魏之後沒有氍毹和毾㲪。高氏如此選引，顯然是出於自己行文方便和觀點統一的考慮，而未顧及資料及考證的完整和嚴謹。

(2) 改換引文順序

如卷五"璜"，《太平御覽》引文順序是《說文》《周禮》《左傳·文公》《左傳·哀公》《文中子》《淮南子》《楚辭》《歌詩》。

《緯略》作：

> 傅玄《歌詩》曰："有所思兮，在天一方。何以贈之？玉佩珠璜。"此學《四愁》體也。《楚辭》曰："璜臺十成，誰可極焉？"王逸注曰：璜，石次玉也。然周分魯公以夏后氏之璜，杜預注曰：璜，美玉名。按《周官》以玄璜禮北方，則璜之色玄矣。《說文》以璜爲半璧。呂尚父釣蹯溪之涯，得玉璜，當是古人服用之遺也。宋向魋出奔衛，公父文伯攻之，求夏后之璜，與之他玉而奔齊。則夏璜固在衛矣。《文中子》曰："夏后之璜，不能無類。"《淮南子》曰："夏后氏之璜，不能無考。"考者瑕也。

《太平御覽》作：

　　《説文》曰：璜，半璧也。
　　《尚書中候》曰：文王由磻溪之水，吕尚釣其涯。王下拜曰："乃今見光景於斯。"尚曰："望釣得玉璜。"
　　《周禮·春官上·大宗伯》曰：以玄璜禮北方。
　　…………
　　《左傳·文公》曰：周公相王室，以尹天下，於周爲睦。分魯公以大路、大旗、夏后氏之璜。（杜預注曰：璜，美玉名。）
　　又《哀下》曰：宋向魋出奔衞，公父文伯攻之。求夏后氏之璜，與之他玉而奔齊。
　　…………
　　《文子夏》曰：夏后之璜，不能無纇。
　　《淮南子》曰：夏后氏之璜，不能無考。（考，瑕。）
　　…………
　　《楚辭》曰：璜臺十成，誰可極焉？（璜，石次玉。）
　　傅玄《歌詩》曰：有所思兮，在天一方；何用贈之？玉佩珠璜。①

與"璜"這一則類似，《緯略》改變引類書順序的習慣通常是把字書推後，集部提前，推測其邏輯應該是先列詩句，再考詩中詞語，最後羅列書證。又如，卷三"唐科"，《太平御覽》內容是按年排列，《緯略》改爲按科排列，順序變化很大，也由此產生了很多錯誤。

（3）議論考證所引內容

更多情況下，《緯略》在引用類書內容之後，會有簡短的説明、議論或者考證。這一方面又可以分爲三類。

一類是説明摘録的原因。《緯略》經常抄録類書中重點內容或優美詞章以增加積累或備查考，在摘録之後，通常會説明摘録的原因。如卷一"賦體"説"六朝人好作《賦體》，今録數家於此"；"悼騷滑騷"説"三公吊屈原之辭，筆力皆高，併録於此"；"招隱詩"説"右晉人招隱詩四家，今録於世，昭明所采招隱，唯左太沖、陸士衡、王康琚耳"。卷三"唐科"注云："唐之科目，視漢最盛，因衷録之。"至於優美詞章，卷一〇"車渠椀"便是摘《藝文類聚》中相關文章的"奇語"以便賞析。卷一一"荀況《雲賦》"引《藝文類聚》後説

---

①　（宋）李昉等編《太平御覽》，第3585頁。

"荀況文章少見，故録之"亦是此類。

另一類是抄録類書內容之後進行感慨和總結，也偶有一兩句考證文字。在這一類情況中，類書內容是作爲事例或文例存在。如卷二"棋"引《藝文類聚》中文章後感慨"右棋之賦五，棋之論三，有能造悟其一，當所向無敵，況盡得其理乎？"卷五"帶甲百萬"，引《太平御覽》諸事之後，歸納感慨"古者捭闔之士，言富國強兵者，必曰有帶甲百萬，事率類此"。卷六"萬年觴"引《太平御覽》諸事之後，總結道"此漢唐奉觴所自也"。也有先總結再引類書的情況，如卷八"碧"便是先總結"古人賦中最好用碧字"，然後再引《太平御覽》內容進行説明。如果有考證文字的話，一般會遍佈全條。卷四"擊壤"引《太平御覽》諸事中間有考證，如引皇甫謐言，之後説明"則晉時尚有此戲矣"，引《擊壤賦》後猜測賦中"罪一殺兩"的含義"罪一殺兩不可曉，當是以手中之壤擊地上之壤，如今以錢取中之類也"。最後對全文涉及的內容進行猜測式的考證："《逸士傳》所云'壤父'，是猶嵇康《高士傳》曰'堯時隱人，年老以樹爲巢而寢其上，故人號曰巢父，許由所師者'是也。"

最後一類是引類書之後引相關詩句，引詩之後或對詩中字句進行評論。這一類在《緯略》中最爲常見，這在一定程度上也反映出高氏作爲文人對於詩作的關注。高氏所引之詩句多爲唐宋詩，類書中不見，有的甚至不見於其他現存古籍，目前不清楚高氏是如何抄録的。有可能是高氏於詩詞一道用力甚勤，能够背誦的詩詞數量很大，引詩確爲自己所記憶的。不過卷八"天賦""裁成風雨"兩則所引文句均見《文苑英華》卷一，順序亦同，或是高氏自他書中引詩句的證據。也許高氏確實引自當時坊間選本，只是該本今日不可見。

涉及引詩的條目，如卷一"黛"，引《太平御覽》內容之後，又引兩句詩：

> 武元衡詩："豔歌愁翠黛，寶瑟思清商。"張謂詩："殘妝添石黛，豔舞落金鈿。"用石黛二字，正用《通俗文》也。

同卷"脂澤"也是如此，先引《太平御覽》內容，再引詩，並將詩中字句與前引內容相對應：

> 王維詩："邀人傳脂粉，不自著羅衣。"此言脂也。夏英公詩："絳脣不敢深深注，卻怕香脂污玉簫。"用脂字尤妙。溫庭筠詩："蘭膏墜髮紅玉春，燕釵拖頸拋盤雲。"即澤也。

也有只引詩句不加評論的，如卷六"丙穴"最後引一句杜詩："魚知丙穴由來美，酒憶郫筒不用沽。"還有一些是先引詩，再引《太平御覽》內容的，如卷四"白氎"先引"杜詩：'細軟青絲履，光明白迭巾。'王昌齡詩：'手巾花迭淨，香皈（一作被）稻畦成。'"再引《太平御覽》中白氎布相關內容。

(4) 將所引內容作爲考證資料

另一方面，高似孫也將類書作爲工具書以備查考，《緯略》一些條目中所引類書內容即爲查考之後的記錄。上述先引詩，再引類書的例子有的也可以視作讀詩發現某詞不解，用類書查考資料的情況。此外，有因生活中問題而查類書的，如卷四"古鐺"高氏先云："古銅鐺者，龍首三足，挹注以口，翠蝕可玩。"是家中有其物，加以描述，再用《太平御覽》查相關資料。有因讀類書時遇到問題查另一本類書的，如卷七"襲六爲七"引《海錄碎事》之後又從《太平御覽》中查找資料摘錄。有因讀筆記、詩話時遇到問題查另一本類書的，如卷八"熬波出素"，此則《海賦》與蘇詩並提，當是引《苕溪漁隱叢話》。後列各書"煮鹽"異說，當引自《太平御覽》。形式上此則並不是先引筆記、詩話再引類書，而是將筆記、詩話一部分內容雜入類書中，重新組合。需要注意的是，也有直接引類書僞裝成讀文章後通過類書查考資料的情況。如卷一二"《崑崙丘贊》"，先引郭璞《崑崙丘贊》，再引《藝文類聚》中內容解釋《崑崙丘贊》中各詞的出處，最後感慨"郭璞之文精切如此，一一皆援據文章。而欲苟作，難哉！"看似是利用類書解決訓詁問題的典範，可是郭璞《崑崙丘贊》亦見於《藝文類聚》同卷，與所引各出處緊連。表面上是讀文章發現問題查考類書，實際上是讀類書發現前後照應，故而抄出。

2.《緯略》轉引類書時出現的問題

在轉引類書的態度方面，高似孫做得不算認真。如卷一"招隱詩"抄撮《藝文類聚》卷三六"招隱詩"而成。高氏言"梁昭明所采《招隱》唯左太沖、陸士衡、王康琚耳"，故其摘錄時不錄左、陸、王三家詩。然《藝文類聚》卷三六所錄三家詩，只有左思兩首見於《文選》，陸機二首與王康琚一首皆不見於《文選》，高氏失考，可見其對比時亦不認真。又，《文選》所載王康琚詩爲《反招隱詩》，高似孫亦不察。又如卷三"唐科"改寫自太平御覽，《緯略》所記人名、年份均有不少錯誤。

高氏引類書不僅有文字錯誤，還有誤冠書名的情況。例如卷二"白瑤宮"，其中一部分高氏注明引自《物類相感志》，可今本《物類相感志》並無相關內容。實際上，這段內容出自《宣室志》，高似孫自《類說》轉引。《類說》中《物類相感志》與《宣室志》前後相連，高氏誤作《物類相感志》，可見高氏引書時的粗心大意。

除引書過程中出現錯誤之外，還有類書有誤，高似孫不察其誤而引的情況。如卷三"秦醫越醫"，《左傳》載膏肓事在成公十年，唯《緯略》與《太平御覽》作十五年，顯然是沿襲類書之誤而誤。卷四"細氈"引自《類說》，但所引的這一部分，據李更先生指出，"其所據不僅有《類說》，且是帶有僞書、僞信息的《類説》"①。係不察《類説》之誤而襲用。

《緯略》引類書也有可以體現"誇示宏肆"心態的。如卷四"甘脆"：

> 似孫昔奉祀攢陵，得牙盤食，有所謂薄餌，狀如薄脆，而甘脆特甚。後閱范汪《祠制》曰：孟夏祭有甘脆。又盧諶《祭法》：四時祠用安乾特。束晳《餅賦》曰"安乾粔籹之倫"，當是此類也。

此處所引三事皆見《太平御覽》卷八五二，且三事相連，引自《太平御覽》無誤。而高氏寫作時依然稱"後閱范汪《祠制》"，假裝自己所讀的是原書，未免有"誇示宏肆"之嫌。

在對待類書的態度上，目前沒有見到宋人著作引類書的相關研究，但在《演繁露》中，轉引自類書的内容大多標明實際引用來源。《緯略》作爲一本仿《演繁露》，甚至欲與《演繁露》爭勝的著作，自然應該知道《演繁露》處理轉引類書内容的方法。《演繁露》經常有連續多條引用類書的情況，高似孫既然已經知道這點，再隱去類書引文來源，至少不是完全無意而爲之。

三、《緯略》襲用他人著作

在轉引類書之外，《緯略》中至少73則中的引文有轉引自類書外其他書而未提其原始出處的現象（有8則引兩種，1則引三種），這裏所說的"襲用"即爲此類。其中襲用《苕溪漁隱叢話》後集19則，《能改齋漫錄》19則，《演繁露》9則，《東坡先生物類相感志》5則，《嬾真子錄》5則，《通志》5則，《雍錄》5則，《夢溪筆談》4則，《靖康緗素雜記》4則②，《容齋隨筆》（含《容齋續筆》）3則，《揮麈錄》《鼎錄》《韻語陽秋》《埤雅》《新校楚辭序》各1則。

---

① 李更《〈類說〉本〈續博物志〉的前世今生——兼議〈類說〉對〈紺珠集・諸集拾遺〉的襲用及古書作僞》，《中國典籍與文化》，2018年第3期，第81頁。

② 卷一一"錦瑟"所引內容今僅見《苕溪漁隱叢話》前集轉引《靖康緗素雜記》，今本《靖康緗素雜記》無此條。考慮到引《苕溪漁隱叢話》前集僅此一處，姑且認爲其直接來源爲原本《靖康緗素雜記》。

下面逐一分析。

1. 《緯略》襲用他人著作的方式

(1) 全抄不加己見

首先，《緯略》引他人著作不乏全抄不加己見的情況。如卷一一"錦瑟"：

> 唐李義山《錦瑟》詩："錦瑟無端五十弦，一弦一柱思華年。莊生曉夢迷蝴蝶，望帝春心託杜鵑。滄海月明珠有淚，藍田日暖玉生煙。此情可待成追憶，只是當時已惘然。"山谷道人讀此詩，殊不曉其意，後以問東坡，坡云："此出《古今樂志》，云：'錦瑟之爲器也，其弦五十，其聲感怨清和。'按李詩'莊生曉夢迷蝴蝶'，感也；'望帝春心託杜鵑'，怨也；'滄海月明珠有淚'，清也；'藍田日暖玉生煙'，和也。一篇之中，曲盡其意，史稱其瑰邁奇古，信然。劉貢父《詩話》以謂錦瑟乃當時貴人愛姬之名，義山因以寓意，非也。"

《苕溪漁隱叢話》前集卷二二：

> 《緗素雜記》云："義山《錦瑟詩》云：'錦瑟無端五十弦，一弦一柱思華年。莊生曉夢迷蝴蝶，望帝春心託杜鵑。滄海月明珠有淚，藍田日暖玉生煙。此情可待成追憶，只是當時已惘然。'山谷道人讀此詩，殊不曉其意，後以問東坡。東坡云：'此出《古今樂志》，云：錦瑟之爲器也，其弦五十，其柱如之，其聲也，適、怨、清、和。'案李詩'莊生曉夢迷蝴蝶'，適也；'望帝春心託杜鵑'，怨也；'滄海月明珠有淚'，清也；'藍田日暖玉生煙'，和也；一篇之中，曲盡其意，史稱其瑰邁奇古，信然。劉貢父《詩話》以謂'錦瑟乃當時貴人愛姬之名，義山因以寓意。'非也。"①

除"唐李義山《錦瑟》詩""義山《錦瑟詩》云"和"案""按"等個別字句略微有異，整體內容完全相同。雖然今本《靖康緗素雜記》無此條，高似孫具體從何書得見不可知，但襲用他人著作確定無疑。

(2) 議論考證襲用內容

在整段抄襲之餘，高似孫也會對所抄內容進行簡單考證或評論，如卷一"獵碣"：

> 周宣王《石鼓文》，韋應物、韓退之最所贊善，如老杜《李潮八分小

---

① （宋）胡仔纂集《苕溪漁隱叢話》，廖德明校點，北京：人民文學出版社，1962，第147—148頁。

篆歌》亦曰："陳倉石鼓亦已訛。"唯歐陽公以爲可疑者三。蘇勖《載記》曰："石鼓文謂之獵碣，共十鼓。其文則史籀所篆，周宣王所創。""獵碣"二字甚生，蘇氏用此必有所據。任昉《述異記》曰："崆峒山有堯碑禹碣。"亦用碣字。

《能改齋漫録》卷一五：

> 周宣王石鼓，歐陽文忠公以爲有可疑者三。唯唐以來，韋應物、韓退之嘗盛稱讚，予謂不特二公，老杜固嘗有《李潮八分小篆歌》云："陳倉石鼓又已訛。"况蘇勖《載記》亦言："石鼓文，謂之獵碣，共十鼓，其文則史籀大篆。"則知石鼓稱爲周宣王所創者，在昔不止二公。①

此則《緯略》襲用《能改齋漫録》卷一五，又以《載記》中"獵碣"二字甚生，復引《述異記》説明。

（3）改易原文順序

除原原本本全抄他書不加改動之外，《緯略》引他人著作也有改易原文順序使文章改頭換面的，如卷一《楚辭》：

> 《楚辭注》："楚有先王之廟及公卿祠堂，圖畫天地山川神靈奇偉及古賢聖怪物行事。屈原周流罷倦，休息其下，仰見圖畫，因書其壁，呵而問之，以泄憤懣，舒寫愁思。"讀此，則《九歌》之意，全本於此。圖畫鬼神之間，猶足以泄憤懣、寫愁思，況其餘乎？今觀屈宋騷辭所以激切頓挫，有人所不可爲者，蓋皆發於天，如羌、誶、蹇、紛、侘、傺、些、只者，楚語也；沅、湘、江、澧、修門、夏首者，楚地也；蘭、茝、荃、藥、蕙、若、蘋、蘅者，楚物也。以其土風，形於言辭，故風雅比興，一出於國風二雅之中，不可及已。嚴助薦買臣，召見，言楚辭，帝甚説之。宣帝修武帝故事，徵能爲楚辭者九江被公等。自漢以還，文人詞客慕其軌躅，摘華競秀，而識其體要者亦寡爾。後才士但襲其體，追其韻，言雜燕粵，事兼夷夏，亦謂之"楚辭"，失其旨矣。

此則後半全引自黄伯思《新校楚辭序》，只是大範圍調整了順序：

> 《漢書·朱買臣傳》云："嚴助薦買臣，召見，説《春秋》，言《楚辭》，帝甚説之。"《王褒傳》云："宣帝修武帝故事，徵能爲《楚辭》者九

---

① （宋）吴曾《能改齋漫録》，上海：上海古籍出版社，1979，第447頁。

江被公等。"《楚辭》雖肇于楚，而其目蓋始於漢世。然屈、宋之文與後世依放者，通有此目，而陳説之以爲唯屈原所著則謂之《離騷》，後人效而繼之，則曰《楚辭》，非也。自漢以還，文師詞宗，慕其軌躅，摘華競秀，而識其體要者亦寡。蓋屈、宋諸《騷》，皆書楚語，作楚聲，紀楚地，名楚物，故可謂之《楚辭》。若些、只、羌、誶、蹇、紛、侘傺者，楚語也；頓挫悲壯，或韻或否者，楚聲也；沅、湘、江、澧、修門、夏首者，楚地也；蘭、茝、荃、藥、蕙、若、蘋、蘅者，楚物也；率若此，故以楚名之。自漢以還，去古未遠，猶有先賢風槩，而近世文士但賦其體，韻其語，言雜燕、粵，事兼夷、夏，而亦謂之《楚辭》，失其指矣。①

從"蓋皆發於天"之後，幾乎全部是改寫的《新校楚辭序》內容。

(4) 同時引用多種書

《緯略》引筆記常合二乃至三爲一，或與類書同引。如卷七"八百碑"：

唐人説李邕前後撰碑八百首。按《邕傳》："邕尤長碑頌，中朝衣冠及天下寺觀，多齎金帛求其文。"杜詩曰："干謁滿其門，碑版照四裔。豐屋珊瑚鉤，麒麟織成罽。紫騮隨劍几，義取無虛歲。"蓋謂邕也。

邕碑今尚遺者，《左羽林將軍臧懷亮碑》（在耀州），《開元寺碑》（淄州），《嶽寺大照和尚普寂碑》（西京），《李府君碑》（西京），《普光寺碑》（泗州），《娑羅木碑》（楚州），《大雲禪寺碑》《老子孔子顏回贊》（海州），《秦望山法華寺碑》（越州），《嶽麓山寺記》《大律故懷道闍黎碑》（福州），《石室記》（端州），《有道先生葉公碑》《東林寺碑》（江州），《左武衛尉碑》（闕），《將軍李思訓碑》《雲麾將軍李秀碑》《鄂州刺史盧府君碑》。

《海録碎事》卷一八：

八百首 唐人説李邕前後撰碑八百首。②

《容齋續筆》卷六：

作文受謝，自晉、宋以來有之，至唐始盛。《李邕傳》："邕尤長碑頌，中朝衣冠及天下寺觀，多齎持金帛，往求其文。前後所制，凡數百首，受納饋遺，亦至鉅萬。時議以爲自古鬻文獲財，未有如邕者。"故杜詩云：

---

① （宋）吕祖謙編《宋文鑒》，齊治平點校，北京：中華書局，1992，第1306頁。
② （宋）葉廷珪《海録碎事》，李之亮校點，北京：中華書局，2002，第830頁。

"干謁滿其門，碑版照四裔。豐屋珊瑚鉤，騏驎織成罽。紫騮隨劍几，義取無虛歲。"①

《通志·金石略》：

左羽林將軍臧懷亮碑。耀州。　開元寺碑。淄州。　嶽寺大照和尚普寂碑。西京。　李府君碑。西京。　普光寺碑。泗州。　娑羅木碑。楚州。　大雲禪寺碑。海州。　老子、孔子、顏回贊。海州。　秦望山法華寺碑。越州。　嶽麓山寺記。潭州。　大律故懷道闍梨碑。福州。　石室記。端州。　有道先生葉公碑。　東林寺碑。江州。　左武尉大將軍李思訓碑。開元八年。未詳。　大雲寺講堂碑。陳州。　雲麾將軍李秀碑。鄂州刺史盧府君碑。未詳。右李邕。②

此則引《海録碎事》《容齋續筆》與《通志》。判斷其引自《海録碎事》原因有二：一是前後幾則均引《海録碎事》同卷内容，二是今存各書此語只見《海録碎事》。判斷其引自《容齋續筆》原因有二，一是所引内容高度相似，二是《容齋續筆》引杜詩是節引，中間省略若干句，《緯略》全同《容齋續筆》。此則合三書内容爲一。此處引《通志》内容是摘抄記録，《緯略》引《通志》大都如此。《海録碎事》内容在鄰近幾則中扮演的是"引出話題"的角色，或許是高似孫讀《海録碎事》時以其爲本摘抄材料。《容齋續筆》則是提供書證，用《李邕傳》和杜詩來證明《海録碎事》中的内容。最後《通志》則是提供相關資料，借《通志》内容列舉現存的李邕碑刻，屬資料性質。

《緯略》引筆記還有同時引兩書，引其一攻其一的。如卷五"黄銀"：

程氏《繁露》以爲："黄銀者果何物？鍮石屬，其殆鍮石也。"……又按唐慎微《證類本草》載霞子曰："丹砂伏火，化爲黄銀，能重能輕，能神能靈。"唐日華《子論》曰："銀凡十七品，水銀銀、白錫銀、曾青銀、土碌銀、生鐵銀、生銅銀、硫黄銀、砒霜銀、雄黄銀、雌黄銀、鍮石銀，惟有至藥銀、山澤銀、草砂銀、丹砂銀、黑鉛銀五者爲真，餘則假也。"《本草》曰："丹砂、雄黄、雌黄皆殺精魅。"所謂黄銀者非丹砂銀即雌黄、雄黄銀也。太宗賜帶之時，如晦已死，故帝曰"黄銀鬼神畏之"也。顯慶中監門衛長史蘇恭撰《唐本草》，其中稱黄銀"作器辟惡"，益知黄銀爲瑞

---

① （宋）洪邁《容齋隨筆》，孔凡禮點校，北京：中華書局，2005，第286頁。
② （宋）鄭樵《通志二十略》，王樹民點校，北京：中華書局，1995，第1878—1879頁。

物也。方勺《泊宅編》曰：黃銀出蜀中，南人罕識。朝散郎顏京監在京，抵當庫，有以十釵質錢者，其色黃，與上金無異，上石則正白。此説尤分明。

《能改齋漫錄》卷一五：

> 予案，唐慎微《證類本草》，載青霞子曰："丹砂伏火，化爲黃銀。能重能輕，能神能靈。萬斤遇火，輕速上騰。鬼神尋求，莫知所在。"又案，唐日華《寶藏論》云："銀有十六件：真水銀、白錫銀、曾青銀、土碌銀、丹陽生鐵銀、生銅銀、硫黃銀、砒霜銀、雄黃銀、雌黃銀、瑜石銀。惟有至藥銀、山澤銀、草砂銀、母砂銀、黑鉛銀五件是真，餘則假。"《本草正文》："丹砂、雄黃、雌黃，皆殺精魅、惡鬼、邪氣。"所謂黃銀者，非丹砂銀，則雌黃雄黃銀也。太宗所賜黃銀帶者，以黃銀爲帶耳。時如晦已死矣，而丹砂、雄黃、雌黃銀皆殺鬼魅，所以太宗云："黃銀，鬼神畏之也。"考唐顯慶中，監門衛長史蘇恭撰《唐本草》，其中一條稱："黄銀作器辟惡，瑞物也。"①

此則引《能改齋漫錄》來反駁《演繁露》黃銀是鍮石的説法。值得注意的是，同是引筆記，引《演繁露》注明出處，而引《能改齋漫錄》不注出處，帶來旁徵博引的假象。

2. 《緯略》襲用他人著作的選擇

《緯略》大量内容因襲他人著作與轉引類書不注明是有區別的。高似孫引類書是從不注明，而引他人著作卻是有時注明，有時不注。考其緣由，或許可以從卷三"麈尾"引《埤雅》中窺見一二：

> 麇之大者曰麈，群麇（一作鹿）隨之，皆依（一作視）麈尾所轉。（出《名苑》。又《恩平郡譜》曰："麈，謂之荒麈。"《埤雅》曰："其尾辟塵。"）

而《埤雅》卷三：

> 麈，獸似鹿而大，其尾辟塵……《名苑》曰："鹿之大者曰麈，群鹿隨之，皆視麈所往，麈尾所轉爲准。"於文主鹿爲麈，而古之談者揮焉，良爲是也。《恩平郡譜》曰："沈牛謂之回，沙牛謂之磨，麈謂之荒，鹿謂

---

① 吳曾《能改齋漫錄》，第436頁。

之擢。"①

此處《名苑》《恩平郡譜》均見於《埤雅》所引，高氏下文既引《埤雅》，自然可以得見這兩條引文，也基本可以斷定這兩條引文轉引自《埤雅》。高氏此處引《埤雅》自己的敘述注明出處，而轉引《埤雅》引文不注出處。這個例子或許可以表明高氏認爲作者自己的行文與所引書證可以分別對待。

再考《緯略》引《夢溪筆談》的內容，注明出自《夢溪筆談》的有六則七處，這七處除卷六"花信麥信"引《石淙詩序》外，均是沈括自言，不是引文。而《石淙詩序》所載不見今本《夢溪筆談》。未注明出自《夢溪筆談》的四則，有三則是轉引《夢溪筆談》中的引文，卷七"三本書"雖未注明《夢溪筆談》，但將《夢溪筆談》內容拆散，並非集中引用。同樣説明了高氏確實對作者自己的語言與所引書證所持態度不同。

又，除九處襲用外，《緯略》明引《演繁露》共四處，分別是卷五"黃銀""瑟瑟""養和"和卷八"十種琉璃"，"黃銀""瑟瑟"和"十種琉璃"三則是駁《演繁露》觀點的，"養和"雖是補充《演繁露》觀點，但今本《演繁露》並無此條。而襲用的諸條基本上是照搬原文並同意其觀點。可以看出，當與《演繁露》觀點相同時，即不提實際引用來源，當與《演繁露》觀點相異時才會被提及實際出處。

另外，《緯略》中引《物類相感志》內容出處有兩種：一是引自《物類相感志》原書，二是轉引自《類説》中所引的《物類相感志》。其中轉引自《類説》的部分全部注明引自《物類相感志》，而襲用《物類相感志》不注明出處的内容全部引自原書。在卷數分佈上，轉引自《類説》的部分多在前六卷，出自原書的集中在十、十一兩卷。兩種出處各自分佈及引用方式相對集中，由此也可以窺見高氏寫作的方式，並非同時參考諸書，而是襲用有先後。

對比明引與引用不加出處的諸書，可以發現，《緯略》經常引用不加出處的《苕溪漁隱叢話》《能改齋漫録》《嬾真子録》和《雍録》均是南宋人著作，另一個襲用"重災區"《演繁露》基本上只有在被反駁觀點時才會被提及出處，而被明引的《夢溪筆談》《埤雅》《物類相感志》都是北宋人著作，《夢溪筆談》尤爲有名。不難看出，越是時間早、流傳廣、名氣大的著作，越是明引的多，襲用的少。《容齋隨筆》雖是南宋著作，但因爲名氣大，也有卷二"嚏占"和卷四"漢官"兩處明引，雖然有三處襲用，但是卷一"寧馨"只用一句話，卷

---

① （宋）陸佃《埤雅》，北京：中華書局，1985，第57—58頁。

七"八百碑"是轉引《李邕傳》與杜詩,只有卷一一"新宮銘"一處是完全襲用。《物類相感志》雖是北宋著作,但因爲流傳不廣,也難以逃脱被襲用的命運,前幾卷明引的部分因爲實際引自《類説》,晦其總名,才得以保全書名。

由此可見,高似孫並不是完全没有引他人著作要注明出處的意識,只是在對待不同著作和著作中不同内容的時候採取了不同的態度。這一態度變化,很可能並不是對前輩或著名學者的尊敬,而是時間早、流傳廣、名氣大的著作不便於暗中因襲。進一步説,《緯略》因襲《苕溪漁隱叢話》與《能改齋漫録》等書的時候不注明來源,很可能是有意的。

3. 《緯略》襲用他人著作時出現的問題

《緯略》襲用他人著作時出現的主要問題是轉引時誤讀導致的錯誤理解,如卷九"凌煙閣贊":

> 按《唐河間王元恭碑》曰:唐初功臣皆圖形戢武閣。今日凌煙閣耳。戢武之名不見於他書。又《段志玄碑》亦曰:"圖形戢武閣。"二碑皆當時所立,不應差誤。

《苕溪漁隱叢話》後集卷一六:

> 《金石録》云:"唐《河間元王孝恭碑》,唐初功臣,皆云圖形凌煙閣,而此碑乃作戢武閣,戢武之名,不見於他書,惟當時石刻有之,豈凌煙先名戢武而後改之也?又《段志玄碑》亦云:'圖形戢武閣。'二碑皆當時所立,不應差誤。"①

此則錯誤有二:一是《緯略》所記碑名有誤,或是《緯略》傳抄、刊刻之誤,此不具論。二是原文並没有提到《河間元王孝恭碑》碑文具體如何,《緯略》直接改作"碑曰唐初功臣皆圖形戢武閣"。對照《金石録》原文與《苕溪漁隱叢話》轉引文字,可以知道"唐初功臣"云云是趙明誠議論之言,並非碑文。雖然高氏的改寫未必認爲"唐初功臣皆圖形戢武閣"即碑文,但相較於《苕溪漁隱叢話》原文,《緯略》所載更容易被理解爲"唐初功臣皆圖形戢武閣"即碑文,有可能造成新的訛誤。

《緯略》引他人著作還有他人著作有誤,高氏不察其誤而引的。卷八"樂石"引《演繁露》卷九"嶧山"的内容。《演繁露》此則材料出自《太平御覽》卷四二,程氏在引後誤注爲"《太平廣記》"。《緯略》亦注爲引自《太平廣記》。

---

① 胡仔纂集《苕溪漁隱叢話》,廖德明校點,第115頁。

對《太平御覽》非常熟悉的高似孫應該可以發現《演繁露》之誤，可是依然照抄，可見其寫作時的粗疏。

另外，還有許多文字上的出入。如上文"黃銀"，《能改齋漫錄》作"唐慎微《證類本草》載青霞子曰"，《緯略》脫一"青"字，作"唐慎微《證類本草》載霞子曰"。此類問題在轉引他人著作時屢見不鮮，但因爲這類差錯或是傳抄、刊刻之誤，非高氏編纂的問題，故不具論。

結　語

《緯略》之所以能一月而成，最主要的方法無非就是四處抄撮。從上文的考察可以看出，《緯略》相當一部分條目是摘抄類書某一類的部分內容，再加上引語或小結而成；還有一部分條目是迻錄他人著作，全抄或拼貼而成。高氏的抄撮並非有目的地蒐集資料，而是近乎信手翻書摘錄內容。由引書內容分佈亦可看出，《緯略》轉引自同一本書的內容往往聚集在一起，引《太平御覽》等類書的內容也有相近卷次集中引用的情況。前述所引《物類相感志》的兩種來源更是如此，高似孫自《類說》轉引《物類相感志》內容之後又引用原書，兩種來源的內容分佈涇渭分明，并未加以統一整合，由此也可以看出《緯略》成書之匆促與隨意。

由《緯略》大量引用類書內容也可以發現，類書在《緯略》這類書籍的成書過程中起到了雙刃劍的作用：一方面，由於參考類書，學識不甚高的士人也可迅速撰書，文理亦有可觀之處，促進了學術的繁榮；另一方面，類書也使得這些士人不再廣泛閱讀，學識日漸庸暗，這兩方面互相作用，形成了惡性循環。類書編纂的初衷是使人作詩作文便於檢索，臨事便於應對，並不是學問之源。用類書"抄近道"搞學問，一時自然是便捷了，可長此以往難免會使學者個人困於類書的知識範圍之內。正如四庫館臣在《四庫全書總目》子部類書類序中所言："此體一興，而操觚者易於檢尋，注書者利於剽竊，轉輾裨販，實學頗荒。"①

雖然《緯略》有過半內容是抄撮而成，但仍具有其學術價值。一方面，高似孫在抄撮之外尚有部分自撰內容，如卷四"古鐺"最後部分和卷七"三本書"中間部分記述高氏自己親身經歷之事，皆可資參考；又如卷一二"通鑒"，

---

① （清）永瑢等《四庫全書總目》，北京：中華書局，1965，第1141頁。

最後所稱"《通鑒》采正史之外,其用雜史諸書凡二百二十二家"①,向爲諸家引用。另一方面,抄撮亦有保存稀見文獻之功,如卷一二"牛膝酒"的内容,不見於他書記載。本文對《緯略》資料來源和引用情況的探討,當有助於更加準確、深入地認識此書的性質和價值,亦可在一定程度上反映出類書在南宋學術生産中的作用。

(作者單位:北京大學中國古文獻研究中心、北京大學中文系)

---

① 《史略》成書於《緯略》之後,其卷四羅列《資治通鑒》參據書目,共計 226 種,高氏自言用七年時間逐一考出。今人張煦侯在《通鑒學》中統計《通鑒》所用書共 302 種,參氏著《通鑒學》,北京:北京聯合出版公司,2019,第 100—101 頁。

《論語》中"知"的歷史闡釋及現代啓示[*]

楊曉斌　劉　玲

【内容提要】　《論語》中"知"主要是爲了道德目的而提出，側重在"德性之知"，並且仁知統一、以仁統知；但其中也包含有知識與認知的内容，所謂"聞見之知"。孔子以後的儒家、儒學家、思想家、哲學家對《論語》中"知"作了許多的闡釋與評説，分辨越來越細化，闡釋越來越詳細，但又有所側重。荀子側重孔子"聞見之知"的一面，並否定孔子的"生而知之"，由此發展出一套中國哲學史上的知識理論。在"德性之知"與"聞見之知"之間，絶大多數的儒家更重視"德性之知"。孟子、張載、程頤、朱熹、王守仁等確立了重德性、輕知識的傳統。經過幾千年的文化積澱，儒家文化重視德性之知的偏向，逐漸根植於中華民族的靈魂深處，形成了一種文化傳統。近代以來，越來越多的中國知識份子認識到，缺乏認知主義傳統是導致科學知識和現代化在中國發展緩慢的主要原因；與西學相比，儒學的最大特點是將一切問題歸結爲道德問題來解决，並試圖通過建構一種形而上學或存在論學説把西方知識傳統吸納到儒家傳統中來。在現代條件下，金岳霖建構了一個知識與智慧二分的哲學體系，對知識與智慧的關係這一時代問題進行了深入的哲學思考。金岳霖的闡釋既是時代矛盾和問題的反映，又是以理論思維的方式解决時代矛盾和問題的嘗試。馮契通過對金岳霖哲學所面臨問題的理論反思，提出了"轉識成智"的理論，來溝通元學與知識論、知識與智慧，爲回答和解决時代問題提供了富於啓發性的新思路。

【關鍵詞】　《論語》"知"　歷史闡釋　時代内涵

---

[*]　[基金項目] 本文爲國家社科基金項目"胡風東漸與漢魏文學新變"（批准號：18BZW041）成果。

從資料統計來看①，在今本《論語》中，"知"共出現118次（無"智"字）②。《論語》中的"知"是一個涵義豐富、所指較爲寬泛的概念，今天我們所說的知識、認識、認知、智慧等概念及其相關詞性的變化（動詞性、形容詞性）都涵蓋其中。③ 自《論語》提出"知"和基本意涵之後，歷代的儒家、儒學家、思想家、哲學家表示出不同程度的關注，產生了許多的闡釋與評說。以時代先後爲序，大致羅列有代表性的闡釋與評說，我們可以看出對"知"的内涵的辨析、解說及其時代的因素，因爲一切的闡釋都是當時、當下的闡釋。

一、古代儒家對"知"的闡釋與辨析

《論語》中的"知"主要是爲了道德目的而提出，側重在"德性之知"，並且仁知統一、以仁統知；但其中也包含有知識與認知的内容，所謂"聞見之知"。孔子以後的儒家，往往抓住《論語》中"知"性的一端或一個方面進行闡釋。絕大多數都是把"知"作爲道德培養與成就理想人格的必備條件，"仁且智"是其理想的聖人人格。《孟子·公孫丑上》載："昔者子貢問於孔子曰：'夫子聖矣乎？'孔子曰：'聖則吾不能，我學不厭而教不倦也。'子貢曰：'學不厭，智也；教不倦，仁也。仁且智，夫子既聖矣。'"④ 在孟子與子貢看來，要成爲儒家的理想人格聖人，不但要做到仁，而且還必須能够達到智，做到仁智合一。孟子認爲的孔子之"知"，就是"仁智"，是從《論語》中"知"的"德性之知"方面出發所作的闡釋。

到了荀子，一方面繼承了孟子對"知"的認識，並有所發展。《荀子·君道》中說："知而不仁不可，仁而不知不可，既知且仁，是人主之寶也，而王霸之佐也。"⑤ 認爲"既知且仁"是具有"德性之知"者，這是荀子的繼承。同時，把"既知且仁"又作爲一種實現王霸的輔助或工具，這是荀子的發展。另

---

① 據劉寶楠《論語正義》（中華書局，1990）統計。
② 楊伯峻《論語譯注》（中華書局，1958）後附《論語詞典》統計"知"出現116次，漏計2次。
③ 參拙文《文本的歷時性與共時性：〈論語〉中"知"的演變及其用法》，載《長安學術》第14輯（2020年1月）。
④ 楊伯峻《孟子譯注》，北京：中華書局，1960，第63頁。
⑤ （清）王先謙《荀子集解》卷八，沈嘯寰、王星賢點校，《新編諸子集成》（第一輯）本，北京：中華書局，1988，第240頁。

一方面，荀子否定孔子的"生而知之"，在詳細探討了知識的形成過程後，提出"天官薄類""心有徵知"的認識理論，認爲即使聖人也都是後天教化、積累德行的結果，"塗之人百姓，積善而全盡謂之聖人。彼求之而後得，爲之而後成，積之而後高，盡之而後聖。故聖人也者，人之所積也"①。"君子所謂知者，非能遍知人之所知之謂也"②，即使作爲"知者"的君子，也不能全部知道其他人所知道的知識，包含有"聞見之知"的内容。孔子主張仁知統一，但是，"仁"與"知"相比，"仁"才是孔子思想的核心内容，表現出以仁統知的傾向。由於荀子重孔子"聞見之知"的一面，並否定孔子的"生而知之"，由此發展出一套中國哲學史上的知識理論。正是因爲這一點，荀子受到了後來儒者的歧視，認爲是變化了的儒家，非儒學之正宗，稱其爲儒學發展之歧出。

漢代大儒董仲舒在《必仁且智》中闡釋"知"：

> 何謂之知？先言而後當。凡人欲舍行爲，皆以其知先規而後爲之。其規是者，其所爲得，其所事當，其行遂，其名榮，其身故利而無患，福及子孫，德加萬民，湯、武是也。其規非者，其所爲不得其事，其事不當，其行不遂，其名辱，害及其身，絶世無復，殘類滅宗亡國是也。故曰莫急于智。知者見禍福遠，其知利害蚤。物動而知其化，事興而知其歸，見始而知其終。言之而無敢諱，立之而不可廢，取之而不可舍。前後不相悖，終始有類，思之而有復，及之而不可厭。其言寡而足，約而喻，簡而達，省而具，少而不可益，多而不可損。其動中倫，其言當務。如是者謂之知。③

董仲舒講的"知"雖包含有對事理、物理的認識與預見，但主要還是側重在成德和智慧的追求。與荀子相比，董仲舒更看重並發展了《論語》"德性之知"的一面，開啓了對"知"的解説中重"德性之知"、而輕"聞見之知"的做法。

北宋理學學派奠基人張載非常重視對"知"的研究與解説。張載最早把"知"分爲"德性之知"與"聞見之知"兩種，"德性之知"是誠明所知，"德性"的最高境界是"誠"——天德，即聖人的德性，其"德性之知"是指内在於道德主體的"天德良知"，要高於"聞見之知"，"誠明所知乃天德良知，非

---

① （清）王先謙《荀子集解》卷四《儒效》，沈嘯寰、王星賢點校，第144頁。
② 同上書，第122頁。
③ （漢）董仲舒撰、（清）淩曙注《春秋繁露》卷八，北京：中華書局，1975，第317—318頁。

聞見小知而已"①。"聞見之知"是指通過感官而獲得的外在知識,"見聞之知,乃物交而知,非德性所知;德性所知,不萌于見聞"②。而且,"聞見之知"是"小知",是下愚之人的"知","安于見聞則爲下愚"。因此,由耳目等感官獲得知識的過程是"因身發智",所獲得的是聞見小知,無助於成就德性,要想成就德性良知不能拘於此聞見小知,就像聖人一樣,"不以見聞梏其心"③,做到"大其心",才能達到"體天下萬物"的道德境界。雖然張載認爲"德性不萌于見聞",要想成就德性良知不能拘於此聞見小知,但並没有否定"聞見之知"。只不過,"聞見不足以盡物,然又須要他。耳目不得則是木石,要他便合得内外之道,若不聞不見又何驗?"④ 顯然,"聞見之知"並非其理論目的,而不過是達到"德性之知"的工具。

張載明確地辨析"知"爲"德性之知"與"聞見之知"兩種,對"知"的修養側重在"德性之知",與《論語》"知"的内涵基本一致。但張載明確把"聞見之知"作爲達到"德性之知"的工具和手段,而以"德性之知"爲目的。很顯然,張載對"知"的這種闡釋,對"德性之知"與"聞見之知"的解説,有内、外之別,有明確的目的與手段的差異,從此確立了對"知"的解説中重"德性之知"、輕"聞見之知"的傳統。

張載之後,理學家程頤與朱熹提出了"格物致知"的思想,其"成德"的初衷,"格外物以窮理"的成德之途,具有明顯的知性主義傾向。程頤解釋"致知"説,"在明理。或多識前言往行,識之多則理明,然人全在勉強也"⑤。程頤所説的"多識前言往行",是指知識學習。"識之多則理明",是把知識作爲明理之前提,可見其對知識的重視。朱熹在《大學章句集注》中解釋"格物致知"説,"右傳之五章。蓋釋格物致知之義,而今亡矣。閒嘗竊取程子之意以補之曰:'所謂致知在格物者,言欲致吾之知,在即物而窮其理也'"⑥。朱熹提出的"即物而窮其理",主要有物之"所以然之故"與"所當然之則"兩層

---

① (宋)張載《張載集》之《正蒙·誠明篇第六》,辛錫琛點校,北京:中華書局,1978,第20頁。
② 同上書,《正蒙·大心篇第七》,第24頁。
③ 同上。
④ 同上書,《張子語録·語録上》,第313頁。
⑤ (宋)程頤《伊川先生語四》,見(宋)程顥、(宋)程頤《二程遺書》卷一八,上海:上海古籍出版社,2000,第237頁。
⑥ (宋)朱熹《大學章句集注》,見影印怡府藏板巾箱本《四書集注》,成都:巴蜀書社,1986。

含義。"物之所以然之故",就是指有關事物的知識和事理,或事物發展的内在規律。

程頤與朱熹對"知"的解説,也看重在其修身處世之道,突出的是人生修養的實踐,但講知行關係,"行"固然重要,卻有先後次序之分,首先關注的應是知的方面,"知、行常相須,如目無足不行,足無目不見。論先後,知爲先;論輕重,行爲重"①。程朱主張知行統一,重在"行",但又斷定知先行後,這是對《論語》中"知"的兩方面内涵進行的階段與層次劃分,換句話説,是借機探討修身處世和人生修養實踐過程中的先後與層次。其實,《論語》中"知"的兩方面並没有階段與先後的區別。但由於這種階段與層次的劃分,具有實際的可操作性,或者説,相比較而言其實踐性更强。因此,在後世的國家治理思想中統一到一個相對集中的認識上,頗受重視。信守程朱的康熙説"每念厚風俗必先正人心,正人心必先明學術",康熙眼中的學術,核心就是《四書》,而在《四書》之中,又突出《論語》的地位,"天德王道之全,修己治人之要,具在《論語》一書"。②

把張載確立的重德性、輕知識的傳統,發展到極致的是明代的王守仁。作爲心學的集大成者,王守仁從成德和德性的立場出發,認爲"德性之知"高於"聞見之知",並把"聞見之知"歸入了"德性之知"。前此張載就認爲,"聞見之知"是達到"德性之知"的工具,"知"以"德性之知"爲目的。王守仁更進一步發展爲體用之説,認爲"德性之知"是體,"聞見之知"爲用。他甚至説:"良知不由見聞而有,而見聞莫非良知之用,故良知不滯於見聞,而亦不離於見聞。"③ 德性良知並不是因見聞而有,但一切的見聞知識都是成德與良知的工具。由此他進一步否定聞見之知在致良知中的作用,當其弟子問:"名物度數,亦須先講求否?"他回答説:"人只要成就自家心體,則用在其中。如養得心體,果有未發之中,自然有發而中節之和,自然無施不可。苟無是心,雖預先講得世上許多名物度數,與己原不相干,只是裝綴,臨時自行不去。亦不

---

① (宋)黎靖德編:《朱子語類》卷九"學三·論知行",王星賢點校,北京:中華書局,1986,第148頁。

② (清)康熙《御製日講四書解義序》,見景印文淵閣《四庫全書》本《日講四書解義》卷首,臺北:臺灣商務印書館,1986,第208册,第1頁。

③ (明)王守仁《王陽明全集》卷二"語録二",吴光等編校,上海:上海古籍出版社,1992,第71頁。

是將名物度數全然不理，只要知所先後，則近道。"① 在王守仁看來，名物度數等具體知識的獲得與德性的確立原不相干。因此，從成德和德性的立場出發，王守仁輕視"聞見之知"的作用。

任何概念，在早期都具有融合、多義的特性，隨着時間的推移，歷代的解説與闡釋，在内涵與外延方面越來越細分、細化，總的體現爲由融合向分辨、由模糊向清晰漸進的過程。《論語》中的"知"也不例外。

《論語》中的"知"，本來是一個涵義豐富、所指較爲寬泛的概念，融合了多方面的内容，具有多種義項和内涵。爲了認識的需要，也爲了把"知"的内涵等表述得更爲清楚明白一些，往往用後來的理論和概念來"反觀"和"重估"。簡要來説，《論語》中的"知"具有"德性之知"與"聞見之知"兩方面的内容。就其性質而言，既是一個道德範疇，也是一個認知範疇。"德性之知"與"聞見之知"雖無高下之分，但側重在"德性之知"。後代儒家、儒學家、思想家、哲學家對"知"的解説與闡釋，總體來看，分辨越來越細化，闡釋越來越詳細，但又有所側重。荀子側重孔子"聞見之知"的一面，並否定孔子的"生而知之"，由此發展出一套中國哲學史上的知識理論。其他更多的是側重"德性之知"的一面，孟子、張載、程頤、朱熹、王守仁，確立了重德性、輕知識的傳統。

嚴格來説，"聞見之知"與"德性之知"，這是自張載以來的表述與分辨，也是我們用他的理論與概念對《論語》中"知"的"反觀"與"重估"。近代以來，人們再次用新概念來進行概括和"反觀"。引進近代西學"知識"（knowledge）概念之後，人們用"知識"這一新概念來反觀和替换舊説法。如果説"聞見之知"更接近於我們今天所説的"知識"的話，那麽"德性之知"則接近於"德性""智慧"或"道德"。"德性""智慧"或"道德"三者的内涵基本相同，因爲側重的是道德的實踐關懷，强調從修身養性的人生實踐中獲得的"德性之知"。

在希臘文裏，"科學"和"知"是同一個詞"episteme"，即最高的"知"是"科學"（episteme），"episteme"一詞常被翻譯爲中文中的"知識"。知識與科學緊密聯繫在一起，因此，"知識"又常被稱爲"科學知識"。《論語》中的"德性之知"與"聞見之知"，二者本是融合在一起的，相輔相成，不存在對立與矛盾的問題。後代儒家的解説與闡釋，雖然側重不同，但只是主次問題、輕

---

① （明）王守仁《王陽明全集》卷一"語録一"，吴光等編校，第21頁。

重問題、先後問題、體用問題，也並不意味着矛盾與對立。杜維明説："宋明儒提出這個分別爲的是釐清德性之知内涵，並没有貶低經驗知識意願，更没有嚴格區分道德和知識的企圖。"① 這充分説明，儒家的"知"，同科學知識並不抵觸。只是儒家文化側重點在於道德，而不側重在科學知識。在"德性之知"與"聞見之知"之間，絶大多數的儒家更重視"德性之知"。經過幾千年的文化積澱，儒家文化重視德性之知的偏向，逐漸根植於中華民族的靈魂深處，形成了一種文化傳統。

二、近代中國的困惑與對"知"的探討

近代以來，對"知"的解説與闡釋，則在内涵上產生了一定的對立和矛盾，即德性智慧與科學知識的對立。其中既有現實的困境，也有理論上的思索與總結。近代以來，越來越多的中國知識份子認識到，缺乏認知主義傳統，是導致科學知識和現代化在中國發展緩慢的主要原因。與西學相比，儒學的最大特點是將一切問題歸結爲道德問題來解決。甚至認爲，正是由於傳統儒家文化重德的偏向，致使中國文化中缺乏認知主義傳統，没有形成科學精神，直接導致了近代以來中國的落後挨打的局面。因此，有學者指責傳統儒學犯了"重道德、輕知識"或者"泛道德主義"的錯誤。

其實，這種學理思考是在現實的困境之中的產物，懾於西方現代科學技術的强大威力，追問中國文化中爲什麽没有"堅船利炮"？爲什麽没有近代科學？從而歸咎於在中國歷史上曾長期佔主導地位的儒學。批評儒學犯了"重道德、輕知識"或者"德性一元論"的錯誤，其實是把一種外在的民族和國家的發展使命當成了衡量和檢驗儒學的標準。

爲此，新儒家學者試圖建立某種理論體系把儒學與西方知識傳統結合起來。當代新儒家的重要代表人物牟宗三認爲，中國文化發展了"綜合的盡理之精神"，而缺少"分解的盡理之精神"，不僅妨礙了邏輯、數學和科學在中國的發展，而且導致了中國"只有道統而無學統"。他提出"内聖開出新外王"和"自我坎陷"説。牟宗三認爲，儒家文化偏重於德性智慧，西方文化偏重於科學知識，但作爲一個完備的文化形態，德性智慧與科學知識都不可或缺。因此，在未來文化改造工作中，西方文化應該設法開出智慧，以平衡科技；以儒

---

① 杜維明《一陽來復》，上海：上海文藝出版社，1997，第179頁。

家爲主體的中國文化應該設法開出知識,以成就事功外王。然而,中西文化的這種改造,並不能脱離自身的文化傳統,而是應該就其應有之文化傳統而開出,因此,對西方文化而言,就是應從其知識傳統中開出智慧,此即"轉識成智"①。對中國文化而言,則應該從德性智慧中開出知識系統,此即牟宗三所説的"良知自我坎陷",由内聖開出新外王。②

唐君毅在其代表作《生命存在與心靈境界》一書中,以生命的九層境界爲軸心,建立了一個同時包容各種西方哲學思想、各種人類知識形式以及人類幾大宗教(基督教、佛教等)和儒家在内的層級體系,其中以儒家人格境界爲最高,而且各種人類知識、哲學及人類其他宗教之精神境界都以儒家境界爲歸宿。這種理論工作,可以説也是一種從形而上學的高度來結合儒學與西方知識傳統的嘗試。③

這些理論探討都認爲中國古代文化傳統特别是儒家文化傳統犯了輕知識的錯誤,並試圖通過建構一種形而上學或存在論學説把西方知識傳統吸納到儒家傳統中來。

三、金岳霖、馮契"知"論對時代問題的解答

在現代條件下,對於《論語》中的"知"以及中國傳統的知論,許多哲學家、思想家也進行了思考和解説,其中以金岳霖、馮契爲代表。

在知識與智慧、科學理性與人文精神的關係上,"西方科學主義過分誇大科學理性的意義和作用,鼓吹'知識霸權',使科學理性越出了自己界限和範圍,導致了價值失落、道德失範、人性扭曲;相反,人文主義雖然合理地指出了科學主義的偏失,強調'價值重估',意義重建,但又走向了非理性一極,造成了另一種偏失。二者之間缺乏某種必要的張力"④。

---

① "轉識成智"一詞源自佛學,主要指通過特定的修行以領悟佛教的"真理",將"有漏(有煩惱)"的"八識(如五官、意識等)"轉化爲"無漏(擺脱煩惱)"的"八識",從而得到"做事""妙觀""平等""圓鏡"等"四智",即達到"修成正果"之境界。

② 參牟宗三《政道與治道》,載《牟宗三先生全集》(十),臺北:聯經出版事業公司,2003。

③ 參方朝暉《知識、道德與傳統儒學的現代方向》,載《中國社會科學》2005年第3期。

④ 陳曉龍《在知識與智慧之間——金岳霖哲學的歷史意藴》,《中國哲學史》1996年第4期。

金岳霖的《知識論》與《論道》，建構了一個知識與智慧二分的哲學體系，對知識與智慧的關係這一時代問題進行了深入的哲學思考。他認爲，知識論的裁判者是理智，而元學的裁判者是整個的人。區分了知識論態度與元學態度，知識論的研究是客觀的、冷靜的，而元學研究既要求在研究物件上的理智的瞭解，而且在研究結果上也要求得到情感的滿足。

作爲富於獨創精神的哲學，金岳霖所提出區分元學與知識論兩種態度的觀點，以及據此所建構的哲學體系，既是時代矛盾和問題的反映，又是以理論思維的方式解決時代矛盾和問題的嘗試。這種嘗試從結果上看並不是很成功的。馮契評價說："在我看來，他的這種辦法，是把知識和智慧截然割裂開來了，從而難以找到由知識到智慧的橋樑，也無法解決科學和人生脫節的問題。所以我認爲金先生也沒有解決科學主義和人文主義的矛盾。"①

當代著名哲學家馮契通過對金岳霖哲學所面臨問題的理論反思，來溝通元學與知識論、知識與智慧，解決金岳霖提出然而未能解決的問題。馮契在金岳霖知識論的基礎上，做了進一步的改變與擴充，將"以經驗之所得還治經驗"，擴充爲"以得自現實之道還治現實"，這是其知識論的接受總則。基於金岳霖對知識論和元學兩種不同態度的區分，馮契把時代的問題主要闡釋爲知識與智慧的關係。

馮契認爲，認識過程包括兩次質變性的飛躍：從無知到知的飛躍，從知識到智慧的飛躍。在第一次飛躍中，主體所獲得的知識，就物件而言是有分別的名言之域。第一次飛躍所獲得的知識經驗總是以名言來區分和把握世界的，其真理總是有條件的、相對的。與第一次飛躍所獲得的知識根本不同，第二次飛躍所獲得的是關於性與天道的智慧，是有關宇宙人生的大的真理，其目標就是"求窮通"。即探求宇宙萬物的第一因和最高境界，融會貫通，即要求認識自然界、人類社會的秩序，並最終達到會通天人、物我，與天地合其德的自由境界。因此，第二次飛躍過程中所獲得的性與天道的智慧是無條件的、無限的、難以言傳的超名言之域的東西。那麼，如何實現從第一次飛躍中所獲得的名言之域的知識，走向第二次飛躍所獲得的超名言之域的智慧，馮契提出了"轉識成智"的理論。②

馮契用"轉識成智"來表示從知識到智慧、由名言之域到超名言之域的躍

---

① 馮契《〈智慧說三篇〉導論》，載《認識世界和認識自己》，上海：華東師範大學出版社，1996，第11頁。

② 同上書，第九章《智慧和自由》，第411—454頁。

升，正是基於對從知識到智慧的躍升中連續性中斷和頓然了悟內在必然性的看法，馮契從理性的直覺、辯證的綜合和德性的自證三個方面考察了"轉識成智"的具體機制。從知識與智慧的關係問題作爲時代面臨的哲學問題的提出，到廣義認識論的建構對時代問題的初步回答，馮契"轉識成智"的理論包含了多重歷史和理論內蘊。任何真正的哲學都要回答時代的問題，要表現時代的精神。科學與人文、知識與價值、科學世界與生活世界的關係問題，是近代以來人類所面臨的重大問題。圍繞這一問題，中西方哲學家們各抒己見，展開了長期的論爭。"在這種論爭中，馮契先生以他獨樹一幟的關於'智慧學說'的哲學體系，通過'轉識成智'的哲學沉思，爲我們回答和解決時代問題，提供了富於啓發性的新思路。"①

結 語

以上結合時代因素，通過考查歷代對《論語》中"知"的主要的闡釋與評說，可以看出，自古及今，從《論語》到當代哲學家馮契，人們對"知"的探討與思考，一直都在進行。孔子所面臨的，有時代的原因——禮崩樂壞、人心的問題、制度的問題。每個時代的思想家、哲學家也都有這樣的思考與時代的困惑，中國近代以來，表現得尤爲突出。當代的哲學家仍然在思考和闡釋這一問題，但是，世易時移，隨着時間的推移，面臨的社會問題的變化，具體的問題可能有所不同，思考也就在繼續，正如馮契"所經常强調的那樣，任何哲學都不可能終結真理，真理永遠處於過程之中。同時，時代在前進，時代的問題也處在動態之流中"②。

在一定意義上説，"轉識成智"是人生的最高境界，是一種理想。因此，我們提出的現實做法是，"聞見之知"與"德性之知"，兩者可以並存不悖；同時，要努力實現"聞見之知"向"德性之知"的轉化，做到"轉識成智"，解決當今人們所遇到的來自時代的、社會的、自身的一些困惑與問題。我們這樣説，並不是説要回到原點，不是要退回到《論語》中所謂的"知"，而是爲我們提供隨時可操作的包括科學知識在內的德性修養與道德實踐；同時，非但不會與"轉識成智"的理論和做法相悖，而且能爲"轉識成智"的進程與質變不

---

① 陳曉龍《轉識成智——馮契對時代問題的哲學沉思》，《哲學研究》1999年第2期。
② 同上。

斷增加量變,認識並把握自然界、人類社會的秩序與規律,融會貫通,最終達到會通天人、物我,與天地合其德的境界,達到探求宇宙萬物的第一因和最高境界。

(作者單位:陝西師範大學文學院)

儒家典籍與思想研究（第十五輯）
北京大學出版社，2023年6月

·儒 學 新 論·

從"聖""智"並舉的文本結構考察《五行》篇的義理體系

邵凡利

【内容提要】 文章從簡帛《五行》篇"聖""智"並舉的文本出發，對相關文本進行文脈結構、義理内涵分析，並在此基礎上考察《五行》篇義理體系。主要内容包括對經文"聖""智"並舉的文本依文序進行脈絡抽繹；分析修德工夫"思"，"三思"作爲"思"的三個生發面向，其中"聖之思"面向可能缺席，由此決定修成的人格層境是"善"或"德"；通過分析聞道路徑"聞而知之""見而知之"，探討"聖之思"何以缺席，並確認"聞而知之"者"知道""成德"對他者的依賴性更低，以此稱"聖"；討論仁義禮的生發原理，論證"聖之思"的缺席將導致其他任何一種德行都不能達成内化。最後對《五行》篇中的"天""人"關係加以論析，認爲《中庸》的天道性命之論是對《五行》篇成德進路上"天""人"限隔的疏通，這一疏通最終由孟子繼承並發揚。

【關鍵詞】 《五行》 "聖""智"並舉 聖之思 聞而知之 見而知之

竹簡、帛書《五行》篇經文"聖""智"並舉的文本結構①，是探究《五行》經文理論體系的一個切入點②，通過對相關文本的結構分辨和義理討論，

---

① 本文所參鑒的竹簡《五行》校釋文本以李零《郭店楚簡校讀記［增訂本］》（北京：中國人民大學出版社，2007，第100—108頁）爲主，此本依從整理本保留的墨丁痕跡而分章編號。所參鑒的帛書《五行》校釋文本以常森《簡帛〈詩論〉〈五行〉疏證》（北京：北京大學出版社，2019）爲主，其中考釋文本常有發明前人所未發者。參考的竹簡、帛書原始文本爲荊門市博物館《郭店楚墓竹簡》（北京：文物出版社，1998）、國家文物局《馬王堆帛書（壹）》（北京：文物出版社，1980）。

② 學界關於《五行》篇"聖""智"文本並舉的研究和《五行》義理相關的討論比較豐富。比如涉及"聖""智"文本比勘的研究，有陳麗桂《從郭店竹簡〈五行〉檢視帛（轉下頁）

可以辨析《五行》内部"天道德""人道善"、"四行和""五行和"、"聞而知之""見而知之"、"聖之思""智之思"等諸成對範疇之間的邏輯層次和關聯。另外，在認同《五行》篇爲思孟學派作品的基礎上，《五行》和《中庸》相比，沒有觸及"性"，只在"心"的層面討論諸多論題。其中"德""善"兩種不同的道德人格層境之間是否有由"善"入"德"的可能，"五行和"與"四行和"相比，原本的"四行和"是否可能因爲有"德之行聖"的參與而成爲"五行和"，這些問題仍有待梳理以探究竟。

一　《五行》經文"聖""智"並舉的文本

由於帛書《五行》經文"聖""智"並舉文本的文段次序與簡本完全一致，其中出現"仁""義""禮"的相關章節雖然在次序上稍有不同，但也沒有對含"聖""智"文段的次序和内涵造成過多干擾，所以，本篇研究直接以竹簡《五行》作爲基本參考文獻，以李零《郭店楚簡校讀記》的分章次序爲參照，相關異文和注解酌情參考帛書内容以及相關研究。

由於經文第一章作爲總綱統論"五行"，第二章因爲帛本補充有"無中心之憂則無中心之聖"一段，導致學界認爲這一段可能是衍文①，所以這兩章的"聖""智"並舉文本暫且懸置不論。之後經文"聖""智"並舉明確出現的文段總共有六處：第一處爲第四章，第二處爲第五、六、七章（學界慣稱"三思三形章"）一體，第三處爲第十一章，第四處爲第十五章，第五處爲第十六章，第六處爲第十七、十八章一體。

第一處，即第四章：

（接上頁）書〈五行〉説文對經文的依違情況》（陳福濱主編：《本世紀出土思想文獻與中國古典哲學研究論文集（上）》，臺北縣：輔仁大學出版社，1999，第196頁）和邢文《楚簡〈五行〉試論》（《文物》1998年第10期，第57—61頁）。關於《五行》篇義理方面的研究，除了上頁注釋①列出的校釋文本中伴隨有義理内容外，龐樸、陳來、丁四新、池田知久等學者均有論著進行深入探討，相關的單篇論文更是不計其數。

① 李零依從竹簡整理本，沒有這一段，常森吸納帛書整理本補有這一段。龐樸《〈五行〉補註》，載謝維揚、朱淵清主編《新出土文獻與古代文明研究》，上海：上海大學出版社，2004，第326—329頁，論證"無中心之憂則無中心之智"的"智"存於"憂——智——悦"的圖式中，和緊隨的第三章"德""善""智"並列的"智"貫通，並在第三章與"思"承接，故也認爲帛本這一段是衍文。筆者認爲龐樸先生論證可取。

從"聖""智"並舉的文本結構考察《五行》篇的義理體系

  不仁，思不能精。不智，思不能長。不仁不智，"未見君子，憂心不能惙惙；既見君子，心不能悅；亦既見之，亦既覯之，我心則悅"，此之謂也。

  不仁，思不能精。不聖，思不能輕。不仁不聖，"未見君子，憂心不能忡忡；既見君子，心不能降"。（簡本《五行》第四章）

這一章行文內部構成"仁""智"連綴和"仁""聖"連綴的對仗，並通過化用《詩》句描述"仁智者"和"仁聖者"分別在"未見""既見"君子時或"憂"或"悅"的內心情感狀態①，彰顯《五行》修德論題中對情感的重視。

  第二處，即第五、六、七章（"三思三形章"）：

  仁之思也精，精則察，察則安，安則溫，溫則悅，悅則戚，戚則親，親則愛，愛則玉色，玉色則形，形則仁。（簡本《五行》第五章）

  智之思也長，長則得，得則不忘，不忘則明，明則見賢人，見賢人則玉色，玉色則形，形則智。（簡本《五行》第六章）

  聖之思也輕，輕則形，形則不忘，不忘則聰，聰則聞君子道，聞君子道則玉音，玉音則形，形則聖。（簡本《五行》第七章）

聯繫經文前後文脈的意涵和文段中對"思"的凸顯可知，這一章聚焦《五行》"德行內化"問題的修養進德的原理和心德進益的工夫方面。

  第三處，即第十一章：

  金聲，善也。玉音，聖也。善，人道也。德，天道也。唯有德者，然後能金聲而玉振之。不聰不明不聖不智，不聖不智不仁，不仁不安，不安不樂，不樂無德。（簡本《五行》第十一章）②

---

① 言"化用"而非"引用"，因爲所引內容和原詩文本有出入，但是在本章之中義理順暢。比如原詩《詩·召南·草蟲》第二章謂"未見君子，憂心惙惙。亦既見止，亦既覯止，我心則悅"，這裏化用爲"未見君子，憂心不能惙惙。既見君子，心不能悅"；原詩第一章謂"未見君子，憂心忡忡。亦既見止，亦既覯止，我心則降"，這裏化用爲"未見君子，憂心不能忡忡。既見君子，心不能降"。化用文本"憂心不能惙惙""憂心不能忡忡"，強調表示否定義的"不能"，是因爲和前一句表示前提條件的"不仁不智""不仁不聖"形成雙重否定，表現更強烈的肯定意味。《詩·召南·草蟲》見（漢）毛亨傳、（漢）鄭玄箋、（唐）孔穎達疏《毛詩正義》，北京：北京大學出版社，1999，第69—71頁。

② 此章"不聰不明不聖不智，不聖不智不仁，不仁不安，不安不樂，不樂無德"的文本參取於常森《簡帛〈詩論〉〈五行〉疏證》的考釋文本（第164—165頁）。章節次序編號仍依李零本。

· 321 ·

這一章分別用"金聲""玉音"譬喻"善"和"德",並突出對"德"的褒揚,是對前面進德工夫的承接。即在述清修養進德的路徑和工夫,並經過"爲一""慎其獨"的環節之後①,不同的修德者分別能成就"善"或"德"兩種道德人格層境②。此章之前的章節側重論述進德的修養工夫和進路,之後的章節開始討論"仁""義""禮",側重論述所進之德向外交接之際的發用。所以這一章行文具有承前啓後的過渡性。

第四處,即第十五章:

> 未嘗聞君子道,謂之不聰。未嘗見賢人,謂之不明。聞君子道而不知其君子道也,謂之不聖。見賢人而不知其有德也,謂之不智。(簡本《五行》第十五章)

這一章可看作是對第十一章經文的具體闡釋,對其中的"不聰""不明"等語詞進行明確的道德價值指向的解讀。同時從上下文脈的結構看,也可以證明夾在中間的第十二、十三、十四章的"仁""義""禮"這些德行傳達於外的主體是"賢人"。如果代入修德者和賢人兩個角色,那麼從第十一章到第十五章的邏輯是修德者修成"善"或者"德"的人格層境之後,面對賢人時能彰見"聰""明""仁""義""禮"這些語詞所蘊涵的意義。

第五處,即第十六章:

> 見而知之,智也。聞而知之,聖也。明明,智也。赫赫,聖也。"明明在下,赫赫在上",此之謂也。(簡本《五行》第十六章)

這一章的"智""聖"承接前一章的表述,將"聞君子道"提煉爲"聞而知之",將"見賢人"提煉爲"見而知之",並引用頌讚文王的詩句"明明在下,赫赫在上"(《詩·大雅·大明》),説明這一章開始涉及聖王"爲政"的面向。

第六處,即第十七、十八章:

> 聞君子道,聰也。聞而知之,聖也。聖人知天道也。知而行之,義也。行之而時,德也。見賢人,明也。見而知之,智也。知而安之,仁

---

① 第八章簡文爲"'淑人君子,其儀一也。'能爲一,然後能爲君子,君子慎其獨也。"見李零《郭店楚簡校讀記》,第101頁。

② 筆者擬將"修德者"這一稱謂作爲具有"中心之憂"和"仁"的有意於修養自身德行的"志士"的統稱。

也。安而敬之，禮也。聖，知禮樂之所由生也①，五行之所和也。和則樂，樂則有德，有德則邦家興。文王之示也如此。"文王在上，於昭於天"，此之謂也。（簡本《五行》第十七章）

　　見而知之，智也。知而安之，仁也。安而行之，義也。行而敬之，禮也。仁，義禮所由生也②，四行之所和也。和則同，同則善。（簡本《五行》第十八章）

這兩章接續第十六章的內容繼續深入，初看起來第十七章可以獨立看作"聖""智"文本並行的一處，但是如果將第十七、十八兩章對照，更能顯現經文的義理脈絡。因爲第十七章起首並言"聖""智"，章末落脚在"五行之所和，和則樂，樂則有德"；第十八章只言"智"而不言"聖"，章末落脚在"四行之所和，和則同，同則善"。因此兩章最重要的並舉是"五行""四行"、"德""善"所蘊含的意義。接續第十六章已經關涉到的聖王爲政的内涵，那麼，第十七章"聖，知禮樂之所由生也"不但在修養論上包含了"五行"所指示的五種"德之行"之間的內在生發關聯，同時也概括了聖王爲政制禮作樂的含義。並且，這裏再次引用了頌贊文王的詩"文王在上，於昭於天"（《詩·大雅·文王》）。所以，第十七章論述"五行之所和"所對應的修德者是已經成德的聖人、已經在位的聖王，在《五行》中與之匹配的語詞是"德""君子""天道""五行和""樂"。而第十八章論述"四行之所和"的修德者沒有"聖"——"聰"——"聞君子道而知其君子道"（即"聞而知之"）這條線（所以是"四行"），參照第十七章代入的主語聖人或者聖王看，第十八章能被代入的主語，也可以朝某些確定的方向發散。

　　以上是對《五行》經文"聖""智"並舉文本的粗略的脈絡抽繹，後續進

---

①　關於這一處的文本校釋和句讀，諸家見解不一。荆門市博物館《郭店楚墓竹簡》整理本（第150頁）爲"聖，知禮樂之所由生也"。國家文物局《馬王堆帛書（壹）·釋文》整理本（第22頁）經文部分爲闕文，説文補爲"仁義，禮樂所由生也"。常森《簡帛〈詩論〉〈五行〉疏證》（第187—191頁）從後者。此外，郭齊勇《郭店楚簡身心觀發微》（武漢大學中國文化研究院編：《郭店楚簡國際學術研討會論文集》，武漢：湖北人民出版社，2000，第202—206頁）和《再論"五行"與"聖智"》（《中國哲學史》2001年第3期，第20—26頁）認爲"聖智"是一個範疇，應該連讀。由於此處不同句讀涉及義理分歧，筆者暫時仍以李零先生文本引用爲主。

②　帛本整理本經文是"仁義禮知之所由生也"，説文是"仁知，禮之所由生也"。常森《簡帛〈詩論〉〈五行〉疏證》（第195—196頁）認爲應該是"仁義智，禮之所由生也"。此處文本爭議同前一章"五行"一樣，關涉諸行之間的生發和結構關係的討論。仍暫以李零本作爲引用文本。

行詳細的文本分析。

二 "三思"之中"聖之思"可能缺席

《五行》篇"聖""智"並舉文本的第一、二處是進德修養的原理和心德進益的工夫面向。但是在進入該處文本分析之前,結合文段以及上下文的文勢脈絡看,需要對其中出現的"思"進行分辨。

經文脈絡只有一個"思"貫穿始末,首次出現在第三章:

> 五行皆形於内而時行之,謂之君子。士有志於君子道謂之志士。善弗爲無近,德弗志不成,智弗思不得。思不精不察,思不長不得,思不輕不形。不形不安,不安不樂,不樂無德。(簡本《五行》第三章)

這一章出現的"智",和"善""德"並列①,其得以長進的工夫是"思"。而"思"生發時展開爲三個面向,即"不精不察""不長不得""不輕不形",分別對應緊隨其後的"三思三形章"所謂的"仁之思也精""智之思也長""聖之思也輕"。因爲其中有"仁之思"的一面,所以《五行》之"思"不是單一純粹的理性思維求索之"思",而是伴有"仁"所内涵的情感蘊蓄之"思"。

基於對"思"的初步理解,進入對"聖""智"並舉的第一處(即第四章)文本的分析。首先,第四章總體論述心之"思"在展開過程中和"仁""智""聖"之間的關係,並且從化用《詩》所帶的"憂"字看,這一章的内容包含深厚的情感底蘊。其次,"不仁,思不能精。不智,思不能長"的條件邏輯句式,展現"仁""智"分别是"思"的工夫得以能"精"能"長"的前提。第三,化用《詩》的内容,闡釋"不仁不智"的部分説"未見君子,憂心不能惙惙;既見君子,心不能悦",認爲"不仁不智者",没見到君子時,心中不會有"惙惙"的憂戚;見到君子時,心中也不會喜悦。後面緊隨"亦既見之,亦既覯之,我心則悦"三句,是整章行文對仗中多出的部分,可能是將原詩《召南·草蟲》的句子添入的備註②。闡釋"不仁不聖"的部分説"未見君子,憂

---

① 龐樸《〈五行〉補註》,載謝維揚、朱淵清主編《新出土文獻與古代文明研究》,第326—329頁。

② 帛本經文這一處是"《詩》曰:未見君子,憂心惙惙。亦既見之,亦既覯之,我心則説"。常森認爲"簡本之鈔錄有簡省之傾向"。見常森《簡帛〈詩論〉〈五行〉疏證》,第143—144頁。

心不能忡忡；既見君子，心不能降"，認爲"不仁不聖者"沒見到君子時，心中不會有"忡忡"的憂戚；見到君子時，心不能降①。那麼將章中的否定描述轉述爲肯定描述來看，《五行》作者認爲"仁智者"沒有見到君子時，是"憂心惙惙"的，見到君子時，是"心悅"的；"仁聖者"沒有見到君子時，是"憂心忡忡"的，見到君子時，是"心降"的。其中"憂""悅""降"等語詞，是"未見"、"既見"君子的兩種相反情況的情緒狀態描述。第四，結合行文"仁""智"連綴和"仁""聖"連綴的特點，以及這一章的"仁""智""聖"統攝於"思"的內在邏輯看，"聖之思"和"智之思"都是在"仁之思"作爲"思"的情感面向的伴隨之下分別發展爲"忡忡"之"憂"、"惙惙"之"憂"和"心降"、"心悅"這些情感動態。第五，據此結合《五行》篇德性內化的宗旨可以看到，"德之行聖"和"德之行智"的達成以"仁"爲前提，即情感的面向是成德過程中極重要的部分。這一點和經文第二章中"君子無中心之憂則無中心之智，無中心之智則無中心之悅"的意涵相契，"中心之憂"所表達的發自於內心的憂戚之情是"中心之智"增長的必須條件，和第四章引《詩》的"憂心"一貫。"中心之智"則是龐樸先生所謂的第三章中"善""德""智"並言的"智"，是經由"思"的工夫所長進的總體的"智"，不同於後面"三思"所統攝的"智"。

關於"思"的討論，在第五、六、七章（即"三思三形章"）進一步展開，也就是"聖""智"文本並舉的第二處。

"三思三形章"顯示"德之行仁""德之行智""德之行聖"各自有獨立完整的發展達成圖式，並且"三思"論述的排序將"仁之思"列於前面，其次是"智之思"和"聖之思"。這一次序和第四章的論述方式一致，在第四章"仁"分別和"智""聖"並論時，"仁"在前；而"智""聖"並舉時，"智"在前，綜合看是"仁""智""聖"的次序。這一行文方式未必是偶然，而可能呈現出作者對"思"所統攝的"仁""智""聖"之間內在層次關聯的理解。比如，"仁"所內涵的情感面向在其中排在首位，並且前面已經清楚"中心之憂"所蘊示的情感是"中心之智"得以增長的前提。同時，三種"德之行"達成圖式的"獨立"，並非是三種"德之行"在達成過程中彼此脫離互不相干，而是各自的達成圖式條理清晰。前面通過第四章分析已然瞭解"聖之思""智之思"

---

① 孔穎達解原詩《草蟲》"我心則降"爲"我心之憂即降下"。見（漢）毛亨傳，（漢）鄭玄箋，（唐）孔穎達疏《毛詩正義》，第69頁。

在人格德性中一定伴隨"仁之思"的情感面向，而德的養成是在恒常持久的"爲善""志德""思"的内心思慮和行爲踐履中達成①。所以可以得出結論，三種德之行在各自達成的過程中，是此不離彼，彼不離此，相互促進、交融長養的。

通過前述分析可知，如果德行修養終能成就，在條件上就必須具有"中心之憂""仁"所蘊涵的深厚的情感蘊蓄，在工夫上必須具有恒常持久的思慮和踐履。那麽，當"中心之憂""仁"以及恒常持久的思慮和踐履這些條件和工夫無一闕略的情況下，是否任何修德者都能最終成德呢？從《五行》中出現的"四行""五行"、"德""善"的對舉看，這一設問的答案是否定的。並且"四行"和"善"相較於"五行"和德，缺少了"德之行聖"，而"德之行聖"的生發起點從"三思"之中的"聖之思"開始。從而可以推斷，"三思三形章"所論説的"思"，除了可以展開爲三個面向之外，還可以展開爲兩個面向——即只有"仁之思也精""智之思也長"，而"聖之思也輕"缺席。進一步追問，"聖之思"的缺席，除了將修養所成的道德層境劃分爲"德""善"之外，是否對其他幾種"德之行"的達成產生作用？這意味着，"四行"中的"仁""智"是内化的"德之行"，還是没有内化的"德行"？還有"聖之思"何以缺席？這些都是接下來需要探討的内容。

三　聞道的路徑——"聞而知之""見而知之"

《五行》中兩種接觸君子道的路徑，決定了修德者的進德之思是朝兩個面向的生發之思還是朝三個面向的生發之思。在前文總結的"聖""智"並舉文本的第十一、十五、十六章可以探析這一問題。

第十五章對第十一章"聰""明""聖""智"進行具體闡釋，對"聰""明"的界定是，没聽過君子道就是不聰，没見過賢人就是不明。這樣的"聰""明"將君子道和賢人作爲外在於主體的可被經驗認識的客觀對象看待，並且這一客觀對象被修德者所"聞""見"。這樣定義的"聰""明"具有因時空環境條件約束而產生的偶然性，不由修德者自身是否有主動興發的道德意向所決定。即，"聰""明"的意涵不由作爲耳目官能所具有的客觀實存的視聽能力構成，而由"君子道""賢人德"這樣的道德存在者是否與主體共在於同一現實

---

① 即第三章"善弗爲無近，德弗志不成，智弗思不得"之"爲善""志德"和"思"。

時間或空間這一條件構成。對"聖""智"的界定是，聽到君子道卻不知曉所聽到的就是君子道，是不聖；見到賢人卻不知曉所見之人是有德之人，是不智。所以，"聖""智"相對於"聰""明"的不同之處在於，"聖""智"更強調主體的心思明確朝向對"君子道"和"賢人"這樣的道德存在者所承載的"道"和"德"的意義內涵的覺知①。或者說，呈現出主體對這些原本外在於自身的價值存在的接受性。由此回顧首章提出的"形於內"與"不形於內"的問題，通過這裏的討論可見，存有爭議的"形於內"的"形"的意涵，在《五行》篇中偏於指代外在的價值向內心接收的由外入內的過程，和最終內化爲德的狀態結果②。同時也說明，來自於外的價值是可以被內化的。

第十六章，"聞君子道而知其君子道"被提煉爲"聞而知之"，"見賢人而知其有德也"被提煉爲"見而知之"，分別對應"聖"和"智"。綜上，由十五、十六兩章所提供的語境可以對"聞而知之"和"見而知之"的意涵總結如下：

第一，"聞而知之"和"見而知之"是人心對"君子道""賢人德"這樣的價值存在的接觸和認取的兩種不同的路徑：前者的路徑是"耳——聰——聞——知之"，後者的路徑是"目——明——見——知之"。

第二，"聞而知之"和"見而知之"所"知"的對象，即"之"所指代的"君子道"和"賢人德"，所指向和承載的價值意涵一致，同指向"天道"。但"君子道"和"賢人德"二者名義有別，表明這相同的抽象的價值指向所呈現的具體的形式不同。聯繫《孟子》卒章提到的"聞而知之"和"見而知之"的相關內容，可以有所發現③。《孟子》卒章：

---

① 帛本說文（參見常森《簡帛〈詩論〉〈五行〉疏證》，第184頁）解釋"聰""明"更具有情境性，更突顯主體在接觸君子道和賢人時因內心情感觸動而顯現在外的神色波動，使得"聰""明"所涵攝的意義與主體的情感和價值傾向之間連接更濃烈。解釋的"聖""智"在邏輯上加了一層推理，即"聖"是聽到君子道時有所觸動，即刻便曉那是天道；"智"是見到賢人時極爲觸動，能知曉這個人如此有德的原因。可見帛本說文在"聰""明""聖""智"這些語詞的解說上添加了更多情感和推理的內容。但筆者嘗試暫且懸置帛本說文的解說，先就經文目前所能讀出的意味對文本進行分析。

② 關於"形於內"與"不形於內"的"形"字，學界多有討論，筆者根據當下分析所得提供一些見解。

③ 學界共認《孟子》和《五行》篇之間的內在關聯極爲密切。所以一定程度上有節制地引用《孟子》的文段對《五行》篇的個別語詞進行義理分析和解釋，有助於對《五行》義理深入探究。"聞而知之""見而知之"即是其例。

儒家典籍與思想研究（第十五輯）

> 由堯舜至於湯，五百有餘歲，若禹皋陶，則見而知之，若湯，則聞而知之。由湯至於文王，五百有餘歲，若伊尹萊朱，則見而知之，若文王，則聞而知之。由文王至於孔子，五百有餘歲，若太公望散宜生，則見而知之，若孔子，則聞而知之。（《孟子·盡心下》）

孟子將湯、文王、孔子歸爲"聞而知之"者，將與堯舜同時代的禹、皋陶，以及與湯同時代的伊尹、萊朱歸爲"見而知之"者。孟子區分"聞而知之""見而知之"，在於它們所象徵的作爲價值意義的天道在人類心智明覺之間的認取、彰見和傳承方式的不同。"聞而知之"的特點是不依賴於同一時空是否有現成的成德君子作爲榜樣模範，就可以憑藉自身的資質自發通達天道而修身成德。但這"自發"也並非完全憑空，而是依賴於"聞"，即聽聞、傳聞之類。具體所"聞"的憑資或媒介，是比如先王遺留的政教、禮樂、典章等這些在方策或時空中傳續的文明形式。"見而知之"的特點則是必須依賴同一時空中已然現成的成德君子或聖人，作爲可資觀瞻接觸學習的榜樣模範對象，才能修養成德。比如孔子與七十二子之間的師弟關係，孔子在時，師弟授受；孔子歿後，儒分爲八。可見，"聞而知之"者的成德過程對外在的依憑程度比"見而知之"者更少。

第三，由以上分析和對比顯見，在具體情境中，有"聞而知之"資質的修德者必然也能"見而知之"，但是有"見而知之"資質的修德者卻未必能"聞而知之"。如此，"聞而知之"所對應的"聖"，在"見而知之"者身上便是缺失的，由此呼應前面所提出的三個面向之思和兩個面向之思之間的相通之處和差異產生的因素。二者相通處是同有"中心之憂"，同認取"君子道"，同能"思"；差異之處在於"聞而知之"者相對於"見而知之"者在"思"之生發面向上多出"聖之思"一面，所以自身成德對外界、他者的依賴程度更低。

第四，第十六章引入贊頌文王的詩句"明明在下，赫赫在上"，還原語境，"明明在下"對應"見而知之"的修德者，"赫赫在上"對應"聞而知之"的聖人①。由"在下""在上"的對照可見，《五行》將"聖""智"並舉的文本語境、聞道的路徑和成德的層境放在了聖君賢臣相對待的君臣關係中。於是，後續的第十七、十八章從王政角度進一步延續基於"聖""智"的義理內涵所延續的脈絡，隨後第十九、二十、二十一這三章論述的"仁""義""禮"也圍繞施政原則討論，此不展開。

---

① 《五行》經文這一處對《詩》的引用，完全脫離了原詩意涵。

四　"聖之思""智之思"之間

　　承接前文"聞而知之""見而知之"的討論，當"聖""智"並舉的文本推進到第十七、十八兩章的語境時，可以發現"聞而知之""見而知之"所涵攝的意蘊有新的推敲空間。

　　前文已論，具有"聞而知之"資質的修德者必然也具備"見而知之"的能力，但是具有"見而知之"資質的修德者卻未必有"聞而知之"的能力。所以第十七、十八兩章的論述顯示出鮮明的對比：第十七章論述具備三個面向之思的修德者，其所成就的道德人格層境是"五行之所和"的"德"、"聖人"（在位則成爲聖王，經文以"文王之示"舉例），所以這一章的行文起首並列提到"聞而知之"和"見而知之"；第十八章論述"聖之思"缺席的具備兩個面向之思的修德者，其所成就的道德人格層境是"四行之所和"的"善"（不難想像，第十八章可由讀者代入的人物是文王周圍的輔弼賢臣），所以行文起首沒有提到"聞而知之"，直接由"見而知之"論起。

　　基於以上辨析，下面進一步考察"聞而知之""見而知之"在這兩章語境中的情境指涉。

　　第十七章"聰""聖"的界定和前文一致。比前文推進的是直接肯認聖人和天道的關係——"聖人知天道"，由此確定《五行》將"君子道"和"天道"直接等同，即"君子道"就是"天道"。經文隨後說"知而行之，義也"，即聖人通達天道意蘊之後踐行天道就是義。"行之而時，德也"說聖人順應時宜踐行天道就是德。這是從聖人出發對"義"和"德"的名義界定。隨後說"見賢人，明也。見而知之，智也"，對"明""智"的界定也和前文一致，並且仍然可以將主語"聖人"代入。那麼還原語境，"見而知之"是說聖人見到賢人而知道此人是有德之人。隨後行文"知而安之，仁也。安而敬之，禮也"，同樣是聖人在對待有德之人的應接之際的情境中界定"仁""禮"的名義：聖人知道對方是有德之人而親順之①，就是仁，親順之而待之敬重，就是禮②。這一

---

① 經文第十九章論"仁"，説明"仁"和交接之際的溫悅親愛的情感相關。"知而安之"的"安"有安於某一特定處所而不遷之意，"之"指代"賢人""有德之人"。"安之"既包含親於其人，表"親近"；又包含安於其道、其德，表"安順"。故將"安之"解讀爲"親順之"。

② 經文第二十一章論"禮"，説明"禮"和交接之際的嚴敬尊恭的態度有關。

章從聖人行道處世的角度對"義""仁""禮"進行界定，由此便有了總結性的話語："聖，知禮樂之所由生也，五行之所和也。和則樂，樂則有德"。順接前文讀這幾句，是"德之行聖"成於聖人之心，經由聖人之身對天道的踐行和對賢人的"安""敬"而展現出"義""仁""禮"的德行；回顧後文讀這幾句，則能看到這幾句關涉聖人制禮作樂以"興邦家"的在位爲政内涵。總體來説，這一章所彰見的聖人與他者的關係連接之中，聖人是更加自發自主的德行的踐行者、禮樂的制作者。

第十八章的"智"也和前文無異，但可以默會"見而知之"的主語不是聖人，且以"修德者"稱之。修德者見到賢人而知道此人是有德之人，這一點和聖人之"智"一致。"知而安之，仁也。安而行之，義也。行而敬之，禮也"，是從修德者的角度界定"仁""義""禮"，即知道對方是有德之人而親順之，是仁；親順之而踐行其所秉持之道，是義；踐行其所秉持之道而敬守此道，是禮。這是從聖人以下的修德者對"仁""義""禮"進行界定，並且隨後也總結："仁，義禮所由生也，四行之所和也。和則同，同則善。"

綜合以上分析，並結合前面"聞而知之""見而知之"的理解，這兩章對"仁""義""禮"的界定在義理上可有所討論：

關於"仁"的界定，兩章所指一致，即都是見到對方是有德之賢人而親順之，所謂"知而安之，仁也"，其間可能藴含與前述"憂"的情感相對反的喜悦、欣歎之情。

關於"義"的界定，第十七章説聖人憑藉"聞而知之"的資質便能通達天道並踐行天道，所以是"義"，所謂"知而行之，義也"；第十八章説修德者見到賢人知其爲有德之人，並且經由與之親順交遊而踐行其所秉持之道，就是"義"，所謂"安而行之，義也"。這一對比也呼應"聞而知之"者能自通天道，"見而知之"者依賴成德之人而通達天道的差異。

關於"禮"的界定，第十七章説聖人親順有德之人而敬重之，所謂"安而敬之，禮也"；第十八章説修德者踐行經由有德之人所傳授的天道而敬守之，謂之"禮"，所謂"行而敬之，禮也"。

經過對比可見，除了"仁"所内涵的情感一致之外，第十七章的聖人之於"義""禮"都具有更多主體自發的能動性，不難想見，聖人作爲"聞而知之"者能更直接通達天道，不需要過多依賴外在他者的傳授和引導；而第十八章的修德者所呈現的"義""禮"更多是依賴於有德之人的引導，即作爲"見而知之"者，不能像前者一樣直接憑藉自身資質通達天道，而是依賴於前者對天道的彰見、解説等而知曉天道。二者的交接授受以天道爲共同志趣，而在聞道之先後、道契之淺深、成德之高卑上，雙方在交際之間自然地形成師徒、君臣、朋友這樣的倫序關係，並以"仁""義""禮"這些德目進行標示①。

要追問的是，如果"見而知之"者只有依賴於現成的有德之人才能進德，這種依賴性，除了體現在必須與現成的成德者處於同一時空外，是否也意味着必須在同一時空之中沒有間斷地往來交接呢？在這種往來交接的進德過程中是否有可能在某一刻解除這種依賴性，轉而也能像"聞而知之"者一樣不再依賴於外在他者的傳授和引導而進德，即由"人道善"入於"天道德"呢？

討論至此，有必要再次回到"三思三形章"結合"智之思"和"聖之思"的具體內涵進行考察，以此從心所興發的成德之思的角度比較"德之行聖""德之行智"以及"天道德""人道善"之間的關聯。

第五章"仁之思"後面所示的"溫""悦""戚""親""愛""玉色"等都是主體與他者交接之際所呈現的内心情緒狀態的流動與轉化，這些情感越到後面越是深入，直至"形"所徵示的"德之行仁"的達成。而在這些情感發生之前，有"精""察"兩個環節。"精"和"察"都有理性判斷的意味，並且"安"字也含有在特定處所的安定之意，所以可以確定，在進入"溫"之後的情感升進圖式之前有一個對情感施發對象的"精""察"的慎重判斷擇取的環節，否則，情感的興發流動在對象上會盲目，在程度上沒有節制。

第六章"智之思"所示的心之思面向和前一部分的"見而知之"分析聯繫。"長"是長久之意②，是修德者和有德之人接觸的過程中，在歷時經驗的學習中對攝取的天道内容的長久記憶和涵存，所以說"長則得，得則不忘"。

第七章"聖之思"所示的心之思面向和前一部分的"聞而知之"分析聯繫。"輕"，帛本説文部分解爲"輕者尚矣"③，有向上、超越之意④。帛本説文

---

① 這裏沒有對家道倫序的探討，並非《五行》篇沒有，而是第十七、十八兩章暫未論及。
② 龐樸認爲"長"是"長短"之"長"，參《竹帛〈五行〉篇校注》，載《龐樸文集》（第二卷），濟南：山東大學出版社，2005，第121頁。魏啓鵬《馬王堆漢墓帛書‧德行校釋》（成都：巴蜀書社，1991，第6頁）、劉釗《郭店楚簡校釋》（福州：福建人民出版社，2005，第76頁）認爲是"長久"之"長"。筆者取"長久"之意，因爲"忘"指對道理的理解在心中停留的時間長久不忘，無論"聖之思"還是"智之思"都能達到"不忘"。但是"智之思也長"如果取"長短"之"長"，就與"聖之思"的超越意義有重合之處，於文脈邏輯不合。所以"長久"之意更可取。
③ 國家文物局《馬王堆漢墓帛書（壹）‧釋文》，第19頁。
④ 常森《簡帛〈詩論〉〈五行〉疏證》這一章帛本説文（第146頁）："'聖之思也輕'：思也者思天也，輕者尚矣。"註〔2〕（第147頁）説："尚，超越，高出。"

舉"酉下子輕思於翟，路人如斬"的例子印證①，即"聖之思"是人在"思"的狀態下極其投入和深入，入於忘物忘我之境的精神狀態。和"智之思""見而知之"對歷時經驗的依賴相比，"聖之思"作爲"聞而知之"者所具有的心之思生發面向，不需要依賴恒久的歷時經驗的學習便能自發通達天道。

綜合以上分析總結"聖""智"之間的關聯："聞而知之"者的形而上超越向度是可以不經由經驗的長久積累即能通達天道，相反，"見而知之"者因爲更多是記憶經驗性的知識道理（事實上從經驗角度講，也不能完全割離體悟的成分），而缺少對經驗和知識的超越，所以總是局限於形而下積累所得，並且在道理的踐行過程中可能缺少靈活應變。

需要註意的是，無論是經驗認知向度的"智之思"，還是形而上認知向度的"聖之思"，並不是完全懸空的理性思維認知，而是始終以"中心之憂""仁"所内涵的深厚情感作爲進德之基，這對應"思"的情感生發面向，即"仁之思"。通過對"智之思"和"聖之思"的辨析可知，"聖之思"作爲"三思"中指向思的形上超越性的一面，揭示的"天道"的意義面向是廣大性、普遍性和無限性；"仁之思"始終指向情感的面向，其廣大深厚與否其實依隨"聖之思""智之思"而具體呈現；"智之思"則只能在經驗之中停留於有限性。如果缺少對有限性的突破和超越，就難以真正將"仁""智"這些德行實現天道意義所朝向的廣大、普遍和無限。這種廣大、普遍和無限，正是"聖之思"的心思工夫使修德者所修養的德行内化於心的恒久性和穩固性的反饋。據此可以得出結論，"聖之思"生發面向是所有德行内化的必須元素，其缺席將導致其他任何一種德行都不能達成真正的内化。所以，"五行和"中的"五行"因爲有"德之行聖"作爲思之面向而確實爲五種"德之行"的"和"，而"四行和"中的"四行"因爲"聖之思"工夫和"德之行聖"的缺席而只能是始終没有内化的四種德行的"和"。"五行和"之"和"是内化於心的五種"德之行"在内心本源本體上的"和"；"四行和"之"和"是修德者將君子道作爲學習的對象而由内心生發的意志所引導的行爲層面的"和"。二者有内心本源本體層面和心志意向行爲層面的不同，如經文所言，前者爲"天道德"，後者爲"人道善"。

---

① 常森《簡帛〈詩論〉〈五行〉疏證》，第146頁。同時第147頁註釋［4］解釋這一句爲："柳下惠（即酉下子）精熟地思考於翟而忘懷其他，以至於認爲行走的路人像被斬去腳一樣靜止……這是説對對象的思考高度集中，超越了對其他事物的關注。"

五 以"聖""智"並舉爲基礎的"天""人"對舉

由"思"的生發向度界分的三個面向之思和兩個面向之思的兩種情狀的"思"的修德進路，可以達成"德"或"善"兩種不同的道德人格層境。兩種不同的道德人格層境之間的差異區分爲"天道德"和"人道善"，由此轉入對《五行》義理體系的"天""人"關係的辨析。

《五行》經文中顯示爲天人對舉的文本比較明顯的有兩處，依次羅列如下。

第一處在第二章：

　　德之行五和謂之德，四行和謂之善。善，人道也。德，天道也。（簡本《五行》第二章）

第二處在第二十七章：

　　天施諸其人，天也。其人施諸人，狎也。（簡本《五行》第二十七章）①

第一處即第二章，和第一章類似，具有大綱統領全篇宗旨和主線的性質，其中的"天""人"對舉，展現爲兩條平行並舉的名義群，比如屬"天"一列的是"德之行五""德""天道"；屬"人"一列的是"四行""善""人道"，並且全篇後續章節的撰寫均或顯或隱地貫徹這一内在結構。其中"德之行五和謂之德""四行和謂之善"等相關的文本意涵在前文已有分析，不再贅述。

第二處第二十七章的天人對舉可以説是對前面兩章的一個究本探源的總結。根據前文分析，"天施諸其人"對應"聞而知之"的聖人"知天道"，即對天道自通自達的過程和狀態。"其人施諸人"對應"見而知之"的修德者從有德之人處聽聞習得天道的過程。作者將前者歸之於"天"，將後者歸之於"狎"（也有校釋者將這一字讀爲"佮"，訓"合"②，可以理解爲同道授受之合）。這一章似乎是作者對"聞而知之"和"見而知之"兩種聞道路徑的差異的總評和總結。從聞道路徑的根本差異之由來看，作者認爲"聖人知天道"的根源是

---

① 帛本（國家文物局《馬王堆帛書》，第 19 頁）經文這一句之後接有"其人施諸人，不得其人，不爲法"。

② 常森《簡帛〈詩論〉〈五行〉疏證》（第 223 頁）註釋 [1] 説簡本該字"不見於傳世字書，李零疑以音近讀爲'狎'（'狎'與'習'音義相近），魏啓鵬疑讀爲'佮'，訓爲'合'，後説似更可取"。

"天",這個"天"的内涵或可細化爲若干面向:第一,從"聖之思也輕"這一思之生發面向的能力的來源講,這一能力是天賦予之的;第二,這種天賦予之具有的未知性、偶然性,也可稱之爲"天";第三,這種天賦能力在被賦予之後,"有"即絕對"有","無"即絕對"無",這種不由人的意志而轉移的絕對性,也可稱之爲"天"。而"其人施諸人",如果按照帛本經文補上"其人施諸人,不得其人,不爲法"加以理解,這一句是在明確傳習天道應當遵循的基本原則——"得其人",即向合適的、正確的人傳授天道,所謂"狎""合"。這個"合"可以朝君臣朋友以義相合的方向理解。所以此章前面説的是聖人,後面説的是修德者與有德之人共同構建的師弟、君臣、朋友這樣的倫序關係。

六 結 論

由對《五行》篇經文中"聖""智"並舉文本的分析,可從多方面總結如下:

從經文文本結構和義理線索而言,經文中"聖""智"並舉的文本結構承載着"聖""智"並舉的義理結構,其義理結構有時會化身在"德""善"、"天道""人道"、"五行""四行"並舉的義理結構中。

從經文總體的脈絡結構而言,第十、十一章前半(止於"金聲而玉振之")作爲承前啓後的過渡性章節,討論"金聲""玉振"象徵的"德""善"兩種修德層境,其中"金聲而玉振之"象徵"德行"的集大成。它們之前的章節(具體從第二至第九章),主要緊扣德行内化的工夫問題,其内容以論述"天道德"的達成爲主。但是行文中有一條並行的叙述路線,即"思"的生發面向展開時如果缺少"聖之思"這一面向,那麽就必須在論述"天道德"的過程中安置"人道善"的位置。所以時時會有"德""善"並論的文本呈現。第十一章後半(始於"不聰不明")到第二十四章"君子集大成",這中間十多章的内容分兩輪討論五種"德之行",而且兩輪討論的順序都是"聖""智""仁""義""禮"。比如第十一章後半討論"不聰不明不聖不智",第十二、十三、十四章討論"不仁""不義""無禮",其所討論的維度主要是修德者與人交接之際的由内心向身形向他者呈現的具體形態變化。第一輪討論結束之後,第二輪討論從第十五章一直到第二十三章,其中第十五、十六、十七、十八這四章集中將"聖""智"討論了兩輪,其中第二輪從與有德之人交接的層面過渡到向聖君賢臣的治道層面。之後十九、二十、二十一這三章再度依次討論"仁""義"

"禮",也是從德行外發的面向過渡到對爲政原則的論述。緊隨的二十二、二十三章又在爲政層面再一次討論仁義"匿簡"的原則。第二十四章接續這部分內容對爲政原則的關注,可以概括爲君子的"爲政之集大成"。此後從第二十五章到終篇,重新回到對成德原理的追問和討論。

從"天道德"達成的工夫路線來說,憑借"思"和恒常持久的踐行的工夫以及具體個體的資質差異看,由兩個面向之思可以修成"人道善"的人格層境,由三個面向之思可以達成"金聲而玉振之"的"天道德"的人格層境。

從知曉天道的具體路徑來看,具有"聖之思"這一思之生發面向的修德者可以不依賴他人的傳授而成就自身的"德",所謂"聞而知之"。而"聖之思"這一面向缺席的修德者必須依賴於有德之人的傳授才能知曉天道,並且所知曉的天道作爲經驗知識,沒有內化爲真正的"德之行"。其所達成的人格層境"善"是對有德之人的德行的參鑒與模倣。這種從有德之人身上參鑒而來的經驗知識的模倣是否有可能實現內化,從《五行》篇看,作者沒有給出肯定答案。

從與賢人交接的方式來看,"聖之思"即"聞而知之"的修德者自身作爲天道的自通自明者,與所交接的有德之人是平等對當的關係,但是如果在聞道的時間上有先後,或者在爲政的職分上有高卑等,則會在交接之際自然地締結出相互之間的君臣、朋友、師弟等倫序關係。如果"聖之思"缺席,即"見而知之"的修德者作爲同具有"中心之憂"的仁人,與所交接的有德之人之間則基本上是學習者與被學習者、傳授者與被傳授者、依賴者與被依賴者的關係。在這些交接之間,人倫關係之間的"仁""義""禮"這些倫理範疇衍生而出。

從在位爲政方面看,經由三個面向之思而"得智"成德的聖人是禮樂的制作者,對應的,經由兩個面向之思而"得智"爲善的修德者是對聖人所制的禮樂之教的輔成者。即"聞而知之"者制禮作樂,"見而知之"者輔翼推行,共成善治。

從人得天明道的來源看,《五行》直接將"聖人知天道"的緣由歸爲天賦與之,具有未知的偶然性,以及賦予後的絕對性。給"其人施諸人"的傳道授受的過程定以明確的原則性,即"不得其人,不爲法"。

綜上,以《五行》"聖""智"並舉的文本爲分析主線,並以此爲基礎的對"天道""人道"、"德""善"、"聞而知之""見而知之"等成對範疇的分析可見,《五行》篇在"天""人"之間始終有一條沒有跨越的溝壑——聖人在天賦與之"聖之思也輕"這一資質起點處就蘊藏了其成爲聖人的絕對潛質，再經由"思"和恒常持久的踐行的工夫達成諸種內化的"德之行"，再經由"爲一""愼獨"的工夫過程而成德，並在爲人處世之間踐行其德，是謂"天施諸其人""聖人知天道"；而其他沒有被賦予"聖之思也輕"這一資質能力的修德者，儘管同有"中心之憂"，但其知曉天道的方式只能依賴"見而知之"，在思之生發面向上天然少了"聖之思"一面，所以其修德的努力始終止於"爲善"的層境。

但對於先秦時期集大成的儒者來説，其憂世之懷最集中體現在對現實世界人道秩序的關注，子思、孟子、荀子皆是如此；在學術思想方面，這一憂思則轉化爲對道德形而上學的探究和建構，即爲人人皆有成德入聖潛能的普遍性提供理論體系的證明，以此爲現實世界的秩序重建提供堅實的理論基礎和價值指引。也是因此，《五行》篇很重要一個面向是對政治秩序的關注。另外，禮樂秩序最理想的落實情況是禮樂教化觀照下的每一個個體自身都具有接受教化以成其德的潛能，所以諸儒立論方向是通過形而上體系的建立，論證修身成德在所有人身上普遍的潛能性。但是據此反思本篇分析所得的結論，不得不説，《五行》篇只將這種成德成聖的潛能賦予了"天施諸其人"所涵蓋的極少一部分人，"善""德"、"聖之思""智之思"之間的限隔始終橫亙，不因爲後天工夫的多少有所跨越，多數人從有生一刻就被限隔在成德可能性之外，其道德行爲始終只可能是被動的勉強接受，而非眞正生發於內心的自然流露。所以就道德形而上學建構的普遍性來看，《五行》體系仍留有進步的空間。

關於"善"與"德"之間的限隔，在與帛本《五行》同出的馬王堆漢墓帛書的《德聖》篇殘存文本有載，其文説"四行成，善心起。四行形，聖氣作。五行形，德心起。和謂之德，其愛謂之一，其愛謂之天，有之者謂之君子，五者一也"[①]。這一段的邏輯，是四行（仁義禮智）在行爲活動的達成之際，可以興起內在的善心，內在的善心可以使得四行"形"，即內化爲四種"德之行"。當四種"德之行"內化時，內心的"聖氣"會興起，即"德之行聖"達成的基源也會在心中生發。進而"五行形"，"五行"進一步"和"，是謂"德"。所以《德聖》篇認爲"四行"可以直接內化爲四種"德之行"，在"四行形"的基礎上會自然地生發"聖氣"，進而達成"五行形"。這樣的"四行"與"五行"之間直接順暢的生發邏輯和階段，和《五行》篇德行內化的內在機制體系顯然不

---

① 國家文物局《馬王堆帛書（壹）·釋文》，第39頁。

同。又因爲《德聖》篇同在帛本而不是簡本，所以不能將之作爲與簡本《五行》同時代的文本看待。因此《德聖》篇的"四行"跨入"五行"而成德的邏輯不能作爲打通《五行》篇所留下的"善"與"德"之間限隔的路徑。

從"善"跨入"德"的同義表達其實是從有限性的"爲善"升進至無限性的"德性"，陳來先生認爲《五行》之中的"德"有超越性和內在性，但是其內在性的觀念還沒有達到《孟子》"性善"的地步，"超越性也還未達到《中庸》'天命'的觀念，但《五行》作者對'德'的超越性的面向已經有了明確的肯定，爲《中庸》的進一步發展準備了基礎"①。按照這一見解可以想見，在道德形而上學和理想的爲政之道的論證上，《五行》篇先完成，但是既然"爲善"和"成德"之間的限隔沒有打通，那麼在後續的體系建構上就有兩個努力的方向：或是在《五行》篇所討論的各層次問題上加以推進深入，或是揚棄《五行》篇的論證體系而探索新的論證思路。比較可見，《中庸》文本是後一種情況②。《五行》和《中庸》之間極爲關鍵的差異之處是《五行》的論證起點是"心"，而《中庸》的論證起點是"天""命""性""道"，並引入"誠"這一名義，打通內外、天人、聖凡之間的限隔。這一限隔的打通爲後來孟子提出"人皆可爲堯舜"的理念做好了鋪墊。結合《孟子》論述性善時只談"仁義禮智"而鮮談"聖"可見，從《中庸》開始，已經不再將"聖之思"作爲通達天道的必要條件，而代之以"誠"即可"合內外"，也就是"形於內"與"不形於內"這一界分不再成爲問題，成德的基源必然而普遍地潛存於每一個人內心，這也不同於"天施諸其人"的"天命"③。那麼孟子繼承《中庸》的理念，將"仁義禮智"這原本在《五行》中不能成德的"四行"和"誠"結合，使得"四行"成爲"我固有之"（《孟子·告子上》）的"性"，只要通過"思"的工夫將之彰見外顯便是成德。於是"思"的意涵中天然蘊含"聖"的屬性，"聖之思"這

---

① 陳來《竹帛〈五行〉與簡帛研究》，北京：生活·讀書·新知三聯書店，2009，第125—126頁。
② 龐樸《竹帛〈五行〉篇與思孟"五行"説》，載《龐樸文集》（第二卷），第155—157頁，指出《中庸》和《孟子》文本中所蘊含的與《五行》所謂"仁、義、禮、智、聖"對應的內容。《中庸》所對應的是"唯天下至聖，爲能聰明睿知，足以有臨也；寬裕溫柔，足以有容也；發强剛毅，足以有執也；齊莊中正，足以有敬也；文理密察，足以有別也"。《孟子·盡心下》則是"仁之於父子也，義之於君臣也，禮之於賓主也，聖人之於天道也，命也；有性焉，君子不謂命也"（"聖人"之"人"字認爲是衍文）。
③ 需要補充的是，《五行》中"天施諸其人，天也"這一句顯示出一點"天命"的意味，但卻是偶然不定之"天"和絕對不可改移的命令之"天"，而不是普遍必然之"天"。

一面向也不再單獨列出，"聖"名義也只作爲工夫修養最後通達於天的結果和效驗而存在。人人可以成德入聖的理論建立，並且這一邏輯和帛書《德聖》篇篇首的邏輯環節基本契合。

　　（作者單位：北京大學哲學系、《儒藏》編纂與研究中心）

編者按

截至 2022 年 5 月,《儒藏（精華編）》中國部分 282 册 510 種儒家典籍已全部出版。爲便於讀者了解、利用《儒藏》校點本,發掘《儒藏》本的價值,總結《儒藏》編纂中的經驗與教訓,本專欄擬邀請《儒藏（精華編）》校點人、編者及學界專家、廣大讀者,就《儒藏》校點工作中的整理思路和方法經驗,《儒藏》校點本的特點和價值,《儒藏》校點本的訛誤與不足,以及對古籍整理工作相關問題的思考等,廣泛發表意見,提出批評與建議。本期推出的四篇文章,既有校點人的個人思考,也有學者專家的肯定或商榷,其特點是客觀有據,以推動學術進步爲宗旨,希望能爲《儒藏》全本編纂及古籍整理事業的整體發展提供借鑒。

《誠齋集》校讀記
——兼談儒藏本《誠齋集》的校勘理念與方法

吕東超

【内容提要】 宋端平本《誠齋集》已久失中土，國内所藏各抄、刻本由於傳寫臆改等原因，文本歧義不勝指數。民國間，繆荃孫購得日抄宋端平本，嗣後收入《四部叢刊》，才使這一狀況略得改觀。然而，《四部叢刊》本亦錯訛滿眼，難稱精善。清代以來，雖然學者們爲校訂《誠齋集》付出諸多努力，但畢竟未見宋本，無從對版本源流與文本性質作出深入判斷，導致誤校不少。如今，不僅宋端平本已影入國内，其電子影像亦獲公佈，以宋端平本爲底本的新整理本《誠齋集》亟待面世，儒藏本即在此一背景下"應運而生"。本文嘗試從版本源流、校勘策略、細節處理等方面就儒藏本《誠齋集》的整理工作予以總結，敬祈讀者批評指正。

【關鍵詞】 楊萬里 《誠齋集》 《儒藏》

2017年夏，北京大學《儒藏》編纂與研究中心問我能否承擔《誠齋集》的整理工作，作爲即將畢業的博士生，面對中心的信任，只感到誠惶誠恐。實際上，我並無太多整理古籍的經驗，除了在中心悶頭讀稿以外，僅整理過《竹譜詳録》《元代畫塑記》兩種小書。雖然對校勘學一直興味濃厚，但從未想過以既耗時又費力的古籍整理作爲志業。初時不免猶豫，但最終仍然接納了這一任務。承命之餘，不敢廢怠，此後幾乎每天都與《誠齋集》相伴朝夕。所幸宋本尚存，使整理工作減去不少麻煩。儘管如此，由於卷帙浩繁，初稿完成時已在兩年半之後。再加上中心複雜的審稿流程以及突如其來的疫情等原因，遲至2021年冬才返回校樣，我又破三月之功，核對底本一過，儘量減少排印失誤，《誠齋集》的整理工作遂告卒業。最近中心希望我就《誠齋集》的整理過程作一篇總結文字，其實我本人並無心得可言，考慮到整理大部别集對我而言尚屬首次，其中不免存在一些問題，不妨藉此機會把自己的認識和遺憾略作交代，或許對讀者不無裨益。

一、源與流

考察版本源流無疑是古籍整理的第一步，以便爲進一步確定底本、校本、參校本作準備。誠齋生前曾自編詩集爲八，曰《江湖集》《荆溪集》《西歸集》《南海集》《朝天集》《江西道院集》《朝天續集》《江東集》。另有一部無序的《退休集》，應成集於身後。這些詩集先後刊刻於宋淳熙、紹熙年間，學界一般稱之爲"宋淳熙紹熙間遞刻本"（以下簡稱"宋遞刻本"）或"宋刻詩集本"。今國圖善本室藏有一部殘本，存《江湖集》十四卷、《荆溪集》十卷、《西歸集》四卷、《南海集》八卷、《江西道院集》五卷、《朝天續集》八卷、《退休集》七卷①，且殘蠹特甚，偶有抄配。此外，日本宫内廳書陵部藏有一部宋淳熙刻本《南海集》八卷②，亦有損泐。至嘉定元年，誠齋長子長孺將誠齋詩集與未曾梓行的各類文章如賦、辭、操、表、牋、啟、書、奏劄、記、序、册文、詞、議、策問、詞疏、箴、銘、贊、樂府、題跋、祭文、尺牘、傳、行狀、碑、墓表、墓志銘以及《心學論》《千慮策》《程試論》《庸言》《天問天對解》《東宫勸讀録》《淳熙薦士録》《詩話》、歷官告詞、詔書、謚告等重新編定爲一百三十三卷，題曰《誠齋集》。端平初，由楊長孺門人劉燁叔付印於江西，每卷卷末有"嘉定元年春三月男長孺編定 端平元年夏五月門人羅茂良校正"字樣，書尾有劉燁叔端平二年跋，學界一般稱之爲"宋端平本"。可惜此本已久失中土，今僅知日本宫内廳書陵部藏有一部③，爲海内孤帙。由於曾遭火厄，不無殘闕與抄配之處，但大體保存完整，洵爲最善之本。傅增湘曾懷疑日本所藏非宋端平本，祝尚書先生已有辨證④，而薛瑞生先生仍憑藉《全宋詩》誠齋卷不避宋諱、"叚""段"字型未區分及宋端平本存在訛誤，推定"傅增湘以爲日藏本並非端平本之舊爲有據"⑤。《全宋詩》乃現代整理本，已經過統一文字處理，薛

---

① 《中華再造善本》有影印本，北京：北京圖書館出版社，2004；國圖"中華古籍資源庫"有電子影像。按：下文所列各本，國圖"中華古籍資源庫"、日本"宫内廳書陵部收藏漢籍集覽"、臺灣"古籍與特藏文獻資源"、哈佛燕京等或已披露電子影像，不復一一注明。
② 《日本宫内廳書陵部藏宋元版漢籍選刊》有影印本，上海：上海古籍出版社，2012。
③ 《日本宫内廳書陵部藏宋元版漢籍選刊》有影印本。
④ 祝尚書《宋人別集叙録（增訂本）》，北京：中華書局，2020，第1001頁。
⑤ 薛瑞生《誠齋詩集箋證·凡例》，西安：三秦出版社，2011，第5—6頁。

氏之誤又不待言而可知矣。

元明兩朝均無《誠齋集》重刊本，直至清乾隆五十九、六十年，誠齋後人始將文集、詩集重新編次，再付剞劂，改題爲《楊文節公文集》《楊文節公詩集》（以下簡稱"楊本"）。據楊振麟跋，知底本並非家傳秘本，仍爲外間傳抄之本。① 國內所藏《誠齋集》多爲抄帙，較重要者有上圖藏明莫是龍輯本七十卷、上圖藏明末毛氏汲古閣抄本一百三十三卷、國圖藏清顧廣圻校並跋明末毛氏汲古閣抄本一百三十三卷（以下簡稱"汲本"）②、國圖藏清翁同龢跋明末毛氏汲古閣抄本一百三十三卷（存十五卷）、陝西省考古研究所藏明抄本一百二十卷、國圖藏清初抄本一百三十三卷、北大藏清抄本一百三十三卷、浙圖藏清沈復粲校並跋清道光十年鳴野山房抄本一百三十三卷、國圖藏清抄本一百三十三卷（存一百二十二卷）、蘇圖藏清抄本一百三十三卷別集二卷附錄一卷、南圖藏清丁丙跋清朱文懋校清抄本一百三十五卷目錄三卷③、國圖藏清抄本一百二十卷。除上述較爲完整的抄、刻本外，詩文選本有元余卓刻本《誠齋四六發覆》、康熙十年吳氏鑑古堂刻本《宋詩抄》、康熙三十二年刻本《宋十五家詩選》；《天問天對解》有明崇禎十年古香齋刻本及清初毛昇、林學本刻本；《誠齋詩話》有清抄本、清星鳳閣趙之玉抄本；《淳熙薦士錄》有清蔡名衢、丁丙跋清抄本。以上諸本均著錄於《善目》，其他抄、刻本仍復不少，如國圖藏清初抄本六十二卷、臺灣"國圖"藏烏絲欄舊抄本一百三十三卷、臺北故宮藏《文淵閣四庫全書》本一百三十三卷（以下簡稱"庫本"）、哈佛燕京藏抄本一百三十三卷、嘉慶五年徐達源刻本《誠齋詩集》等。此外，特別值得一提的是，臺灣"國圖"尚有明汲古閣影抄殘宋本《誠齋尺牘》兩卷，取與宋端平本對勘，確係影抄無疑，除首尾卷次未寫明外（可能底本已經損毀，核其內容，先後對應宋端平本卷一〇九、卷一〇八），其餘文字完好無闕，這說明宋端平本在毛晉的時代或許還有殘葉存世。

民國間，繆荃孫購得一部日本抄本，據云從宋端平本"影寫"，涵芬樓據以影入《四部叢刊初編》（以下簡稱"四部叢刊本"），當時蠧舟專門撰文稱譽《四部叢刊》有"自宋以來無第二刊本之秘籍"④，即以《誠齋集》爲例，可見此本影

---

① （清）楊振麟《楊文節公文集跋》，見《誠齋詩集箋證·附錄一》，第3032頁。
② 《宋集珍本叢刊》有影印本，北京：綫裝書局，2004。
③ 關於此本，可參于北山《有關楊誠齋研究中的幾個問題》，《中華文史論叢》第4輯，第164—165頁。
④ 徐兆瑋《徐兆瑋日記·叢書草堂日記》民國十九年二月七日條，合肥：黃山書社，2013，第3352頁。

響之大。實際上，四部叢刊本不僅與宋端平本行款字體全然不同，且書跡粗劣，並非"影寫"，而是據宋端平本的抄本轉錄。日本《誠齋集》抄本不止一部，前田育德會、日本國會、內閣文庫等均有藏本。又據嚴紹璗先生介紹，日本尚有東山天皇元禄時期（1688—1704）摹宋端平刻《誠齋集》寫本一百三十三卷目錄四卷，大阪天滿宫御文庫藏江戸時代寫本《誠齋集》殘本九十一卷①。此外，靜嘉堂文庫有陸氏皕宋樓原藏朱彝尊舊藏"影宋抄本"一百三十二卷附錄一卷別（《皕宋樓藏書志》作"外"）集二卷②。

《誠齋集》在楊本問世之前僅端平一刻，這本是學界共識。然而，庫本卷三七之末卻比四部叢刊本多出詩一首，並有跋語云：

> 慶元丁巳八月二十六日，季父初筮文江，執贄文節公之門，辱報以詩。集中偶未登載，輒附刻於此卷之末。淳祐丁未秋八月，後學豫章李茂山謹識。③

辛更儒、薛瑞生兩先生根據跋中"附刻"二字，認爲端平之後還存在"淳祐刻本"或"淳祐重印本"。辛氏云：

> 對淳祐刻本的考證，推翻了學術界"《誠齋集》自端平合刻以來，尚無全集重刻本"的不恰當結論。而端平本和淳祐本之外的誠齋佚作不斷被披露，則有力地説明，在淳祐本之後，必然還有所收誠齋著作更全的全集本出現，只是未見傳本，亦未見目錄書著錄而已。④

薛氏云：

> "淳祐丁未（1247）秋八月"，上距楊長孺編《誠齋集》之"嘉定元年（1208）春三月"已四十年有餘，距羅茂良校正《誠齋集》之"端平元年（1234）夏五月"已十四年有餘，距端平本刊刻竣工亦十三年有餘，且謂"附刻於此"，則不惟知端平本編定後有淳祐重印本，且重印後有所增益，今本《誠齋集》中所收之詩有後人所增者。據此，則四庫本與北大手抄本

---

① 嚴紹璗《日本藏漢籍珍本追蹤紀實——嚴紹璗海外訪書志》，上海：上海古籍出版社，2005，第 24 頁。
② 〔日〕河田羆《靜嘉堂秘籍志》卷三七，上海：上海古籍出版社，2016，第 1480 頁。
③ （宋）楊萬里《誠齋集》卷三七，景印文淵閣《四庫全書》本，臺北：臺灣商務印書館，第 1160 册第 410 頁。
④ 辛更儒《楊萬里集校箋》附録二《補遺·書後》，北京：中華書局，2007，第 5314 頁。

並非長孺當年所編之舊而爲淳祐重印者明矣。檢此二本，錯誤不勝乙改，較四部叢刊初編本錯誤尤夥。……足見《誠齋集》誠如四庫提要所云"則當時已多誤本"，非盡其後轉相傳抄重印之誤也。①

其實，陳新先生對所謂"附刻"早有討論：

> 淳祐亦爲理宗年號，丁未是淳祐七年（1247），後於端平十餘年。在此短暫時間，《誠齋集》重刻的可能性不大，跋中"附刻"二字，汲本、呂本均作"循剩"，亦足說明實爲端平刻本的抄本。凡抄本不僅多舛誤，且多字跡模糊，轉輾抄刻時必多歧異。②

覆按國圖藏汲本、清初抄本、清抄本均作"循剩"，汲本眉上另批"附刻"二字，則此處確有異文無疑。在未見"淳祐刻本"或"淳祐重印本"的任何傳本與相關記載的情況下，僅僅根據存在異文的李氏跋語及"誠齋佚作不斷被披露"，尚不能得出端平以後還存在淳祐本，甚至"在淳祐本之後，必然還有所收誠齋著作更全的全集本出現"的結論。至於"非盡其後轉相傳抄重印之誤"的說法也並不可信，今存各抄、刻本的大量錯訛，多爲後世傳寫臆改所致，而非宋端平本當時已有之誤。

綜上，由於誠齋詩凡兩刻，文僅一刻，所以後世諸本只能源出宋遞刻本或宋端平本系統③。限於客觀條件，我未能逐一經眼今存各本，寓目者有汲本、清翁同龢跋明末毛氏汲古閣抄本、清初抄一百三十三卷本及六十二卷本、清抄一百二十二卷本、楊本、哈佛燕京藏抄本、四部叢刊本、庫本、日本內閣文庫藏江戶時代抄本，均源出宋端平本系統，即使詩集選本如《宋詩抄》④、徐達源刻《誠齋詩集》⑤，也是據宋端平本的間接傳抄本付梓。

---

① 《誠齋詩集箋證·凡例》，第6—7頁。
② 陳新《我們應該如何整理古籍——由讀宋楊萬里〈誠齋集〉稿想到的》，《中國典籍與文化論叢》第5輯，第199—200頁。
③ 最近始知汪芬先生撰有《楊萬里詩集版本源流考述》一文，收入丁功誼主編《風行水上自成文：楊萬里與南宋文化暨紀念楊萬里誕辰890週年國際學術研討會論文集》，南昌：江西人民出版社，2017。未及翻閱，不知汪先生見解如何。
④ 參《我們應該如何整理古籍——由讀宋楊萬里〈誠齋集〉稿想到的》，第199頁。
⑤ 參袁氏抄本郭麐跋、袁棠識語及徐達源《誠齋詩集跋》，《誠齋詩集箋證》附錄一《傳銘序跋》，第3036—3037頁。

二、文本性質與校勘策略

　　《誠齋集》的刊刻源流既已明了，毫無疑問應該以時間最早、內容最全的宋端平本作爲整理底本，但如何選擇校本、參校本，具體採取怎樣的校勘策略，仍需對宋端平本及其他各本的文本性質進行比較分析以後才能決定。我最開始嘗試以汲本、庫本、楊本、四部叢刊本與宋端平本進行對勘，因爲這幾個本子在後出各本中較具代表性：汲本爲國内現存較早較全的抄本，庫本爲清代官方"定本"。楊本爲宋端平本以降唯一刊本，且經過誠齋後人悉心校正。據吳鷗先生説，胡適特别推崇楊本。四部叢刊本爲國内唯一"影宋"本，相較江户抄本而言更加完整。如劉煒叔序，江户抄本與宋端平本均有殘闕，四部叢刊本則無。但通過校讀實踐，最終放棄了楊本，因爲楊本的臆改相較於庫本而言，更是有過之而無不及。

　　所謂"文本性質"，主要指文本的現存狀態與是非優劣。根據宋端平本的實際情況，其文本可分作三種類型：（1）原刻；（2）殘闕；（3）抄配。原刻固不必説，但殘闕處應據何本補足，抄配來源何在，仍需進一步討論。關於抄配年代，島田翰以爲："今鑒其紙墨字畫，其抄蓋在元末明初矣。"① 以汲本、庫本與抄配葉對勘，可知抄配文本與宋端平本十分接近，且比汲、庫二本優勝。如卷五三《廣東提舉到任謝趙丞相啓》："奉使而爲見大夫。"王琦珍《楊萬里詩文集》（以下簡稱"王校"）校記云："邑大夫　底本作'見大夫'，誤。據四庫本改。薈要本、家刻本作'諫大夫'，亦誤。"② 辛更儒《楊萬里集箋校》亦據庫本改作"邑"③。按"見大夫"出《漢書·王嘉傳》"前蘇令發，欲遣大夫使逐問狀，時見大夫無可使者"，師古曰："謂見在大夫皆不堪爲使也。"④ 又如卷五四《回二廣譚提舉賀新除秘書少監啓》："龍翔韶鈞之文，桔鬲昭代；鳳舉金碧之使，光華遠郊。"王校云："格高　底本作'桔鬲'，無解。此從家刻本改。四庫本作'名高'。薈要本作'鼓吹'。"⑤ 按"桔鬲"即"戛擊"一聲之轉，

---

① 〔日〕島田翰《古文舊書考》卷二"誠齋集"條，上海：上海古籍出版社，2017，第220頁。
② （宋）楊萬里《楊萬里詩文集》卷五三，南昌：江西人民出版社，2006，第907—908頁。
③ 《楊萬里集箋校》卷五三，第2482頁。
④ （漢）班固《漢書》卷八六，北京：中華書局，1962，第3491頁。
⑤ 《楊萬里詩文集》卷五四，第917—918頁。

《漢書·揚雄傳》載《長楊賦》"拮隔鳴球,掉八列之舞",師古曰:"拮隔,擊考也。"① 《文選·長楊賦》作"戛擊鳴球",注云:"善作'拮隔'。"又引韋昭注:"拮,擽也。""戛擊作拮隔,古文隔爲擊。"② 再如卷六八《與建康帥邱宗卿侍郎書》:"次焉者置之廣廈細旃,則必堯舜乎吾吾。"該葉天頭有批注云:"'吾',疑'君'譌。"王校據"它本"改下一"吾"字爲"君"③。《箋校》因襲庫本,亦作"君"④。按"吾吾"見《國語·晉語》二"暇豫之吾吾,不如鳥鳥",韋注:"吾讀如魚。吾吾,不敢自親之貌也。"⑤ 這些例子充分説明宋端平本的抄配文本來源較爲可靠,而誠齋遣詞亦俱有本源,讀者不解其意,於是以"臆"改之,反而成爲理解誠齋古文的阻礙。此外,國圖藏宋遞刻本與日藏宋淳熙本《南海集》各有殘損,可以互補,此次整理即把這兩部宋本均列爲詩集校本,並據日藏本出校一則,過録跋語一篇。宋遞刻本的抄配時間無人討論,但從閱讀者的批點痕跡及殘損程度來看,時間應該不晚。

至於宋端平本以降其他各本,陳新先生曾以汲本、清康熙石門吕氏刊本、庫本、楊本、清丁丙八千卷樓藏抄本等與宋端平本詩集相校,認爲這些本子雖然出自宋端平本系統,但並非直接抄寫,而是據宋端平本的某抄本轉録,是宋端平本的間接抄本。出於編纂《全宋詩》的需要,陳先生所校只有詩集。此次根據我的重校經驗,並結合陳先生的意見,進一步指出這些本子可分作兩類:

(一)汲本、清康熙石門吕氏刊本、庫本、楊本、清丁丙八千卷樓藏抄本等,由於輾轉抄録,不僅譌誤滿眼,且每於費解之處改字,形成似是而非的文本。相關例證俯拾即是,僅舉一處,以見一斑。如卷三六《秋涼晚酌》:"者稀尚隔來年在,且醽今宵藥玉釭。"王校據"它本"改"者"爲"古"⑥。卷四二《病中復腳痛終日倦坐遣悶》:"滿眼生花雪滿顛,者稀又過四雙年。"王校據它本改"者"爲"依"。⑦ 以上兩處《箋校》僅出異文而不作改動,實屬難得可貴。顧隨與周汝昌札引此詩作"古稀",有案語云:"七律'古稀'《宋詩抄》作'依稀',商務《四部叢刊》影印影宋抄本《誠齋集》作'者稀',皆非是。

---

① 《漢書》卷八七下,第 3563—3565 頁。
② (唐)李善等《六臣注文選》卷九,影印《四部叢刊初編》本,北京:中華書局,1987,第 177 頁。
③ 《楊萬里詩文集》卷六八,第 1100—1101 頁。
④ 《楊萬里集箋校》卷六八,第 2903 頁。
⑤ 徐元誥《國語集解》,北京:中華書局,2002,第 276 頁。
⑥ 《楊萬里詩文集》卷三六,第 657 頁。
⑦ 同上書,卷四二,第 782 頁。

此詩後有《乙丑改元開禧元日》七律,其後又有《秋衣》五律曰'明年方八十'。然則誠齋作此腳痛七律時,正年七十有八,故曰'古稀又過四雙年'耳。'四雙',猶言二四如八也。"① 檢《誠齋集》凡表示年齒者皆用"耆稀"而不用"古稀",除此二處外,又如卷一○六《答張尚書》:"丙辰耆稀之齒。"("耆",《箋校》作"古")卷一○七《答徐參議》:"當未及耆稀之數。"(同上)四部叢刊本處處抄錯的可能性極小,核對宋端平本,亦無不作"耆稀"。《黄氏日抄》載范成大次韻龔養正《元日六言》云:"歲踰耳順俄七,年去耆稀只三。"小注云:"范六十七。"② 疑"耆稀"即"七十耆稀"的藏詞用法,並非誤刻。誠齋文字並不易懂,宋端平本亦往往不誤,在遇到不易理解的文本時,作爲校點者的我們,應該"逼迫"自己嘗試用盡各種方法努力"理解文本",而不是輕易"改動文本"。前人之所以產生大量的臆改和誤校,其本質原因在於未能讀懂文本。在數據資源如此便利的今天,我們比前人擁有更多進入古人文本世界的可能。校點者在破解古人文本密碼的同時,更應該認識到自己的有限性。

(二)四部叢刊本、江户抄本,雖未必直接據宋端平本抄録,但其文本特徵卻與宋端平本最爲接近。如宋端平本卷三○《和沈子壽還朝天集之韻》中的"城"字已經殘闕,僅留下右側"戈"形,而四部叢刊本、江户抄本亦作"戈";卷五六《答廬陵黄宰》"句法親傳"至後篇《答江西提刑俞大卿啓》"蓬掃花"全闕,並留有空白葉,而四部叢刊本、江户抄本卻將"句法親傳"與"蓬掃花"連抄一處;卷一三二《宋故彭遵道墓誌銘》等由於誤綴,導致文本錯亂,而四部叢刊本、江户抄本如出一轍。可見,四部叢刊本、江户抄本在傳抄時並未考慮文本的正確與否,而是完全照録,這是日藏抄本最接近宋端平本的重要原因,而國内外所藏其他各本,因在流傳過程中的主觀臆改,文本歧義愈來愈多,反而距宋端平本原貌愈來愈遠。此外,四部叢刊本並非直接從宋端平本迻寫,如宋端平殘闕之處,四部叢刊本往往較爲完整,其底本爲何,與更早的日本元禄抄本之間是否存在關係,還有待進一步探討,但國内各本之間關係如何,對整理《誠齋集》而言意義不大。當然,作爲《誠齋集》流傳史的重要史料,國内各本仍有其不可替代的價值,這是另一層面的問題。

既然宋端平本內部存在不同性質的文本,那麼勢必應該採取"局部差異

---

① 顧隨《顧隨全集》卷九,石家莊:河北教育出版社,2014,第136頁。
② (宋)黄震《慈溪黄氏日抄分類古今紀要》卷六七,《中華再造善本》影印上圖藏元後至元三年刻本,第8a頁。按:檢《范石湖集·石湖居士詩集》卷三三作"古",校記未列異文,上海:上海古籍出版社,1981,第441、500頁。

"化"的校勘策略。首先,宋端平本與宋遞刻本文本地位相等,以宋遞刻本作爲詩集校本理所當然。其次,宋端平本的原刻及抄配文本地位最高,也最可信賴,除非有明顯訛誤,否則不必據他本改字。即使與他本兩通,亦不必出校,因爲兩通者皆屬後人臆改。換言之,宋端平本文集部分的原刻及抄配無需進行"對校"。對於宋端平本的不解之處,可查閱參校本,作爲一種意見寫入校記,但絕不宜改動原文。復次,宋端平本殘闕之處,顯然應該以最接近宋端平本面貌的明汲古閣影抄殘宋本、四部叢刊本補足。但宋端平本既已殘闕,四部叢刊本的文本從何而來尚未可知。因此,在没有宋端平本作護法的前提下,其餘抄本如汲本、庫本等與四部叢刊本的地位幾乎相埒而稍弱。凡據汲古閣影抄殘宋本、四部叢刊本補足的地方,"底本"已非宋端平本,而成了汲古閣影抄殘宋本與四部叢刊本,其餘抄本則升格成爲"校本"。實際上,通過對勘宋端平本殘目,可以推知即使是宋端平本的殘闕之處,四部叢刊本也比其他各本如汲本、庫本等可信。如宋端平本卷九八卷首至《跋歐陽文忠公秋聲賦及試筆帖》"先生之孫提幹不"全闕,僅存書前殘目。四部叢刊本"跋御書御製梅雪詩",汲本、庫本無"御書"二字;"過楊塘趙清獻神道題柱",汲本、庫本"獻"下有"公"字;"跋歐陽伯威句選",汲本、庫本"威"下有"詩"字;"跋曾無違所藏米元章帖",汲本、庫本"違"字作"逸"。取校殘目,均與四部叢刊本同,則四部叢刊本更近宋端平本可知矣。因此,我最終採取的校勘策略是:以宋端平本爲底本,詩集部分校以國圖藏宋遞刻本及日藏宋淳熙本《南海集》;底本殘闕之處,用四部叢刊本補足,並通校時間較早、影響較大、内容較全的汲本、庫本。對於底本中的疑問難解之處,酌情參校汲、庫二本。①遺憾的是,我在整理時未能注意到明汲古閣影抄殘宋本,雖然此本對校讀結果不大影響,但當用而不用,仍感到十分慚愧。日本元禄抄本也應十分重要,一直無緣得見,近蒙人民文學出版社董岑仕女史告知,北京大學出版社《大倉文庫粹編·和刻本·朝鮮刻本》已於 2020 年將元禄抄本影印出版,希望將來有機會一閱。

關於如何整理《誠齋集》,祝尚書先生曾提出:"若能複製日本宫内廳書陵部所藏宋本以爲底本,再校以北圖所藏宋單刻詩集本及諸家精抄本等,方能得

---

① 在具體操作時,以《日本宫内廳書陵部藏宋元版漢籍選刊》影印本作爲工作本,遇有影印模糊或可疑之處,則核對宫内廳書陵部網站電子影像,確保與原本一致,其餘各本亦用影印本。

一善本，以傳久遠。"① 陳新先生則認爲："版本的優劣，不能是先驗的，必須經過艱苦的比勘。如《誠齋集》，在獲見宋刻本以前，確實莫衷一是，既見宋刻本，源流已明，後來各本異文雖紛紜，基本上全無作爲校本的價値，……如果濫校，成千上萬條校記除擾人耳目外，對質量絲毫無補。"② 問題的癥結在於是否要通校"諸家精抄本"？ 在未見宋端平本之前，祝先生的方法無疑十分穩妥。既有整理本如王校、《箋校》《箋證》等無一不是以四部叢刊本爲底本並儘可能對校其他各本，雖然在具體處理過程中還存在不少問題，如同時校勘庫本、《四庫全書薈要》、楊本以及據楊本排印的《四部備要》等，但整體思路無誤。我在校讀後非常認可陳先生的看法，意識到整理好《誠齋集》的關鍵不在於取校後出諸本，恰恰是摒棄諸本。誠齋已被紛擾數百年，是時候還他清淨了。

三、宗旨與細節

《〈儒藏（精華編）〉凡例》云："對入選書籍進行簡要校勘。以對校爲主，確定內容完足、精確率高的版本爲底本，精選有校勘價値的版本作爲校本。出校堅持少而精，以校正誤爲主，酌校異同。校記力求規範、精煉。"孫欽善先生在《〈儒藏（精華編）〉在版本選擇、校勘標點方面的特點》一文中指出，《儒藏》要選好底本和校本，"以簡馭繁"，"顯現精確的文本"，而不是像阮元《十三經注疏校勘記》那樣進行繁式彙校。作爲《儒藏（精華編）》叢書中的一種，《誠齋集》的整理當然也要嚴格遵循相關體例，但如果抛開《儒藏》不論，我也非常認同這樣的校勘理念，至少對《誠齋集》而言應該如此。在版本源流不明、系統複雜或祖本佚失的情況下，儘可能蒐集衆本進行辨析甚至"彙校"，是有"一定"必要的。但每一部著作都有其特殊性，《誠齋集》不僅版本源流清晰，且後出各本如汲本、庫本、楊本等無一精善。陳新先生云："各本的校刊、校抄者都未獲睹宋刻本，對所據本舛誤、費解或模糊處，各以意臆改或臆補。即使改正了少量原有錯誤，卻新增了大量錯誤，所以異文雖多，實際上都缺乏真正版本的價値。""今天整理，如果把這類異文紛紛出校甚至進行校改，

---

① 祝尚書《宋人別集叙錄》卷二〇，北京：中華書局，1999，第995頁。按：此段文字增訂本中已刪去。
② 《我們應該如何整理古籍——由讀宋楊萬里〈誠齋集〉稿想到的》，第209頁。

除了增加混亂以外，也背離了校勘的目的。"① 因此，儒藏本《誠齋集》只以校底本之是非爲主，凡底本無誤者，一律不出異同校，僅於疑難之處酌列他本異文，這並非"對校"，而是作爲一種"解釋"，提供給讀者參考。至於細節處理，值得交代的地方很多，此處僅從"混用字""底本疑誤""輯佚"三方面略述如下：

（一）宋端平本存在大量混用字，其中如"它楊"或作"它揚"、"惟揚"或作"維揚"，習用已久，兩不妨礙；"檐""擔"本是一字，與"屋簷"用字涇渭分明，凡此皆仍舊本，不作統一。"纈襭""蓬篷"等雖然意義有别，但讀者不難辨識，若無宋遞刻本或宋端平本目録可校，亦不改動，如"紅纈（襭）""蕚篷（蓬）"。但"折楊"（曲名）或訛作"折揚"（激揚），易生誤解，則予訂正。此外，"潁""穎""穎"字涉入地名而無從確定或曾存爭議者，亦不校改，如"章潁""潁考叔"②。特別值得一提的是，"楊万里"的人名用字究竟是"萬"抑或"万"，至今存在爭議。清代學者盧文弨首次提出"楊萬里"名當作"万"③，于北山從之，並以誠齋手跡《呈達孝宫使判府中大劄子》及四部叢刊本《誠齋集》羽翼盧説④。嗣後黄偉豪復撰文駁之，以爲盧、于二説證佐未備⑤，而李殿君則申發盧、于舊説，並指出"万"字取"舞"義，且《睢陽五老圖題跋册》亦署作"万"⑥。考證人名用字，最有力之證據莫過於手跡落款。可惜《呈達孝宫使判府中大劄子》爲行草寫就，因此黄偉豪認爲不足憑據。今考元本《樂書》卷首所載誠齋楷書上板序文即作"万"⑦，方愛龍先生亦指出誠齋行楷書《羅子高行狀》⑧、誠齋江蘇盱眙第一山摩崖石刻行書題名及誠齋

---

① 《我們應該如何整理古籍——由讀宋楊萬里〈誠齋集〉稿想到的》，第 200—201 頁。

② 參《春秋左傳正義》卷二《校勘記》"潁考叔"條，影印清嘉慶刻本，北京：中華書局，2009，第 3736 頁。

③ 湯蔓媛《傅斯年圖書館善本古籍題跋輯録》"中興館閣續録存二卷"條，臺北："中央研究院"歷史語言研究所，2008，第 220—221 頁。按：又見《抱經堂文集》卷九，北京：中華書局，1990，第 128—129 頁。

④ 于北山《楊万里年譜》，上海：上海古籍出版社，2006，第 1 頁。

⑤ 黄偉豪《"楊萬里"當作"楊万里"説獻疑》，《中國典籍與文化》2012 年第 4 期，第 137 頁。

⑥ 李殿君《關於"楊萬里"當作"楊万里"的再討論》，《中國典籍與文化》，2014 年第 2 期，第 158—159 頁。

⑦ （宋）陳暘《樂書》，《中華再造善本》影印國圖藏元至正七年福州路儒學刻明修本。

⑧ 方愛龍《楊万里撰並行楷書〈故富川居士羅子高行狀〉》，《杭州師範大學學報（社會科學版）》2021 年第 2 期。

撰文①、尤袤行楷書《故太孺人段氏墓誌銘》均作"万"②，可見誠齋自書作"万"斷無可疑。宋端平本《誠齋集》凡誠齋人名無不作"万"，即使誠齋之弟"万遇"亦復如是③，與表示程度、數目的"萬"字判然有別，更非偶然。何況《誠齋集》乃誠齋大兒手訂，若父名混寫，豈有不加勘正之理？以上都是"楊萬里"名當作"万"的鐵證。黄偉豪又以四部叢刊本《誠齋集》卷四五《悼雙珍辭》、卷七四《泉石膏肓記》《山月亭記》、卷七七《送郭慶道序》、卷九八《跋御書誠齋二大字》、卷一〇〇《跋張魏公答忠簡胡公書十二紙》、卷一一二《論沿邊守備事宜狀》《乞不殺竇參及免簿録莊宅三床》《宋文帝紀》《初讀三朝寶訓》、卷一一八《母陳氏張氏所生母曾氏俱贈淑人》（篇題應爲《胡公行狀》）人名作"萬"，而卷二七《題盱眙軍東南第一山》"萬里中原青未了"、卷三一《送李君亮大著出守眉州》"仍將若水三萬里"作"万"，駁斥于説。對勘宋端平本，除《跋御書誠齋二大字》已經殘闕以外，其餘用字情況與四部叢刊本適成相反。于、黄二人都没見過宋端平本，不得已藉助四部叢刊本進行討論，恰如"霧裏看花，終隔一層"。進一步言之，宋遞刻本僅《荆溪》《南海》（卷首誠齋自序落款及目録題名仍作"万"）二集作"萬"；宋淳熙二年嚴陵郡庠刻本《通鑑紀事本末》卷首誠齋序作"万"④，而宋寶祐五年趙與𥲤刻元明遞修本已改作"萬"⑤，均可視爲旁證。唯"万""萬"二字久已無別，所以宋時即有混用者。除上揭二例外，它若宋刻《晦庵先生文集》卷三八《答楊廷秀》⑥、《東萊吕太史文集·附録》卷二《祭吕伯恭文》⑦、《渭南文集》卷三八《朝奉大夫直秘閣張公墓誌銘》⑧、《誠齋四六發遣膏馥》目録及卷一首題名⑨、《郡齋讀書志》（應爲《附志》）卷五"誠齋易傳二十卷""史評六卷""北海先生文集六十卷""國朝

---

① 拓本圖版見國圖"中華古籍資源庫·碑帖菁華"。
② 方愛龍《楊万里撰、尤袤書〈宋故太孺人段氏墓誌銘〉》，《杭州師範大學學報（社會科學版）》2021年第3期。
③ （宋）楊万里《誠齋集》卷一三〇《蕭君國華墓銘》，宋端平刻本，第3a頁。
④ （宋）袁樞《通鑑紀事本末》，國圖藏宋淳熙二年嚴陵郡庠刻本。
⑤ （宋）袁樞《通鑑紀事本末》，《中華再造善本》影印上海辭書出版社圖書館藏宋寶祐五年趙與𥲤刻元明遞修本
⑥ （宋）朱熹《晦庵先生文集》卷三八，《中華再造善本》影印國圖藏宋刻本，第56b頁。
⑦ （宋）吕祖謙《東萊吕太史文集·附録》卷二，《中華再造善本》影印國圖藏宋嘉定四年吕喬年刻元明遞修本，第5ab頁。
⑧ （宋）陸游《渭南文集》卷三八，《中華再造善本》影印國圖藏宋嘉定十三年陸子遹溧陽學宫刻本，第5b頁。
⑨ （宋）周公恕《誠齋四六發遣膏馥》，中華再造善本影印遼圖藏宋余卓刻本。

二百家名臣文粹三百卷"諸條皆作"萬"①。儘管如此，不能因爲當時有作"萬"者，就認爲"萬""万"皆可，仍當以手跡及宋刻本集爲據。今已約定俗成，作"萬"亦無不可，但從求真角度而言，"万"才是誠齋人名的正確用字。

（二）由於宋端平本爲傳世孤本，原刻在文本地位方面没有足夠與之平等對校的本子，所以除通校宋遞刻本外，並不存在真正意義上的"對校"。那麽，如何處理原刻中的疑問難解之處，便成爲一個問題。實際上，宋端平本中存在的諸多疑問，已成爲未解之謎，任憑後人如何"想象"，也很難知曉謎底。前人就是在傳抄過程中"想象"太多，導致文本愈失其真。如果説古籍整理的目的是恢復古籍文本的原貌，那麽對整理者而言，這部宋端平本便是"原貌"本身（楊長孺、羅茂先編定校正的原貌）。當然，這一存在遺憾的"原貌"絶非誠齋的"理想原貌"。只有誠齋本人才擁有定奪"理想原貌"的權力，我們作爲校勘者，不過在嘗試"塑造"某一種可能接近"理想原貌"的文本罷了。套用愛德華·卡爾在《歷史是什麽》中的話來説，整理者既不是古籍文本的奴隸，也不是古籍文本的暴君。整理者應該尋找一種合理處置古籍文本的方式，使這一被處置的文本逐步靠近"理想原貌"，這是一個不斷與文本"對話"並相互"塑造"的過程。在無從塑造"理想原貌"的前提下，不妨把難題抛給讀者，讓讀者去"對話""塑造"與"想象"。"想象"不妨是閲讀者的羅馬坦途，但也可能是整理者的陷人深坑。其實，汲本、庫本等都是充滿"想象力"的文本，此種地方最有趣，略舉數例：（1）卷四二《送王長文赴上庠》："玉皇書院璧水中，賜子半窗桃玉蟲。""桃"爲"挑"字之訛，可據本校法及王校改字，這一改動較爲符合"理想原貌"。但"賜"爲何意，殊不可解。汲本、庫本改作"賜"，似亦難通。因此，此處出校"疑誤"，並列出汲本、庫本異文，以供讀者"想象"。（2）卷四四《後蟹賦》："於遡江而上之楊乎。"句法稍嫌奇怪，而大意可知。"於"下，庫本添"是"字；"乎"，汲本、庫本改作"子"。雖然文從字順，但"理想原貌"是否如此，無從確定。（3）卷六七《答虞祖禹兄弟書》："此恩恩之輕重大小又何如也。""恩恩"，四部叢刊本、汲本、庫本不重文，但前文有"此其恩之輕重大小何如也"之語，爲知上"恩"字非"其"字之訛乎？（4）卷一一四《詩話》："好一個獸長斂。""斂"字疑誤，汲本、庫本作"漢"，但作"臉"是否也是一種可能？（5）卷一二七《王叔雅墓誌銘》："里之人有伍其性者，以貧不自食，至欲扣其祖宫教墓中之藏。""性"，汲本、

---

① 《"楊萬里"當作"楊万里"説獻疑》，第137頁。

庫本改作"姓",但"性"字不誤而"伍"字或爲"忤"字之訛,未嘗不通。
(6) 卷一三〇《蕭君國華墓銘》:"樂好施。"汲本、庫本於"樂"下補"善"字,何以"養"字不可? 對於底本中的疑難問題,我最先的考慮是保持原貌,不出任何校記,因爲擔心這類校記在某種程度上誤導讀者,其實汲本、庫本的"想象力"大多"卑之無甚高論",並不比一般讀者更有效力,它們給出的答案,讀者往往也能"猜到"。校樣返回後,又折中了相關意見,才酌情列出汲本、庫本異文,可惜處理得不夠徹底。如卷三《和文明主簿叔見寄之韻》其一:"入州非不肯,出伏即相過。"《箋證》云:"此處'出伏'必爲'出服'之誤,因此詩寫於春季,距入伏尚遠,何謂出伏耶? 且以未出伏爲不入州之由,實難解通。作者此時丁父憂在家,依禮,服喪期間不婚娶、不聽樂、不拜客,故始謂不是我像龐公一樣隱居不出以示清高,而是因爲我正在喪服期間,不能相訪,待出服後即來訪矣。惟作是解,始通。"① 首先,只要作於出伏之前即可,與"距出伏尚遠"並不矛盾;其次,《宋史·禮志·服紀》:"孝宗居憂,再定三年之制。其服:布冠、直領大袖衫……每遇過宫廟謁,則衰絰行禮,二十五月而除。"② 此詩作於乾道二年(丙戌,1166)③,誠齋尊人去世於隆興二年(甲申,1164)八月④,至乾道二年八月恰好二十五個月(中間閏一月)。當年末伏在七月,則喪期結束時差不多就在出伏之後,未必不通;再次,《宋史·禮志·山陵》:"王淮等言:'尋常士大夫丁憂過百日,巾衫皆用細布,出而見客,則以黲布。'"⑤ 誠齋曾在喪期赴永和拜訪胡銓與周必大⑥。宋遞刻本亦作"伏"。又如卷六《同李簿養直登秋屏》:"大範今無寺,秋屏故有基。"《箋證》云:"秋屏,閣名,在南昌城北。《江西通志》卷三八《古跡·南昌》:'秋屏閣,《閣輿圖備考》:在府城北,周益公謂在大梵寺,曾鞏云"西山正旦盡"者,惟此閣耳。'據此,知'大範'爲'大梵'之誤。而此誤決非端平本原本之誤,因其編者楊長孺非特官至集英殿修撰,且與人唱和詩不在少數。校正者羅茂良亦非等閑之輩,乃《鶴林玉露》作者羅大經之父,與人唱和詩亦不在少

---

① 《誠齋詩集箋證》卷三,第 274 頁。
② (元)脱脱等《宋史》卷一二五《志》七八《禮》二八,北京:中華書局,1977,第 2920 頁。
③ 《楊萬里年譜》,第 96 頁。
④ 同上書,第 85 頁。
⑤ 《宋史》卷一二二《志》七五《禮》二五,第 2860 頁。
⑥ 《楊萬里年譜》,第 95 頁。

數。……此類之誤在四部叢刊本初編本《誠齋集》中每每可見。《全宋詩》誠齋卷可謂間接之日藏本，亦作'大範'，則其亦非端平本之舊可知。"① 其實，宋端平本和任何本子一樣都不可能毫無錯誤，即使校勘者水平再高再認真，也難免有所遺漏，據此認爲"此誤決非端平本原本之誤"，顯然不合邏輯，檢宋端平本正作"大範"。柳宗元《柳宗直西漢文類序》云："名臣之大範，賢能之志業。"② 范仲淹《與歐靜書》云："矧二書之作，非經聖人筆削，又何足仰爲大範哉！"③ 此處指曾經足爲楷模的高僧大德亦未可知。又如卷一一一《答湖北趙主管》："伏奉誨帖，加遺少失元直之藥，四客卿、三墨兵、一周栗之誌，拜受至感。""失"，庫本改作"室"。"少失元直"較難理解，是否爲"稍失原值"之意，屬於誠齋與受信人之間的"私典"，無從知曉。揆庫本之意，少室爲少室山，元直爲徐庶，"少室之藥"還能講通，但徐庶與藥之間的關係，我在正史中沒有找到相關資料。類似上述三例的地方，當時過於擔心出校會影響讀者的判斷，所以未能列出各家意見。現在想來，也許是我多慮了。

（三）儒藏本附錄包含刻書序跋與補遺兩部分。《〈儒藏（精華編）〉編纂條例》第五則云："底本的序跋及其他附錄材料應予完整保留，校本中有價值的材料也應酌情收錄，並注明出處。"考慮到其餘各本的序跋題記雖然對瞭解《誠齋集》的流傳史助益匪淺，但對閱讀《誠齋集》而言意義有限，而作爲最早的詩集刻本，宋遞刻本的序跋價值最大，且至今沒有較好的錄文，《箋校》《箋證》均不無訛誤，所以只將宋遞刻本序跋作爲附錄，其餘不再一一蒐集。此次重錄，逐一核對原文，殘闕之處亦仔細查數行款，並進行簡要校勘，庶幾可讀矣。《條例》第六則云："對傳世本，原則上不要求補遺。"但經與責任編委張麗娟先生商議，決定仍然彙總學界輯佚成果作爲補遺，理由有二：（1）前人已經做過不少輯佚工作，近年仍有佚篇不斷披露，數量較爲可觀。（2）《箋校》輯佚最全，貢獻最大，但存在問題也最多，如誤輯重輯約十九首，在錄文方面亦殊失草率，不便使用。此次除在前人基礎上偶有新輯外，對錄文的準確性特爲注意，主要表現在以下兩方面：（1）對輯佚文本進行簡易校勘。如據宋遞刻本所輯詩歌，有些已經漫漶不清，我根據殘留字形，以"疑爲"方式列出

---

① 《誠齋詩集箋證·凡例》，第6頁。
② （唐）柳宗元《河東先生集》卷二一，《中華再造善本》影印國圖藏宋咸淳廖氏世綵堂刻本，第8b頁。
③ （宋）范仲淹《范文正公集》卷九，《中華再造善本》影印國圖藏元天曆至正間褒賢世家家塾歲寒堂刻本，第4b頁。

可能的字,在表示審慎的同時,也爲讀者提供參考;據汲本所輯詩文,同時校以庫本、楊本,列出異文。(2)注明輯佚文本的來源文獻及其版本、頁碼,且儘可能利用時間較早、版本較好的文獻作爲依據。如《箋校》據《(光緒)湖南通志》所輯《題浯溪摩崖》、據《詩淵》所輯《壽朱侍郎》、據《宜春日報》所輯《謝山劉長者諱堂》、據明人《逸老堂詩話》所輯《自贊》均存在脱漏,此次分別據清康熙刻本《浯溪考》、《分門纂類唐宋時賢千家詩選校證》、《(正德)袁州府志》、《鶴林玉露》重新録文。其餘如《呈達孝宫使判府大中劄子》據《宋元尺牘》手跡圖版,《永新縣春風堂記》據《(萬曆)吉安府志》,《種愛堂記》據《(嘉靖)湖廣圖經志書》,《故富川居士羅子高行狀》據方愛龍先生藏拓圖版等。作爲後出補遺,儒藏本雖然最全最準確①,但仍不無遺憾。首先,不無漏校之處,如據《四部叢刊初編》影印明正德刊本《西山先生真文忠公文集》所輯《跋金尚書撰陳丞相誌銘稿》"何必咸焉""慶元戊午季冬中幹日"中的"咸(減)""幹(澣)"二字未出校。所幸訛誤顯然,讀者不難發現;其次,有些文本無從經眼一手文獻,不得已據二手資料抄録,如《箋校》據《谷村仰承集》所輯《復齋記》"耳當聰"至"序以送之"百二十五字並非《復齋記》原文,細味此百二十五字,文意與全篇亦不相諧,尤其文末"於其行,序以送之"云云,顯係贈行之序,絶非"記"也。由於看不到原書,只能據江西人民出版社整理本《江西旅遊文獻·名跡卷》過録,其中有一誤字,不知是底本之誤,抑或排印之誤。最後,校樣返回出版社後,又蒐獲《東野農歌集序》②、《劉氏族譜舊序》③、《陳庸墓誌銘》④ 三篇"佚作"。《劉氏族譜舊序》云:"去年致仕,得拜先生之墓。"末署"嘉定元年戊辰八月中秋日,寶謨閣直學士、

---

① 另有《誠齋策問》二卷,已收入《豫章叢書》,《全宋詩》據以輯入。卷末胡思敬跋云"鈔自南京圖書局",或與丁丙八千卷樓藏本不無關係。其實,所謂《誠齋策問》即《新刊廬陵誠齋楊萬里先生錦繡策》,《四庫存目叢書》曾據北大藏明萬曆二年李廷榑刻本影印。《四庫全書總目》以爲"未必真出於萬里""坊賈託名耳",于北山先生亦認可此説(參《有關楊誠齋研究中的幾個問題》,第 165 頁),而肖東海(《楊萬里〈誠齋策問〉初探》,收入《蜜成猶帶百花香——第二屆全國楊萬里學術討論會論文集》,南昌:江西高校出版社,1999,第 22—36 頁)、辛更儒(《楊萬里集箋校》附録一《年譜》,第 5175—5182 頁)則以真作視之,但皆未注意《總目》及于氏之説。無論真僞,因別行已久,此次不再録入補遺。

② 祝尚書《宋集序跋彙編》卷四一,北京:中華書局,2010,第 1971 頁。

③ 上海圖書館編:《中國家譜資料選編·序跋卷》(上),上海:上海古籍出版社,2013,第 98 頁。

④ 張峋《〈樂安車門陳氏宗譜〉發現楊萬里撰寫的陳庸墓誌銘》,收入氏撰《台州文物考論》,上海:上海古籍出版社,2016,第 275—278 頁。

通議大夫致仕、吉水楊萬里誠齋氏謹譔"。按嘉定元年即公元 1208 年，考誠齋慶元五年（1199）致仕，開禧二年（1206）作古，爲贗鼎無疑。其餘兩篇相關資料太少，不妨以真作視之①。由於校樣已通過質檢，未及補入。

四、餘論

　　《誠齋集》無善本，這是國内知識界長久以來的遺憾。由於國内各本臆改甚夥，遠失舊觀，因此有清一代校訂《誠齋集》的學者雖然爲數不少，但終究無從校出真正的"善本"。此正如石中無火，山下無泉，雖擊之猛、鑿之深，而火不發、泉不流。民國間，隨着日抄宋端平本的傳入，《誠齋集》的另一面目得以闖入學者們的天地，校出接近宋本原貌的"善本"逐步成爲可能。此後學者們一致認爲，以四部叢刊本爲底本並校以其他各本，是整理《誠齋集》的不二法門。2012 年，全國高校古委會將宋端平本影入國内。在此之前，真正校過宋端平本的國内學者只有《全宋詩》誠齋卷的校點者吴鷗教授及作爲主編之一的陳新先生，而陳先生更將自己的校勘經驗總結成文，提出諸多真知灼見，迄今發人深省。可惜陳先生的文章傳佈未廣，不曾產生足夠的影響力，以至於晚出各整理本仍在覆轍重蹈。2017 年，日本宫内廳書陵部將宋端平本電子影像公佈於世，被影印本掩藏的文本細節，以更真切的樣態呈現眼前。既獲睹宋本"真身"，又輔以先進的數據檢索工具，使我們對《誠齋集》的理解較前人更爲快捷與深入，儒藏本即在此一背景下"應運而生"。其實，縱使一字不校，僅將宋端平本標點排印，使其便讀，即已度越前人。如果説儒藏本尚有幾分成功之處的話，那一定與校點者關係甚微，一切都是底本的功績、時代的賜予。至於其中的不足與遺憾，則應由校點者文責自負。所謂"几塵落葉，無窮盡也"，校勘之學絕非一人一時之力所能殫，作爲校點者，唯有不斷撲塵掃葉，使其日臻完善。當然，更期待讀者朋友賜以抨彈，匡我未逮。

（作者單位：陝西師範大學歷史文化學院）

---

　　① 《陳庸墓誌銘》銘文後有"嘉定甲歲臘月初吉日"一行，嘉定甲歲或爲 1214 年甲戌，或爲 1224 年甲申，應非誠齋落款。

談談《儒藏(精華編)》本《論語註疏》

楊新勛

北京大學自2003年啓動《儒藏》編纂以來，匯聚了國内數十所高校、科研單位數百名專家學者進行選題、論證、點校、審稿等工作，歷時十九年，整理古籍五百餘種、近三百册，成果豐碩。這無疑是二十一世紀前期我國學術界的一個重要事件，不但嘉惠學林，而且影響深遠。

限於囿見，筆者僅就自己常用的《儒藏(精華編)》本《論語註疏》談點感受，嘗鼎一臠，見微知著，是對讀者的介紹，也是對辛勤工作者的致敬。

一、底本佳

對底本的選擇在古籍整理中具有基礎性意義。選擇底本有兩個標準，一是古本，二是全本或足本。古本距離原著最近，甚至是原著的稿本或初印本，最有保真性。全本和足本則内容完整，較全面地保存了著作全貌或是著作全部文本材料。

北宋初年，朝廷敕令邢昺主持完成了《論語正義》。雖然此書最初是單疏本，但遺憾的是至今未見此書單疏本，蓋已不存於世。宋元以來此書存世者皆《論語》註、疏合刻本，大致有三個版本系統：一是以南宋蜀大字十卷本《論語註疏》爲代表，現藏日本宫内廳書陵部，1929年中華學藝社曾據以珂羅版印刷，1930年日本澀澤榮一再次影印，2001年線裝書局、2019年廣西師範大學出版社又據以影印。二是以南宋嘉泰年間(1201—1204)浙東庾司刻二十卷本《論語註疏解經》爲代表，此本據刻地稱越刻本，因其半葉八行又稱宋八行本，可惜未見有全本存世，今上海圖書館、重慶圖書館、臺灣"故宫博物院"均藏後十卷，都是宋刻明修本，且爲殘本，只有原本的一半。傳世元十行本、明李元陽刻本、北監本、毛晉汲古閣刻本、清武英殿刻本、阮元刻本等均與宋八行本一脈相承，屬於這一系統，在中國歷史上影響最大。三是以元代元貞年間（1295—1297）刊刻的十卷本《論語註疏解經》爲代表，此本爲楊守敬自日本攜回的海内孤本，光緒三十年（1904），劉世珩委託陶子麟據以影刻入《玉海堂景宋元本叢書》。遺憾的是此元貞本在劉世珩攜至浦口客棧時遇到火災，付之一炬，[①] 玉海堂本成了能窺見元貞本面貌的唯一憑藉。

據傅增湘、島田翰和張麗娟等學者考定，蜀大字本約刊於宋光宗紹熙年間（1190—1194），略早於宋寧宗嘉泰年間刊成的八行本，尤其是此本爲全本，内容完足，而且附有釋文（八行本系統本原無釋文，至清代武英殿刻本始據康熙年間刊刻的《通志堂經解》本《經典釋文》綴人，但之後阮刻本仍承元十行本無釋文），此釋文刊刻時間早於傳世宋本《經典釋文》之《論語音義》，頗多異文，文獻學價值和語言學價值均極大。雖然蜀大字本多次影印，但並無整理本，頗不便於學人使用。2007年出版的《儒藏（精華編）》第一〇四册所收《論語註疏》即以蜀大字本爲底本，可以説底本選擇甚佳，意義重大。

二、質量高

當前古籍整理發展迅速，越來越繁榮，重要的經典著作出版有多種整理本已是學界常態，各種整理本各有側重，也各有特點，但均以質量取勝，可以説質量是古籍整理最重要的價值，甚至具有生命意義。

《儒藏》本《論語註疏》是一部高質量的古籍整理作品，主要體現在：

1. 精加校勘

阮刻本《十三經註疏》之所以意義突出、影響巨大，與其所附《校勘記》關係密切。阮刻本《論語註疏解經》以元刻十行本之正德遞修本爲底本，主要校以閩本、北監本、毛本《論語註疏解經》，經文校以唐石經《論語》和《經典釋文》，註校以正平本《論語集解》（誤稱"高麗本"，實據陳鱣《論語古訓》所引），他校文獻有張參《五經文字》、浦鏜《十三經註疏正字》、山井鼎《七經孟子考文》及《漢書》《後漢書》《太平御覽》等，同時也參校了皇侃《論語義疏》，但頗多遺漏。阮氏《校勘記》所校閩本、北監本和毛本與元十行本屬於同一系統，均後於元十行本，尤其是阮氏所用北監本和毛本均爲清初修版，

---

① 顧永新《經學文獻的衍生和通俗化——以近古時代的傳刻爲中心》，北京：北京大學出版社，2014，第126頁。

錯訛較多，雖所出校記較多，但參校價值大打折扣。可見，今人利用阮元《論語註疏校勘記》首先要下一番判斷、鑒別功夫。

《儒藏》本《論語註疏》每頁之末也附有校勘記，爲整理者校以正平本、阮刻本、宋元遞修本《經典釋文》及他書資料所得。雖然很簡潔，但卻與阮氏《校勘記》不同，爲整理者新校所得，頗有參考價值。如頁575《論語序》邢疏"《齊論》者，齊人所傳，別有《問王》《知道》二篇，凡二十二篇"之"二十二篇"，元十行本、閩本、北監本、毛本均作"二十一篇"，明顯有誤，但由於無他本參校，阮刻本亦未發現其誤，也作"二十一篇"，整理者於此出校"'二十二篇'，阮本作'二十一篇'"，實指出阮本沿襲之誤，甚是。又如頁577邢疏引《漢書·蕭望之傳》言蕭氏"好學，治《齊詩》，事同縣后倉"，元十行本、閩本、北監本、毛本、阮刻本均作"好學《齊詩》，事同縣后倉"，無"治"字，整理者出校記"'治'，阮本無此字，《漢書·蕭望之傳》有"，則元十行本一系並脫"治"字。再如頁584《學而》篇邢疏引鄭玄語"誦謂歌樂也，弦謂以絲播詩"，元十行本、閩本、北監本、毛本"詩"均誤作"時"，雖然阮元校勘記言"《禮記·文王世子》注'時'作'詩'，是也"，但鑒於無版本依據仍未改原文，整理者出校記"'詩'，阮本誤'時'"，可説此字之誤至此定矣。類似校記，比比皆是。

本書校勘一個更大的價值是整理者對底本殘損作了訂補，對其訛誤也作了訂正。

由於時間和保存等原因，蜀大字本《論語註疏》出現了多處蠹蝕和風化，造成了不少文字殘泐和漫漶，如卷七葉二八至葉三二共五葉版心紙片破損，致使接近版心的兩行文字脫落嚴重，類似情況卷八也有多葉，而卷一〇的殘損多出現在書葉左右版框的下端，均無法閱讀。整理者對這些地方，均用阮刻本作了訂補，使之復歸完璧，爲今人使用《論語註疏》提供了便利，這是非常必要的。

和宋八行本《論語註疏解經》相近，蜀大字本《論語註疏》也存在一些文字訛誤和遺漏，只是這些訛誤和遺漏較宋八行本略少。今天，我們可以利用《論語註疏》的衆多校本以及相關著作（如皇侃《論語義疏》、吐魯番本《論語註》、日本《論語集解》寫本及相關各種古註和宋人著作等）對蜀大字本《論語註疏》的文字訛誤和遺漏作深度整理，加以校改。《儒藏》本《論語註疏》在這方面的工作尤足稱道。篇幅所限，僅舉蜀大字本《論語序》爲例。如蜀大字本葉二邢疏"敘曰至傳之□義曰此敘《魯論》之作"，"義"上空一格，阮刻本有"正"字，《儒藏》本頁576補"正"字，加注云"'正'字原奪，據阮本補"，甚是。此處疑蜀大字本原有"正"字（蜀大字本的刊刻體例與宋八行本相同，邢疏的起訖語與正義文字之間用空格隔開，至元貞本和元十行本時才用"○"替換了空格，更加清晰和醒目），而沒有刻空格，鑒於空格體例，只好挖去了"正"字，類似情況在宋刻本《爾雅註疏》和元貞本《尚書註疏》中均多次出現，則《儒藏》本補足甚是。又蜀大字本同葉邢疏引《漢書·蕭望之傳》"事同縣后倉，文從夏侯勝問《論語》《禮服》"之"文"爲"又"之譌，《漢書》及其他《論語註疏解經》本皆作"又"，《儒藏》本頁577改作"又"，注"'又'，原作'文'，據阮本改"，雖注語簡潔，但甚確。又蜀大字本葉五邢疏"謂杜元凱集解《春秋》，謂之杜氏也"語意不順，元十行本和影刻元貞本的玉海堂本《論語註疏解經》均作"若杜元凱集解《春秋》，謂之杜氏也"，第一個"謂"字當"若"字之誤，《儒藏》本頁579第一個"謂"字作"若"，注云"'若'，原作'謂'，據阮本改"，所改甚確。又同葉邢疏引云"時魯共王時壞孔子舊宅"，兩個"時"字重複，《漢書·藝文志》言"武帝末，魯共王壞孔子宅"當爲邢疏所本，壞孔子宅者爲魯共王，有後"時"字則壞者不確，元十行本、玉海堂本等均無後"時"字，《儒藏》本頁580作"時魯共王壞孔子舊宅"，並注"'王'下，原衍一'時'字，據阮本刪"，甚是。短短《論語序》改動四處，均爲確改，之後二十篇所改之處甚多，亦多類此。這有力地保證了此本的校勘質量。

2. 標點正確

標點正確與否是僅次於文字完整無誤的古籍整理第二項標準，不同的整理者針對不同的古籍所加的標點也許會有不同，但關乎文意則正確與否很重要，錯誤少的肯定是高水平的古籍整理作品。《儒藏》本《論語註疏》所加標點錯誤極少，也是僅以《論語序》爲例，將此書與1999年北京大學出版社出版之《十三經註疏·論語註疏》標點本（以下簡稱"北大本"）作一比較，就明顯可見此書標點質量之高。①北大本頁2邢疏"《古論語》者，出自孔氏壁中，凡二十一篇，有兩《子張》篇，次不與《齊》《魯論》同"，其中"次不與"不辭，整理本誤將"篇次"之"篇"字上屬。《儒藏》本"兩《子張》"下有逗號，"篇次"相連，不誤。②北大本頁3"《表》又云：'前、後、左、右將軍，皆周末官，秦因之，位上卿，金印，紫綬。漢不常置，或有前後，或有左右，皆掌兵。'及《四夷傳》云"。《漢書·百官公卿表》："前、後、左、右將軍，皆周末官，秦因之，位上卿，金印，紫綬。漢不常置，或有前後，或有左右，皆掌兵及四夷，有長史，秩千石。"此當爲邢疏所出，可見"及四夷"應放在"《表》又云"句内，而邢疏之"傳云"應與下文"蕭望之字長倩"云云相連，"傳"即《漢書·蕭望之傳》。《儒藏》本不誤。③北大本頁4"庸生名譚生，蓋古謂有德者也"，這裏標點的錯誤很隱蔽，確實不容易發現，《經典釋文·序錄》"都尉朝授膠東庸生"下，有注"名譚，亦傳《論語》"，可見北大本誤將"譚"與"生"相連，"生"是下句"蓋古謂有德者也"的被釋詞。《儒藏》本不誤。④北大本頁5"初，元中立皇太子，令禹授太子《論語》，由是遷光禄大夫"，邢疏此處爲節引《漢書·張禹傳》，原文爲"初元中，立皇太子，而博士鄭寬中以《尚書》授太子，薦言禹善《論語》"，"初元"是西漢漢元帝年號（前48—前44），鄭寬中元帝時任博士，授太子（即成帝）《尚書》，成帝即位後賜爵關内侯，遷光禄勛，其薦舉張禹應在初元之後，邢疏此處節引時間有誤，那是另外的事，但史上並無"元中"年號。加標點應遵從原文之意，北大本"初"下誤加逗號，逗號應移至"中"字下。《儒藏》本不誤。

三、體例精

　　本書的體例與《儒藏（精華編）》其他書籍的體例基本一致，但也有自己的特點。《儒藏》本《論語註疏》依次爲《目錄》《校點説明》《論語序》和正文，内容完足，且簡潔清晰。《校點説明》雖然不足一千字，但已將《論語註疏》的成書、蜀大字本的刊刻及整理所用底本、校本等情況交代清楚，且吸收了相關研究的最新成果，要言不煩。

　　其次，《儒藏》本《論語註疏》基本保留了蜀大字本的原有版式，但又作了適當變通，非常有利於讀者使用。蜀大字本《論語註疏》每篇文字前後相連，諸章之間並不另起分段，這與宋八行本、元貞本、元十行本《論語註疏解經》相同，要通過分辨疏文才能看清分章，閱讀和使用都不方便。至明代嘉靖年間，李元陽福州府學刊刻《十三經註疏》時才作了分段處理，之後的萬曆年間北京國子監本、明末毛晉汲古閣刻本、清乾隆初年武英殿刻本、嘉慶阮元南昌府學刻本均承閩本有分段。分段實際上也是分章，非常便於人們閱讀和使用。《儒藏》本整理者"根據疏文和正平本予以分章"（《校點説明》），這是十分正確的。正平本《論語集解》來源較早，邢昺作疏時分章與之基本相同，這和後來受朱熹《論語集註》影響的分章略有不同，因此《儒藏》本據之分章較爲準確。

再次，此書選擇繁體字豎排，每頁分上下兩欄，注釋放在下欄之末，既避免了以往那種繁體字豎排因爲每行文字太長讀起來容易跳行、錯行造成的不便，又使注釋與正文較爲接近，便於上下對照。同時，此書注釋均標以墨色陰文"❶❷❸"標號，非常清晰醒目。

此外，此書經文採用四號字，字體較大，註和疏均以六號字，字體較小，經與註疏界劃清晰、直觀，讓人讀起來賞心悅目。

四、略感不足

如果非要指瑕，《儒藏》本《論語註疏》也有不足。

一是此書偶有文字訛誤。如頁586疏文"《史記·弟子傳》云'曾參，南武成人，字子輿'"，其中"武成"下有標註號，注"'成'，阮刻本作'城'"。實際上，蜀大字本此處作"武城"，只是"城"字不清，作成，可見此處識字有誤。又如頁688《泰伯》篇疏文"歎美正樂，鄙薄小人"，蜀大字本作"鄙薄之人"，"小"爲"之"之譌。

二是偶有標點錯誤。如頁757疏文"故杜預云：'古者公田之法，十取其一，謂十畝内取一。'舊法既已十畝取一矣"，所言出自《春秋左傳正義》卷二四杜預對"初稅畝"的解釋"公田之法，十取其一。今又履其餘畝，復十收其一，故哀公曰'二吾猶不足'，遂以爲常，故曰'初'"，可見標點應爲"故杜預云：'古者公田之法，十取其一。'謂十畝内取一。舊法既已十畝取一矣"。又頁807疏文"案《舜典》命禹宅百揆，棄、后稷、契作司徒，皋陶作士，垂、共工、益作朕虞"，《尚書·堯典》言舜命禹"作司空"（《論語》邢疏言"命禹宅百揆"有誤）、棄"汝后稷"、皋陶"汝作士"、垂"汝共工"、益"汝作朕虞"，《舜典》改寫自《堯典》，所以此處應點爲"案《舜典》命禹宅百揆，棄后稷，契作司徒，皋陶作士，垂共工，益作朕虞"。此外，頁750"《周禮·春官·大宗伯職》文"，"職"字應放在書名號之外。

當然，這種不足是非常少的。作爲一項重大學術工程的一個部分，《儒藏》本《論語註疏》在各方面都取得了較高成績，是優秀的古籍整理作品。也許正是衆多的這樣作品，才共同鑄成《儒藏》這座重要的學術豐碑。

（作者單位：南京師範大學文學院）

《儒藏》中的出土文獻整理

鄧少平

【内容提要】 《儒藏（精華編）》"出土文獻類"收録的先秦秦漢簡帛古書中的儒家經典及儒學著作，廣泛吸取了學界已有研究成果，并融入了諸位作者的真知灼見，可以説是對這些出土文獻的一次重新整理。本文以郭店簡及上博簡的一些篇章爲例，説明其整理特點及精神所在，以便引起學界及讀者的注意。文中還對上博簡《容成氏》講堯立爲天子的部分簡文的理解提出商榷意見。

【關鍵詞】 《儒藏》 出土文獻 郭店簡 上博簡 《容成氏》

在二十世紀發現的先秦秦漢簡帛古書中，有《周易》《詩經》《儀禮》等儒家經典、《論語》等記載孔子及其弟子對話的語録體文獻、孔子論《詩》及"七十子"撰寫的多篇著作，對研究儒家經典及儒學内涵大有助益。《儒藏（精華編）》有鑑於此，特設"出土文獻類"，分別在 2007 年（二八一册）與 2020 年（二八二册）出版，囊括了武威漢簡、定州漢簡、阜陽漢簡、郭店簡、上博簡、馬王堆帛書等中的相關儒學文獻。我有幸參與了二八二册的撰稿，並因此得到贈書一套，得以隨時拜讀，自認略識其中三昧，今借此機會與諸君分享。

首先要説明的是，與對傳世文獻的校點不同，對出土文獻的整理絶不只是校點所能涵蓋。所以，儘管在書中每篇開頭幾頁都寫着"某某校點""校點説明""校點者"的字樣，但其實像"北大儒藏"微信公衆號發佈的《〈儒藏（精華篇）〉中國部分詳目》那樣稱爲"整理"更符合事實。當然，收在《儒藏（精華編）》中的出土文獻都不是空無依傍的初次整理。相反，很多都已經有原整理者及後續研究者的多個版本的釋文及注釋。這是出土文獻整理中的普遍現象。試想面對着一堆斷簡殘篇、碎帛亂絮，上面寫的又是二千多年前的文字，要復原它們本來的面貌，並讀懂其中的每個字詞，是何等困難之事！這涉及竹簡或帛書的分篇、拼合、編聯與文字的隸定、釋讀、斷句等等環節，需要整理者與研究者的反復琢磨與持續探討，才能逐步接近事實。即便如此，由於材料本身的保存狀況以及今人的認識水平所限，也一定還會留下很多難以解決的遺憾或問題。

其次要說明的是，由於二八二册體量巨大，我在此分享的主要是本人撰寫的郭店簡三篇的一些情況，以及我讀陳劍先生撰寫的上博簡諸篇的一些感想。前者是我所熟悉的内容，由我本人向讀者作一介紹自不容辭。後者則是我視爲典範的篇章，自然更值得向讀者推薦。

我撰寫的郭店簡《成之聞之》《尊德義》《六德》三篇，本是我博士論文《郭店儒家簡的整理與研究》（清華大學歷史系，2013年6月）中的一部分。在博論的"緒論"中，我曾說道：

> 我們將站在古文字與簡帛研究現有的認識水平上，廣泛吸取學界在簡序編聯、字詞考釋、標點斷句、文意疏通等方面的研究成果，並對前人的各種觀點進行審慎的抉擇，取其可信與合理之説，棄其失誤與附會之處。
>
> 我們希望在吸收了整理者和衆多研究者的成果之後，對郭店儒家文獻的"重寫"（rewriting）能夠邁入一個新的階段。通過本書的寫作，不僅對古文字及簡帛學界在相關領域的工作作一總結，而且爲從事學術史思想史的學者利用這些文獻提供一個可靠的文本。……對於利用郭店儒家文獻作爲證據形成的各種有關學術史思想史的論説，本書或可起到正本清源之效。

以上所言完全可以移用來説明我撰寫郭店簡三篇的基本原則與主要目的。在成果的廣搜博討、觀點的去蕪存菁、注釋的便利讀者等方面，我自認爲都是費了一番心力的。與學界此前已有的幾種同類著作相比，我撰寫的郭店簡三篇在簡序編聯、字詞考釋、標點斷句、文意疏通等方面自有其可觀之處。至於這些方面的具體問題，還望感興趣或有需要的讀者自行參閲，這裏就不詳細談了。

當然，我的工作主要是體現在"總結"上，自己的新見不能説完全没有，但是實在不多。在博論的"結論"最後，我寫道：

> 《郭店楚墓竹簡》一書的出版至今已整整十五年了，經過整理者和衆多研究者的持續關注和深入探討，郭店楚簡的文本復原已經取得了巨大進展，没有多少剩義可尋了。

在答辯會上，李學勤先生特別針對我的這句話説，你不應該這樣説，你應該説還有待將來繼續研究。回頭想想，我的話頗有"歷史終結者"的意味，的確不該如此説。但這可以代表我在論文完成之後的沮喪與無力，好比淘金客來到一片前人淘過無數次的沙土中，最終卻發現金已淘盡，只得敗興而歸。

還有一件事情值得在此説説。在收集資料的過程中，我不知道從哪裏拷貝到了陳劍先生所寫的《成之聞之》《尊德義》等篇的"釋文與注釋"未刊稿，這不僅爲我的寫作奠定了基礎、提供了指引，還讓我在不知不覺中學到了很多東西，其中的見解後來也被我吸收進論文中了。儘管在當時，我甚至都不能確定這份文稿是誰寫的，但它們卻像圯上老人授予張良的兵書一樣，讓我受益無窮。在此也趁機對陳劍先生略陳謝意。

二八二册中陳劍先生撰寫的有上博簡《子羔》《從政》《容成氏》《中弓》《相邦之道》《季庚子問于孔子》《君子爲禮》《弟子問》《孔子見季桓子》諸篇。除《相邦之道》外的其他諸篇，陳劍先生在它們刊佈不久之後就曾寫過相關文章，對竹簡的拼合、編聯和釋讀提出新見，傳頌學界，影響廣泛。這些文章大都收入陳劍先生的《戰國竹書論集》（上海古籍出版社，2013年12月）中。與舊文相比，《儒藏》二八二册中的諸篇釋文注釋又全面吸收了後續的研究成果，同時補充了陳劍先生自己的研究心得。

諸篇的"校點説明"都有對各篇竹簡拼合與編聯方案的集中説明，釋文注釋對簡文的文字釋讀、字形分析、語義訓詁、斷句標點等都有詳盡的論辯，對於疑難問題則謹守"多聞闕疑"之古訓。我覺得，陳劍先生《容成氏》"校點説明"中的最後一段頗能體現其新作之精神：

> 《容成氏》研究論著甚多，涉及文本疑難之處者尤爲衆説紛紜，本注釋難以亦似不必詳舉。好在單育辰《研究》對以往諸家意見（截至2012年），以及大家所舉與古書文句的對讀等，皆收集很齊全，本注釋即主要以《研究》爲基礎，不再一一詳細羅列。對學界早有共識或始終爭論未定而注者亦無確定意見的問題，亦不再詳注。注釋中注意補充一些《研究》書之後的資料和論著，儘量反映近幾年來學界的最新成果，也糾正或補充注者舊有相關論著的一些錯誤或看法有改變或深化者。

上博簡諸篇由於保存、整理等原因，原來的釋文注釋問題較多，遺留至今的疑難問題也還是不少。但不得不説，《儒藏》二八二册中陳劍先生撰寫的諸篇稱得上是一次"總帳式之整理"（語出劉文典《淮南鴻烈集解》胡適序）。讀後深感其採擇之廣、持論之平、見識之精、辨析之微，無論是出土文獻的學習者、研究者，還是其他學科的愛好者、利用者，都應把它們當成首選的閱讀或參考文本,如此方能不致於"目迷五色"。

當然,陳劍先生也難免"失之眉睫",寫此文正好又給了我一次向陳劍先生請教的機會。我想請教的是對《容成氏》講堯的部分簡文的理解。堯因其善政而被天下之人"奉而立之,以爲天子",隨即便召集天下之民,興起了一場聲勢浩大的舉賢運動。簡文説:"是以視賢,履地戴天,篤義與信。會在天地之間,而包在四海之内,畢能其事,而立爲天子。"(《儒藏》二八二册上第561—562頁)陳劍先生在前一句後注云:

> 自此至後文"而立爲天子",文意層次不是很明晰。大概只能理解爲:"是以視賢"即"以是視賢","是"字探下而言(其後亦不妨可標冒號);"是以視賢"即以下所述"履地戴天,篤義與信"之標準來考察賢人;"畢能其事"之"事"字則承上而言,凡"會於天地之間、包在四海之内"者,堯能畢之,故被立爲天子。

陳劍先生以上理解恐怕是不對的。這兩句話,原整理者李零先生標點爲:"是以視賢:履地戴天,篤義與信,會在天地之間,而包在四海之内,畢能其事,而立爲天子。"注云:"(視)這裏是考察之義。下面所述是其選用的標準。"(馬承源主編《上海博物館藏戰國楚竹書(二)》第257頁,上海古籍出版社,2002年12月)其理解應該是正確的。"履地戴天,篤義與信"和"會在天地之間,而包在四海之内,畢能其事"大體上分屬道德與能力兩個方面,都是堯選賢的標準。而堯選賢的最終目的就是讓賢,將符合上述標準的賢人"立爲天子"。因此簡文接着説:"堯乃爲之教曰:'自納焉,余穴窺焉,以求賢者而讓焉。'"但是天下之賢者無人接受堯的讓位,堯卻因"善興賢"而被天下之人"卒立之"。陳劍先生在"卒立之"後注云:

> 陳劍《傳説》:上文簡6、7言"方百里之中"的人民立堯以爲天子,接下來講堯德及於天下,天下之人立之爲天子,又言堯欲讓賢而不得,於是"天下之人,以堯爲善興賢,而卒立之"。"卒立之"即最終還是立之爲天子、(在他讓位之前)始終以之爲天子。雖然簡7、簡9、簡12三次講到堯爲天子,但是意思是一層層遞進的,並不能證明以上這些竹簡不能放在一起。

注中引用的是其舊文《上博簡〈容成氏〉的竹簡拼合與編連問題小議》中的文字(陳劍《戰國竹書論集》第34頁),"《傳説》"應改爲"《小議》"。根據上文的討論,簡文意思的確"是一層層遞進的",但"三次講到堯爲天子"云云則不確。陳劍先生此注所云"堯德及於天下,天下之人立之爲天子",也即前注所云"凡'會於天地之間、包在四海之内'者,堯能畢之,故被立爲天子",不過是一次"烏龍事件"。

【附記】 拙文寫成後不久,我讀到以色列學者尤鋭(Yuri Pines)先生的《展望永恒帝國:戰國時代的中國政治思想》(孫英剛譯,王宇校,上海古籍出版社,2013年5月)。其中對《容成氏》講堯的部分簡文的理解(第85—86頁)與鄙見大體相合,孤明先發,特此誌之。但簡文"卒立之"即天下之人最終還是立堯爲天子,并没有他所説的"可能是延長他的天子任期"的意思。

(作者單位:福建理工大學人文學院)

儒家典籍與思想研究（第十五輯）
北京大學出版社，2023年6月

·《儒藏》編纂與研究·

儒藏本《西河文集》標點商兌

胡春麗

【内容提要】 儒藏本《西河文集》是目前第一部關於毛奇齡文集的校點整理本，有功學林，但此書在底本選擇、標點和校勘方面存在不少值得商兌之處。標點方面，有當斷而未斷者、不當斷而斷者、當屬上而誤屬下者、當屬下而誤屬上者、當用標點而未用者、標點符號錯用者、引文標點不當者。考其致誤之由，蓋因不解文義、不核引文、不諳典制、不詳人名、不辨專名所致。兹舉其標點問題三百例加以商兌，祈請讀者諸君教正。

【關鍵詞】 毛奇齡 儒藏本 《西河文集》 標點 商兌

清初學者毛奇齡（1623—1713）著述浩富，其著作彙爲《西河合集》（亦稱《毛西河先生全集》），分《經集》《文集》兩部分。《西河合集》初刻於康熙三十八年（1699），蕭山書留草堂刊行。康熙五十九年（1720），門人蔣樞及從孫毛雍等鑒於《西河合集》原板殘缺頗多，重輯付梓，仍由蕭山書留草堂刊行。此次重輯的《西河合集》共495卷，是收錄毛氏著作較全的版本，其中"《經集》五函，合五十一種，共二百三十六卷；《文集》五函，合六十六種，共二百五十七卷"①。乾隆三十五年（1770），蕭山陸體元因《西河合集》原版漸就模糊，修補刊行，卷首增加了陶杏秀《藏毛西河全集原版序》，是爲修補本。嘉慶元年（1796），阮元督學浙江，翻刻《西河合集》，卷首增加了阮元《毛西河檢討全集後序》，是爲嘉慶覆刻本。康熙三十八年初刻本、康熙五十九重輯本、乾隆修補本、嘉慶覆刻本《西河合集》同屬一個版本系統，只是後三種在康熙三十八年初刻本基礎上有個別篇目增損及少許文字改動。乾隆年間修

---

① 據康熙五十九年刻本《西河合集》，毛奇齡著作現存經集50種237卷、文集67種共258卷，共495卷。

《四庫全書》，收錄《西河集》（即《西河文集》）時，只收其詩、文、詞，共190卷，且對《西河文集》中的"違礙"篇目及語詞有不少刪改，此屬另一版本系統（以下簡稱"四庫本"）。民國年間，商務印書館出版"萬有文庫"系列，收有《西河文集》。2003年，杭州出版社據《四庫全書》本影印出版《毛奇齡合集》。2010年，上海古籍出版社影印出版《清代詩文集彙編》，內收《西河文集》。2014年，中華書局出版綫裝本《毛西河先生全集》。2015年，學苑出版社據浙江圖書館藏清康熙間刻本影印出版《毛奇齡全集》。

綜上可以看出，毛奇齡《西河文集》自問世以來，多是刻本、抄本、影印本。2018年底，北京大學出版社出版的《儒藏（精華編）》集部第271册、第272册爲《西河文集》（以下簡稱"儒藏本"），這是《西河文集》的第一個校點本，爲讀者提供了極大便利。據儒藏本"校點説明"，此書採用的底本是康熙五十九年刻《西河合集》本，校本爲"四庫本"。筆者十餘年來一直從事毛奇齡學術研究，撰寫《毛奇齡年譜》的同時，亦同步校點整理《毛奇齡全集》。筆者近讀儒藏本《西河文集》，發現其在標點和校勘方面存在不少值得商榷之處。限於篇幅，本文兹舉標點問題三百例加以商兑，校勘指瑕嗣有專文。

一、當斷而未斷

1. 又况表策諸大篇，盡書缺有間者乎。（153頁）

據《西河合集》卷首"總目録"，"文集"目録載"策問一卷（缺）、表一卷（缺）"，則"表策"之間宜加頓號；"缺"字應加引號，下宜加逗號；"乎"後句號宜改爲問號。

2. 屈平始作《離騷》，楊雄肇爲連珠。（160頁）

《連珠》當加書名號，指楊雄所作《連珠》文，與上句對。非泛指楊雄所開創的文學體裁"連珠體"。

3. 實與歐蘇制誥，倪黄代言，輝易懸甚。（165頁）

歐指北宋歐陽脩、蘇指北宋蘇軾，倪指明末人倪元璐，黄指明末人黄道周。"歐""倪"下俱應加頓號。

4. 以祀社而及祠賢，則封樂毅祭桓譚者有之。（190頁）

"封樂毅"與"祭桓譚"，兩人兩事，"毅"下宜加頓號。

5. 然猶于四月七日躬上虞衛山陵奉安諸禮，竭盡誠敬。（212頁）

虞衛山陵與奉安乃兩種不同的喪葬禮，且下言"諸禮"，"陵"下應加頓號。

6. 西漢至武帝始定郊祀廟祀樂歌。（213頁）

古代於郊外祭祀天地，南郊祭天，北郊祭地。廟祀指在宗廟祭祀祖先。"郊祀"下宜加頓號。

7. 至建炎初，則盥洗升壇進舞望燎皆奏正安，八壇升降還位盥洗皆奏乾安，全無定準。（215頁）

"盥洗""升壇""進舞""望燎""八壇""升降""還位""盥洗"爲吉禮的不同步驟，除"望燎""盥洗"外，下均應加頓號。"正安""乾安"指宋代禮儀配樂的樂曲名，應加書名號。

8. 至于元旦大會，冬至、初歲小會，饗射賓客及上尊上壽食舉，與黃門鼓吹，軍中短簫、鐃歌諸樂章，則隸之雅。（215頁）

"上尊""上壽""食舉"爲三種不同的禮儀，前兩種中間應加頓號。

9. 若橫吹，則軍中鹵簿本皆通用，然與朝會燕享反無涉。（216頁）

"鹵簿"指古代帝王駕出時扈從的儀仗隊，下文言"皆"，故"中"下宜加頓號。據上文，"朝會"指朝會樂，是古代帝王上朝時所奏樂曲。燕享（亦作饗）指燕享樂，是古代帝王飲宴群臣時所奏樂曲，故"會"下宜加頓號。

10. 自日出之鄉，以至日入咸池蒙谷，相距數萬里。（228頁）

"咸池""蒙谷"，均爲日落之地之名，"池"下宜加頓號。

11. 比蹈于唐高宋真之陋。（230頁）

唐高指唐高祖，宋真指宋真宗。"高"下應加頓號。

12. 故世謂漢景以後，其不以日易月者，惟北魏文帝、北周武帝二人，而實則有宋二宗，能陰持其服，較之魏周之終喪者，更有通變。

"魏周"中間應加頓號。"魏"指上文北魏文帝，"周"指上文"北周武帝"。

13. 近聞石巖定山，結黨窺伺。（266頁）

據《（康熙）蕭山縣志》卷五，石巖山在蕭山縣西南十二里，定山在蕭山縣西南二十里，"巖"下應加頓號，"山"下逗號應刪。

14. 陛下樹子未定，宮坊尚虛宜早擇宗藩。（277頁）

"宮坊尚虛"指明武宗未立嗣事。"虛"下宜加逗號。

15. 揚丁傅，以奪王太后之權。……遂與莽重抑定陶，力裁丁傅。（291頁）

"丁"指漢哀帝母丁氏，"傅"指漢哀帝祖母傅氏，王太后指漢成帝母王政君。兩處"丁"下俱應加頓號。

16. 雲礽之本高曾，雖大懸遠，終有肖處。（319頁）

"雲"指雲孫,礽指礽孫,"高"指高祖,"曾"指曾祖,故"雲""高"下宜加頓號。

17. 且夫韻之分限,亦甚寬矣。蒸通東冬,而反謂不通于庚青,江通庚青,而反謂不通于陽唐,則穿鼻之説,既已不驗。而至於支微本通,則反以支爲詘舌,微爲噫尾,而判然二部。(329頁)

"東"爲東部,"冬"爲冬部,"庚"爲庚部,"青"爲青部,"陽"爲陽部,"唐"爲唐部,"支"爲支部,"微"爲微部,俱爲古韻部,故"東""庚""陽""支"下均應加頓號。本篇下文古韻各部並列時,均應加頓號,兹舉兩例明之,餘不一一。

18. 上平多三鍾六脂七之十一模等一十三韻,下平多二仙四宵八戈十一唐等一十四韻,上多旨止等二十五韻,去多用至等三十韻,入多獨術等十七韻。(332頁)

"鍾""脂""之""仙""宵""戈""旨""用""獨"下俱應加頓號。

19. 此是禫月易纖服時,倘遇烝嘗禘吉祭,則但以新主入祖廟附食,而不以妣配。(351頁)

"烝""嘗""禘",均爲吉祭之名,故"烝""嘗"下宜加頓號。

20. 故前儒亦有謂此是瑯琊膠東所受《齊論》而雜入之《魯論》中者。(362頁)

"瑯琊"代指西漢王吉、貢禹,倆人均是山東瑯琊人。"膠東"指膠東庸生。三人傳《齊論》。"琊"下應加頓號。

21. 貴鄉李紫翔金澤公來。(366頁)

李紫翔指李鳳雛,金澤公未詳何人,兩人係清初浙江金華府人。"翔"下應加頓號。

22. 《易繫》曰……(370頁)

"易"指《周易》,"繫"指《周易》卷七《繫辭上》。"易"下宜加中圓點。

23. 推之而乾兑艮離,皆依八卦以順數。(371頁)

乾、兑、艮、離,《周易》之卦名,"乾""兑""艮"下宜加頓號。

24. 則廣成安期到今不越數歲。(413頁)

"廣成"指廣成子,上古黃帝時的道家人物。"安期"指安期生,秦漢間燕齊一帶的道家人物。"成"下應加頓號。

25. 凡吳鎮顧安、文同、萬濟、李薲嵎、謝應芝輩。(434頁)

據《圖繪寶鑒》卷五:吳鎮字仲圭,嘉興畫家;顧安字定之,曾任泉州路判官，善畫墨竹。"鎮"下應加頓號。

26. 加之朱吕文謝序之贊之，姓之著者皆是也。（445頁）

朱、吕、文、謝，乃是四個姓氏，前三個姓之間宜加頓號。

27. 冢君丘嫂相繼亡去。（447頁）

冢君指長子，丘嫂指長嫂，此句言兩人"相繼亡去"，"君"下應加頓號。

28. 近得章泰占宗之。（463頁）

"占"下應加頓號。章大來字泰占，章世法字宗之，兩人乃昆弟，清初浙江會稽人。

29. 西樵大宗必有起而剖晳之者。（504頁）

"樵"下應加頓號。西樵指馬駿，大宗指黄之翰，兩人俱爲清初淮安人。

30. 見木華郭璞之賦。（528頁）

"華"下應加頓號。木華，字玄虚，西晉辭賦家，著有《海賦》。郭璞，字景純，東晉辭賦家，著有《江賦》。

31. 又未可知公輸墨生其果能彼攻而此卻否也。（534頁）

據《墨子》卷一三，公輸指公輸盤，墨生指子墨子。"輸"下宜加頓號。

32. 且好與支王輩論辨名理。（535頁）

"支"指支遁，字道林，西晉名僧，通老莊之學，佛學造詣亦深。"王"指王羲之，任會稽内史期間，與支遁辯論名理。"支"下宜加頓號。

33. 得追古稷下碣石故事。（538頁）

"稷下"指稷下學宮，是戰國時期齊桓公在都城臨淄的稷門附近創辦的學校。碣石指曹操詩"東臨碣石"之地。"稷下"下宜加頓號。

34. 考功盈川。（545頁）

"功"下應加頓號。"考功"指宋之問，"盈川"指楊炯，兩人均係唐初詩人。

35. 而假使輞川龍眠，適意磅礴。（547頁）

"川"下應加頓號。輞川指唐人王維，龍眠指北宋李公麟。

36. 不沾沾于唐之開大、明之弘正，而時之爲開大弘正者莫過焉。（553頁）

"唐之開大"，此指唐代開元、大曆年間的詩風。"明之弘正"，此指明代弘治、正德年間的詩風。下句"開大"後應加頓號。

37. 嚮使雪岠者當故國孝武之間。（554頁）

"孝"指明孝宗，"武"指明武宗。"孝"下宜加頓號。

38. 自太僕公下光禄宗伯。（555）

"光禄"下宜加頓號。據《姜氏世譜》，"光禄"指姜鏡，"宗伯"指姜逢元。

39. 雖使鄒陽子建强顔伸腕，猶不得與之争新鬭捷。（592頁）

"子建"指曹植，"鄒陽"下宜加頓號。

40. 昔阮嵇以中原耆舊與王渾爲友，而既而見其子戎，輒忘年而與之交。（599頁）

"阮"指阮籍，"嵇"指嵇康，"阮"下當加頓號。

41. 則正副二使……正用翰林官副以中書。（619頁）

"正用翰林官"，指康熙二十一年，清廷以翰林院檢討汪楫充册封琉球正使；"副以中書"，指以中書舍人林麟焻充册封琉球副使。"官"下宜加逗號。

42. 一若李周諸學，原非古法。（625頁）

據上下文，李指三國時魏國人李登，周指南齊人周顒，兩人並於音韻學有研究。"李"下應加頓號。

43. 獨先生詩文則適當兩變之間，前可爲鍾譚，而後亦足爲宋元所惑。（626頁）

鍾則鍾惺，譚指譚元春，兩人俱爲明代文學家。"鍾"下宜加頓號。"宋"下亦宜加頓號。

44. 東南以社事相争高，自太倉金壇開其端。（630頁）

太倉代指張溥，金壇代指周鍾，兩人俱爲明末清初人，積極參與復社活動，在東南壇坫有高名。"倉"下宜加頓號。

45. 乃閲歷數朝，驟經鼎革，以逵顒之才而務爲高隱。（633頁）

逵指戴逵，顒指戴顒，父子俱東晉時人，並隱遁有高名。"逵"下應加頓號。

46. 雖伯夷仲子之操，皭然不滓。（647頁）

伯夷，商末孤竹君之長子，周武王滅商，伯夷不食周粟，餓死首陽山下。仲子指陳仲子，又稱於陵仲子，立節抗行，不入污君之朝，不食亂世之食，遂餓而死。"夷"下應加頓號。

47. 皇上御極之二十九年，禮臣舉賓興故事，次及兩浙，分別監臨提調監試考試諸官，而以大中丞張公爲諸使長，監臨全閩，昭舊典也。（656頁）

"監臨""提調""監試""考試"，皆是明清鄉試時的監考官名，前三個中間應加頓號。

48. 江左能詩家，舊推雲間龍眠，而方氏則尤擅龍眠之勝，故啓、禎之際，有稱"雲龍"與"方陳"者，陳則黄門，方者，指諸方也。（663頁）

"雲間"指明末清初以陳子龍爲代表的雲間詩派，"龍眠"指明末清初以桐城方氏爲代表桐城詩派。"雲間"下應加頓號。

49. 予乃爲伍校而參訂之，深嘆弘軒生黄門内史主持文教之後。（665頁）

"黄門"指陳子龍，"内史"指夏允彝，"門"下宜加頓號。

50. 曩者順治之末，會十郡名士于檇李之東塔寺，惟時太倉吴學士尚在坐也，榜文式于牆，並推西泠之詩與雲間陳黄門、李舍人，功出禹上……與黄門舍人争相後先。（666頁）

據上文，"黄門"指陳子龍，"舍人"指李雯，故末句"門"下應加頓號。"舍人"下逗號宜删。

51. 其爲詩與詞，尚得追曩時黄門舍人遺響，不與世移易。（676頁）

"黄門"指陳子龍，"舍人"指李雯，"門"下應加頓號。

52. 予向許星槎詩，謂爲文房夢得，可當進步。（677頁）

"文房"是劉長卿的字，"夢得"是劉禹錫的字。"房"下應加頓號。

53. 猶然與長原安豐父子前後友好，况以予之愚而幸友文仲，又幸友文仲之子。（689頁）

長原是王渾的字，渾與其子王戎並有名。安豐指胡威，曾官安豐太守，與其父胡質並有名。"原"下應加頓號。

54. 然且古排律絶，各有攸歸。（783頁）

古、排、律、絶，指古詩、排律、律詩、絶句四種詩歌體裁，應加頓號。

55. 因之禪代生卒具見乎書。（796頁）

"禪代"指帝位的禪讓和接替，"生卒"指人物的生卒年。"代"下宜加頓號。

56. 小司馬無文，而燕許巨筆不足辨記注。（799頁）

"燕"指唐代張悅，封燕國公；"許"指唐代蘇頲，封燕國公。"燕"下宜加頓號。

57. 而朱顔茂齒，年尚在彊仕服官之間。（819頁）

《禮記·曲禮上》"四十曰强，而仕"，後因以"强仕"爲四十歲的代稱。《禮記·内則》"五十命爲大夫，服官政"，後因以"服官"爲五十歲的代稱。"仕"下宜加頓號。

58. 而邵氏堯夫且復著圖象于孟京之外。（823頁）

"孟"指孟喜,"京"指京房,兩人俱西漢人,傳《易》學。"孟"下當加頓號。

59. 而近復合格律二詩并樂府絶句,總彙之爲一家言。(845頁)

"格"指格詩,是介於今體詩與古體詩之間的一種詩體。"律"指律詩。樂府、絶句俱是詩體。"格"下、"樂府"下俱應加頓號。

60. 《兼本雜録》列引在序跋後,今另分一卷。(845頁)

據《西河合集》卷首"總目録",載"序三十四卷……跋一卷"。"序"下當加頓號。

61. 童在公明府駿止進士每稱其族人二童君工詩。(858頁)

童在公明府指童欽承,會稽人,清初曾官祁陽知縣。童駿止進士,生平不詳。"府"下應加頓號。

62. 予同武孫公叔訪闍公于碧峰寺。(862頁)

武孫乃姜承烈之字,公叔未詳何人,闍公乃倪燦之字。"孫"下應加頓號。

63. 新詩已能到劉河間,平視近代邊徐一輩。(864頁)

"邊"指邊貢,"徐"指徐禎卿,兩人係明代詩人。"邊"下應加頓號。

64. 越多名山水,雲門若耶。(867頁)

"雲門"指雲門山,在會稽縣南三十里;"若耶"指若耶溪,在紹興府城南二十五里。"門"下應加頓號。

65. 爲倪、黄,爲荆關、董巨。(919頁)

"荆"指荆浩,"關"指關仝,"董"指董源,"巨"指巨然,四人爲五代至宋代時期山水畫四大家。"荆"下、"董"下俱應加頓號。

66. 當甫辭事時,台衢用兵方未已。(946頁)

"台"指台州府,"衢"指衢州府。"台"下應加頓號。

67. 由是檄金嚴流移,諭使來附。(948頁)

"金"指金華府,"嚴"指嚴州府。"金"下應加頓號。

68. 然猶考淮西舊碑,勒段韓兩文于碑之陰陽。(987頁)

"段"指段文昌,"韓"指韓愈,兩人俱有《平淮西碑》文。"段"下應加頓號。

69. 夫以尚書僕射兼門下中書,兩相之任,推爲行省。(1008頁)

"門下"指門下省,"中書"指中書省,且後有"兩相",則"門下"下應加頓號,"書"下逗號宜删。

70. 祇以農爲民,而士工商不與焉。(1016頁)

士、農、工、商，《管子·小匡》稱爲"四民"。"士""工"下俱應加頓號。

71. 順成之盜，盛于南服。（1059頁）

"順"指天順，"成"指成化。"順"下應加頓號。

72. 嚮非弘正儒臣爲之掃除，則蔓草難圖。（1059頁）

"弘"指弘治，"正"指正德。"弘"下應加頓號。

73. 是雖李魏之守雲中、韓范之鎮西塞，何以加焉？（1072頁）

"李"指李廣，"魏"指魏尚，兩人均爲西漢名將，先後官雲中郡太守。"韓"指韓琦，"范"指范仲淹，兩人曾率北宋軍防禦西夏，在軍中頗有聲望，人稱"韓范"。"李"下、"韓"下，均應加頓號。"雲中"下頓號宜改逗號。

74. 蜀且有變平之者，朱公也。（1082頁）

"變"下，宜加逗號，意爲平蜀之變者爲朱公（名樊元）。

75. 殲古唐二渠。（1140頁）

據上文，"古"指古三仔，"唐"指唐大髦。"古"下應加頓號。

76. 京師正月上元四月八日，軍民婦女多炫服行道路。（1174頁）

"上元"下，宜加頓號。

77. 而其時治彬寧獄。（1176頁）

彬指江彬，寧指錢寧，兩人皆爲明武宗近臣。"彬"下應加頓號。

78. 每言及餘姚江西人，輒罵。（1186頁）

據上文，"餘姚"代指謝遷（浙江餘姚人）。"江西人"代指彭華（江西安福人）。兩人均抑焦芳，故焦每言及此兩地人，輒罵之。"姚"下應加頓號。

79. 自左嬪蘇若蘭後，文章之盛，無如徐昭華者。（1207頁）

左嬪即左芬（亦作棻），左思妹，晉武帝貴嬪，西晉著名的女文學家。蘇若蘭即蘇蕙，東晉時著名才女，擅長回文詩。"嬪"下應加頓號。

80. 惟恩拔歲副四行，而今已俱停。（1267頁）

"恩"指恩貢生，"拔"指拔貢生，"歲"指歲貢生，"副"指副貢生，且言"四行"，"恩""拔""歲"下均應加頓號。

81. 越一年，主簿弟同兩弟國子判官以太孺人訃來。（1296頁）

據本篇下文"子四：長士弘，直隸大名府滑縣主簿；次士奎，國子監生；次士學，出繼；次士遜，考授州判官"，"國子"指士奎，"判官"指士遜，與所言"兩弟"語合。"國子"下應加頓號。

82. 文褕應錫賚，姑掩泉門；華表待歸來，相從地下嗚呼，哀哉！（1313頁）

儒藏本《西河文集》標點商兌

"地下"下應加句號，與上文"泉門"對。"嗚呼"下逗號應刪。

83. 翼日，孝子毅裕復持狀造予請銘。（1368頁）

據下文"今存者，曰毅，曰裕，曰亮"，知其有子毅、裕、亮三人。"毅"下當加頓號。

84. 西陵舉民幡鎮海將軍守寧波者，移軍屯西陵。（1395頁）

"幡"下，應加逗號。言蕭山士民舉兵抗清，鎮海將軍毛有倫原軍寧波，此時移軍蕭山。

85. 自錢塘湧金以至清波三門附城居。（1397頁）

"錢塘"指杭州古城門之錢塘門，"湧金"指杭州古城門之湧金門，"塘"下應加頓號。錢塘門、湧金門、清波門均屬杭州西城門，與文中"三門"語合。

86. 海上大獄起，歸安魏耕走蕭山，復走梅市。大將軍刊章遮捕之，獲耕，兼逮蕭山梅市之藏耕者。（1404頁）

"蕭山"指蕭山縣，梅市在山陰縣西三十里。末句"蕭山"下應加頓號。

87. 因以曹洞參宗兼歷觀教，與馬鳴龍樹諸法相爲表裏。（1470頁）

據《摩訶摩耶經》，馬鳴、龍樹是佛教中兩位著名說法者。"馬鳴"下當加頓號。

88. 少司寇高公、太史唐公、憲副曹公以及家明府孝廉輩。（1478頁）

"明府"下應加頓號。"家明府"指毛際可，"孝廉"指毛奇齡侄遠公。

89. 康熙辛酉，贈君之子舉于鄉。值贈君六十，同里所親者皆爲贈君慶，謂稱觴續食，兩喜相輻輳。（1502頁）

"觴"下應加頓號，"食"下逗號可刪。"稱觴"指沈以庠六十事，"續食"指沈以庠子士本中舉事。

90. 康熙甲寅，常山開化寇起，園復燬于寇。（1650頁）

"常山"指常山縣，"開化"指開化縣，兩縣明清時均爲衢州府轄縣。"常山"下應加頓號。

91. 塚中小吏，未免過情；髠上慈親目爲矯性。（1670頁）

"親"下宜加逗號。

92. "日出""城頭"二詞懷山陰張南士雛隱、姜桐音諸子。（1693頁）

張南士指張杉，雛隱是張梧的字，兩人是從兄弟，均爲清初山陰人。"南士"下應加頓號。

93. 同南士祇臣桐音作。（1883頁）

377

南士指張杉，祇臣指沈華范，桐音指姜廷梧。"南士""祇臣"下均應加頓號。

94. 施愚山先生與高阮懷、陳元水、徐敘公、王公摺禮北皆有使君江送西河詩。（1885 頁）

王公摺，生平不詳，據施閏章《學餘堂詩集》卷八有《送王公摺之閩中就故人劉潤伯》、卷二四有《遲王公摺不至》。王禮北，生平亦不詳，據梅文鼎《續學堂詩鈔》卷一《同阮次星洪天度陳孚吉汪雨公王禮北諸子訥如德生崇宗諸上人游白雲寺追和蕭太府石刻韻二首》，知王公摺與王禮北爲兩個人，均爲安徽宣城人。"摺"下應加頓號。

95. 汪爲文節譙國公後，其孫觀進士燦孝廉遍乞詩誌。（1994 頁）

"進士"下應加頓號。此言汪節婦有兩孫：一孫名觀，爲進士；另一孫名燦，爲諸生。

96. 霖曰：襞字不用韻，凡換韻首句做此。（2036 頁）

"襞"指本詩中"紅綃紫幔不曾襞"之"襞"字，應加引號。"換韻"下宜加逗號。

97. 王子安、劉希夷諸君後，惟太白近之，西河于王劉得其佳要，故一往神妙。（2043 頁）

據上句，"王劉"間應加頓號。

98. 前辭邢尹相見時耳。（2077 頁）

"邢"指邢夫人，"尹"指尹夫人，兩人俱爲漢武帝寵妃。"邢"下應加頓號。

99. 公自愬蒙難出北寺車嘆息。（2088 頁）

據詩題，"公"指宋琬，字玉叔，號荔裳，山東萊陽人。宋琬曾於順治七年（1650）遭逆僕構陷入獄，"蒙難"事指此。"車"字誤，當爲"草"字之訛，見施閏章《學餘堂文集》卷四有《宋荔裳北寺草序》。

100. 載問次山尊人也。（2190 頁）

"載問"指平載問，"次山"指平次山，兩人爲昆弟，俱蕭山人。"問"下宜加頓號。

101. 其氣格則已高出岑孟間。（2241—2242 頁）

"岑"指岑參，"孟"指孟浩然，兩人均爲唐代詩人。"岑"下宜加頓號。

102. 曼殊病中，每夢阿母促之歸，乃貌以木衣裝送奶奶廟。（2306 頁）

"木"下、"裝"下，均應加逗號。言張曼殊病重時，每夢其母促歸。毛奇齡以爲不祥，爲破此不祥，將曼殊容貌刻在木頭上，用衣服裝飾，送入奶奶廟。

103. 貞觀，唐年號，出《易·繫》，有平去二音。（2309頁）

"平"指平聲，"去"去聲，"平"下宜加頓號。

104. 彼沈宋燕許諸鉅公也，所傳應制，凡三十餘首。（2331頁）

"沈"指沈佺期，"宋"指宋之問，"燕"指張悅，"許"指蘇頲。前三姓下均應加頓號。

105. 其難兄爲婁江吏部邵村學士。（2491頁）

"婁江吏部"疑爲方孝標，"邵村學士"指方亨咸。據詩中"交游到處偕三俊，兄弟于今過二方"語，"吏部"下應加頓號。

106. 夫人弟三元趾于甲申之變，自沈柳橋，諡正義先生。（2586頁）

"變"下逗號當移至"三"下。據邵廷采《東南紀事》卷八："王毓蓍，字元趾，浙江會稽人。……明年乙酉，南都潰，浙東歸欸。毓蓍不欲生，作《憤時致命篇》述意，草成而歌，歌而慟，凡數日，兩兄難之。……乃之柳橋下，坐而死，時六月二十二日。"知王夫人有三個弟弟，王毓蓍爲其三弟。

107. 謂木弟南士也。（2586頁）

木弟是張梯的字，南士是張杉的字。"弟"下應加頓號。

二、不當斷而斷

108. 若"樊遲請學稼"，即禾中孫肖夫、菰城江岷源輩亦驚，顧無一言，此實不可解者。（358頁）

"驚"下逗號宜刪。"驚顧無一言"，形容孫肖夫與江岷源兩人對"樊遲請學稼"一語亦不解的情態。

109. 適睦州方子渭仁、家季、會侯寄湖之南屏。（589頁）

"季"下頓號應删。家季會侯指毛際可，字會侯，號鶴舫，浙江遂安人。毛奇齡《誥封奉政大夫家鶴舫君傳》："予長于君者十年，而杭州稚黃氏又長于予，世嘗爲語云：'浙上三毛，東南文豪。'今長、幼皆先我逝，而予乃一存。"故而稱毛際可爲"家季"。

110. 會吾友蕉園，擁皋斯地。（719頁）

逗號當删。"吾友蕉園"指張遠。康熙三十五年，張遠官縉雲縣教諭，"擁皋斯地"指此，作謂語。

111. 命畫苑從臣，繪關山堠望圖于扇。（724頁）

逗號應刪，下句爲上句賓語的補足語。

112. 幼時聞先君守墓，駕言種桐，而借宿于墓，鄰盛氏之門。（728頁）

"墓"下逗號當刪。據本書《敕贈徵仕郎翰林院檢討先君竟山公崇祀鄉賢事》"後太君葬湘湖，公移住墓鄰盛靖三宅"語，指毛秉鏡借宿于墓鄰盛氏宅，而非借宿於墓。

113. 因舉蕭之與姚，其祖宗墳墓雖歷久而不隔者，書之于端。（731頁）

"姚"下逗號應刪。蕭指蕭山毛氏，姚指餘姚毛氏。

114. 卒之以行軍司馬竭蹶効力，于東甌再闢之際。（737頁）

逗號應刪。下句爲上句的時間狀語，不宜割裂。

115. 一闢長安俗好、南宋俚慢之習，似與景運有重繫者。（738頁）

頓號宜刪，指長安好南宋俚慢的陋習。

116. 天下不可信者三：一道經，記黃帝君臣；一姑布子家，談人相有休咎；一天下志書，所載山川疆域、人物居處。（780頁）

當標作：天下不可信者三：一《道經》記黃帝君臣，一姑布子家談人相有休咎，一天下志書所載山川疆域、人物居處。

117. 自明弘治間，湖豪孫全等漸起侵佔，鄉官致仕，尚書文靖魏公力爲恢復，而御史何公舜賓繼之。（1011頁）

"仕"下逗號應刪，指蕭山籍致仕尚書魏驥作爲鄉官力爲恢復湖豪所侵佔湘湖事。

118. 次第寇安遠，并福建、上杭。（1057頁）

上杭縣乃福建省轄縣，頓號應刪。

119. 其子之友，蕭山毛奇齡謹書其文于墓石之陽。（1224頁）

逗號應刪，據上下文，其子之友即蕭山毛奇齡。

120. 是年與張杉客上海，任明府署，未回。（1359）

"上海"下逗號應刪。據上下文，指康熙十七年，毛奇齡與張杉同客上海縣知縣任辰旦署中，未回浙江事。

121. 二十三年，詔選老成。有學者復舉升，升至，復辭。（1103頁）

"成"下句號應刪，指詔選老成有學者再次舉薦呂升。

122. 光禄卿李良曾以女字劉健，孫詒健，既而健爲瑾所去，乃詐言女死，謀他適，士大夫多薄其行。（1179頁）

"劉健"後逗號應刪，指李良將女許嫁劉健孫以詒健。

123. 君以崇禎十四年卒，卒之時，知山陰縣事。周君輯君善行傳人間，名《晤善録》。（1243頁）

"事"下句號應删，指金樞崇禎十四年卒時，山陰周姓知縣輯金樞善行成《晤善録》一書。

124. 先，予請十旬假，俟予歸五年。（1446頁）

"先"下逗號應删，指陸葇比毛奇齡提前請假歸里。

125. 本賢長子，仁和教諭。（1481頁）

逗號應删。指毛秉鏡長子毛萬齡，時毛萬齡官仁和縣教諭。

126. 予與山陰趙甸遊，慕其爲文，嘗兄事之。既而丁國變，髡頂披緇，更其名壁雲，今畫題稱壁雲、甸是也。（1485頁）

"雲"下頓號應删，據單隆周《雪園詩賦初集》卷五《趙壁雲甸過訪不值題此贈之》，"壁雲甸"乃連稱。

127. 前此，中丞馬君行省，慕君，以疏濬入請而可之。（1491頁）

當標作"中丞馬君、行省慕君以疏濬入請而可之"。"中丞馬君"指江蘇巡撫馬祜，"行省慕君"指江蘇布政使慕天顔。

128. 維時坐客吳江，顧樵抽牘作賦。（1653頁）

逗號當删，顧樵字樵水，江蘇吳江人。

129. 曼殊初訂，同過益都。（2531頁）

逗號當删，"同過益都"是"初訂"的賓語。指毛奇齡妾曼殊未亡時，與毛奇齡相訂同去山東益都訪馮溥。

三、當屬上而誤屬下

130. 聲名洋溢，天下人頌聖文神武，而不必上尊號。威行薄海内外，蠻貊君長日朝貢闕下，而不立明堂王會之文。（229頁）

"天下"當屬上句。"聲名洋溢天下"，與下"威行薄海内外"對。

131. 且夫魏王賞田父之玉而許其真，中郎愛丘亭之篠而暢其美。然而雕工不見，非笛師無以誚者，何則？超世之資，有當乎絶倫之監也。甡寧有是哉！（299頁）

"非"字當屬上，言雕工不見玉不好。且"雕工不見非，笛師無以誚"相對爲文。

132. 至若王澄，諸昆安豐太尉輩。（431頁）

"諸昆"當屬上句,逗號當改爲頓號。王澄,東晉時山東琅邪人,"諸昆"指王衍、王戎、王敦等,皆王澄兄弟行。安豐太尉指王元猛。

133. 前王之授姓,則別而漸之于合也;今人之叙譜,則合而實成其別也。(466 頁)

"則別""則合"均應屬上句。

134. 而不知者必謂予兩人爲宋人,揚波效滄浪、宛陵、清江所爲,何哉?(542 頁)

"揚波"應屬上。言謂兩人爲宋人揚波,非謂兩人爲宋人。

135. 予隨群公作舉文,社高會于洛思山之耆闍,時搖筆者不下一二百人。(544 頁)

"社"字當屬上。舉文社是與科舉考試相關的文社,以作科舉文爲主。

136. 予爲甲其三:一選郎朱君,一滎陽丞章君,一紫凝也。乃朱君爲選郎,歷文選、考功、稽勳諸司,掌選者屢矣,而貧不能飾;蓋履丞被謫,幾死。(544 頁)

"蓋履"當屬上,言選郎朱君極貧。"丞被謫",指章貞由山東壽光縣知縣降河南滎陽縣縣丞事。

137. 矻矻歷寒暑,晝夜取置摘搏。(553 頁)

"晝夜"應屬上。"矻矻歷寒暑晝夜",言王先吉選列代詩集之辛苦。

138. 向避人,天衣乾公引予至大悲閣前,鳴鐘鐐燭,命予皈法。(567 頁)

"天衣"應屬上,指紹興法華山天衣寺。毛奇齡曾於康熙六七年間避居天衣寺,見本書《天衣襪詠》序:"從張五宅轉投入法華山天衣寺中。"

139. 年未越,子奇即以覃恩拔士薦公車門下。(580 頁)

"子奇"當屬上。子奇,相傳爲春秋時齊國人,十八歲治阿縣,縣大治。後用以稱年少有才華的人。

140. 而予得藉是數數課題,面試以驗其誠僞。(592 頁)

"面試"應屬上。指毛奇齡出詩題面試徐昭華,然後收其爲女弟子事。

141. 出入無輦轎,徒行遇朝官輦轎,過避之。(597 頁)

"過"當屬上。言其步行時遇朝官輦轎過,即避之。

142. 會國恤下頒,兩浙開府,闢延賓之館。(599 頁)

"兩浙"應屬上,指康熙四十四年清廷蠲免兩浙正供之事。"開府"當屬下,作下句主語,指浙江巡撫。"府"下逗號應刪。

143. 其花竹丘澗甲于吳,會其伯仲以才名致天下士。(635 頁)

"會"字應屬上。"吳會"是唐以後對平江府（今江蘇蘇州）的別稱。

144. 閩之有文山，即閩之一人也。前此周侍郎櫟園每稱文山爲五言，長城宛平王文貞之五言古詩、太倉吳學士之歌行、中原彭禹峰方伯之七言律，與文山五律可以頡頏。（667頁）

"長城"應屬上句。"五言長城"，語出《新唐書·秦系傳》"長卿自以爲五言長城"。此指周亮工稱贊毛鳴岐擅長作五言詩。

145. 其可以邀譽于百姓者，未必不少夷于政。治而由是，以酌于中，抑有爲以補不及。（679頁）

"治"字當屬上，"是"下逗號應删。

146. 予則年未壯而避讎人，間越四十而歸。（706頁）

"間"當屬上。言毛奇齡年未及三十而避讎四方，過了四十歲終得歸里。

147. 今使君去郡，未補擔囊，來錢湖重與二三友朋簇盤酒槛。（709頁）

"未補"當屬上，"囊"下逗號應移至"湖"下。言馮協一離任江西廣信府知府、未補新缺之際，重來遊杭州之事。

148. 曩者猶子驥聯謁建禮，歸自言游諸王之門。（759頁）

"歸"當屬上。毛奇齡侄遠公從京師歸里，自言其在京師時客勤郡王岳端之門。

149. 而深嘆名山大篇，其滅没于斯時，而不可考者將不止是文已也。（762頁）

"而不可考者"當屬上。嘆隱没于當時而不可考的文章，不止《映雪堂賸篇》而已。

150. 是以鄭元、王肅輩習費氏，學者彪蒙獷互。（823頁）

"學者"二字當屬上，指鄭玄、王肅等研習西漢費直古文《易》學的人。

151. 倘所稱歸來，何期與物終始。（917頁）

"何期"當屬上，語出王康琚《反招隱詩》"歸來安所期，與物齊終始"。

152. 夫一廟止禰，即已不得及其祖，而况無廟而祭之于寢，則祭禰之外，更有何及？（955頁）

"即已"當屬上。言一廟止祭其父，不得祭其祖。

153. 住僧師亮同龍安護法匡君鼎、雄君奇、遇萬君正瑛、陳君欽甍等，白諸當事。（962頁）

"遇"字當屬上。雄奇遇，人名。

154. 癸酉之役，君主文，兩浙實爲得人。（1007頁）

"兩浙"當屬上。指康熙三十二年癸酉,顔光敩爲浙江鄉試正考官事。法式善《清秘述聞》卷三"鄉會考官類三":"(康熙三十二年癸酉科鄉試)浙江考官檢討顔光敩,字學山,山東曲阜人,戊辰進士。"

155. 公事兄驥如父,驥嘗以謫戍還,遷泰寧,諭過南京時,公爲侍郎。(1036頁)

"諭"字當屬上。指魏驥遷泰寧縣教諭時,過南京,魏驥官侍郎,迎驥於途。《(康熙)蕭山縣志》卷一七:"魏驥,刑部主事,降泰寧教諭。"

156. 會瑞事讎斂,叨憤者思媚不止,意欲重困東浙人,曰:"越猶吳也,壤比粟均,舟習水次便,應詔東浙税畝粟若干斜,如蘇淞例。"主漕者已行,單徵發東浙人,比户惴惴。(1075頁)

"單徵發"應屬上,"東浙人"應屬下,"人"下逗號應删。言主漕者已行單徵發,東浙人家家户户惴惴不安。

157. 時上方持法,切責黨人無財賦以佐軍興,而宗周所言,適中之怒,曰:"必捐新餉,則軍需何措?着奏。"(1092頁)

"適中之"當屬上,"怒"下逗號當删。指劉宗周上疏所言"捐新餉",適與崇禎皇帝加餉之旨相背,因而崇禎帝大爲震怒。

158. 與都尉趙君、檢討毛君請之督學,使迎其主入鄉賢祠。(1332頁)

"使"字應屬上。"督學使",是明清兩代派往各省督導教育行政及主持考試的專職官員。

159. 雖張儀畫掌所不能記兮,曾蘇秦刺股而何足?以資于是,挍用鈆黄。題分朱紫,旁置巾箱。中裝羅綺,飾鐵摘與。金鉸炙湘,蘭與沅芷。(1643頁)

"以資于是"當屬上句。此段標點較爲混亂,導致文義不明。當標作:"雖張儀畫掌所不能記兮,曾蘇秦刺股而何足以資?于是挍用鈆黄,題分朱紫,旁置巾箱,中裝羅綺。飾鐵摘與金鉸,炙湘蘭與沅芷。"

160. 看桃花、開後柳絲如織。(1750頁)

"開後"當屬上,頓號改爲逗號。

161. 何年攜我,向青山、麓碧湖涯。(1753頁)

"麓"應屬上,意爲向青山腳下,"青山麓"與"碧湖涯"對。

162. 時有鄰女,守志苦織作,不嫁。(1814頁)

"守志"當屬上,言守志的鄰女辛苦紡織勞作。

163. 會張杉尋予,蔣亭與金公子敬敷共留倡偶。(1979頁)

"蔣亭"當屬上。蔣亭,地名,在汝南城南。本書《張梯墓誌銘》:"前此三張子與蕭山毛甡友善，甡避人，渡江未歸。至是杉尋甡于汝南城南之蔣亭。"《山陰張南士墓誌銘》："遇于城南之蔣亭，相抱痛哭。"

164. 而邑有前進如是，不能一表，微爲可憾也。（2020頁）

"微"當屬上。"表微"，語出《禮記·檀弓下》"君子表微"。此言蕭山有像單瑞這樣的先賢，其生平事跡隱没，如果不能將其事行彰顯于世，是一件可憾的事。

165. 宋唐希雅畫學李後主金錯刀，書有一筆二過法。（2059頁）

"書"字當屬上。郭若虛《圖畫見聞志》卷四："唐希雅，嘉興人，妙於畫竹，兼工翎毛。始學李後主金錯刀書，遂緣興入於畫。"

166. 維兹軼士，預爲風漂。伯叔之詞既屬同人，應續雨雪英瑶之句。（2133頁）

"伯叔之詞"當屬上，"漂"下句號當改爲分號。"風漂伯叔"，典出《詩經·鄭風·攐兮》："攐兮攐兮，風其漂女。叔兮伯兮，倡予要女。"

167. 唐秦系予郡人，曾寓此地，東安種萬松自居。（2305頁）

"東安"應屬上，指福建東安縣。唐人秦系，字公緒，越州會稽人。晚年客居泉州南安，自號南安居士。本句係《高固齋徵士陳紫巘招予西園亭子雅集仍用前韻同鄭幾庭宮坊前輩蔡思齋進士暨陳越山許不棄藍公漪諸子》詩中註語，時毛奇齡客遊福州，與閩中諸名士雅集，故及此。

168. 巡行廻岱嶽，自有嘉謨；扈從至甘泉，能無獻賦？（2495頁）

此句是《擬館課四首》之三《扈從》詩序的末二句，不是詩正文，應移之序末。

四、當屬下而誤屬上

169. 貞觀幸底柱以治河，爲封嵩而書之旂、勒之石者，介于事也。建隆平潞叛，以行師兼詢俗，而先勞軍後捐租者，阻于勢也。（192頁）

"以治河"當屬下句。"以治河爲封嵩"，與"以行師兼詢俗"對。

170. 壬申三月春，莊閲邸抄，得聞皇上有徑一圍三隔八相生之諭。（211頁）

"春"當屬下。春莊，乃毛奇齡的字號，梁章鉅《浪跡三談》卷三"多字"條："近人之多字，無如毛西河先生。按：先生名奇齡，又名甡，字兩生，又字大可，又字齊于，又字于，又字初晴，又字晚晴，又字老晴，又字秋晴，又字春遲,又字春莊,又字僧彌,又字僧開。皆雜見集中,其取義有不甚可解者,今人但稱爲西河先生而已。西河者,其郡望,非字也。"本書各卷下題名多見"春莊"字樣,奈何點校者點校毛奇齡文集,卻不明其字號而點破,實屬不該。

171. 至若死事諸官,不問高庫簿,苟能死,何必縣令。(270 頁)

"簿"當屬下,是縣主簿的省稱,與下句"縣令"對。

172. 頃館中諸君,俱以啓、禎二朝記誌缺略,史宬本未備。(345 頁)

"君"下逗號宜刪。"館中諸君"是下句的主語,中間不宜加逗號。

173. 華亭陳臥子先生遂與其同黨言詩。當是時,先生仕吾郡漳州,黃宗伯過之,偕吾郡士人登會稽山。(460 頁)

"漳州"當屬下。"吾郡"指毛奇齡籍貫蕭山縣所屬的紹興府。"先生"指陳子龍。"黃宗伯"指黃道周,福建漳州人。此言陳子龍崇禎年間官紹興府司理,漳州黃道周過紹興拜訪陳子龍,與紹興府士人登會稽山事。

174. 因復俯仰出篋中筑衣,故時所衣仍坐上坐。(501 頁)

"衣"字當屬下,作下句的謂語。"仍"上,宜加逗號。

175. 以和氣而澹其爐土,以洩烈而水以沉焦。(521 頁)

"土"當屬下句,言土以洩烈而水以沉焦。

176. 予少慕結納,甫束髮即願友天下善士爾。時承啓、禎後門户餘習,每一高會,百千成群。(526 頁)

"爾"字當屬下,"爾時"即彼時。

177. 輯其詩者何? 自銘也。(539 頁)

"何"字當屬下。何自銘,即何文燝。據阮元《兩浙輶軒錄》卷一四,何文燝,字自銘,號彝重,浙江蕭山人。毛奇齡《兼本雜錄》卷一四有《復何自銘札子》。

178. 非大聲疾呼,即徑情自訴而不諒者,猶欲以研練之詞責之。(587 頁)

"而不諒者"應屬下句,爲下句之主語。

179. 每嘆其宇沈湛淼然,若淵泉之在望。(606 頁)

"淼然"當屬下,是毛奇齡形容曹木上先生器宇之非凡語。

180. 先設立講院養貧士,其中月廩日饎,飭紳士之老成者董之。(618 頁)

"養貧士"當屬下句,"中"下宜加逗號。當標作:"先設立講院,養貧士其中,月廩日饎,飭紳士之老成者董之。"

181. 若夫得,則他之博而不通者,吾不博而通他之學;而或無識者,吾不

儒藏本《西河文集》標點商兑

學而有識，如是而已。（706頁）

"他之學"當屬下句。上句講博與通的關繫，下句講學與識的關繫，相對爲文。

182. 今讀梅中詩作，而曰："甘蠅哉！世無射者，而今忽有之。……"（711頁）

"作"字當屬下句，"作而曰"，站起來説，表激動之狀。

183. 晉向秀注《莊》，而郭象據爲己有；《南史》郄紹著《晉中興書》，何法盛欺其無兼本也，竊而署己名。二事聞者深恨之。然而秀與紹其爲名，未嘗亡也。（715頁）

"其爲名"當屬下。指向秀與郄紹的著作雖然被人竊名，但他們倆人的聲名並没有被淹没。

184. 見杜少官亭把袖，如不相識，其毛髮容齒，皆大減于昔。（720頁）

"把袖"當屬下句，"齒"下逗號宜删。

185. 然而歸邸撿舊史，見趙宋兩朝當君國之慘死事者，不下十百，而《宋史·忠義傳》並無一講學之徒厠身其間。（722頁）

"死事者"當屬下，作下句主語。

186. 貧巷多連房界，一壁以分兩家。（733）

"界"字當屬下。言貧巷房子多相連，界一壁而分爲兩家。

187. 宫車先後從三竺還蘇白二堤，皆籠燈樹間。（752頁）

"蘇白二堤"當屬下，"蘇"下宜加頓號。言宫車從三竺還，蘇堤、白堤樹間全部籠燈。

188. 示不疑行。至牕欄將閉牕，委身而墮。（965頁）

"行"字當屬下。指毛貞女行至牕欄，趁將閉牕時跳下樓。

189. 水部雷琴詩已遍人間，浸假取其詩而播之琴，一人長歌，一人揮弦，並如弦軏之倚曲，而有聲有詞，彼此相應，則斯琴有神焉。知不能發古音如堂上器者，則雖謂雷氏琴即樂官琴，亦可也。（993頁）

"焉"字當屬下，此段標點符號亦錯亂。當標作："水部《雷琴》詩已遍人間，浸假取其詩而播之琴，一人長歌，一人揮弦，並如弦軏之倚曲，而有聲有詞，彼此相應，則斯琴有神，焉知不能發古音如堂上器者？則雖謂雷氏琴即樂官琴，亦可也。"

190. 弱冠卻柔翰杖策，出門值東甌用兵。（996頁）

"杖策"當屬下，"出門"下宜加逗號。

387

191. 是非妖也，願軍門毋怒詰，且當以予言告軍門。（1015頁）

"詰"當屬下，"且"下應加逗號。"詰旦"，清晨。

192. 瑾大怒，詔獄搒掠劓刺械之，戍鎮番。而以四人者遷鄉人，其草薦舉詔，則健爲之，矯旨黜健、遷爲民，而逐遷弟兵部員外郎迪，子編修丕削籍榜，禁餘姚人並毋得爲京朝官。（1061頁）

"榜"字應屬下。言謝遷子謝丕被革職，發布公告禁止餘姚人（因謝遷等均爲餘姚人），不得做京官。

193. 十七年三月，太常吳麟徵以掌科內遷，薦正宸自代。命甫下而京師陷。正宸同左都劉宗周縗絰哭杭州，責浙撫黃鳴俊起兵勤王，而以丁艱歸廬墓。凡一年，大哭三日，別墓。（1098頁）

"廬墓"應屬下，作下句的謂語。言章正宸以丁艱歸里，廬墓一年後，別墓而逃禪。

194. 自清源君上祖若父，下及其子四世，皆合屋居。（1272頁）

"四世"當屬下。言程維屏之祖、父、身及子，四世皆合屋居。

195. 而麗水君聞太君疾，早于未訃時，即抱牒懇臺使君，願乞終養臺。使君不即許，而君復疆之。（1301頁）

"臺"字應屬下，與上文"抱牒懇臺使君"意合。

196. 押以官兵，渡江赴軍門下，杭紹二府會勘於吳山之城隍廟。（1407頁）

"下"字當屬下句。"杭"指杭州府，"紹"指紹興府，"杭"下當加頓號，"府"下宜加逗號。

197. 君嘗之白門太常公，曾以侍御史督學其地。（1416頁）

"太常公"應屬下，指金蘭。金蘭，字楚畹，浙江紹興人。此言金烺曾到南京，而其祖父金蘭曾以侍御史督學其地，吳應箕《樓山堂集》卷一三有《上金楚畹督學書》。

198. 故張滇《九江圖》，名稍不同，曰三里，曰五洲，曰嘉靡，曰烏土，曰白蚌，曰白鳥，曰菌，曰沙提，曰廩然。其曰"九江參差，隨勢而分……（1557頁）

"然"字當屬下。程大昌《禹貢論》上："而張須元、賈耽所記名又特異。張曰三里，曰五洲，曰嘉靡，曰烏土，曰白蚌，曰白鳥，曰菌，曰沙提，曰廩，皆分於鄂陵，會於桑落洲。"知九江有"廩"名，無"廩然"名，知"然"字當屬下。

199. 又且貞女即貞婦，如鮑蘇妻稱鮑女宗者是。此既違禮，又畔制，又爲主持名教、端風勵俗者所不道。（1601頁）

"是"字當屬下，表判斷。

200. 長從紙上汗，漫寄相思。（1753頁）

"汗"字當屬下。

201. 兆熊曰：李白有《淮南小山白毫子歌》，仙人也。（1769頁）

"歌"字當屬下，作下句的謂語。書名號當改爲引號，"淮南小山白毫子"，語出李白《白毫子歌》詩。

202. 奉和呈裕親王園林題壁三絕句原韻應教初秋。（1906頁）

《奉和呈裕親王園林題壁三絕句原韻應教》乃詩題，此詩共有三首，其一即《初秋》，故"初秋"二字當另起一行，與下二首詩題《秋聲》《荷葉池》格式同。

203. 渭南令張萬青納青谿姬美其既，姬疴，屬女弟以迎，將望來舟而瞑目。（2043頁）"其既"二字當屬下，作下句的時間狀語。

204. 迨夜漏盡日。初出兩竿，迭呈絕藝。（2048頁）

"日"字當屬下，"日"下句號宜改爲逗號。言夜已盡，太陽剛升起有兩竿高。

205. 思少時亦自見頭角，今就暮落故鄉，故人子李焜、李曜長大，蹉跎無復識知近狀，見童兒不覺生有羨意。（2072頁）

"故鄉"當屬下，"蹉跎"當屬上。此詩序作於康熙二三年間，時毛奇齡流亡淮安，見楊才瑰子九歲能爲文，不僅感嘆自己年少被稱"神童"，而今一事無成的落魄情形，又想到故鄉友人李達遠戍塞外，其二子李日焜、李日曜亦頗失意，不知其近狀，見楊童子，不免子心生羨慕。

206. 恍若錦幔中晴風，繞蝴蝶下坐妃子。嬌似春花間，紅露寫朱唇。（2075頁）

此首七言古詩，點破數處，撕裂文義。當標作："恍若錦幔中，晴風繞蝴蝶。下坐妃子嬌似春，花間紅露寫朱唇。"

207. 潁川隣宣公晚喪子，哭之哀。……甡以内家過慰，並爲文祈之。迨再過公，褓一兒，攜一兒。（2103頁）

"公"字當屬下，作下句的主語。

208. 顧笙笛絃索均失，執歌竟……聞其言，感動驟起，援筆丐兵憲展絹。（2104頁）

"執"字當屬上,"感動"亦當屬上句,"起"下逗號應移至"筆"下。當標作:"顧笙笛絃索均失執,歌竟……聞其言感動,驟起援筆,丐兵憲展絹。"

209. 銀船雖化鐵,公尚存。(2107頁)

"鐵"字當屬下。"鐵公",此意在嘲胡東巖。

210. 任載董評曰:朋舊爲人狂,生言之爲達情,此際詠之爲凄節。(2283頁)

"狂"字當屬下。點校者標點此句評語時,未顧及本詩。其詩曰:"不作西州哭,依然東道親。文章真墜地,朋舊尚爲人。海鶴何年返,山花幾度春。空堂樽酒夜,獨坐聽雞晨。"當標作:"任載董評曰:'朋舊爲人',狂生言之爲達情,此際詠之爲凄節。"

211. 又曰:……秋賓而稀動,與空本是實,字卻下得奇警,真未易到。(2338頁)

點校者標點此句評語時,亦未顧及本詩。其詩曰:"少年抱劍出關中,羽衛新招六郡雄。久許報恩逾蠹政,平時飲酒笑秦宮。雞鳴曉日黃河動,雁陣秋陰紫塞空。當日枌榆遷欲盡,愁君馳馬過新豐。"當標作:"……秋賓而稀。'動'與'空'本是實字,卻下得奇警,真未易到。"

212. 所過祀名,山笑玉檢探符之陋;隨時省方,俗斥金泥封事之繁。"(2417頁)

"山"字、"俗"字均應屬上句。

213. 寄書道餐飯者十,甚熟矣。(2508頁)

"十"字當屬下。古代甚一熟爲一年,"十甚熟",即十年。

五、當用標點符號而未用

214. 因於奉命修史之暇,纂成韻書壹冊,悉仍平水舊本而參訂之,擬名"康熙甲子史館新刊古今通韻"。其曰康熙者,尊朝廷也,猶之明韻冠洪武也。曰甲子者,記時也,與宋韻之稱壬子無異也。曰新刊,新正也。宋韻稱禮部新刊,金韻稱泰和重刊,皆是也。其曰古今,則謂律韻與古韻也,亦猶元之稱古今韻會者也。(208頁)

"康熙""洪武""甲子""壬子""新刊""禮部新刊""泰和重刊""古今""古今韻會"諸詞,是對《康熙甲子史館新刊古今通韻》一書書名命名原因的解釋,應加引號。

215. 而其樂章則司馬相如輩所爲，乃其詞全不頌天地祖宗功德，祇以齋房、赤雁諸瑞應詩實之。惟廟樂名安世樂，詞有體要，然其名安世樂，即房中之樂，在《詩》爲風，在漢後樂府爲三調相和歌詞諸樂，專以此祠廟，已爲不倫。而後漢明帝即又改名郊廟之樂爲大予樂。夫大予之名，則何所據？（214頁）

"天地"下宜加頓號。"齋房""赤雁"乃瑞應詩，當加書名號。兩處"安世樂"，均應加引號。"大予樂""大予"俱應加引號。

216. 至唐則概改曰和，有豫和、順和諸十二名。宋則概改曰安，有高安、靜安諸十二名。而歐陽脩《唐書·樂志》，誤以宋時十二安次第與唐相準，亦以豫和爲祀天、順和爲祀地、永和爲享廟、肅和爲登歌，以次分用。（215頁）

"曰和""曰安"之"和""安"二字，均應加引號。"豫和""順和""永和""肅和"爲唐代祭祀樂名，"高安""靜安"爲宋代祭祀配樂詩名，俱應加書名號。"十二安"當加引號，指宋代祭祀樂曲的總稱。

217. 而唐時所傳樂章，自中宗以後，凡昊天、五郊、二丘、太廟、社稷、先農、先蠶、祈穀、雩祀、朝日、夕月、蜡百神、昭德皇后廟、隱太子廟、九宮貴神諸樂歌，皆雜列豫和、肅和、雍和、舒和諸詩，每祀皆有其名，但不全用耳。且尚有福和、昇和、歆和、延和、同和、寧和諸名，在十二和之外，與《樂志》不合。而宋十二安以祭天爲高安，祭地爲靜安，祭廟爲理安，天地宗廟登歌爲嘉安云云。而景祐中，又改定其名，增誠安、儀安等十四名，後又增淑安、柔安諸名，爲皇后禮儀。而英宗、光宗諸朝又代有牴牾，如正安曲爲太子王公出入，而有時用之爲郊壇亞獻，乾安曲爲帝升降，而有時用之爲壽王上壽。（215頁）

"豫和""肅和""雍和""舒和""福和""昇和""歆和""延和""同和""寧和"，均爲唐代祭祀配樂詩名，應加書名號。"十二和""十二安"分別爲唐、宋兩代祀樂的總稱，宜加引號。"高安""靜安""理安""柔安""正安曲""乾安曲"均爲宋代祭祀配樂詩名，應加書名號。

218. 明則參酌乎和安之間，郊廟用和，朝饗用安，多不過九曲，皆太祖親製之。（215頁）

此句中"和""安"均應加引號，指唐代"十二和"、宋代"十二安"諸祭祀樂曲的總稱。

219. 故魏初食舉奏杜夔所傳《鹿鳴》四篇，大和中左延年祇傳一篇，以爲

元會之奏,所謂東廂雅樂。而晉後各造樂章,名爲四廂樂歌,梁更爲三朝雅樂歌,則皆名雅。(216頁)

"東廂雅樂""四廂樂歌""三朝雅樂歌",指樂魏、晉、梁各代樂章的總稱,宜加引號。

220. 惟唐初朝會元日、冬至慶賀,皆奏破陣樂、慶善樂,悉有歌詞,而其歌者則每雜先代清商、巴渝、入破、排遍、水鼓子、婆羅門諸曲。(216頁)

"朝會"下宜加逗號,與下文"元旦、冬至慶賀"燕饗相對。"清商""巴渝""破陣樂""慶善樂""入破""排遍""水鼓子""婆羅門"均爲樂曲名,應加書名號。

221. 逮元明而全用曲子,凡朝會、萬壽、侑食諸樂,雖亦有聖安、治安等曲,然別有曲名,如水龍吟、新水令、沽美酒、千秋歲類,其詞最俚。(216頁)

"聖安""治安"爲宋代祭祀配樂詩名,應加書名號。"水龍吟""新水令""沽美酒""千秋歲"爲曲名,亦應加書名號。

222. 況唐詩中,如甘州羽調、伊州商調、嘆疆場宮調之類,其首字皆不如所言。蓋起調與收調皆當審聲,如甘州羽調。(218頁)

"甘州""伊州""嘆疆場",皆爲樂府曲名,應加書名號。

223. 漢鐃歌朱鷺上陵一十八曲,原有樂録,然後魏更以《楚之平》《戰滎陽》等。(218—219頁)

據梅鼎祚《古樂苑》卷八:"漢鼓吹鐃歌十八曲,一曰《朱鷺》,二曰《思悲翁》,三曰《艾如張》,四曰《上之回》,五曰《擁離》,六曰《戰城南》,七曰《巫山高》,八曰《上陵》,九曰《將進酒》,十曰《君馬黃》,十一曰《芳樹》,十二曰《有所思》,十三曰《雉子班》,十四曰《聖人出》,十五曰《上邪》,十六曰《臨高臺》,十七曰《遠如期》,十八曰《石留》。""朱鷺""上陵"皆爲漢鼓吹鐃歌名,應加書名號。

224. 三年之喪,古皆三十六月,自漢文遺令以日易月,遂改爲三十六日。其令中所云大紅十五日,小紅十四日,纖七日,謂持大功之服十五日,小功之服十四日,禫七日,合之則三十六日。(231頁)

"大紅十五日,小紅十四日,纖七日",見《漢書》卷四《文帝紀》,當加引號。

225. 而使予轉爲汝療,予乃思一療法,將選療病日,就汝生平所傳留視圖再摹之于絹。(346頁)

"留視圖"應加書名號,乃毛奇齡妾張曼殊所畫。

226. 昨見黄山中洲和尚有"太極本于禪宗"説,其所爲太極圖,即唐僧圭峰之十重圖也。(352頁)

"太極圖""十重圖",均應加書名號。此"太極圖",指中洲和尚所畫《太極圖》。"十峰圖"指圭峰禪師所畫《十重圖》。

227. 况"潔白"二字,曾見之《詩序》"白華,孝子之潔白"。(359頁)

"白華",乃《詩經》之篇名,應加書名號。

228. 而曲中有詞,如上之回思悲翁等,則豈有笙管而反無詞者?(369頁)

"上之回""思悲翁",亦皆漢鼓吹鐃歌曲名,應加書名號。

229. 頃讀爲學次第一書,知窮理力行之先,原有立志存養二節。(404頁)

"爲學次第",即張沐《爲學次第書》,應加書名號。"志"下應加頓號。

230. 獨是予之選北沙詩,在癸巳歲,既已略見其概于越詩之中。(436頁)

"越詩",乃黄運泰、毛奇齡輯《越郡詩選》之簡稱,當加書名號。

231. 而予選孚先、德孚詩爲江園二子,在乙未歲。(437頁)

"江園二子",乃沈功宗、傅宗《江園二子詩集》的簡稱,見本書《江園二子詩集題詞》,應加書名號。

232. 初伯興行三子詩,一徐君伯調,其一予也。(446頁)

"三子詩",乃何之杰、徐緘、毛奇齡《越州三子詩》的簡稱,當加書名號。本書《何毅庵墓誌銘》:"既已選《越郡詩》若干卷行世矣,及見毅庵詩,愛之。……因出己所臟與徐緘與君合爲一集,名《越州三子》。"

233. 東苑之詩有云"城東東苑潮鳴寺"者。(461頁)

"東苑",乃毛先舒《東苑詩鈔》的簡稱,當加書名號。"城東東苑潮鳴寺",係《東苑詩鈔·潮鳴寺》詩中句。

234. 韓退之作《諍臣論》,仿佛乎答難解嘲。(526頁)

"答難""解嘲",均應加書名號。《答難》是西漢東方朔《答客難》的省稱,《解嘲》是西漢揚雄的名篇。本書《擬爲司賓答問辭》:"因設主客往復,倣東方《客難》、揚雄《解嘲》、班固《答賓戲》、夏侯湛《抵疑》之文,擬爲《司賓答問辭》以曉譬之。"

235. 昔《漢藝文志》載雜説家爲書千餘,今竝無一存。(541頁)

"漢"指《漢書》,"藝文志"是《漢書》的篇名,"漢"字後宜加中圓點。

236. 奏文始五行之曲,以佐制氏。(553—554頁)

"文始""五行"均爲舞曲名,應加書名號。《史記·孝文本紀》:"高廟酬,奏《武德》、《文始》、《五行》之舞。"

237. 而晉人適至，遂列其兩集于百家詩鈔之間。（561頁）

"百家詩鈔"，是聶先（字晉人）所選《百名家詩鈔》的簡稱，應加書名號。

238. 然而明詩一選，稍軼皖上，至《列朝詩集》，則若有詳于彼而略于此者。（563頁）

"明詩"，應加書名號，乃高攀龍《明詩選》的省稱。

239. 曾幾何時而趨庭衆多，歲月易邁，一若當年之誦休洗紅者。（569頁）

"休洗紅"，樂府古題，應加書名號。"時"下宜加逗號。

240. 未嘗蹈陽阿轉激楚也，然而子爲我楚舞，則巾槃鞞鐸，不得而易其技矣。（573頁）

"陽阿""激楚"，均爲樂曲名，應加書名號。"巾""槃""鞞""鐸"，均爲舞曲名，應加書名號。

241. 若顏竣、殷淳諸君所爲婦人集若干卷者，今藏書之家，亦並罕有。（592頁）

"婦人集"，應加書名號。《隋書》卷三五："梁有《婦人集》三十卷，殷淳撰。"《舊唐書》卷四七："《婦人詩集》二卷，顏竣撰。"

242. 猶不若孤兒婦病，得以散聲而抶掉，以成其曲。（598頁）

"孤兒""婦病"，指《孤兒行》《婦病行》，皆爲漢樂府詩歌，應加書名號。

243. 自史漢有叙傳之詞……此即水澄《傳詠》之所由昉也。顧水澄《傳詠》原始家乘……有似乎扶風龍門之爲史者。（615頁）

"史"指《史記》，"漢"指《漢書》，應加書名號。"叙傳"宜加引號。另，《水澄傳詠》是《水澄劉氏傳詠》的省稱，此書乃劉宗周之家譜，故兩"水澄"均應置於書名號内。"扶風"代指班固，"龍門"代指司馬遷，故"扶風"下宜加頓號。

244. 即比之竇群之聯珠、義山之花萼，鮮有遜者。（636頁）

"聯珠""花萼"，均爲書名，當加書名號。《新唐書》卷六〇："《竇氏聯珠集》五卷，竇群、常、牟、庠、鞏。"葉廷珪《海録碎事》卷七上："唐李義山兄弟並有文才，同一集，共二十卷，號《花萼集》。"

245. 管亭詩褒英擎秀，時露騷屑。故其任潭州司馬……間爲岳麓諸誌。（642頁）

"岳麓"，應加書名號，是趙寧輯《長沙府岳麓志》的簡稱。

246.《佳山堂詩集》鋟自庚申,閱二年而後致政。今之二集,則半猶壬戌以前詩也。……始得讀夫子二集,較讎之而附以一言。(655頁)

本文篇名《佳山堂二集序》,兩處"二集"均應加書名號。

247. 他日過魯,必有以魯國風詩採之入奏者,豈僅靈光一賦已哉!(681頁)

"靈光",乃《魯靈光殿賦》的省稱,應加書名號。

248. 觀又文之詞"細犢車回小蠻人去",雖逮老,猶想見之。(713頁)

"回"下宜加逗號。

249. 遂喜爲口號,以附之紀程之末。(721頁)

"紀程"當加書名號,是袁佑《試浙紀程詩》的省稱。

250.《國風》首邶、鄘,而邶、鄘之首則又以兩《柏舟》,詠婦人志行之不可奪。(733頁)

"邶""鄘",指《詩經》之《邶風》《鄘風》,俱應加書名號。"詠"前逗號宜刪。

251. 吾家南陸世與張氏爲婚姻,介眉吾親家。(763頁)

"陸"下應加逗號。此乃陸葇自述其陸姓爲南陸之支,南陸與平湖張氏代代通婚。

252. 當予出走時,從顧茂倫家得唐人試帖一本,攜之以隨,每旅悶,輒效爲之,或邀人共爲之。(768頁)

據本篇名《唐人試帖序》,"唐人試帖"當加書名號。

253. 迴文者,詩中一別體也。幼時製雙帶子,喜遷鶯詞,故作迴文體。(845頁)

"雙帶子""喜遷鶯",均爲詞牌名,應加書名號。"子"下逗號宜改爲頓號。

254. 予時以他往,不赴,貽試題二:一《擬劉孝標妹贈夫詩》,一《賦得拈花如自生》,則摘范靖妻詠步搖句也。(941頁)

"詠步搖",乃范靖妻沈滿愿《詠步搖花》的簡稱,當加書名號。

255. 近觀史竊所載改稱檢討,遂從之。(1148頁)

"史竊",乃《皇明史竊》的簡稱,應加書名號。

256. 予少好爲詞,至是無賴,取元人無名氏所製《賣嫁》、《放偷》二遺劇,而反其事作連廂詞。(1354頁)

"連廂詞",應加書名號。毛奇齡《西河合集》卷首"總目録"載:"《連廂詞》一卷。"

257. 有吏大聲曰："日重光何也？"（1407頁）

"日重光"，樂府詩題，應加書名號。

258. "何以曰紀遼東？"曰："此亦樂府題也。……"（1407頁）

"紀遼東"，亦爲樂府詩題，應加書名號。

259. 康熙三十三年，特開豐澤園試翰詹諸官八十九人。先設宴于勤政殿前，宴畢，就園試豐澤園賦、理學真僞論。（1448頁）

"豐澤園賦""理學真僞論"，爲康熙所出試題名，應加引號。"翰"指清代翰林院諸官，"詹"指清代詹事府諸官，"翰"下宜加頓號。

260. 究至堅持其說，必欲執三吴水利以註古經，夫水利焉能註古經矣？（1554頁）

"三吴水利"，乃歸有光《三吴水利録》之簡稱，當加書名號。

261. 河右詞一本詩教，故温麗其體，而精深其旨。（1674頁）

"詩"，指《詩經》，應加書名號。

262. 舊無此曲，疑分一翦梅之半，故名。（1704頁）

"一翦梅"，詞牌名，應加書名號。

263.《樂府補題》者，南渡越州諸處士所作詞也。……同于宛委山房諸處詠龍涎香、白蓮、蟬、蓴、蟹五題，其調爲天香、齊天樂、摸魚兒、水龍吟、桂枝香。（1760頁）

"天香""齊天樂""摸魚兒""水龍吟""桂枝香"，均爲詞牌名，應加書名號。

264. 絶句刻本惟越選數章而已，其他悉從《空居日抄》與《鴻路堂》本。（1763頁）

"越選"，是黄運泰、毛奇齡《越郡詩選》的省稱，應加書名號。

265. 西河七古較他體易輯，大抵鴻路堂抄本十之八，諸選刻本十之二。……七古空居本尚有存。（2035頁）

"鴻路堂""空居"，指毛奇齡早年單刻小集《鴻路堂詩抄》《空居日抄》，俱應加書名號。本書第1763頁言及此兩書時均有書名號，此頁不加，有失校讐。

266. 崔仲方巫山詩亦有"若爲教月夜，長短聽猿吟"句，唐人盡如此。（2036頁）

"巫山"，是崔仲方《夜作巫山》詩的省稱，應加書名號。

267. 同年喬編修示閒居詩屬和……因于奔走之暇，陸續和此，悉依原韻。（2327頁）

"閒居詩"，是喬萊《秋日閒居》詩的簡稱，宜加書名號。

268. 以上見鴻路堂輯本卷首。（2330頁）

"鴻路堂"，是毛奇齡《鴻路堂詩抄》的省稱，宜加書名號。

269. 往次早朝詩……既題早朝，則雞鳴絳幘、萬國千官，律然已。（2330頁）

"早朝"，是賈至《早朝大明宮呈兩省寮友》的省稱，宜加書名號。杜甫、王維、岑參俱有和詩，"雞鳴""絳幘""萬國""千官"爲諸人和詩中詞語，應加引號。

270. 今但録湖西使君施君所抄，與吳門聶晉人所選西河詩抄本。……説見西河詩抄本。（2524頁）

兩處"西河詩抄"，指聶先《百名家詩鈔》所收毛奇齡《西河詩鈔》，應加書名號。

六、標點符號錯用

271. 則試思火巷之廣，孰如大街。（250頁）

"孰如"爲疑問詞，句號宜改爲問號。

272. 而況俗尚釋老，合鄉禮斗，聯棚誦經，焚香燒燭，沿宵累旦，又何一非致火者。（251頁）

"何"爲疑問代詞，句末句號宜改爲問號。

273. 是以治火之法，先計嚮邇，後計撲滅。嚮邇，謂嚮而近之也；撲滅者，撲使滅也。惟可嚮邇，然後可撲滅，否則，近且不能，何有于撲。（251—252頁）

"何有"，疑問詞，句末句號宜改爲問號。

274. 豈有德關教化，功在人民，一邑萬族，日食其利，而鄉人尺木反不得預其列者？就使其子孫未衰，猶當比户比族共爲請乞，況子孫已亡也。（264頁）

據文義，句末句號宜改爲問號。

275. 夫天子、諸侯，何嘗有宗。（289頁）

"何嘗"是疑問詞，句末句號應改爲問號。

276. 今按經義既如此，揆諸掌故又如彼，何去何從？在下執必有定見。（342頁）

"從"下問號宜改爲逗號。按上下文，此句不是反問句。

277. 西南建號，有馮再來少司寇《滇黔諸記》，稍備考索。（345頁）

"滇黔諸記"不是書名，應刪除書名號。"滇"下宜加頓號。"馮再來少司寇"即馮甦，據《（民國）台州府志》卷七〇，馮甦有《滇行記聞》一書。

278. 尺幅中具如許境地，非熟于腐史蒙叟文，焉能到此。（524頁）

"焉"爲疑問副詞，句號宜改爲問號。

279. 少陵雖無律，而于《崔氏東山草堂拗體》與《贈王二十四侍御長律》，亦且雜"斤"之與"勤"。（503—504頁）

據杜甫集，《崔氏東山草堂》是拗體詩，《贈王二十四侍御契四十韻》是長律，故"拗體"與"長律"均應移至括號外。

280. 一如《談藝諸錄》所云"簡練以爲思，頡頏以爲韻，圍瞰以爲辭，混沌以爲質"者。（616頁）

"諸錄"兩字應移至書名號外。"談藝"是明徐禎卿《談藝錄》的簡稱。

281. 屬詞比事，觸物而連類，此在《九辨》、《懷忠》、《四愁》、《怨友》諸作，時時有之。（739—740頁）

"懷忠""怨友"分別爲《九辨》《怨友》的篇旨，不是篇名，不應加書名號。應標作"此在《九辨》懷忠、《四愁》怨友諸作"。

282. 夫壻是劉臻，自傳元日《椒花》之賦。（873頁）

"元日"當稱置於書名號內，指劉臻的《元日椒花頌》。

283. 君夏姓，名聲，字廣秦，浙之東嘉人也。由司理左補爲今官，性好飲，工詩，所著有《前後蓮渚詩集》。（921頁）

"前後"應加頓號，並移出書名號外。

284. 然非公之生平實有以感人之心而中人之隱，亦安能致此。（960頁）

"安"爲疑問副詞，句末句號當改爲問號。

285. 忠襄事載諸書甚備，然總無異同。惟浙按察使曾蒙簡所爲墓誌不得見。所見者《丘濬傳》、《柯潛墓表》、《方獻夫祠記》。（1059頁）

"傳"指丘濬所作毛吉傳，"墓表"指柯潛所作毛吉墓表，"祠記"指方獻夫所作毛吉祠記，非指毛吉事見於《丘濬傳》《柯潛墓表》《方獻夫祠記》中，故"丘濬""柯潛""方獻夫"均應移出書名號。

286. 幾見江漢之分，至尋陽始合，而大江之合，至彭蠡又分。（1551頁）

"幾"爲疑問詞，句末句號當改爲問號。

287. 白太傅有《彈略略詩》。（1675頁）

"詩"字應移書名號外。《彈略略》，是白居易《聽琵琶妓彈略略》的略稱。

288. 既入調以後，以詞就調，如《甘州》、《羽調曲》，不得似《伊州》之商；《嘆疆場》、《宮調曲》，不得似《濮陽女》之羽是也。（1829頁）

此言《甘州》是羽調曲，《嘆疆場》是宮調曲，故"羽調曲""宮調曲"不應加書名號。"甘州""嘆疆場"下頓號均應改爲逗號。

289. 簡文篇法不高，長慶七律、五古真調卑格陋，然就其佳處讀之，幽微驚詫，光怪萬端，非發物理之秘、開人情之精，何以有此。（1951頁）

"何以"，疑問詞，句末句號應改爲問號。

290. 遠公曰："若爲"，誰爲也？（2036頁）

"誰爲"是毛遠公對"若爲"的解釋，後"也"字表判斷，句末問號當改爲句號。

七、引文標點不當

291. 即《孝經》稱宗祀文王於明堂。（229頁）

"宗祀文王於明堂"，語出《古文孝經·聖治章第十》，應加引號。

292. 有曰"子雖齊聖，不先父食"久矣。（284頁）

"久矣"，當移入引號內。"子雖齊聖，不先父食久矣"，語出《左傳·文二年傳》。

293. 故先仲氏曰："世有不易之稱，父子是也。"（285頁）

"先仲氏"即毛奇齡仲兄錫齡，其所言當至本段末"其間也"，非只此一句。

294. 及又無支庶，則然後擇所應後者，而使之主宗廟之祀，所謂"爲之後"，又曰"爲人後"者是也。（286頁）

下"者"字，應移入引號內，即本文上文《公羊傳》所言"爲人後者爲之子"之省略語。

295. 子路有聞，未之能行，皆從義理解也。（360頁）

"子路有聞，未之能行"，語出《論語·公冶長》，當加引號。

296. 其于以費畔，則不過以費宰畔，而不必據邑。（363頁）

"以費畔"，語出《論語·陽貨》，當加引號。

297. 故曰天數五，地數五，此數也。又曰五位相得，而各有合，則位也。（371頁）

"天數五，地數五""五位相得，而各有合"，兩句均出自《周易·繫辭》，應加引號。

298. 周制，工史書世，宗祝書昭穆。（736頁）

"工史書世，宗祝書昭穆"，語出《國語·魯語上》，應加引號。

299. 如《孟子》所云"幼而無父者"。（997頁）

"者"字不是《孟文》原文，當移至引號外。

300. 取"君奭平格"之義。（1039頁）

"君奭"是《尚書》之篇名，應加書名號，上引號移至"平"字前。

（作者單位：復旦大學出版社）

徵稿啓事

一、本集刊由北京大學《儒藏》編纂與研究中心主辦，北京大學出版社出版。暫擬每年出版一輯，每輯30萬字～40萬字，當年8月30日截稿。

二、本集刊爲學術刊物，旨在貫徹百家爭鳴原則，提供學術園地，面向海内外學界徵稿。

三、本集刊徵稿範圍主要爲儒家典籍與儒家思想研究方面的成果，包括專人、專書、專題和文獻整理研究以及有關的學術動態。

四、本集刊來稿均由《儒家典籍與思想研究》集刊編輯部進行初審；初審通過的稿件，再請相關領域的兩位專家匿名評審；編委會根據評審意見，討論決定是否採用。結果於收稿後三個月內回復稿件作者。未經採用的稿件除手稿外，一般恕不退還。

五、本集刊已加入《中國學術期刊網絡出版總庫》及CNKI系列數據庫。本刊錄用的稿件，將一律由編輯部統一納入上述數據庫，進入光盤和因特網提供信息服務。凡投寄本刊的稿件不作特別說明者，均視爲作者已經同意將本刊刊發後的論文編入該數據庫，本刊不再尋求作者授權。作者著作權使用費與本刊稿酬一次性給付。

六、本集刊編輯部對已採用的稿件，作必要的編輯加工，一般不逕作内容修改，如需修改，提出意見，與作者溝通。

七、來稿如涉及版權問題，由作者負責。

八、來稿請遵守本集刊所登《撰稿體例》的要求。

九、本集刊歡迎電子稿，來稿請同時詳細提供作者的通信地址、郵編、電話，以便聯繫。電子稿郵件主題或打印稿信封正面請寫明"集刊投稿"字樣。

十、本集刊出版後30日內，編輯部將向作者支付稿酬並寄贈樣書2册、抽印本5份。

十一、《儒家典籍與思想研究》集刊編輯部通信信息如下：

郵寄地址：北京市海淀區北京大學《儒藏》編纂與研究中心曹建收（郵編100871）

電話：86-10-62767810　傳真：86-10-62767811

E-mail：ruzang@pku.edu.cn

《儒家典籍與思想研究》編委會

撰稿體例

1. 手寫稿件需字體規範，工整清晰，繁體橫排；打印稿使用 A4 紙打印，繁體橫排，同時提供電子版；直接電郵投稿者，用 word 文件，繁體橫排。兩萬字以內爲宜，特殊稿件字數不限。稿件應提供三至五個關鍵詞及三百字以內的中文提要。
2. 作者姓名置於論文題目下，居中書寫。作者單位寫在文章末頁下端。
3. 使用新式標點符號。
4. 正文每段首行起首空二格；文中獨立段落的引文，首行另起空四格，回行空二格排齊。獨立段落的引文其首尾不必加引號。
5. 凡帝王年號或干支紀年，須附圓括號注明公元紀年，其首不必出"公元"二字，其末不必出"年"，例如：漢武帝元狩二年（前 121）。
6. 所有圖表必須清晰，並標明編號，例如：圖一、圖二或表一、表二；同時須在正文第一次提及時隨即列出，或注明圖表編號，如：（見圖一）、（見圖二）或（見表一）、（見表二）。圖內（表內）文字也用繁體。
7. 注釋採用當頁腳注的形式，注釋號碼用阿拉伯數字加圈表示，如①、②……正文中的注釋號碼，凡注各句者，置於各句標點符號之前；凡注引文者，如引文爲完整段落則置於引文的句號、下引號之後，如引文爲節引則置於下引號之後，句號或逗號之前。
8. 文中數字原則上使用漢字數字表示，阿拉伯數字僅限於公元年代和現代形式出版物的頁碼。
9. 各章節或內容層次的序號，一般依一、（一）、1、(1)……等順序表示。
10. 著作引文出處除常見古籍可以在引文後用圓括號括注書名篇名以外，一律用腳註注明。行文格式如下：
    (1) 引用古籍，應標明著者朝代、著者姓名、書名、卷次、卷內頁碼、版本。例：
        （漢）毛亨、鄭玄注，（唐）孔穎達疏《毛詩注疏》卷三之二，第二頁，清嘉慶二十年南昌府學刻道光六年修補重印本。
        （清）王夫之《唐詩評選》卷二，第二十三頁，民國間《船山遺書》本。
    (2) 引用專著及新版古籍，應標明著者（清代及以前者加注朝代，朝代名用圓括號括注；國外者加注國別，國別用六角括號括注）、書名（屬於叢書者再標明叢書書名，西文書名用斜體）、章節或卷次、出版地、出版者及版次年代、頁碼。例：

朱自清《詩言志辨·賦詩言志》，《朱自清全集》第六册，南京：江蘇教育出版社，1990，第 144 頁。

任繼愈主編《中國佛教史》第三卷第一章第二節，北京：中國社會科學出版社，1988，第 22—25 頁。

王叔岷《古籍虚字廣義》，北京：中華書局，2007，第 430 頁。

（明）胡震亨《唐音癸籤》卷四，上海：上海古籍出版社，1981，第 29 頁。

〔德〕加達默爾《真理與方法》，洪漢鼎譯，上海：上海譯文出版社，1999，第 231 頁。

Joseph Needham, *Science and Civilization in China*, Volume II, Cambridge: Cambridge University Press, 1956, pp. 10-13.

11. 引用專業期刊論文，除著者、論文名（西文論文名加雙引號）外，還應標明期刊名、年代卷次（輯刊或集刊一類出版物標出版地、出版者及版次年代）、頁碼。引用專著篇名仿此。例：

聞一多《東皇太一考》，《文學遺産》1980 年第 1 期，第 3 頁。

張岱年《中國古代哲學中關於德力、剛柔的論争》，《國學研究》第一卷，北京：北京大學出版社，1993，第 3 頁。

12. 引用報章論文，除著者、論文名外，還應標明報章名、發行日期和版面。例：
錢仲聯《清詩簡論》，《光明日報》1983 年 12 月 27 日，第 3 版。

13. 爲避免繁複，再次徵引同一文獻時可略去出版者和年代，只注出作者、書名篇名、頁碼。